사도세자가 꿈꾼 나라

사도세자가 꿈꾼 나라

초판 1쇄 발행 2011년 11월 24일
초판 19쇄 발행 2023년 7월 5일

지은이 이덕일
펴낸이 이승현

출판2 본부장 박태근
지적인 독자 팀장 송두나

펴낸곳 ㈜위즈덤하우스 **출판등록** 2000년 5월 23일 제13-1071호
주소 서울특별시 마포구 양화로 19 합정오피스빌딩 17층
전화 02) 2179-5600 **홈페이지** www.wisdomhouse.co.kr

ⓒ이덕일, 2011 사진 ⓒ권태균

ISBN 978-89-93119-36-7 03900

- 이 책의 전부 또는 일부 내용을 재사용하려면 반드시 사전에 저작권자와 ㈜위즈덤하우스의 동의를 받아야 합니다.
- 인쇄·제작 및 유통상의 파본 도서는 구입하신 서점에서 바꿔드립니다.
- 책값은 뒤표지에 있습니다.

사도세자의 고백 개정판

사도세자가 꿈꾼 나라

250년 만에 쓰는 사도세자의 묘지명

이덕일 지음

위즈덤하우스

들어가는 글

사도세자를 두 번 죽이는 사람들

1.

 필자는 『한중록』을 고등학교 때 처음 접했다. 대부분의 사람들이 그랬듯이 『국어』 교과서를 통해서였다. 국어도 국정國定 시절이었다. 국가에서 한 종의 국어책만을 만들어 주입식으로 외우게 시켰다는 뜻이다. 『국어』 교과서에는 사도세자 사건에 대해 하나의 목소리만 싣고 있었다. 바로 혜경궁 홍씨의 목소리였다. 혜경궁 홍씨는 사도세자가 정신병 때문에 뒤주에 갇혀 죽는 신세가 되었다고 절절히 토로했다. 고등학생 신분의 피교육자로서 국정 교과서의 이런 내용에 의문을 품기는 쉽지 않았다. 더구나 혜경궁은 사도세자의 부인이 아닌가? 그러나 머리 한 구석에서는 여전히 의문이 꽈리를 틀었다. '영조는 왜 아들의 병을 고치려고 노력하는 대신 뒤주 속에 가두어 죽였을까?'라는 의문이었다. 그러나 의문을 풀 수단은 존재하지 않았다. 국정 교과서는 혜경궁의 주장 이외의 다른 내용은 일체 싣지 않았다.

 필자가 이 책, 『사도세자가 꿈꾼 나라』(『사도세자의 고백』의 개정판)를 쓰게 된 것은 고등학교 때의 이런 의문이 한몫을 한 것이 사실이다.

『한중록』이외의 사도세자의 목소리가 궁금했기 때문이다.

2.

그 후 남보다 늦게 대학에 가고, 대학원에 가면서 조선의 당파에 대해 본격적으로 접하게 되었다. 『영조실록』·『정조실록』이나 『어제장헌대왕지문』 같은 정사는 물론 여러 야사들을 읽게 되면서 '정신병'과는 전혀 다른 그 시대의 '정치적 구조'가 보이기 시작했다. 『영조실록』에만도 『한중록』과 다른 이야기는 너무 많았다. 그러자 의문이 생겼다.

왜 국정 교과서는 『한중록』만을 실었는가? 왜 다른 목소리는 철저하게 배제되었는가?

한 사건에 대한 상반된 견해가 있으면 두 견해를 모두 실어주는 것이 상식이다. 그러나 대한민국에서는 이런 상식이 통하지 않았다. 이것이 사도세자 살해 당시의 정치적 구소의 문제뿐 아니라 현재 한국 사회의 학문권력 구조도 깊게 관련되어 있다는 깨달음에 도달하게 했다. 사도세자의 죽음을 둘러싼 현재의 논란은 결국 현재의 학문권력 구조에 대한 정사正邪(옳고 그름) 논쟁이 될 수밖에 없는 이유다. 『정조실록』은 혜경궁 홍씨의 친정이 정조가 즉위하면서 급전직하 몰락하는 과정을 생중계하듯이 보여주고 있다. 그런데 몰락의 이유가 혜경궁의 친정이 '사도세자를 죽인 주범'이라는 것이었다. 순간, 홍씨가 『한중록』에서 그토록 무리한 주장을 펼치는 이유가 단번에 다가왔다. 『한중록』은 가해자의 주장이었던 것이다.

『한중록』은 하나의 텍스트다. 그것도 목적이 뚜렷한 텍스트다. 『한중록』은 그 하나의 목적, 즉 친정 신원이란 목적을 위해 쓴 책이었다. 『한중록』은 세자가 세상 떠난 직후에 쓴 것이 아니다. 모두 네 편으로, 1편은 정조 말년에 쓴 것이고 나머지 세 편은 손자 순조 때 쓴 것이다.

그래서 1편에서는 사도세자의 비난이 거의 없는 대신 사도세자와 자신의 친정이 사이가 좋았다고 구구절절 묘사한다. 물론 아들 정조가 들으라는 이야기다. 손자 순조 때 쓴 2~4편에는 사도세자에 대한 비난이 잔뜩 들어간다. 정조는 사도세자 사건의 목격자지만 순조는 그때 태어나지도 않았기 때문이다.

사건 관련자의 기록이므로 『한중록』에는 사실도 있다. 또한 가해자의 기록이므로 과장·왜곡도 있고, 거짓말도 있다. 어느 부분이 사실이고, 어느 부분이 과장·왜곡이며, 어느 부분이 거짓말인지를 찾는 일이야말로 전문가의 몫이었다. 실록은 물론 여러 개인의 문집들도 조사해서 사도세자 사건의 진실을 찾는 것이 학자의 의무였다. 필자는 그런 의무를 느끼며 사도세자 사건의 진실을 찾기 위한 길을 떠났다. 그렇게 탄생한 책이 『사도세자의 고백』(『사도세자가 꿈꾼 나라』)이다. 나온 지 이미 13년이 지났다. 13년 전 이 땅에는 『한중록』만이 발언하고 있었다. 13년 전에는 필자 같은 직업의 사람도 없었다. 일부 문학인 외에 대학에 적을 두지 않고 오직 전문적인 글로 시대와 소통하는 직업 자체가 없었다. 필자의 길은 글자 그대로 전인미답前人未踏의 길이었다. 변변한 참고서적도 없었다. 지금처럼 인터넷도 없었다. 심지어 저군儲君이란 말이 세자를 뜻한다는 사실을 알기 위해 여러 책을 뒤져야 했다. 국제國制가 『경국대전』이나 『국조오례의』 같은 조선의 법제와 전례를 뜻한다는 사실을 아는 데도 많은 시간을 들여야 했다. 그렇게 발품을 팔아 탄생한 책이 이 책이었다. 이 책이 나온 후 많은 변화가 있었다. 적어도 사도세자가 정신병 때문에 죽었다는 혜경궁의 주장은 이제 일방적으로 통하지 않게 되었다. 『한중록』이 사도세자 사건을 상당 부분 왜곡해왔다는 것도 상식이 되었다. 그렇게 사도세자는 죽은 지 250여 년 만에 일부 발언권을 얻어 되살아났다.

3.

느닷없이, 그야말로 느닷없이 국립 서울대학교 인문대학 국문학과 교수 정병설이 필자와 『사도세자의 고백』에 대해 일방적 비난을 퍼부었다. 그것도 연속적으로. 문학동네에서 마련했다는 이른바 '특급 인문학자 3인'의 강의라는 인터넷 강좌와 『역사비평』, 그리고 EBS라는 공영매체를 통해 거듭 필자를 거세게 공격했다. 그것을 보면서 생각나는 한자 성어가 둘 있었다. 하나는 '정저지와井底之蛙'였고, 다른 하나는 '도도평장都都平丈'이었다. 정저지와는 '우물 안 개구리'란 뜻이다. 정병설이 『한중록』이란 문구명을 통해서만 그 사건을 보겠다고 당당하게 이야기하기에 든 생각이다. 마치 '문구명론'이라는 새로운 이론 틀이라도 만들어낸 듯 의기양양했다. 우물 안 개구리의 시각으로 세상을 바라보겠다는 것도 학문틀이 될 수 있나? 될 수는 있을 것이다. 학자는 그래서는 안 된다는 반면교사反面教師로.

도도평장은 '고무래를 보고도 정丁 자를 모른다'는 뜻의 목불식정目不識丁과 비슷한 말이다. 고무래는 곡식 따위를 긁어모으는 농기구로 '丁' 자처럼 생겼다. 우리말의 낫 놓고 기역 자도 모른다는 속담과 비슷한 뜻이다. 공자의 말 중에 '욱욱호문郁郁乎文'이란 문장이 있는데, 한 무식한 훈장이 '욱욱호문'을 '도도평장'으로 읽었다는 데서 나온 사자성어다.

『논어論語』「팔일八佾」편에서 공자는 "주나라는 하나라와 은나라를 귀감으로 삼았으니, 찬란하도다 그 문화여, 나는 주나라를 따르겠노라〔周監於二代 郁郁乎文哉 吾從周〕"라고 말했다. 그런데 이 무식한 훈장은 공자의 '찬란하도다 그 문화여'라는 뜻의 '욱욱호문'을 비슷하게 생긴 '도도평장'이라고 읽었다. 중국의 『서호여람지여西湖遊覽志餘』 같은 책에 나오는 일화로 무식한 훈장이 학생들을 잘못 가르치는 것을 비꼬는 사자성어다.

정병설의 주장을 들으면서 이해가 가지 않았다. 정저지와적인 식견으로, 도도평장 같은 논리를 자랑스레 펼치는지 이해할 수 없었다. 정병설의 논리는 간단했다. 『한중록』은 모두 사실이고, 『사도세자의 고백』은 모두 틀린 내용이라는 것이다. 다른 분야도 아닌 인문학에서 하나는 맞고 하나는 틀렸다는 주장이 상식적으로 이해가 가겠는가. 정병설은 『사도세자의 고백』에 대해 이렇게 평가했다.

> 『사도세자의 고백』은 사실에 기초한 역사서라고 할 수 없다. 허구의 수준은 거의 소설에 가까우며, 그 소설적 논리는 소설이 되기에도 턱없이 부족하다.
>
> – 정병설, 「길 잃은 역사대중화」, 『역사비평』 2011년 봄호, 330쪽

먼저 서울대학교 인문대학 국문학과 교수라는 사람의 단어 선택 능력과 단어 조합 능력에 대해 조금 놀랐다는 고백을 먼저 해야겠다.

'사실에 기초한 역사서가 아니다.'

'허구의 수준은 거의 소설에 가깝다.'

'그 소설적 논리는 소설이 되기에도 턱없이 부족하다.'

도대체 무슨 말인지 아무리 읽어봐도 알 수 없었다. 주위 사람들에게 보여주었더니 이구동성으로 웃음이 터져 나왔다.

'그 소설적 논리는 소설이 되기에도 턱없이 부족하다.'

정병설은 자신이 무슨 말을 하는지 알고 있는 것일까? 역사서가 아니라고 했다가 허구의 수준은 소설에 가깝다고 하더니 소설적 논리는 소설이 되기에도 턱없이 부족하다고 결론지었다.

여기에서 정병설의 학문 수준이 문제 있다고 한마디로 결론 내리고

넘어가면 필자가 지난 10여 년 이상 꾸준히 천착했던 큰 구조를 놓치게 된다. 국정 교과서에 『한중록』만 실었던 과거의 학문권력 구조를 놓치게 되고, 이런 비문非文이 『역사비평』에 심사받아 실리고, 이런 막무가내식 주장이 국민이 주인인 EBS의 전파를 여섯 시간이나 타는 현재의 한국 사회의 지배 구조를 놓치게 된다는 뜻이다.

얼마 전 필자와 함께 공부하는 한가람역사문화연구소의 이주한 연구위원이 『노론 300년 권력의 비밀』이란 책을 펴냈다. 이 책은 정병설은 물론 안대회, 유봉학, 오항녕 등 그간 노론 사관을 옹호하면서 필자를 거칠게 비난해왔던 현직 교수 네 명의 논리와 학문 수준, 그 행태에 대해 조목조목 밝혀놓았다. 이들이 어떤 역사관과 어떤 수준의 논리 구조를 가지고 한국 사회의 학문권력을 장악해왔는지 자세하게 알고 싶은 독자들은 『노론 300년 권력의 비밀』을 같이 구독하기 바란다. 이주한 연구위원이 많은 지적을 했으므로 이 글에서는 정병설의 견해의 핵심 몇 가지만 언급하겠다.

『사도세자의 고백』은 『한중록』의 진실성을 부정하는 여러 가지 예를 들고 있다. 그런데 그중에 제대로 말이 되는 것은 하나도 없는 듯하다.
전혀 엉뚱한 그림을 그려놓고는 그것이 사실이라고 우긴다면, 그것은 묵과할 수 없다. 또 돌을 꽃이라 하고 꽃을 흙이라고 해도 용납할 수 없다. 아무리 대중 역사서라도 사실을 왜곡하여 진실과 다른 그림을 그리는 것까지 봐줄 수는 없다. 이것은 대중 역사서가 아니라 가짜 역사서이다. 역사서가 아니다.

― 정병설, 같은 책, 355쪽

정병설의 글은 보면 볼수록 희한하다는 생각이 든다. 필자는 정병설이란 이름 석 자 정도는 알고 있었다. 필자가 한국간행물윤리위원회의 '좋은 책 선정위원'으로 있을 때 그가 번역한 『나는 기생이다』라는 책을 접했다. 또 그가 번역한 『조선의 음담패설』이란 책도 알고 있었다. 필자는 사회는 다양할수록 좋다고 늘 생각해서 이런 책들도 공간公刊되어서 나쁠 것은 없다고 봤다. 사는 게 재미없을 때 보면 딱 좋을 이런 책들은 굳이 한문까지 가지 않더라도 그 당시 저잣거리에서 사용하던 한자를 조금 알면 누구나 번역할 수 있는 수준의 책이다. 그러나 역사에 대해서 언급하려면 적어도 그 사실을 담고 있는 사료에 대한 기본 이해 정도는 갖추고 있어야 한다. 필자가 정병설의 공세에 '느닷없다'는 표현을 쓰는 이유는 이것이 없기 때문이다. 아무리 한국 사회에서 대학교수가 과대평가되었다고 해도 명색이 고전문학을 전공했다는 서울대학교 국문학과 교수가 어떻게 이런 문장도 안 되는 언어, 앞뒤가 맞지 않는 논리를 구사할 수 있는지 도무지 이해불가였다.

"전혀 엉뚱한 그림을 그려놓고는 그것이 사실이라고 우긴다면, 그것은 묵과할 수 없다."

'엉뚱한 그림'은 뭐고 '사실'은 뭔가? '그림'과 '사실'이란 전혀 다른 단어와 형상이 정병설의 머릿속에서는 어떤 의미를 담고 있겠지만 그것은 그 혼자만의 생각이다. '엉뚱한 그림'과 '사실'이 어떻게 한 문장 속에서 특정한 의미를 상징하고 또 서로를 부정하는 도구로 사용될 수 있는지 정병설은 아는 것일까? 또 무엇을 '묵과할 수 없다'는 것인지 알 수 없다. 이런 수준의 사물 인지 능력, 이런 수준의 언어 구사 능력, 이런 수준의 논리력으로 필자에게 한두 시간이면 답변할 수 있는 것을 왜 답변하지 않느냐고 일방적으로 성토하고, '독자 여러분이 나서서 논쟁이 되게 도와달라'고 부추길 수 있는 머리 구조가 그저 희한했다.

"돌을 꽃이라 하고 꽃을 흙이라고 해도 용납할 수 없다."

명색이 국문학과 교수니 나름대로 문학적인 표현이라고 한 것이겠지만 이 역시 무슨 뜻인지 알 수 없다. 느닷없이 왜 '돌'과 '꽃'과 '흙'이 나오는지 알 수 없다. 요즘은 웬만한 초등학생도 이런 식의 문장을 쓰지는 않을 것이다. 돌은 무엇을 상징하고, 꽃은 무엇을 상징하며, 흙은 무엇을 상징하는지를 특정해서 설명할 수 있어야 하나의 문장이 된다는 사실을 정병설은 모른다. 그러니 횡설수설은 그의 전매특허가 된다.

"아무리 대중 역사서라도 사실을 왜곡하여 진실과 다른 그림을 그리는 것까지 봐줄 수는 없다. 이것은 대중 역사서가 아니라 가짜 역사서이다. 역사서가 아니다."

정병설의 글은 논리적 파탄의 연속이다. 그의 정신상태의 반영일 것이다. 필자가 알기에 『역사비평』도 게재 전에 심사 과정이 있는 것으로 안다. 누가 이런 수준의 글을 실으라고 통과했는지 알고 싶다. 앞에서는 소설도 아니라고 하더니 뒤에서는 '대중 역사서'가 아니라 '가짜 역사서'라고 하더니 역사서도 아니란다. 그는 문장은 고사하고 단어 하나하나가 어떤 의미를 담아야 하는지, 담고 있는지조차 모른다.

모든 학문, 특히 역사학은 귀납적 방법을 통해서 연역적 결론으로 다가간다. 개별 '팩트'들이 귀납적 방법으로 모여 결론에 도달하는 것이다. 개별 팩트란 사료를 뜻한다. 제각기 발언하는 개별 사료들을 검토해 종합적인 상像을 만들어내는 것이 역사다. 정병설은 모든 학문의 가장 기초인 이런 방법은 알고 있는 것일까? 정병설의 글에 대해 귀납, 연역 같은 단어를 사용하는 것 자체가 어불성설이란 사실을 안다. 그러나 이런 학자들이 그간 한국의 학문권력을 장악하고 교과서 집필권을 장악하고 있었다는 구조를 놓치면 안 된다. 바로 그 구조 때문에 필자가 정병설의 글을 비판하는 것이다.

정병설의 글을 보면 한 가지 사실은 분명히 알 수 있다. 필자와 『사도세자의 고백』에 대한 극도의 부정과 증오다. 하지만 그런 부정과 증오를 논리적으로 표출할 만한 학문적 수준에 도달하지 못하고, 그런 학문적 방법 또한 숙지하지 못하다보니 부정적 단어가 무원칙하고 불규칙하게 나열된다. 필자는 궁금하다. 그에게 『역사비평』에 게재하라고 권했던 학자들, 그가 존경한다던 한문학의 모모 학자들, 그들도 같은 수준의 학자들인지. 같은 수준이니 유유상종類類相從하겠지만 만약 필자가 정병설류의 이런 글을 쓰겠다고 한다면 필자 주위 분들은 뜯어말리기에 여념이 없었을 것이다. 그들의 학문 수준은 그간의 경험으로 어림짐작은 한다. 그들의 머릿속에는 『송시열과 그들의 나라』나 『사도세자의 고백』 같은 책들을 불태워 없애야 할 흉서凶書로 생각한다는 사실도 안다. 아마 조선 후기였으면 백호 윤휴를 사형시키고 성호 이익의 친형 이잠을 때려죽인 것처럼 처리했을 것이다. 지금도 그렇게 하고 싶은 생각이 간절할 것이다. 그러나 지금 그들이 상당한 학문권력은 갖고 있지만 특정인의 머릿속 사상을 문제 삼아 죽일 수 있는 세상이 아니라는 것이 그들의 문제다.

이런 이상과 현실의 부조화가 '소설도 아니고, 역사서도 아니다'라는 결론을 내려놓고 횡설수설하는 것으로 나타나는 것이다. 그런 극도의 증오를 나타내면서도 필자의 책을 부정하기 위한 실제적인 팩트는 단 하나, 필자가 태묘太廟를 태조의 능, 즉 건원릉과 혼동했다는 것 하나뿐이다. 필자가 『사도세자의 고백』을 쓸 때는 이미 13년 전이다. 그때 상황이 대단히 열악했다는 이야기는 이미 했다. 그러나 태묘가 태조의 능이 아니라 종묘를 뜻한다는 이야기는 정병설이 비난하기 훨

썼던 전에 쓴 다른 책에서 이미 했다. 2003년에 출간한 『여인열전(세상을 바꾼 여인들)』의 「천추태후」 편에서 "또한 성종은 역대 왕들의 신주를 모시는 중국식 태묘"라고 써서 태묘가 역대 선왕들의 신주를 모신 종묘를 뜻한다는 사실을 밝혔으며, 또한 『조선왕을 말하다』 2권, 「영조」 편에서도 "영조는 김일경이 목호룡 고변사건을 태묘太廟(종묘)에 고할 때"라고 쓴 것을 비롯해서 태묘가 종묘를 뜻한다는 사실을 여러 차례 밝혔다. 그러나 3백 년 전 노론 세상에 살고 있는 정병설에게 잘못을 바로잡은 현재의 사실은 중요하지 않다. 잘못 본 적이 있다는 과거의 사실만이 중요하다. 자신들과 관점이 다른 사람은 아무리 오래전이라도, 단 한 차례라도 잘못 본 것이 있다면 학문 인생은 끝장나야 하는 것이다. 이것이 바로 노론이 지난 3백 년간 자신들과 다른 사상을 갖고 있던 학자와 정치가들을 처리하던 방식이었다. 그때의 노론은 학문권력뿐 아니라 정치권력도 갖고 있어서 윤휴나 이잠 같은 학자를 죽일 수 있었다.

필자가 『사도세자의 고백』에서 제시한 사례와 논리는 백여 가지가 넘을 것이다. 정병설은 그중 단 하나의 실수를 지적했다. 비록 과거의 것이고 이미 다른 책에서는 바로잡은 내용이지만 실수를 지적해준 것은 고맙게 생각한다. 그런 지적을 수용하면서 학문은 완성을 향해 나아가는 것이다. 공자도 "나는 나면서부터 아는 사람이 아니라 옛것을 좋아하여 힘써 구하는 사람이다(我非生而知之者 好古敏以求之者也)(『논어』 「술이」 편)"라고 말하지 않았던가. 그런데 정병설식 채점법은 백여 문제 중 한 문제 틀렸으니까 빵점이란 것이다. 그것도 13년 전에 한 문제 틀렸기 때문에 지금도 빵점이라는 것이 정병설식 채점법이다. 이렇게 일도양단一刀兩斷이다보니 그의 논리도 『한중록』은 모두 사실이고, 『사도세자의 고백』은 모두 거짓이라는 단순한 종착점에 도달한 것이다. 정병설의 글을 보자.

> 자식이 미쳤다고 해서 아버지가 자식을 죽였다는 것은 참 납득하기 어렵다. 당연히 의혹이 뒤따를 만하다. 그런데 한중록을 읽어보면 그 경위가 매우 구체적으로 서술되어 있다. 사도세자는 어려서부터 까다로운 성격의 소유자인 아버지 영조 때문에 마음고생을 많이 했고, 이런 것들로 인해 정신질환이 깊어졌는데, 죽기 직전에는 아버지를 죽인다는 등 별별 망측한 언행을 다하다가 그 사실이 영조에게 발각되어 역모 혐의를 받아 죽었다고 했다. 그런데 이덕일은 이런 혜경궁의 논리를 혜경궁이 사실을 은폐하고 왜곡하기 위해 꾸민 것으로 보았다.
>
> — 정병설, 같은 책, 330~331쪽

필자는 앞에서도 말했지만 『한중록』에는 사실도 있고, 과장·왜곡도 있고, 거짓말도 있다고 본다. 필자는 『한중록』은 모두 사실이라는 정병설의 주장에 벌린 입을 다물 수가 없다. 더 큰 문제는 이런 글이 논문이라고 심사를 거쳐 버젓이 실리고, 국민이 주인인 전파를 여섯 시간이나 낭비하는 이 사회의 현실이다. 따라서 『사도세자의 고백』은 단순히 과거사를 말하는 역사서가 아니라 현재 한국 사회의 문제까지 일정 정도 드러내는 사료가 될 것이다.

4.
역사학의 기초는 사료 비판이다. 역사학은 사료 비판에서 출발한다는 이야기다. 그런데 정병설은 학사, 석사, 박사학위를 딸 때까지 사료 비판이란 용어를 들어본 적이 없는 것 같다. 만약 들었다면 이런 식의 글은 쓸 수가 없다. 사료 비판이 무엇인지도 모르는 수준으로 학사,

석사, 박사학위를 따고 교수, 그것도 국립 서울대학교 교수가 되었다. 대단하다. 정병설이나 그 지도교수나 그 대학이나.

정병설은 필자의 저술영역이 "한국 고대사에서 근대사까지 걸치지 않는 영역이 없다"고 비판했다. 필자는 늘 문·사·철(經)은 하나라고 생각한다. 학문 간 울타리가 무너지는 현재의 추세는 바람직하다. 울타리란 공부 안 하는 학자들의 자기 밥그릇 지키기에 불과하기 때문이다. 그러나 정병설만은 '걸치지 않은 영역이 없다'고 필자를 비난하기 전에 국문학자인 자신이 왜 역사까지 들어왔는지는 설명해야 한다. 물론 국문학자인 정병설도 역사에 대해서 이야기할 수 있다. 단 역사학의 기초 방법 정도는 알고 들어와야 한다.

사료 비판은 크게 두 단계가 있다. 하나는 사료의 진위 판정이다. 해당 사료가 진짜인지 가짜인지 감정하는 것이다. 『한중록』은 진짜다. 그렇다면 두 번째 가지 판단 단계로 넘어간다. 진짜로 판정난 그 사료의 가치를 감정하는 것이다. 사료가 담고 있는 내용이 어느 정도 사실을 반영하느냐를 검증하는 것이다. 이 두 가지 과정을 거친 후에 해당 사료에 대한 신뢰 정도가 결정된다. 이것은 무식, 유식을 따질 것도 없이 역사에 대해서 언급하려면 대학교 1학년만 돼도 알아야 하는 '생기초'다.

정병설의 말을 조금 정리해보면 필자는 『한중록』을 무조건 사실로 믿지 않고서 사료 비판의 관점으로 바라보았기 때문에 학자가 아니라는 것이다. 정병설은 『한중록』은 모두 사실이라고 주장한다. 그런데 한중록을 모두 사실로 믿어야 하는 이유에 대해서 "한중록을 읽어보면 그 경위가 매우 구체적으로 서술되어 있다"는 것이다. 정병설의 글은 한 발 떼어놓고 보면 볼수록 재미있다.

"그 경위가 매우 구체적으로 서술되어 있다."

사기꾼의 말일수록 매우 구체적이다. 그래서 공자도 '교언영색 선의인巧言令色 鮮矣仁'이라고 하지 않았던가? 말재주가 교묘하고 얼굴빛을 좋게 꾸민 사람치고 인자가 드물다는 뜻이다. '구체적'은 구구절절이란 뜻이고 그것이 곧 교언巧言이다. 『사도세자의 고백』(『사도세자가 꿈꾼 나라』)은 모두 거짓이지만 『한중록』은 모두 사실이라는 정병설의 근거는 '그 경위가 매우 구체적으로 서술되어 있다'는 것뿐이다. 필자는 정병설과 달리 『한중록』은 사도세자 사건을 다룬 다른 사료보다 훨씬 혹독한 사료 비판을 가해야 한다고 생각한다.

첫째, 『한중록』은 사건 관련자의 글이기 때문이다. 제3자의 자리도 아니고, 국외자의 자리도 아니라 '사도세자 살인 사건'의 이해당사자다. 그것도 단순한 이해당사자가 아니라 살아생전에 이 살인 사건의 공범으로 의심받았던 이해당사자다.

둘째, 『한중록』은 가해자의 기록이다. 사도세자 살인 사건의 총 기획자는 노론이고, 실행자는 혜경궁의 친정 부친 홍봉한이고, 동조자 또는 가담자는 혜경궁 자신이다. 단 혜경궁은 사도세자 제거라는 노론 당론과 친정의 지시에는 복종했지만 그 아들(정조)까지 제거하라는 당론은 거부한다. 남편은 버렸지만 자식은 버릴 수 없었다. 사도세자 제거 작전에 가담한 것이 역사에 끼친 혜경궁의 과오라면 정조 즉위에 공을 세운 것은 역사에 끼친 공이다. 혜경궁은 영조와 함께 정조 즉위의 일등공신이다. 그런데 정조가 어렵사리 왕위에 오른 직후 동부승지 정이환은 이런 상소를 올린다.

오직 저 홍봉한洪鳳漢의 죄는 만 가지 악[萬惡] 중에서 갖추지 못한 것이 없는데, 그중 가장 크고 극악한 것을 말한다면 곧 임오년에 범한 죄입니다.

— 『정조실록』 즉위년 3월 27일

임오년에 범한 죄란 바로 사도세자를 살해한 죄를 뜻한다. 계속해서 정이환은 "심지어 이른바 '일물一物'은 이전의 역사에서도 듣지 못한 것인데, 홍봉한이 창졸간에 방자하게 올렸습니다"라며 홍봉한의 죄를 성토한다.

일물이 무엇일까? 바로 뒤주를 뜻한다. 필자는 『사도세자의 고백』(『사도세자가 꿈꾼 나라』)에서 이 부분에 대해 "세자가 자결을 거부하자 홍봉한이 이 뒤주를 영조에게 바쳐 세자를 죽게 했다는 것이다"로 밝혔다(『사도세자의 고백』, 휴머니스트, 2007, 346쪽; 『사도세자가 꿈꾼 나라』, 372쪽). 그런데도 정병설은 "『사도세자의 고백』은 『한중록』의 진실성을 부정하는 여러 가지 예를 들고 있다. 그런데 그중에 제대로 말이 되는 것은 하나도 없는 듯하다"라고 우긴다. 정병설 사전에 학문의 다른 이름은 우기기다. 정이환은 "홍봉한은 곧 임오년의 역적이고 전하의 여저입니다. 어찌 척속戚屬(외척)의 정의情誼에 얽매여 삼척三尺의 형률을 시행하지 않을 수 있겠습니까?(『사도세자의 고백』, 346쪽; 『사도세자가 꿈꾼 나라』, 372쪽)"라고 주장한다. 삼척의 형률이란 사형을 뜻한다. 홍봉한을 죽여야 한다는 것이다. 또 사흘 후에는 부수찬 윤동만尹東晩이 상소해서 홍봉한·홍인한洪麟漢 형제를 강하게 논박한다. 이에 대해 정조는 "만일 봉조하奉朝賀(홍봉한)에게 극률極律(사형)을 내리게 되면 자궁慈宮(혜경궁)께서 불안해하시고 자궁께서 불안해하시면 나 또한 불안하다"라고 거부한다. 조선에는 반좌율反坐律이란 것이 있다. 상대를 어떤 죄로 고발했을 때 무고로 밝혀지면 그 죄를 대신 받아야 하는 법이다. 특정인을 사형에 해당하는 죄로 고발했다가 무고로 밝혀지면 자신이 대신 사형당해야 하는 법이다. 홍봉한은 혜경궁의 친정 부친이자 정조의 외할아버지다. 홍봉한이 사도세자의 죽음과 관련이 없다면 정이환과 윤동만은 사형당해야 했다. 새 임금의 생모가 살아 있는 상황에서 그 생모의 부친을 죽여야 한다는 상소가 빗발쳤다. 그런데 홍봉한 공격의 선봉장 정이환은 정조가 닷새 전에 홍문관 부제학으로 발탁한 인물이다. 정병설은 강좌 제목만 '권력과 인간'이라고 그럴듯하게 붙일 것이 아니라 권력이 뭐고 인간이 뭔지를 더욱 심각하게 들여다봐야 한다. 그런 후에야 역사에 대해 입이라도 뗄 수 있다. 정조는 홍인한은 사형시켰지만 홍봉한에 대해서는 망설인다. 홍인한을 사형시킨 후 홍봉한도 사형시키라는 요구가 빗발치자 혜경궁이 단식으로 맞섰기 때문이다. 정조는 "자궁께서 요즘 수라水剌를 드시지 않고 침수寢睡가 편치 못하신 지 이제 며칠이 되었다(『정조실록』 즉위년 8월 22일)"라고 말하고 "만고 천하에 어찌 국왕의 외할아버지에게 경솔하게 사죄死罪를 더하는 이치가 있단 말인가? 대소 여러 신하들은 모두 알라"고 어정쩡하게 답변한다. 여기에 대해서 『사도세자의 고백』은 이 기록을 그대로 인용한 후 "혜경궁은 친정이 공격을 당하자 사도세자가 뒤주에 갇혔을 때도 하지 않던 단식까지 해가며 아들 정조에게 시위한 것이다(『사도세자의 고백』, 349쪽; 『사도세자가 꿈꾼 나라』, 375쪽)"라고 썼다. 그런데도 정병설은 이런 팩트에는 눈을 감은 채 "(『사도세자의 고백』에는) 말이 되는 것은 하나도 없는 듯하다"고 성토한다. 이주한 연구위원이 『노론 300년 권력의 비밀』에서 이들 노론 학자들의 특징 중 하나가 '거짓말하는 것'이라고 쓴 것은 과장이 아니다. 거짓말이란 다른 것이 아니라 팩트에 눈 감거나 팩트를 부정하는 것이기 때문이다. 정조 즉위년 8월 22일에는 성균관과 사학의 유생들까지 나서서 홍봉한을 죽여야 한다고 상소한다. 그런데 홍봉한 자신이 사도세자를 죽인 주범이라는 사실을 직접 밝힌 대목도 『영조실록』에는 있다.

제(홍봉한)가 말하고 싶은 것은 세 가지입니다. 하나는 영빈께서 아뢴 것은 오직 전하를 위한 것으로서 성상께서 단행하신 것이고, 둘째는 신이 성상의 뜻을 받들어 행한 것이며, 그 다음은 여러 신하들이 받들어 행한 것입니다.

― 『영조실록』 38년 8월 12일

홍봉한 자신이 사도세자를 죽이는 일을 '받들어 행했다'고 자백한 내용이다. 이 역시 『사도세자의 고백』에 그대로 썼다(『사도세자의 고백』, 323쪽; 『사도세자가 꿈꾼 나라』, 349쪽). 정병설이 하나도 근거가 없다고 한 내용들은 모두 실록에 나오는 내용들이다. 혜경궁이 노론과 친정의 뜻을 받들어 사도세자 죽이기에 가담했다는 당시의 시각은 그냥 나온 것이 아니다. 사도세자도 이런 사실을 잘 알고 있었다. 정병설이 모두 사실이라고 믿는 『한중록』에도 나온다. 사도세자가 뒤주에 갇히던 날 혜경궁에게 "아무래도 이상하니 자네는 잘 살게 하겠네. 그 뜻들이 무서워"라고 말하고, 또 "자네가 참 무섭고 흉한 사람일세. 자네는 세손 데리고 오래 살려 하기에 오늘 내가 나가서 죽겠기에……"라고 말했다고 『한중록』에 나온다(『사도세자의 고백』, 297~298쪽; 『사도세자가 꿈꾼 나라』, 323~324쪽). 세자는 뒤주에 갇히러 가던 날 혜경궁에게 "그 뜻들이 무서워"라고 말했다. 그 뜻이 무엇인가? 자신을 죽이려는 음모다. 거기에 혜경궁이 가담했다는 사실을 세자는 알고 있었다. 그래서 혜경궁에게 "자네는 참 무섭고 흉한 사람일세"라고 말한 것이다. 그런데 정병설은 『한중록』을 모두 사실로 믿어야 한다고 주장하면서도 사도세자가 왜 혜경궁에게 이런 말을 했는지에 대해서는 눈을 감아버린다. 자신이 믿고 싶은 것만 받아들이기 때문이다. 그래서 자신이 믿고 싶은 것과는 다른 내용을 담고 있는 『사도세자의 고백』은 소설도 아니고 역사서도 아니라고 갈지자걸음을 걷는다. 이것이 인터넷 강좌를 개최한 출판사 문학동네에서 붙인 '대한민국 특급인문학자 정병설'의 역사인식 수준이며, '국립 서울대학교 교수' 정병설의 사료 이해 수준이다. 그래서 이 사실은 대한민국 인문학의 비극이 되고, 한국 대학의 현실에 대한 맹성猛省의 소재가 된다.

5.
정병설은 '권력과 인간'이라고 이름 붙인 인터넷 강좌에서 이렇게 말했다.

> 이 연재는 한중록이라는 문구멍peephole을 통해 18세기 조선을 다시 보고자 하는 시도이다. 마음이야 파노라마식으로 시원하게 보고 싶지만 내겐 그럴 능력이 없다. 누구도 세상을 한눈에 담을 수 없다. 각자 자기가 뚫은 구멍을 통해 볼 뿐이다.
> 한중록은 18세기 조선을 보기에 꽤 괜찮은 구멍이다. 이 구멍으로 인간과 세상의 겉과 속까지 볼 수 있다. 한중록은 그만큼 인간 세상을 세세하고 절실히 그려낸다.
>
> — 정병설, 「권력과 인간」 연재를 시작하며, 「권력과 인간」,
> 네이버 카페 문학동네, 2010년 12월 29일

정병설의 문구멍론은 정저지와의 자세로 그 시대를 보겠다는 선언이다. 우물 안 개구리의 시각으로 하늘을 바라보겠다는 비장한 선언이다. 『한중록』이 '18세기 조선을 보기에 꽤 괜찮은 구멍'이라고 생각하는 것은 정병설의 자유다. 문제는 자신과 달리 보는 사람은 '역사학자도 아니고 소설가도 아니다'라고 역적 성토하듯이 비난하고 매장시키려는 파시즘적 사고다. 그나마 정병설의 사고가 보편성이라도 갖고 있으면 모르겠다.『한중록』이 '18세기 조선을 보기에 꽤 괜찮은 구멍' 인 것은 사실이지만 그것은 정병설이 바라보는 것처럼『한중록』은 다 사실이라는 관점에서 괜찮은 것이 아니라 국익國益보다 당익黨益을 우선하고, 집안을 국가보다 우선하며, 당론에 따라 남편마저도 버릴 수 있었던 18세기 정치사를 바라보기에 꽤 괜찮은 구멍이기 때문이다.『한중록』이 "그만큼 인간 세상을 세세하고 절실히 그려낸다"는 정병설의 말은 필자도 동의한다. 그러나 그 세세하고 절실한 인간 세상에 아내가 남편 제거에 가담하는 냉혹한 권력 의지도 포함되어 있다는 사실을 정병설은 알아야 한다.

　아들을 죽이는 아버지, 사위를 죽이는 장인과 처숙부, 남편을 죽이는 데 가담한 아내, 부친 사도세자를 죽이는 데 외조부(홍봉한)가 앞장섰다는 사실을 잘 알면서도 그가『정사휘감正史彙鑑』이란 교재로 자신을 가르칠 때 시치미를 떼고 있다가 즉위하자마자 외가를 쑥대밭으로 만드는 정조……

　이런 세세하고 절실한 인간 세상을 바라볼 수 있는 능력이 정병설에게는 없다. 그에게 있는 것은 오직 하나『한중록』은 모두 사실이라는 한 가지 우격다짐뿐이다. 정상적인 사고로는 정병설을 이해할 수 없다. 또한 정병설 같은 인물이 교수로 있는 서울대학교도, 그런 글을 논문이라고 버젓이 실은『역사비평』도, 그런 것을 강의라고 국민의 전파를 여섯 시간이나 내주는 EBS도 이해할 수 없다. 이것은 이주한 연구위원이『노론 300년 권력의 비밀』에서 밝혔듯이 한국 사회의 권력 구조에 대한 역사적 이해가 선행될 때만 이해가능하다. 자국의 임금은 임금이 아니라 명나라 황제의 자리에서 볼 때는 자신들과 같은 신하일 뿐이라는 서인(노론의 전신)들의 인조반정 명분, 임금(효종)이 죽었지만 둘째 아들이니 일반 사가의 가족장인 1년상을 치르라는 서인(노론)의 예론禮論, 노론과 맞서다가 독살당한 여러 임금들, 일본 제국주의에 나라를 팔아먹은 대가로 귀족 작위와 막대한 은사금을 받고 희희낙락하는 노론, 조선총독부 산하 조선사편수회에 들어가 자국사에 대한 테러에 여념 없던 노론 후예 역사학자들. 이들이 해방 후에도 주요 대학 역사학과를 장악하고 교원양성소를 장악해 노론사관, 식민사관을 하나뿐인 정설로 만든 것이다. 이런 토양이기에 식민지 근대화론이란 일본 극우파의 논리가 버젓이 등장하는 것이다. 프랑스로 치면 나치 시절이 좋았다는 신 나치 논리다. 그리고 두음법칙 등과 같은 일제의 잔재를 아직도 세종대왕이 만든 우리말 법칙이라는 듯이 국가권력으로 강요하는 것이다. 한국 인문학계의 이런 구조를 알아야 정병설을 필두로 한 안대회·유봉학·오항녕의 머리 구조에 대한 이해가 가능하다고 『노론 300년 권력의 비밀』은 말한다.

6.
상식이 통하는 사회 같았으면 정병설 같은 반反 인문적 존재는 이미 학계에서 도태되고 말았을 것이다. 그러나 여기는 대한민국이다. 3백 년 전 노론사관과 1백 년 전 식민사관이 하나뿐인 정설인 나라다. 그래서 정병설은 자신이 무슨 말을 하는지 객관화하지 못하고 횡설수설하는 것 같지만 그 논지는 정확하게 '사도세자는 죽어 마땅하다'는 3백 년 전 노론 당론을 되풀이하는 것이다. 도도평장 정병설은 3백 년 전 노론 세상에 살고 있기에 필자가 무슨 말을 하는지 이해하려는 시도 대신 성토가 앞서는 것이다. 그나마 정병설이 논리라는 외적 구조를 갖춰 비판한 부분이 있으므로 답하고 끝을 맺겠다. 나머지는 독자들의 몫이다. 정병설의 글이다.

요컨대 이덕일의 논지는 사도세자가 당쟁의 와중에 희생되었다는 것이다. 그리고 혜경궁은 친정이 골수 노론이어서 집안과 당파의 이익과 안위를 위해 사도세자를 사지로 몰았다고 했다. 그러다가 사도세자의 아들인 정조가 즉위하여 외가를 아버지의 원수로 보고 공격하자, 자기네의 죄를 변명하기 위해 한중록을 썼다고 했다. 그는 한중록을 당파적 편론에 따른 거짓 기록으로 보았고, 혜경궁을 친정과 당파를 위해 "남편을 죽음으로 몰고 간 악처"라고 했다.

이덕일의 논리를 짧은 명제로 정리하면 다음과 같다.

1. 사도세자는 미치지 않았다.
2. 사도세자는 친소론적이다.
3. 사도세자는 노론의 견제를 받아 죽음에 이르렀다.
4. 혜경궁은 사도세자 일로 친정이 몰락하자, 친정의 죄를 변명하기 위해 『한중록』을 지었다.

위의 핵심 논리는 어떤 것도 사실과 잘 맞지 않는다.

- 정병설, 같은 책, 330쪽

정병설은 나름대로 필자의 글을 네 가지로 정리한 다음 어느 것도 사실과 맞지 않는다고 주장했다. 그런데 사실과 맞지 않다고 주장하려면 하나하나 팩트를 제시하며 반박해야 한다. 그러나 정병설에게 팩트는 없다. 있는 팩트에는 눈을 감고 없는 팩트를 창작해 공격의 재료로 쓴다. 1, 2, 3은 사실 나눌 수 있는 부분이 아니지만 정병설이 나누었으므로 그에 따라 사실을 추적해보자. 먼저 사도세자의 병에 대해서 살펴보자. 정병설은 인터넷 강좌에서 다음과 같이 말했다.

공식 사료에서는 사도세자의 심각한 병증을 찾기 힘들다. 다른 기록들은

사도세자의 병증을 '한중록'만큼 세세히 그릴 수 없었고, 또 그럴 이유도
없었다.

　　　　　　　　　　　　　　　　- 정병설, 『한중록』은 진실의 기록인가, 「권력과 인간」,
　　　　　　　　　　　　　　　　　　　　　　　네이버 카페 문학동네, 2011년 1월 5일

　　'대리청정하는 세자의 병을 공식 기록은 쓸 이유가 없었다'는 것이
정병설의 주장이다. 궁중에 내의원內醫院이란 전문 의료기관이 있다는
사실을 정병설은 알기는 할까? 과연 공식사료에서 사도세자의 병을
찾기 힘든지 살펴보자. 『영조실록』에는 세자의 약방 진찰 기록이 무수
히 나온다. 그중 세자의 병명이 나오는 부분을 살펴보자. 영조 36년 7
월 10일자 기록이다. 영조가 약방 제조 이후에게 이렇게 묻는다.

"경이 동궁東宮(세자)을 친히 보았는가?"
이후가 답했다.
"신이 비로소 종처腫處를 보니 혹은 종腫을 이루었고 혹은 곪아 터졌습니
다."
임금이 말했다.
"여러 의관醫官들은 무엇이라고 이르던가?"
이후가 답했다.
"온천에 목욕하는 것이 마땅하다고 하였습니다."

　　　　　　　　　　　　　　　　　　　　　　　　- 『영조실록』 36년 7월 10일

　　이때는 세자가 뒤주 속에서 살해되기 2년 전이다. 『영조실록』은 사
도세자의 병이 정신병이 아니라 종기라고 말하고 있다. 『영조실록』은
같은 해 7월 18일자에도 "이때 예후睿候(세자의 병)가 습종濕腫으로 편

24

치 못하였는데, 약방에서 입진入診하고 온천에 목욕하기를 의논해 정하니 대조大朝께서 이를 허락하였다"고 적고 있다. 『한중록』은 정신병자인 세자가 칼로 화완옹주를 위협해 영조를 조르게 해서 온양에 가게 했다고 주장했다. 이렇게 『영조실록』과 『한중록』의 기술이 다르므로 사료 비판이 필요한 것이다. 먼저 『영조실록』은 세자를 진찰한 당일의 기록이다. 『한중록』은 사건이 발생한 지 30~40여 년 후에 정치적 목적을 가지고 쓴 기록이다. 세자를 미워하는 화완옹주는 왜 세자가 칼로 위협했다고 영조에게 고자질하지 않고 온양에 보내달라고 말했을까? 물론 혜경궁이 만든 거짓말이다. 게다가 『한중록』은 "그러나 (온궁에) 거동하시는 위의威儀는 쓸쓸하기 말이 못 되더라. 당신(세자)은 전배前陪나 많이 세우고 순령수巡令手 소리나 시원히 시키시고, 풍악이나 장하게 잡히고 가려고 하셨으나, 부왕께서는 마지못하여 보내시니 어찌 그렇게 차려주셨으리오"라면서 세자의 온궁 행차가 쓸쓸하기 그지없었다고 기록했다. 그러나 대리청정하는 세자의 행차는 법에 따른 규모가 있는 것이었다. 조금 길지만 세자의 온양 행차에 대한 실록의 기록을 인용해보자.

(영조가) 하교했다.

"왕세자의 온천 행차 때에 협련군挾輦軍(국왕 호위군사)은 훈국군訓局軍 1백 20명으로 교체해 운영하고, 전후 상군廂軍(국왕 호위군사)은 금위禁衛·어영御營 두 영군營軍 각 2백 명으로 하며 영기令旗 3쌍雙, 흑호의黑號衣, 흑기黑旗, 홍자 주장수紅字朱杖手 2쌍은 수어청守禦廳으로 하여금 교체 운영하게 하고, 전도前導·개폐문 육각開閉門六角은 각각 그 본관本官으로 하여금 대령하게 하며, 삼취三吹는 포砲로 대행하되 군기시軍器寺에서 대령하며, 배위陪衛는 일체 상례常例에 의하여 분승지分承旨, 분도총부分都摠府, 분병조

分兵曹, 분오위장分五衛將을 차하差下하며, 배종陪從은 단지 해당 도신道臣(감사)만 경상境上(도의 경계)에서 대후待候하고 수신帥臣(병마절도사)은 그만두도록 하라."

- 『영조실록』 36년 7월 11일

이것이 어떻게 전배도 없고 순령수 소리도 없는 쓸쓸한 위의인가? 수백여 명의 호위 군사는 물론이고 문을 열고 닫을 때마다 육각과 포 소리가 진동했다. 이런 행차를 『한중록』은 순령수도 없이 마치 암행어사가 수행 한두 명을 거느리고 몰래 가는 초라한 행차처럼 묘사했다. "분승지, 분도총부, 분병조, 분오위장을 차하"한다는 말은 조정을 둘로 나누어 한 조정은 세자를 따라간다는 뜻이다. 승지를 둘로 나누어 분승지를 임명하고 나머지도 분도총부·분병조·분오위장을 임명하니 세자를 따라가라는 뜻이다. 즉 조정을 둘로 쪼개어 가는 거창한 행차였던 것이다. 실록만 찾아봐도 그 진위를 쉽게 알 수 있는 사실도 정병설은 덮어놓고 『한중록』은 모두 사실이고 『사도세자의 고백』은 모두 거짓이라고 주장하는 것이다. 사도세자의 병은 종기였다.

두 번째와 세 번째, 즉 '사도세자는 친소론적이다'와 '사도세자는 노론의 견제를 받아 죽음에 이르렀다'는 것도 모두 사실과 다르다는 부분에 대해서 살펴보자. 먼저 정병설의 다음의 글을 읽어보자.

사도세자가 소론에 동정적임은 『한중록』에서도 언급한 바이다. 다만 그 것이 '노론 전체에 위기감을 느끼게 할 수준이었는가'가 문제이다. 그런데 중요한 사실은 사도세자 생시에 노론과 소론이 현실적으로 가장 심각한 정치적 대립 구도를 이루지는 않았다는 점이다.

- 정병설, 같은 책, 334쪽

정병설의 글을 읽는 것은 상당한 인내력을 요구한다. 너무 잦은 갈지자 행보로 횡설수설하기 때문이다. 정병설은 필자가 사도세자가 친소론적이었다고 본 것이 잘못이라고 주장했다. 그러면서 여기에서는 "사도세자가 소론에 동정적임은 『한중록』에서도 언급한 바이다"라고 썼다. 보통 사람 같으면 여기에서 '내가 잘못 봤구나'라고 사과하고 나간다. 그런데 정병설은 그렇게 하지 않는다. "다만 그것이 '노론 전체에 위기감을 느끼게 할 수준이었는가'가 문제이다"라는 다른 문구멍을 파서 자신의 파탄난 견해를 합리화한다. 왕조국가에서 다음 보위에 오를 사람이 야당(소론) 지지자라면 집권당은 당연히 위기감을 느끼리라는 상식은 정병설에게 통하지 않는다. 정병설은 "중요한 사실은 사도세자 생시에 노론과 소론이 현실적으로 가장 심각한 정치적 대립 구도를 이루지는 않았다는 점이다"라는 또 다른 문구멍을 파서 자신을 합리화한다.

역사서에서는 시점 특정이 중요하다. 1년은 물론 한 달, 하루, 때로는 한 시간 사이에도 상황이 반전될 수 있기 때문이다. 그런데 정병설은 "사도세자 생시에"라고 두루뭉술하게 쓰면서 "중요한 사실은"이라고 강조한다. '사도세자 생시에'라면 영조 11년(1735)부터 영조 38년(1762)까지 만 27년간이다. 사도세자 생시에 '숨을 쉬고 살았다'라거나 '밥을 먹고 살았다'라고 쓰는 것은 가능하다. 그러나 27년간에 걸친 두 당의 권력투쟁 과정을 뭉뚱그려 "사도세자 생시에 노론과 소론이 현실적으로 가장 심각한 정치적 대립 구도를 이루지는 않았다"면서 이것이 '중요한 사실'이라고 설명할 수는 없다. 사료를 다루는 기본 훈련이 안 되어 있다는 뜻이다.

필자는 『사도세자의 고백』에서 세자가 죽기 7년 전인 영조 31년에 발생한 나주 벽서 사건을 중요하게 다루었다. 이 사건으로 소론이 완전히 몰락했을 뿐 아니라, 이 사건에서 세자가 소론에 동정적 자세를 취했던 것이 훗날 그가 비참한 죽음을 맞게 된 중요한 요인으로 보았기 때문이다. 이 사건으로 소론이 몰락하지 않았다면, 노론의 공세로 쫓겨날 뻔한 경종이 소론의 반격으로 다시 살아났던 것처럼 사도세자는 죽지 않았을 것이라는 것이 필자의 견해다. 기본 팩트를 무시하기 때문에 정병설의 글에 반론을 쓰는 것도 굉장한 인내를 요구한다. 정병설은 인터넷 강좌에서 이렇게까지 이야기했다.

어제 신문을 보면 이소장께서 글로 대답하신다고 했는데 자기가 잘 아는 내용에 대한 답변에 오랜 시간이 걸릴 이유가 없다고 봅니다. 한두 시간이면 쓸 수 있는 문제지요. 이 논쟁이 우리 뒷 세대를 위해서도 필요한 일이라고 생각하시면, 독자들께서 이소장이 논쟁에 들어오시도록 더욱 적극적으로 힘을 써주시기 바랍니다.

— 정병설, 「건전하고 유익한 논쟁을 위하여」, 「권력과 인간」,
네이버 카페 문학동네, 2011년 1월 14일

어린 시절 골목의 주도권을 잡기 위해 다른 아이들을 부추기는 수준의 이야기를 이미 성인인 정병설은 진지하게 공개적으로 한다. 학자는 자신이 학문 도상에서 얻은 진실을 가지고 세상과 홀로 맞서는 외로운 존재임을 정병설은 모른다. 하긴 한국 학계에서 홀로 세상에 맞서는 학자는 찾기 어렵고 패거리지어 자신들끼리는 부추기고 생각이 다른 학자는 도태시키는 정병설류들이 훨씬 많기 때문에 이런 현상이 발생했을 것이다. 정병설은 자신을 부추기는 노론 후예, 식민사학 후예 학자들의 부추김을 천군만마처럼 여기면서 독자들까지 끌어들이려 애쓴다. 애처롭다. 정병설과 함께 문학동네로부터 '대한민국

'특급 인문학자'로 불린 성균관대학교 교수 안대회는 정조독살설을 부인하다가 "더욱이 한의사(오은정 한의원 원장)의 견해에 따르면, 정조의 체질에는 이러한 약물로 독살하는 것이 가능하지도 않다"고 주장했다. 허허, 웃음만 나온다. 독살이 불가능한 체질도 있다는 의학계의 최신 학설을 필자는 안대회로부터 처음 들었다. 새로운 학설을 소개해줘서 고맙다. 그런데 죽은 사람 말고 산 사람 중에 독살이 불가능한 사람을 소개해줬으면 좋겠다. 본인 동의하에 진짜인지 실험해보게. 정병설류의 수준을 그대로 보여주는 사례다.

사도세자와 소론의 관계에서 중요한 인물은 조재호다. 우의정을 역임한 소론 영수다. 사도세자는 뒤주로 들어가던 운명의 그날 세자익위사에 근무하는 조재호의 조카 조유진을 통해 춘천에 가 있던 조재호를 부른다. 그런데 이 사실이 혜경궁 홍씨에게 간파되면서 홍봉한에게 전해지고 홍봉한은 집중 수사를 편 끝에 조재호를 법정에 끌어냈고, 결국 사형시켰다. 조재호가 사형에 처해진 이유는 그가 항상 "한쪽 사람들이 모두 소조小朝(세자)에 불충하였으나 나는 동궁東宮을 보호하고 있다"라고 말했다는 것과 "항상 동궁을 보호한다(『영조실록』 38년 6월 22일)"고 말했다는 이유 때문이었다. 한쪽 사람들이 노론을 뜻한다는 것은 설명할 필요도 없다.

소론 영수 조재호는 효장세자빈 조씨의 오빠다. 효장세자빈은 혜경궁의 동서同壻(시아주버니의 아내)로서 사도세자의 형수다. 세자는 노론에 속한 처가에서 자신을 죽이려는 절체절명의 순간 소론에 속한 형수의 오빠를 불렀다. 세상 사람들이 사위를 죽이고 남편을 죽였다고 홍씨의 친정과 홍씨를 비난하면서 세자 때문에 목숨을 잃은 조재호와 효장세자빈을 비교할 때 혜경궁의 심사가 얼마나 쓰렸을지를 도도평장 정병설은 짐작도 못 하고 '권력과 인간' 운운하는 것이다. 세자가 친 소론임을 설명하는데, 소론 영수가 '노론은 세자에게 불충했지만 나는 세자를 보호하고 있다'고 말했다가 사형당한 이 팩트 이외에 다른 무엇이 필요하다는 말인가? 그러나 정병설은 이런 팩트에는 눈을 감는다. 팩트는 자신이 필요할 때만 이용하는 주머니 속의 공깃돌이기 때문이다. 사도세자와 노론의 관계에 대한 정병설의 설명을 읽어보자.

> 일국의 세자가 무엇이 아쉬워 자기 목숨을 걸고 한쪽 당파를 지원했다는 것인지 마땅한 이유와 합당한 근거를 찾을 수 없다. 노론이 싫다면 왕위에 오르기 전까지 자기 생각을 숨기는 것이 가장 간단한 방법이다. 이 정도의 상식적 판단도 못 내릴 수준의 세자라 해도, 그가 소론을 위해 노론과 대항했다면 무슨 근거가 있어야 할 것이다. 그런데『사도세자의 고백』에는 도무지 합당한 근거가 없다.
>
> ─ 정병설, 같은 책, 333쪽

"노론이 싫다면 왕위에 오르기 전까지 자기 생각을 숨기는 것이 가장 간단한 방법"이라는 것이 정병설이 사도세자에게 권하는 처세술이다. 정병설은 그런 편의주의로 인생을 살아왔는지는 모르지만 대부분의 사람들은 그렇게 살지 못한다. 정병설은 어떤 목적을 얻어내기 위해서는 자신의 생각을 감추고 간이라도 빼줄 듯 환심을 사다가 목적을 얻어낸 다음에 순식간에 표변해 배신하는 면종복배面從腹背(앞에서는 복종하지만 뱃속으로는 다른 생각을 함)를 보통 사람의 인생인 줄로 착각하고 있다. 굳이 공자의 견리사의見利思義(이익을 보거든 먼저 의를 생각하라)를 언급하지 않더라도 보통 사람도 이익과 의리 가운데 무엇을 선택할까 고심하며 산다. 때로는 밥을 위해서, 가족을 위해서, 자리를 위해서 이利를 선택할지라도 일단 고민하고 갈등한다. 도무지 정병설에게는 옳고 그름에 대한 기본적 고민을 찾을 수 없다. 피해자인 사도세자는 죽어 마땅하고 가해자인 혜경궁은 훌륭한 인물로 칭송된다. 가해자의 기록인 『한중록』과 가해 집단인 노론의 문구멍으로 그 사건을 바라보니 가치관이 전도된 것이 당연하지만.

사도세자를 고변한 나경언에 대해 『영조실록』은 "액정 별감 나상언의 형이니, 사람됨이 불량하고 남을 잘 꾀어냈다. 가산家産이 탕패되어 자립自立하지 못하게 되자 이에 춘궁春宮(세자)을 제거할 계책을 내어 형조에 글을 올렸다(영조 38년 5월 22일)"고 전하고 있다. 양반도 아닌 일개 중인, 혹은 상민이 대리청정하는 세자를 고변했다는 뜻이다. 그런데 이때 나경언의 고변을 처음 접한 형조 참의 이해중은 홍봉한의 부인 한산 이씨의 동생이다. 즉 홍봉한의 처남이자 혜경궁 홍씨의 외삼촌이다.

참의 이해중이 영의정 홍봉한에게 달려가 고하니, 홍봉한이 말했다.
"이는 청대請對하여 계품하지 않을 수 없다."
이해중이 이에 세 차례나 청대하였다.

— 『영조실록』 38년 5월 22일

이 대목은 상당히 중요하다. 나경언은 혜경궁의 외삼촌인 형조 참의 이해중에게 세자를 고변했다. 사도세자는 이해중의 조카 사위다. 그런데 이해중은 직속 상관인 형조 참판이나 형조 판서에게 보고해야 하는 정식 지휘계통을 무시하고 매형 홍봉한에게 먼저 보고했다. 사도세자의 장인 홍봉한은 사위를 죽이려는 이 고변의 진상을 파악하려는 시도도 하지 않고 빨리 임금에게 보고하라고 명했고, 세자의 처삼촌 이해중은 세 차례나 영조를 만나자고 급히 청대해 나경언이 세자를 고변한 사실을 왜란倭亂이나 호란胡亂이라도 난 것처럼 보고했다. 이 대목에서부터 혜경궁의 친정이 사도세자 제거의 총대를 멨다는 혐의를 받은 것이다.

왕조국가에서 대리청정하는 세자는 임금과 같다. 굳이 세자의 외삼촌이 아니더라도 나경언을 때려죽이든지 그 배후를 캐기에 여념이 없어야 했다. 그러나 이해중은 지휘계통을 무시하고 매형 홍봉한에게 먼저 보고했고, 홍봉한은 이를 미리 알기라도 했다는 듯이 빨리 영조에게 보고하라고 지시했다. 사도세자 제거 계획에 홍봉한 가문이 깊숙이 개재되어 있음을 말해주는 사료다. 정조는 이런 사실을 잘 알고 있었다. 그래서 정조는 즉위 직후 대사헌 이해중이 자신의 대리청정과 즉위를 방해한 홍인한 같은 인물들을 탄핵하지 않는다는 이유로 단천으로 유배하면서 이렇게 꾸짖었다.

나경언의 옥사獄事 때 청대했던 마음 같았다면 반드시 감히 이렇게 하지는 못할 것이다. 우선 찬배하라.

— 『정조실록』 즉위년 6월 25일

"나경언의 옥사 때 청대했던 마음 같았다면"이란 말은 이해중과 홍봉한에 대한 혹독한 비난이자 조롱이었다. 또한 혜경궁에게 자신은 외가에서 내 생부를 죽인 사실을 잘 알고 있다는 시위이기도 했다. 자신의 외가가 생부 제거의 총책이란 사실을 잘 알고 있었기에 정조는 정병설의 말대로 "노론이 싫다면 왕위에 오르기 전까지 자기 생각을 숨기는 것이 가장 간단한 방법"이란 점을 실천했다. 부친이 나주 벽서사건 때 영조와 노론의 정치보복에 반대하는 정견을 드러냈다가 뒤주에 갇혀 죽은 것이 반면교사였다. 세손(정조)은 바짝 엎드려서 자신의 정견을 드러내지 않았으나 노론은 격렬하게 그의 즉위를 반대했다. 세상은 그때나 지금이나 정병설의 생각처럼 단순하지 않다. 그런 고비를 몇 번 넘긴 후 세손은 겨우 즉위에 성공한다. 시종 가해자의 자리에서 사물을 바라보는 정병설은 보이지 않지만 피화자被禍者의 자리에서 바라보는 필자에게는 윤휴와 사도세자의 처지가 잘 보인다.

    필자는 최근작『윤휴와 침묵의 제국』을 들고 부산대학교 명예교수이신 원로 역사학자이자 본 연구소의 고문이시기도 한 이재호 선생님을 찾아뵀다. 이미 구순을 넘기신 선생님은 "백호(윤휴) 선생이 참 훌륭하신 학자인데, 노론에서 몇 백 년 동안 말도 못 꺼내게 했다"면서 직접 겪은 일을 말씀해주셨다. 수십 년 전에 한 분이 윤휴에 대해서 책을 썼다가 온갖 핍박을 받았다는 이야기다. 그러면서 당신이 "한 십 년만 더 젊었어도 권고遷固(필자)를 도와서 일을 좀 할 텐데 아쉽다"고 여러 차례 말씀하셨다. 이제 우리 사회는 윤휴에 대해 책을 써도 그렇게 큰 핍박을 받지는 않을 정도로 성장했다. 그러니 정병설도 독자들이 나서달라고 마치 약자처럼 위장하는 것이겠지만.

7.
정병설은 '혜경궁은 사도세자 일로 친정이 몰락하자, 친정의 죄를 변명하기 위해『한중록』을 지었다'는 것도 사실이 아니라고 주장했다. 혜경궁이 사도세자 사건에 대해 친정의 무고함을 변명하기 위해『한중록』을 쓴 것은 아니라는 주장이다. 역시 진위를 찾아보자. 혜경궁 홍씨는 왜『한중록』을 썼을까? 이는 혜경궁 자신이『한중록』에서 "동궁(정조)이 비록 아드님이시나, 그때 오히려 젊은 나이시니 나만큼 자세히 모르실 것이니, 모 년(사도세자가 죽는 임오년)에 속한 일은 무슨 일이든지 저에게 물으실 것이지 외인의 시끄러운 말은 곧이듣지 마십시오"라고 밝혔다.

　이 이야기는『사도세자의 고백』(351쪽;『사도세자가 꿈꾼 나라』, 376쪽)에 그대로 인용한 말이다. "외인의 시끄러운 말은 곧이듣지 마십시오"라는 말에『한중록』을 집필한 의도가 그대로 드러나 있다. 이미 그 당시에도 혜경궁의 말과 다른 '외인들의 말'이 있었다. 그것도 시끄러울 정도로 많이. '외인의 시끄러운 말'은 무엇일까? 혜경궁과 그 친정, 노론이 합세해서 사도세자를 살해했다는 말이다. 그러니 모 년의 일은 혜경궁의 친정이 사도세자를 죽였다는 '외인의 시끄러운 말'은 듣지 말고 혜경궁 자신의 말만 들으라는 것이다. 혜경궁의 말은 무엇인가? 사도세자는 정신병 때문에 죽었지 자신의 친정은 아무런 관련이 없다는 것이다. 그러나 정조가 살아 있을 때 쓴『한중록』1편에서는 사도세자가 정신병이란 사실을 쓰지 못했다. 1편에서 혜경궁이 가장 강조한 것은 자신의 친정과 사도세자의 사이가 얼마나 좋았는지 아느냐는 것이다. 이렇게 사이가 좋았는데 사도세자를 죽이는 데에 가담할 리가 있겠느냐는 복선이 깔려 있다. 그러나 정조는 비록 어렸지만 그 사건의 진상에 대해서 잘 알고 있었다. 그래서 1편에서는 사도세자에 대해서 일방적 비난을 하지 못한다. 그러다가 정조가 죽고 나서 쓴 2편부터 사도세자에 대한 비난을 잔뜩 써놓기 시작한다. 정병설은『한중록』을 6년 동안 공부했다는데 제대로 된 시각만 갖고 있다면 6시간만 정독해도 알 수 있는 사실이다. 혜경궁은 심지어 세손(정조)은 세 가지를 알 필요가 없다는 이른바 '삼불가지론三不可知論'을 제기했다가 정조 즉위 직후 사형당한 작은아버지 홍인한까지 옹호했다. 정조 즉위 직후 친정이 공격당하는 상황에 대해『한중록』은 "내 어리석으나 주상(정조) 어미로 앉았는데, 부친(홍봉한)을 꼭 해하려 하니 이것은 나를 업신여긴 뜻이매…… 슬픔을 품고 하늘만 바라보다가 칠월에 중부仲父(홍인한)의 당하심을 보니 집안이 망한 듯하였다"라고 회고하고 있다. 아들이 국왕인데도 친정이 공격당하는 상황이 연출된 것은, 물론 사도세자를 죽인 주범이란 이유였다. 또 홍인한은 사도세자 살해에 가담한 것은 물론 정조 즉위를 방해했다는 혐의까지 받고 있었다. 친정을 공격하는 여러 움직임의 총 기획자가 아들 정조라는 사실을 모를 정도로 혜경궁은 무딘 인물이 아니었다. 권력에 본능적으로 반응하는 체질이었다.

홍인한이 제기한 삼불가지론은 세손(정조) 자리에서는 죽느냐 사느냐의 문제였다. 부친의 죽음을 목도한 세손은 즉위에 실패하면 죽은 목숨이란 사실을 잘 알고 있었다. 자신을 죽음으로 모는 인물이 홍인한이란 사실도 잘 알고 있었다. 과연 홍봉한은 홍인한의 공작과 아무 관계가 없을까? 정조는 우여곡절 끝에 즉위하자마자 홍인한을 탄핵하지 않는다는 이유로 삼사三司(사헌부·사간원·홍문관)의 주요 관료를 사판仕版에서 삭제하고 문외출송門外黜送(관직을 빼앗고 서울 밖으로 내쫓는 일)했다. 그러자 홍인한 성토가 줄을 이었고 결국 그는 사형당한다. 『정조실록』 즉위년(1776) 3월 27일자는 정조가 삼사 신하들을 삭출한 명령을 적으면서 "이때 홍인한이 대리청정을 방해한 죄에 대해 마땅히 목욕하고 죄를 청해야 하는데, 오랫동안 말을 하는 사람이 없었다"라고 전하고 있다. '목욕하고'라는 뜻은 『논어論語』 「헌문憲問」 편에 나오는 사례다. 제齊나라 진성자陳成子가 군주 간공簡公을 시해하자 공자가 목욕한 후 조정에 나가서 노魯나라 애공哀公에게 진성자를 토벌하도록 청했다는 고사로, 역적을 성토할 때 자주 인용되는 고사다. 삼사에서 홍인한을 대역죄로 죄를 청해야 하는데 홍씨 집안의 눈치를 보며 머뭇거리자 정조가 직접 나서 삼사를 치죄하고 홍인한을 끝내 사형시켰던 것이다. 오랫동안 말을 하는 사람이 없었다지만 이때는 정조가 즉위한 지 17일째에 불과했다. 정조는 이렇게 주도적으로 나서서 혜경궁의 작은아버지 홍인한을 제거했다. 그런데 혜경궁은 『한중록』에서 이 사실을 장황하게 서술하면서 "중부의 마음은 동궁(정조)이 매사에 모르는 것이 없이 다 아신다 하고 아뢰면, 성심에도 어찌 여기실지 모르고, 전에 너무 칭찬하지 말라는 동궁(정조)의 약속도 지키고……"라고 썼다. 정조가 자신을 칭찬하지 말라고 지시했기 때문에 정조의 뜻에 따라서 삼불가지론을 주창했다는 것이다. 정병설과 혜경궁은 여러 면에서 서로 닮았다.

물론 이 기록은 정조가 죽은 후에 쓴 부분이다. 정조가 살아 있었으면 결코 쓰지 못했을 말이다. 혜경궁은 『한중록』에서 "뒤주는 영묘께서 스스로 생각하신 것이오"라고 홍봉한이 바친 것이 아니라고 주장했다. 그러면 혜경궁은 정조 즉위 직후 홍봉한이 뒤주를 바쳤다고 공격당할 때 뒤주는 부친이 바친 것이 아니라고 왜 주장하지 못했을까? 아들이 무서워서? 홍국영이 무서워서? 『한중록』은 이처럼 시종일관 친정의 자리에서 친정을 변호하기 위해서 쓴 책이다. 그렇기에 사실도 있지만 왜곡과 과장도 있고, 이런 거짓말도 있다. 그 결정판이 자신의 친정을 신원시켜 달라는 요구인데, 필자는 『사도세자의 고백』(351쪽; 『사도세자가 꿈꾼 나라』, 377쪽)에서 이렇게 썼다.

그녀가 『한중록』을 쓴 또 하나의 이유도 기록되어 있다.
"이 일(사도세자 사건)을 선왕(정조)이 크게 깨닫고 갑자에 누명을 씻겠노라 하신 말씀이 여러 번이시고, 병신과 임자에 두 번 분부가 더욱 분명한 증거가 되매 이 일을 신설하는 것이 선왕의 유의遺意라, 금상今上(순조)께서 불안해하시거나 주저하실 일이 아니라."

혜경궁의 주장은 그녀가 칠순이 되는 갑자년(1804)에 정조가 친정을 신원시켜준다고 약속했다는 것이다. 물론 혜경궁의 주장 외에 다른 증거는 없다. 그런데도 혜경궁은 순조에게 주저하지 말고 부왕 정조가 약속한 대로 풍산 홍씨 가문을 신원시켜달라고 요구했다.

혜경궁과 정병설은 비슷한 점이 많다. 둘 다 가해자의 시각에서 사물을 바라본다. 그러나 혜경궁은 복잡한데 정병설은 단순하다는 차이가 있다. 자신의 친정은 남편의 죽음에 관계없으며, 이미 죽은 정조가 자신의 친정을 신원시키겠다고 자신과 둘이 있는 자리에서 약속했으니 빨리 이행하라고 거듭 요구하는 『한중록』이 한 점의 의혹도 없는 사실만을 담고 있다는 사고가 어떻게 가능한지 필자는 아무리 이해하려고 노력해도 이해되지 않는다. 주입식 입시교육이 낳은 병폐의 산 증인 같다는 느낌마저 든다. 사도세자 사건에 혜경궁의 친정이 정말 관련이 없었다면 유명한 효자인 정조는 왜 즉위하자마자 자신의 외갓집을 쑥대밭으로 만들었을까? 아무 죄도 없는 외가 어른들을 죽이려는 아들에 대해 혜경궁은 왜 단식이란 자해공갈식 방법으로밖에 대응할 수 없었을까? 혜경궁은 왜 『한중록』에 구구절절 친정을 변명하는 이야기를 써놓았을까? 왜 정조가 살아 있을 때 쓴 『한중록』 1편과 정조가 죽은 후 쓴 뒷부분의 내용은 그렇게 다를까? 정병설은 6년 동안 『한중록』을 연구했다면서 이런 의문은 전혀 들지 않았나? 아니면 정병설이 본 『한중록』은 파본이어서 이런 부분이 모두 찢겨 나갔나?

정병설의 주장대로라면 대한민국 모든 교도소의 살인범은 다 무죄다. 전제는 있다. 자신이 그 살인 사건과 관계없다는 경위를 구체적으로 진술하면 된다. 살인 사건도 무죄가 되는 판국에 강도·절도·사기 사건은 말할 것도 없다. 구체적인 경위를 진술할 수 있는 수형자는 모두 석방시켜야 한다.

　이런 단순한 사고를 가지고도 박사학위를 따고 대학교수가 될 수 있다는 학문권력 구조에 주목해야 한다고 앞에서 말했다. 그리고 이런 사람들이 국민 세금으로 유지되고 운영하는 대부분의 국사·국어 관련 국가 기관의 장을 독식한다. 아직까지도 일제가 우리 역사를 비하하기 위해 만든 식민사학이 하나뿐인 정설이고 일제가 만든 두음법칙 따위가 국어학의 정설인 구조가 여기에 담겨 있다. 이완용의 비서로 조선통감부 외사국장 고마쓰와 나라를 팔아먹는 비밀협상을 주도한 이인직 같은 위인을 선각자로 가르치고, 청일전쟁 때 청나라 군사에게 겁탈당할 뻔한 조선 처녀를 일본군이 구해줬다는 내용의 『혈의 누』를 선구적인 작품으로 가르치는 학문권력의 비밀이 여기에 있다. 그래서 대한민국에 인문학의 위기가 왔다. 인문학 위기에 대한 해결책으로 인문학자들이 제시하는 대안 중 빠지지 않는 것이 있다. 정부에 돈을 달라는 것이다. 물론 인문학에도 정부의 돈이 지원되어야 한다. 이를 바라는 납세자도 많을 것이다. 그러나 인문학 지원 자금 분배 구조가 식민학문 위주로 짜여 있기에 국민들의 바람과는 정반대로 쓰이는 것이 문제다. 아직도 한사군이 한강 북부에 있었다는 따위의 식민사학 논리, 동북공정 논리가 버젓이 국민 세금으로 연구되고 강화된다. 아직도 두음법칙 따위 일제 잔재가 그대로 국어학의 정설로 유지된다. 그 반대 논리를 연구하려면 단 한 푼의 세금도 지원받을 수 없는 구조가 문제다.

　정병설의 말대로 할 이야기는 많다. 나머지 내용들은 본문의 내용으로 갈음하고 사도세자가 즉위했다면 어떤 정사를 펼쳤을지, 즉 '사도세자가 꿈꾼 나라'는 어떤 모습일지 몇 가지 사료로 설명하고자 한다. 노론에서 사도세자는 정신병자라는 말들을 만들어 퍼뜨렸으나 영조 36년(1760)의 온양 행차 때 백성들에게 모습을 드러낸 사도세자는 멀쩡했다.

> 왕세자가 직산稷山에 도착해 숙박하고 충청 감사 구윤명을 접견해 하령下令했다.
> "원근遠近에서 구경 오는 백성들이 매우 많은데, 사람과 말이 복잡하게 얽혀서 반드시 넘어지고 쓰러지는 사람들이 있을 것이다. 이런 사람들을 찾아서 각별하게 구휼하도록 하고 구경하는 사람은 구타해 쫓지 말며, 농토를 상하지 않게 하라."
> ― 『영조실록』 36년 7월 21일

온양에 도착해서는 "밤낮으로 마음을 쓰는 것은 오직 (호위하는) 군사들과 백성들에게 있다"고 말하고, 25일 밤에 군마가 탈출해서 농토를 상하게 하자 쌀 한 섬을 밭주인에게 보상했다. 귀경길에는 농사 작황이 좋지 않은 것을 보고 세금과 요역을 감면해주라고 하령한다. 그러자 충청 감사 구윤명이 이렇게 말한다.

"마땅히 이 하령을 여러 고을에 행관行關(문서를 보냄)해서 소민小民들로 하여금 저하의 백성 사랑하시는 성덕盛德을 알도록 하겠습니다."

그러자 사도세자는 "이는 행관해서 효유曉諭할 일이 아니라 편의에 따라 잘하는 것이 좋다(8월 1일)"라고 말했다. 백성들 앞에 모습을 드러낸 사도세자는 성군의 모습 그대로였다. 그러자 혜경궁도 『한중록』에서 "온행溫行하려 하실 적에는 사람이 다 죽게 보이시더니 성문을 나가시매 울화가 풀리셨는지…… 덕을 베푸시니 온양 일읍이 고요 안정하여 왕세자의 덕을 축수 찬양했다 하더라"라고 시인했다. 정병설은 "성문을 나가시매 울화가 풀리셨는지"란 혜경궁의 말을 믿겠지만 정신병자는 스스로 정신을 통제하거나 조절할 수 없다. 정신을 통제하거나 조절할 수 있다면 어찌 정신병이겠는가? 영조 36년 7월 18일 도성을 출발한 사도세자가 온양에서 다시 서울로 돌아온 날은 8월 4일이다. 세자는 보름 동안 정신병자나 그와 비슷한 모습을 보이기는커녕 성군의 자질만 보였다. 혜경궁의 논리에 따르면 백성들에게 노출된 보름 동안은 멀쩡했다가 다시 궁에 들어오자 정신병자가 되었다는 것이다. 있을 수 없는 일이다. 세자의 친소론적 경향뿐 아니라 군사를 아끼고 백성을 사랑하는 세자의 이런 정견을 노론은 위험하게 보았던 것이다. 이 때문에 세자는 노론의 제거대상이 된 것이다.

그렇지 않아도 13년 전에 쓴 것이라 손보려했으나 새로운 저작에 대한 요구들이 많아서 차일피일 늦추어왔다. 정병설이 일종의 계기를 만들어준 것에 대해 감사한다. 그런데 지금 다시 찬찬히 살펴보니 그때도 치열하게 공부했다는 생각이 들었다. 소수가 다수를 상대로, 그것도 권력을 갖고 있는 다수에게 맞설 때는 치밀한 논증구조를 갖고 있어야 한다. 사실 이 책을 처음 쓸 때 두 버전으로 낼 생각도 했다. 하나는 인용 주석을 달고, 하나는 달지 않고. 만약 인용 주석을 단 버전의 책을 같이 냈다면 정병설류들은 수긍했을까? 그렇지 않으리라는 사실을 잘 안다. 그들이 갖고 있는 학문관은 모르는 것을 배우고(學) 묻는(問) 것이 아니라 일종의 도그마기 때문이다. 정병설류들이 길을 잘못 들었다는 사실은 이제 초등학생이 봐도 안다. 그래서 한 마디 충고하고 싶다. 동양학에서 성인聖人이나 현인賢人이란 공자가 "잘못이 있으면 고치기를 기피하지 말아야 한다(過則勿憚改)"고 말하고 "안회顏回는 허물을 반복하지 않는다(不貳過)"고 칭찬한 것처럼 같은 실수를 되풀이하지 않는 사람들이다. 한문학을 하리라, 역사학을 하리라 마음먹었던 그 처음으로 돌아가면 혹시 자신들이 얼마나 길을 잘못 들었는지 보일 것이다. 물론 생각이 다른 사람은 죽이는 것으로 절대적 학문권력을 이어온 그들이기에 그렇게 하지 않을 것이란 사실도 안다. 그럴수록 그들과 시대의 괴리는 커질 것이다.

정병설의 공세를 받고 나서 『사도세자의 고백』을 다시 보니 13년 전에 사도세자의 자리에서 그 시대를 바라본 것이 무모했던 것처럼 느껴진다. 그러나 지금은 13년 전과는 상황이 상당 부분 달라졌다는 사실을 느낀다. 『사도세자의 고백』이 이런 세상을 만드는 데 한 역할 했다는 사실도 안다. 그만큼 세상은 앞으로 나갔는데, 정병설류는 더욱 뒤로 가기에 안타까운 것이다.

그때나 지금이나 필자가 믿는 지주支柱는 진실의 힘, 하나뿐이다. 한 순간은 윤휴처럼, 사도세자처럼, 목이 잘리고 뒤주에 갇혀 죽을지라도 진실은 그 자신의 힘으로 다시 살아난다. 훗날에라도 진실은 자신의 목소리로 발언한다는 그런 믿음이 없다면 누가 진실 편에 서겠는가? 그러나 이전 판의 서문에서도 밝혔듯이 이 책에 담긴 내용만이 진실이라고 강변하고 싶은 마음은 없다. 진실에 좀더 가까이 가려고 노력한 흔적은 있다고 봐주면 더 이상 바랄 것이 없다.

2011년 초겨울
마포 한가람역사문화연구소 서고에서
천고遷固 이덕일 기記

차례

들어가는 글_ 사도세자를 두 번 죽이는 사람들 · 4
프롤로그_ 노회한 정객, 혜경궁의 진실 · 45

1부 삼종의 혈맥 · 55
축복 속에 태어난 세자 · 57
부정父情 · 67
효종을 닮은 소년 천자 · 72
박문수의 예언 · 77

2부 눈물의 임금 · 83
장희빈과 경종, 모자의 한 · 85
이복형제의 비극, '경종 독살설' · 92
영조의 두 가지 콤플렉스 · 115

3부 슬픈 서막 · 129
저승전의 한상궁 · 131
당습을 하지 말라 · 135
어린 왕자의 정치 체험 · 142
노론 세자빈 · 150

4부 임금과 대리 임금 · 163
무제의 반만큼만 짐을 섬겨라 · 165
대리청정의 숨은 뜻 · 172
임금보다 어려운 세자 · 179
당인들을 갈아 마시겠다 · 188
무슨 면목으로 황형을 뵙겠는가 · 191

 ## 5부 정적政敵 · 201
만약 다른 왕자가 있다면 · 203
나주 벽서 사건의 파문 · 207
부자의 갈림길 · 217
그때부터 게장은 먹지 않았소 · 225
세자의 꿈, 북벌 · 234
또 하나의 정적, 외척 · 241

 ## 6부 사도세자의 반격 · 249
풍원군이 살아 있었다면 · 251
온궁의 행복 · 263
진현을 둘러싼 의문의 8개월 · 274
세자가 관서로 간 까닭은? · 280
거 땅에 있었던 때를 잊지 말라 · 289

7부 비극 · 299

노론의 승부수, 나경언의 고변 · 301
차라리 미쳐버려라 · 311
영조가 분노한 이유 · 316
운명의 그날, 세자가 부른 사람 · 321
아버님, 살려주옵소서! · 329
뒤주 속의 세자, 뒤주 밖의 궁궐 · 340

 ## 8부 미완의 꿈 · 351

세손을 끌어내려라 · 353
영조의 마지막 전교 · 361
과인은 사도세자의 아들이다 · 370
그들의 마지막 반격 · 379
노론과의 결별, 남인과의 결합 · 385

에필로그 · 397
주요연표 · 418
주요인물 · 422
제2판 머리말 · 426
제1판 머리말 · 434

프롤로그

•

노회한 정객, 혜경궁의 진실

『한중록閑中錄』은 '피눈물의 기록'이라는 뜻의 『읍혈록泣血錄』이라고도 불린다. 남편인 사도세자思悼世子의 비참한 죽음을 지켜봐야 했던 한 여인의 피어린 기록이란 의미다. 실제 혜경궁惠慶宮은 그 제목처럼 구절양장 기나긴 목소리로 한을 토해냈다. 그러니 후세 사람들이 그 한 서린 여인의 주장을 진솔하게 받아들인 것도 어쩌면 당연한 일인지 모른다. 하지만 혜경궁이 맨 처음 이 책에 붙인 제목은 '한가한 날의 기록'이란 뜻의 『한중록』이었다. '피 눈물의 기록'과 '한가한 날의 기록'. 그 제목만큼이나 내용과 진실의 거리도 먼 것은 아닐까?

사실 혜경궁이 『한중록』에서 전하고자 하는 메시지, 즉 한恨의 내용은 간단하다. 혜경궁이 일관되게 주장하는 것은 영조가 자식들을 병적으로 편애해 세자의 정신병을 심화시켰다는 점이다. 실제 사도세자의 형제들, 아니 영조 일가는 왕족의 일원이었으나 행복한 생을 살지 못했다. 세자의 두 누나인 화평옹주和平翁主와 화협옹주和協翁主는 세자가 10대 중후반일 때 요절했다. 그리고 세자의 여동생 화완옹주和緩翁主는 훗날 주위의 꾐에 빠져 친오빠인 사도세자와 조카인 세손(정조)

프롤로그 45

의 반대편에 섰다가 끝내 비참한 지경에 빠진다. 이러한 영조 일가의 불행한 삶은 혜경궁의 기록이 사실임을 입증하는 명백한 증거가 될 수도 있다. 그러나 바로 여기에 사도세자에 대한 혜경궁이 만든 고정관념이 아무 의심 없이 받아들여질 트릭이 숨어 있다.

혜경궁은 영조가 영빈暎嬪 이씨 소생 중 큰딸 화평옹주는 매우 사랑했으나 둘째딸 화협옹주와 세자는 극도로 미워했다는 점을 가장 애끓게 서술했다. 그래서 영조가 옥사獄事 등 불길한 정사를 보고 오면 꼭 세자를 불러, "밥 먹었느냐?"고 물어 대답을 들은 후 그 자리에서 귀를 씻고, 씻은 물은 화협옹주 집 담장으로 버렸다고 서술했다. 그래서 세자는 화협옹주를 대하면, "우리 남매는 귀를 씻는 차비差備(특별한 일을 맡는 사람)로다"라고 자조했다는 것이다.

혜경궁은 이처럼 영조를 세자와 화협옹주를 극도로 미워한 부왕으로 묘사했다. 하지만 『영조실록』은 영조와 그 일가의 관계에 대해 다르게 묘사하고 있다. 이것을 잠깐 검토해보자.

영조가 화평옹주를 사랑했다는 기록은 『한중록』과 『영조실록』의 기록이 일치한다. 그러나 영조가 불길한 말을 들은 후 귀 씻은 물을 버릴 정도로 저주했다는 화협옹주에 관한 기록은, 한 인물에 대한 기록인가를 의심할 정도로 그 내용이 너무나 판이하다.

그토록 미워했다는 화협옹주가 병에 걸렸을 때 영조의 거동을 『영조실록』에서 살펴봄으로써 진실의 실마리를 찾아보자. 재위 28년 (1752) 11월 25일, 영성위永城尉 신광수申光綏에게 시집간 화협옹주의 병세가 심상치 않다는 말을 들은 영조는 황급히 화협옹주의 사가私家로 거둥하려 했다.

친딸이라 해도 국왕은 사가로 문병이나 문상을 가지 못하는 것이 조선의 관례이자 법이었기 때문에 신하들이 반대하고 나섰다. 게다가 당시 영조 자신이 의원의 치료를 받는 환자였다. 이런 까닭에 부교리 채제공蔡濟恭은 두 번씩이나 차자를 올려 가지 말도록 간했으나 듣지 않았다.

오히려 영조는 호위 군사를 빨리 집결시키지 않았다며 병조 판서 김상성金尙星과 훈련대장 김성응金聖應을 잡아들이라는 명을 내렸고, 또한 이들의 부절符節(군사 지휘권을 뜻하는 표신)을 빼앗으러 간 선전관이 표신標信(궁중에 급변을 전할 때 사용하던 문표)을 청하지 않았다고 하여 군율을 시행토록 할 정도로 화협옹주의 병환에 당황하며 초조해했다.

황황히 화협옹주의 사가에 행차한 영조는 밤이 깊도록 환궁하지 않고 그녀의 머리맡을 지켰다. 그러나 문병도 안 되는 판에 임금이 사가에서 밤을 새울 수는 없는 법. 약방은 물론 대신들과 승정원 관리들이 모두 영조에게 환궁할 것을 거듭 청했다. 그러나 영조는 듣지 않았다. 영조가 환궁 준비를 하라는 명을 내린 것은 동이 틀 무렵이었다.

이틀 후 아직 날이 밝지 않은 미명에 화협옹주가 죽었다는 소식을 들은 영조는 어둑한 새벽길을 나서려 했다. 약방 도제조 김약로金若魯 등이 영조 자신이 환자임을 상기시키며 만류했으나 영조는 끝내 문상을 고집했다. 그러자 김약로가 말했다.

"지난해 화평옹주의 상사 때 전하께서 적지 않게 몸이 손상되셨으므로 신은 지금까지 한스러워하고 있습니다."

이 말을 들은 영조가 큰 소리로 꾸짖었다.

"내 몸이 손상된 것은 조정 신하들의 당론黨論 때문이다. 어찌 딸이 죽어 곡哭한 것과 연관시키는가?"

이처럼 『영조실록』은 영조가 화평옹주는 편애한 반면 화협옹주는 저주했다고 한 세자빈 홍씨의 증언과는 명백히 다른 이야기를 전해주고 있다. 도대체 진실은 무엇일까? 『영조실록』에 따르면 영조는 화평, 화협 두 옹주 모두를 사랑했다. 물론 영빈 이씨의 첫 소생인 화평옹주를 화협옹주보다 사랑한 것은 사실이다. 영조는 화평옹주에게 인조의 동생 능원대군綾原大君의 옛집인 이현궁梨峴宮을 주면서 경복궁의 소나무를 베어 수리하게 할 정도로 그녀를 사랑했다. 또한 금성위錦城尉 박명원朴明源에게 시집간 화평옹주가 위독하다는 소식을 듣고는 역시 그녀의 사가로 가서 밤을 새웠다. 화협옹주가 죽기 4년 전인 영조 24년의 일이다. 영조는 이에 대해 스스로 변명하기도 했다.

"이번만이 아니라 효장세자孝章世子(영조의 큰아들)의 묘우廟宇를 지날 적마다 항상 마음이 답답했다. 부모와 자녀 사이에는 부모 마음을 알아주는 자식이 있는 것이니, 며느리 중에서는 현빈賢嬪(효장세자의 빈 조씨)이 내 마음을 알아주고 딸 중에서는 화평옹주가 내 마음을 알아주었는데 갑자기 이 지경을 당했다. 내가 자식을 사랑하는 마음에서 그런 것이 아니라, 단지 그 사람됨을 애석하게 여겨서 그런 것이다."

영조는 화평옹주는 물론 화협옹주도 사랑한 자상한 아버지였다. 혜경궁의 묘사대로 '용모도 절숭하고 효성도 있어 아름다운' 화협옹주를 영조가 미워할 이유는 없다. 영조는 화협옹주가 죽은 2년 후 상일祥日(사후 두 돌 후 지내는 제사)에도 그녀의 집으로 거둥했다. 화협옹주의 명복을 빌면서 이날 하루를 경건하게 지내고 싶었던 영조는, 어가 행차 때 일체의 취타를 하지 말라고 지시했고, 화협옹주의 옛집에 들러서는 깊은 밤까지 옹주의 명복을 빌다가 신하들이 여러 번 환궁을 간청한 끝에 발길을 돌렸다. 화협옹주의 기일을 경건하게 보내기 위해 세심하게 배려하는 이런 모습 어디에서도, 귀 씻은 물을 담장 너머로 던지며 저주하는 영조의 모습은 찾아볼 수 없다.

영조는 이처럼 다정다감한 성품이었고, 그답게 일가 모두를 사랑했다. 그러나 그중에서 첫딸인 화평옹주와 효장세자의 부인이자 큰 며느리인 현빈 조씨에게 마음이 더 쏠렸음을 솔직히 고백했다. 실제 영조는 화평옹주 못지않게 현빈 조씨를 무척 사랑했다. 또한 『영조실록』에 영조가 세자빈 홍씨를 사랑했다는 기록은 나오지 않는 반면 현빈 조씨를 사랑했다는 기록은 자주 나온다. 영조 27년(1751) 11월, 현빈이 세상을 뜨자 이렇게 회상하기도 했다.

"무신년(효장세자가 죽은 해) 이후로 내가 의지한 바는 현빈이었다. 그런데 이제 그가 또 세상을 뜨니 슬픈 감회를 어찌 표현할 수 있겠는가?"

영조가 현빈을 이처럼 아낀 것은 어려서 남편을 잃은 현빈의 처지를 불쌍히 여긴 때문이기도 했지만, 그녀의 행실과 그녀의 친정에 대한 영조의 남다른 호의 때문이기도 했다.

영조는 현빈의 행실을 마음에 꼭 들어 했다. 영조는 심지어 영의정 김재로金在魯에게 다음과 같이 말하기도 했다.

"내가 일찍이 삶은 밤을 좋아해, 갑자기 삶은 밤이 먹고 싶다고 했더니 현빈이 곧바로 진상하였다. 그 뒤에 대비의 하교를 들으니, 현빈이 미처 신을 신을 사이도 없이 곧바로 부엌에 들어가 친히 삶아왔다고 한다. 이것이 효도가 아니고 무엇이겠는가? 또한 친정 어른이 고관이 되면 기뻐하는 게 인지상정인데 현빈은 그렇지 않았다. 현빈은 영돈녕領敦寧(현빈의 숙부 조현명)이 대신이 되었다는 말을 듣고는, '우리 숙부는 왜 물러가서 쉬지 않을까?'라고 말했으니 그 성품을 알 수 있다."

현빈의 친정인 풍양 조씨 사신思愼파는 시종 일관 영조의 탕평책에 호의적이었다. 현빈의 아버지 조문명趙文命은 영조 초반 탕평책을 이

끌었던 소론 영수이자 탕평 영수였다. 숙부 조현명趙顯命도 소론 영수이자 탕평 영수였다. 그런데도 현빈은 척리戚里(임금의 외척)가 대신이 되어서는 안 된다는 엄격한 정사 불개입 자세를 견지하고 있었다. 현빈과 그 집안의 이런 자세가 영조의 마음을 흡족하게 했던 것이다. 그리고 조문명과 조현명 형제, 그 아들들은 시종일관 사도세자를 지지한다. 훗날 "한쪽 사람(노론)들은 사도세자에게 불충했지만 자신은 세자를 보호하려고 했다"고 말했다는 이유로 사형당한 소론 영수 조재호趙載浩는 사도세자의 형수인 현빈의 오빠다.

현빈과 그 친정의 이런 자세는 혜빈(혜경궁 홍씨)과 그 친정의 자세와는 완전히 상반되는 것이었다. 현빈 조씨는 친정보다 왕실을 앞세운 반면 혜빈 홍씨는 왕실보다 친정을 앞세웠다. 현빈이 자신의 사가보다 국가를 앞세웠다면 혜빈은 국가보다 사가를 앞세웠다. 이런 현빈의 태도가 영조의 마음을 흡족하게 했던 것이다.

현빈의 친정이 소론이면서도 탕평에 앞장섰던 반면 혜빈의 친정 풍산 홍씨는 골수 노론으로서 당론에 앞장섰다.

혜경궁의 말대로 영조가 화평옹주만 사랑하고 화협옹주는 극도로 미워한 정신병자였다면 현빈 조씨를 사랑한 반면 혜빈 홍씨는 극도로 미워했어야 이치에 맞다. 그러나 홍씨는 영조가 사도세자는 미워했어도 자신은 사랑했다고 구구절절 말하고 있다. 하지만 앞서 말했듯이 『영조실록』에 영조가 현빈 조씨를 총애한 기록은 자주 나오지만 혜경궁을 사랑했다는 내용은 어디에도 없다.

한 옹주, 아니 영조 일가에 대한 『한중록』과 『영조실록』의 기록은 왜 이렇게 다른 것일까? 두 기록 중에서 어느 쪽이 진실, 혹은 진실에 가까운 것일까?

영조는 기본적으로 인간을 사랑하는 성품을 가진 인물이다. 또한

한 점 부끄럼이 없는 완벽한 인간이고 싶었던 인물이다. 그러나 즉위 초부터 경종 독살설이 퍼지면서 많은 상처를 입었다. 심지어 이천해李天海라는 군사가 어가를 가로막고 경종 독살설과 관련된 이른바 흉언凶言을 하기도 했다.

재위 4년에는 이인좌李麟佐가 봉기해 경종의 복수를 공공연히 주창하기도 했다. 이때마다 영조는 큰 상처를 입었다. 그는 자신의 정통성과 관련된 문제에서는 한 치의 용서도 없이 단호하게 처벌했지만 조선의 스물일곱 임금 중에 그 누구 못지않게 백성을 사랑했던 애민 군주이기도 했다.

그는 심지어 당시 사회의 가장 최하층인 노비의 처지에도 세심한 주의를 기울인 군주였다.

"사노비의 형편은 말도 못하게 어려워 남종은 장가를 못 가며 여종은 시집을 못 간다. 부부가 있은 후에야 부자가 있는 것이 세상의 이치인데 어찌 이럴 수 있겠는가? 노비의 세금을 반으로 감면하라."

이처럼 당시 사람 취급도 받지 못했던 노비의 비참한 처지에도 세심한 배려를 베풀줄 아는 영조가 자신의 핏줄이 섞인 자식들을 사랑하지 않을 수 있었을까? 하물며 외아들인 사도세자를 미워할 까닭이 있었을까?

영조가 극진히 아꼈던 화평옹주는 시종일관 세자의 편을 든 자상한 누이였다고 한다. 혜경궁은 『한중록』에 화평옹주가 영조와 세자 사이의 갈등을 풀어주었다고 적고 있다. 하지만 이 주장도 화평옹주가 죽은 나이를 생각해보면 고개가 갸우뚱해진다. 영조의 통곡 속에 화평옹주가 죽은 것은 세자가 대리청정하기 6개월 전인 영조 24년 6월로, 세자 나이 열네 살 때였다. 그때까지 영조와 세자 사이에 심각한 갈등이 있었다는 증거는 찾아보기 힘들다.

영조는 화평옹주가 죽은 6개월 후, 세자에게 대리청정을 시키는 이유를 이렇게 설명했다.

"세자는 기품이 뛰어나지만 뒷날 과연 어떻게 행동할지 알지 못하는 까닭에 내가 살아 있을 때 정사하는 것을 보고자 한다."

이처럼 영조는 세자의 기품이 뛰어나다고 보았다. 실제 두 부자 사이에 화평옹주가 나서서 중재해야만 해결될 갈등이 있었다는 사실은 찾기 힘들다. 열네 살짜리 외아들과 쉰다섯 늙은 아버지 사이에 무슨 갈등이 있었으랴?

혜경궁은 『한중록』에서 세자가 "겁이 나서 못하면 (영조가) 남 보는 좌중에서 꾸중하시고 흉도 보셨다"라고, 영조가 시종 세자를 미워한 듯이 기술하고 있다. 하지만 영조는 세자에게 대리청정시키는 또 다른 이유를 대신들에게 이렇게 설명했다.

"보통 사람도 부형父兄이 있으면 타인이 그 자제를 업신여기지 못하는 법이다. 원량元良(임금의 큰 아들)이 어떻게 시국의 형편에 따른 편벽한 내용의 상소를 알 수 있겠는가? 내가 뒤에서 세자의 기반을 세워주고자 하는 것이다."

자신이 세자에게 든든한 반석이 되어주기 위해서 대리청정을 시키겠다는 뜻이다. 혜경궁의 주장과는 달리 영조는 세자에게 흡족해 했고 많은 기대를 걸고 있었다.

혜경궁의 기술 중 또 하나 이해하기 어려운 것이, 선희궁宣禧宮이라 불린 사도세자의 생모 영빈 이씨에 대한 부분이다. 영빈 이씨는 천한 나인(內人) 출신이었다. 혜경궁은 세자궁 나인들이, 출신이 미천하다 하여 선희궁을 업신여겼다고 비난했다. 그러나 다른 궁 소속의 궁녀들이라면 몰라도 세자를 모시는 궁녀들이 세자의 생모를 업신여긴다는 것은 이해하기 어렵다.

『한중록』을 쓸 당시 혜경궁은 사랑하는 남편의 비참한 죽음에 오열하던 청상과부의 나이가 아니었다. 『한중록』의 대부분은 영조·정조 치세를 지난 순조 치하에서 쓰였다. 혜경궁은 이미 6, 70여 년을 궁중에서 산 70대의 노회한 정객이었다. 그녀의 친정인 풍산 홍씨 가문은 세자가 죽은 후에도 승승장구해 형제 정승의 지위를 누렸던 당대 최고의 명문가였다.

그러나 공교롭게도 혜경궁의 집안이 몰락하는 것은 사도세자의 아들이자 자신의 아들인 정조가 즉위한 직후였다. 몰락의 이유가 기구하다. 그녀의 친정 식구들이 사도세자를 죽인 주범으로 몰려 몰락하기 때문이다. 이를 '병신처분'이라고 한다(1776, 정조 즉위년). 그녀의 한은 사도세자의 억울한 죽음이 아니라 친정의 몰락이었다. 그리고 세상의 시각도 혜경궁을 '남편을 죽음으로 몰고 간 악처惡妻'로 의심했다. 아마 이 몰락과 세상의 이런 시각이 없었다면 혜경궁은 『한중록』을 쓰지 않았을 것이다.

혜경궁은 노련한 정치가답게 이 사건의 관련자들과 목격자들이 사망하기를 기다렸다. 『한중록』은 모두 네 편으로 구성되어 있다. 정조 생전에 쓴 1편과 정조 사후에 쓴 2~4편은 그 내용이 사뭇 다르다. 1편에서는 사도세자에 대한 비난을 전혀 하지 않는다. 그러나 2~4편에는 사도세자를 극도로 비난한다. 정조는 사건 당시 열한 살의 어린 나이지만 사건의 진상을 잘 알고 있었다. 그래서 정조 치세에서는 사도세자가 정신병이란 말을 하지 못하고 다만 자신의 친정과 사도세자가 얼마나 사이가 좋았는지를 구구절절 강조한다. 사도세자의 정신병 주장은 정조 사후에야 구체적으로 하기 시작했다.

혜경궁이 『한중록』을 쓴 목적은 단순하다. 사도세자의 비극은 영조의 이상성격과 사도세자의 정신병이 충돌한 결과이지 자신과 친정은 이 사건과 아무런 관련이 없음을 강변하기 위한 것이었다. 그리고 이런 강변은 사도세자를 죽인 당파인 노론이 조선 후기 내내 일당으로 집권하고, 일제강점기 때도 상당 부분 세력을 온존한 결과, 그리고 광복 이후에도 상당한 학문 권력을 장악한 결과 하나의 고정관념이 되었다. 『사도세자의 고백』이 등장해 사도세자의 목소리를 전하기 전까지는.

1부

삼종의 혈맥

『영조실록』 38년 5월 22일

나경언이 사도세자의 비행을 고변하다.
사도세자가 밤을 세워 금천교禁川橋 가에서 대죄하다.

『영조실록』 38년 5월 24일

임금이 홍화문에 나가 각전各廛 시민들을 불러
세자가 진 빚을 갚아주었다.

축복 속에 태어난 세자

영조 11년(1735) 1월 21일!

창경궁昌慶宮은 밤새 내린 눈으로 하얗게 덮여 있었고 싸늘한 날씨 때문만은 아닌 팽팽한 긴장감이 감돌고 있었다. 그 긴장감은 대궐 동쪽 통화문通化門 근처 집복헌集福軒으로 향해 있었다. 그곳에서 영조의 후궁인 영빈 이씨가 산통産痛을 시작했기 때문이다. 영조는 창덕궁昌德宮 인정전仁政殿에서 초조한 마음으로 대기하고 있었다. 그만큼 영조는 다급했다. 그는 마음속으로 빌고 또 빌었다.

'제발 원자이기를……'

그때 영조의 나이 마흔둘, 조혼하던 당시의 결혼 풍습으로 봐서는 손자를 볼 나이였다. 하지만 영조는 손자는커녕 아들도 없었다. 왕조국가에서 임금에게 아들이 없다는 자체가 정치적 불안 요소였다. 조선같이 신하의 힘이 상대적으로 강한 나라는 더욱 그랬다. 뒤를 이을 후사가 없을 때는 종친 중에서 한 명을 내세워 임금으로 추대해야 했는데, 이때 누구를 추대하느냐를 놓고 극심한 정쟁이 벌어지게 마련

창경궁 집복헌 영조 11년(1735) 1월 21일, 훗날 세자가 되었지만 아버지의 명으로 뒤주에 갇혀 죽음을 맞이한 비운의 왕자, '선'이 이곳에서 태어났다. 서울시 종로구 소재.

이었다. 조선 12대 임금 인종이 후사 없이 죽고 이복동생 명종이 즉위했을 때 명종의 어머니 문정왕후가 인종을 독살했다는 소문이 나돌았던 것도 이 때문이었다.

영조에게도 아들이 있었다. 16년 전(1719), 정비正妃가 아닌 후궁 정빈靖嬪 이씨에게서 낳은 아들이었다. 영조는 정비인 정성왕후貞聖王后 서씨가 아들을 낳아주기를 기대했으나 서씨는 아들은커녕 딸도 낳지 못하는 이른바 석녀石女였다. 그래서 영조는 정빈 이씨 소생이 다섯 살이 되자 경의군敬義君에 봉하고 이듬해에는 세자로 책봉했다. 그가 바로 효장세자다. 그러나 효장세자는 영조 4년(1728) 열 살의 어린 나이로 죽고 말았다.

그 후 영조는 원자가 태어났을 경우에 대비해 정치 일정을 짜놓고,

후궁들이 아이를 낳으려 할 때마다 궐 내에 출산을 돕기 위한 임시기구인 산실청産室廳을 차렸다. 하지만 그때마다 태어나는 것은 왕자 아닌 옹주였다. 정빈 이씨 소생의 화순옹주和順翁主와 영빈 이씨 소생의 화평, 화협옹주가 그들이었다.

'이번만은……'

'이번만은……'

기대가 실망으로 바뀐 것이 몇 번인지 몰랐다. 이런 세월이 7년 동안 계속되었다. 후사 부재 문제는 정국의 뜨거운 감자였다. 누구도 드러내놓고 말하지는 못했지만, 각 당파 영수의 안방 깊숙한 곳에서는 영조가 갑자기 사망한다면 누구를 추대하느냐를 놓고 비밀리에 숙의하고 있는지도 몰랐다. 그런 이유 등으로 세자의 빈자리는 영조에겐 불안 그 자체였다. 영조가 자신과는 정치적으로 대립한 소론小論을 포용하는 탕평책을 쓴 이유 중의 하나도 세자의 부재였다. 세자는 노론老論만의 임금이 아니라 전 당파의 임금이 되어야 했다.

세자 부재는 선왕先王 경종 때도 심각한 문제였다. 경종 때 이 문제를 둘러싸고 극심한 정쟁이 벌어졌는데, 다름 아닌 영조가 그 정쟁의 한가운데 놓여 있었다. 피비린내가 끊이지 않았다. 이런 사태를 막는 유일한 방법은 영조가 빨리 아들을 보는 것이었다.

영조는 부왕 숙종은 물론 태조 이성계를 비롯한 열조列朝들, 그리고 명산대천에도 아들을 달라고 빌었다. 아들을 낳아야만 죽은 후 선왕이자 황형皇兄(임금의 형)인 경종에게 용서를 빌 수 있을 것 같았다.

'결국 삼종三宗의 혈맥血脈이 종사를 잇게 되지 않았습니까?'

저승에 가서 경종에게 용서를 빌며 할 말은 이 말밖에 없었다. 자신이 세제 시절 경종에게 한 행위는 오직 이 명분으로서만 변명할 수 있었다.

'복을 모은 집'이란 뜻의 집복헌의 조그만 움직임에도 전 대궐이 민감하게 반응했다. 오로지 집복헌만 움직이고 있을 뿐 다른 모든 곳은 정지해 있었다. '폭풍 전야의 정적' 그 자체였다.

드디어 죽음 같은 정적을 뚫고 집복헌에서 울음소리가 터져 나왔다. 한 생명이 어둠을 뚫고 세상에 나온 것이었다. 내관이 황급히 영조에게로 달려왔다. 영조는 긴장을 풀지 않은 채 환관의 입을 바라보았다.

"전하! 하례드리옵니다."

영조는 '하례드린다'는 말의 뜻을 얼른 알아차렸다. 아니 내관이 입을 열기 전에 이미 표정만 보고도 짐작할 수 있었다.

"원자 아기씨이옵니다."

영조의 얼굴이 활짝 펴졌다.

영빈 이씨가 원자를 생산했다는 소식은 삽시간에 전 궁중에 퍼졌다. 그야말로 나라의 경사였다. 현직의 시임 대신時任大臣은 물론 원임原任(전임) 대신과 여러 재신宰臣, 그리고 옥당玉堂(홍문관)에서 한결같이 면대를 요청했다. 이들의 청대를 거부할 이유가 없었다. 아니 영조는 한시바삐 이들을 보고 싶었다.

하지만 먼저 할 일이 있었다. 대비전에 이 사실을 아뢰는 일이었다. 부왕 숙종의 계비인 인원왕후仁元王后 김씨가 생존해 있었다. 대비 김씨는 영조보다 일곱 살밖에 많지 않은 계모였지만, 영조가 어려운 처지에 놓일 때마다 도와주고 지지해준 진정한 어머니였다. 대비전은 대궐의 동쪽에 있는 창경궁으로, 동쪽에 있다고 해서 동조東朝라고 불리기도 했다.

마음이 다급한 영조는 격식을 다 갖출 틈이 없어 그냥 보련步輦(사람이 메는 가마)에 올랐다. 영조는 이 기쁜 소식을 한시라도 빨리 전하기 위해 시연군侍輦軍을 재촉했다. 영조는 경춘전景春殿 서쪽의 빈양문賓陽門으로 가자고 명했다. 그곳이 경춘전과 가장 빨리 통하는 지름길이었

창경궁 명정전 창경궁의 정전正殿으로 성종 15년(1484)에 건축했다. 임진왜란 때 불에 탔지만 광해군 8년 (1616)에 다시 건축했다. 서울시 종로구 소재.

기 때문이다. 빈양문을 지나 복문福門에 들어서니 대비가 거처하는 경춘전과 남쪽의 문정전文政殿이 한눈에 들어왔다.

영조는 급한 마음으로 경춘전에 들어섰다. 대비 김씨도 이미 대비전의 궁관宮官을 통해 영빈 이씨가 득남했다는 소식을 전해들은 터였다. 영조가 절을 마치자마자 김씨가 입을 열었다.

"축하하오. 상감!"

"이 모두 선대왕先大王(숙종)께서 지하에서 굽어 살피시는 덕택이옵니다."

"그러하오. 정녕 그러하오."

1부 삼종의 혈맥 61

영조가 다시 입을 열었다.

"빨리 원자의 호號를 정해 종묘에 고하고 내외에 반사頒赦(반포)하려 합니다."

"마땅히 그렇게 해야지요."

대비는 기꺼이 동의했다.

영조는 경춘전을 나와 창덕궁의 인정문仁政門으로 향했다. 시임·원임 대신은 물론 6조와 3사의 장관들, 그리고 무관까지 전 조정의 모든 신하들이 모여 있었다. 영조가 옥좌에 오르자마자 대소 신료들이 일제히 입을 열었다.

"하늘과 조종祖宗의 신령이 종사를 굽어 살피사 3백 년 가업을 잇게 하신 것입니다."

영조도 활짝 웃으며 답했다.

"고맙소. '삼종의 혈맥'이 장차 끊어지려 하다가 비로소 이어지게 되었소. 다행히 돌아가서 여러 성조聖祖들을 배알할 면목이 서게 되었소. 즐겁고 기뻐하는 마음이 지극하니 그 감회 또한 깊소."

삼종의 혈맥!

인조반정(1623) 이후 조선 후기 왕조사를 이해하기 위해서는 '삼종의 혈맥'에 대한 이해가 필수다. '삼종'이란 효종, 현종, 숙종의 세 임금을 뜻하며, '혈맥'이란 그 세 임금의 피가 흐른다는 사실을 뜻한다. 삼종의 혈맥에는 효종을 비롯한 세 임금의 왕위 계승이 정당하다는 자기방어 논리가 담겨 있다. 이는 곧 왕위 계승의 정당성에 대한 자기 변명이 필요하다는 얘기다. 바꿔 말하면 그들의 왕위 계승이 정당하지 않았을 수도 있다는 역논리가 있었다는 뜻이다.

이런 자기방어 논리는 인조의 맏아들인 소현세자昭顯世子 일가의 비극에서 비롯되었다. 인조의 왕위는 당연히 소현세자가 잇게 되어 있

었다. 그러나 정작 왕위를 계승한 인물은 둘째 아들인 봉림대군鳳林大君이었다. 그래서 그가 '삼종의 혈맥'의 시조가 된다. 인조는 맏아들인 소현세자를 독살한 뒤 며느리 강빈姜嬪마저 무고죄를 씌워 죽였다. 그리고 당시 세손으로 대접받던 소현세자의 맏아들 석철石鐵을 제쳐두고 봉림대군을 세자로 임명했다. 이는 종법에도 어긋나는 일이었다.

조선시대에 맏아들과 둘째 아들의 차이는 하늘과 땅 차이였다. 조선 후기로 갈수록 이런 경향은 더욱 강화되었다. 맏형은 둘째 이하에게 거의 아버지와 같은 대접을 받았다.

현종과 숙종 때 벌어진 유명한 1, 2차 예송논쟁도, 바로 효종으로 즉위한 봉림대군의 왕위 계승이 정당하냐는 문제 제기가 깔려 있었기에 그토록 치열했다. 효종이 승하했을 때 계모인 자의대비慈懿大妃 조씨가 3년복을 입어야 하는가 1년복을 입어야 하는가의 문제로 서인과 남인이 싸운 것이 1차 예송논쟁(1659)이다. 서인들은 효종이 비록 왕위를 계승했지만 둘째 아들이므로 1년복을 입어야 한다고 주장했고, 남인들은 효종이 둘째 아들이지만 왕통王統과 가통家統 모두를 계승했으므로 3년복을 입어야 한다고 주장했다.

당시 소현세자의 아들이 살아 있었기에 예송논쟁은 살얼음판을 걷는 민감한 논쟁이 될 수밖에 없었다. 자칫 효종의 정통성을 부인하는 것으로 비춰질 수 있었기 때문이다. 인조반정을 주도한 서인들은 명나라 황제를 임금으로 섬기고, 조선 임금은 제후로 낮췄다. 조선 임금은 자신들과 같은 사대부에 불과하다는 생각에서 사가의 예법을 적용해 1년복 설을 주장한 것이다.

1차 예송논쟁은 1년복 설을 주장한 서인들이 승리했지만 2차 예송논쟁에서 남인들이 승리하면서 정권이 잠시 바뀌었다. 이 과정에서 서인들이 효종의 종통을 부인했는가의 문제는 주요한 시빗거리가 되었고, 이후 효종의 정통성을 부인하는 것은 현 왕실의 정통성을 부인하는 위험한 일이 되었다. 이런 과정에서 생겨난 성역이 바로 '삼종의 혈맥'이었다.

삼종의 혈맥이란 말이 나오게 된 까닭은 유독 이 가문에 아들이 귀했기 때문이기도 했다. 효종은 옹주 한 명을 포함해 딸은 일곱이나 두었지만 아들은 오직 현종 한 명뿐이었다. 현종 또한 공주는 셋을 두었지만 아들은 숙종 한 명뿐이었다. 숙종은 희빈禧嬪 장씨에게서 경종을, 숙빈淑嬪 최씨에게서 연잉군延礽君을, 명빈榠嬪 박씨에게서 연령군延齡君을 얻지만 연령군은 일찍 죽었으므로 사실상 아들은 둘 밖에 없는 셈이었다.

왕위에 오르지 못하고 독살당한 소현세자의 억울한 혼과 할아버지 인조에게 죽임을 당한 소현세자 두 아들의 한이 하늘을 움직였기 때문인지는 몰라도, 효종 이래 조선 왕가는 외아들에서 외아들로 혈통이 이어졌다. 이렇듯 귀하디 귀한 손이 곧 삼종의 혈맥이었다.

영조도 삼종의 혈맥답게 손이 귀했다. 효장세자가 죽은 후 조선 천지에 삼종의 혈맥이 오로지 자신밖에 없는 고립무원의 상태가 7년이나 계속되었다. 이런 불안한 정적을 깨뜨리며 사내아이가 태어났으니 기쁘지 않을 도리가 없었다.

영조는 기쁘고 즐거웠다. 첫 아들 효장세자를 얻었을 때와는 비교가 되지 않았다. 그때는 당연히 얻는 아들인 줄 알았다. 지금은 아니었다. 당연히 있는 아들이 아니라 우여곡절 끝에 얻은 귀하디 귀한 아들이었다.

왕자가 태어난 영조 11년(1735) 1월 21일!

영조는 왕자가 태어난 집복헌으로 나갔다. 배냇저고리에 싸여 있는 아이는 이목구비가 뚜렷했다.

영빈 이씨 인장 훗날 '선희궁'으로 불리기도 한 사도세자의 생모 영빈 이씨는 나인이었다가 영조의 승은을 입어 후궁이 되었다.

눈물 많고 정 많은 영조는 필시 영빈과 아기 앞에서 눈물을 보였을 것이다. 영조는 감정이 매우 풍부했다. 성인이 되고 임금이 된 후에도 늘 눈물을 달고 다녀 실로 눈물의 임금이라 할 만했다. 즉위한 후 영조가 흘린 눈물의 대부분은 정치적 사건 때문이었다. 하지만 지금의 눈물은 어머니 숙빈 최씨를 회상하는 추억의 눈물이기도 했으리라.

영조는 영빈 이씨의 얼굴에서 어머니의 자취를 읽곤 했다. 영조의 어머니 숙빈 최씨와 후궁 영빈 이씨는 모두 천인 출신인 한과 눈물의 여인들이었다. 둘 다 미천한 신분이었다.

영빈 이씨는 숙빈 최씨가 그랬던 것처럼 자신이 임금의 승은承恩(임금과 동침함)을 입으리라고는 언감생심 꿈도 꾸지 못했다. 하지만 이제 이씨는 두 명의 옹주는 물론 삼종의 혈맥을 이은 원자를 낳은 신분이었다. '이변'이 없는 한, 이 아이가 영조의 뒤를 이을 것이었다.

　지금 이 순간에는 그 누구도 훗날 이 아이를 둘러싸고 벌어질 '이변'을 예상할 수 없었다. 그 이변에 영조가 주역을, 생모 이씨가 중요 배역을 맡으리라고는 더욱 예상할 수 없었다.

부정父情

왕자는 태어난 당일 원자로 책봉되었다. 원자의 이름은 '너그럽다'는 뜻의 선愃으로 정해졌다. 조정에서는 즉각 이 사실을 종묘사직에 고하고 내외에 반포했다. 종묘사직에 고한다는 것은 영조가 승하할 경우 후사를 이을 인물이 바로 이 아이임을 지하의 선왕들에게 아뢰었다는 뜻이며, 내외에 반포했다는 것은 이 아이가 다음 국왕이 될 인물임을 전 조선에 알렸다는 뜻이다. 현재로 치면 국회에서 통과된 법을 대통령이 공포함으로써 효력이 발휘되는 것과 비교될 수 있다. 이 원자가 영조의 뒤를 이어 조선의 22대 임금이 될 것임을 의심하는 사람은 아무도 없었다.

출생 당일 원자로 정호定號(이름을 정함)된 선은 다음 해(1736) 3월 세자로 책봉되었다. 생후 14개월 만이었다. 노론 김재로와 소론 송인명宋寅明이 함께 세자 책봉을 주청하여 세자 책봉이 전 당파의 지지 속에 이루어졌음을 만천하에 알렸다.

세자 책봉을 축하하기 위한 후속 조처들이 취해졌다. 대사령을 내

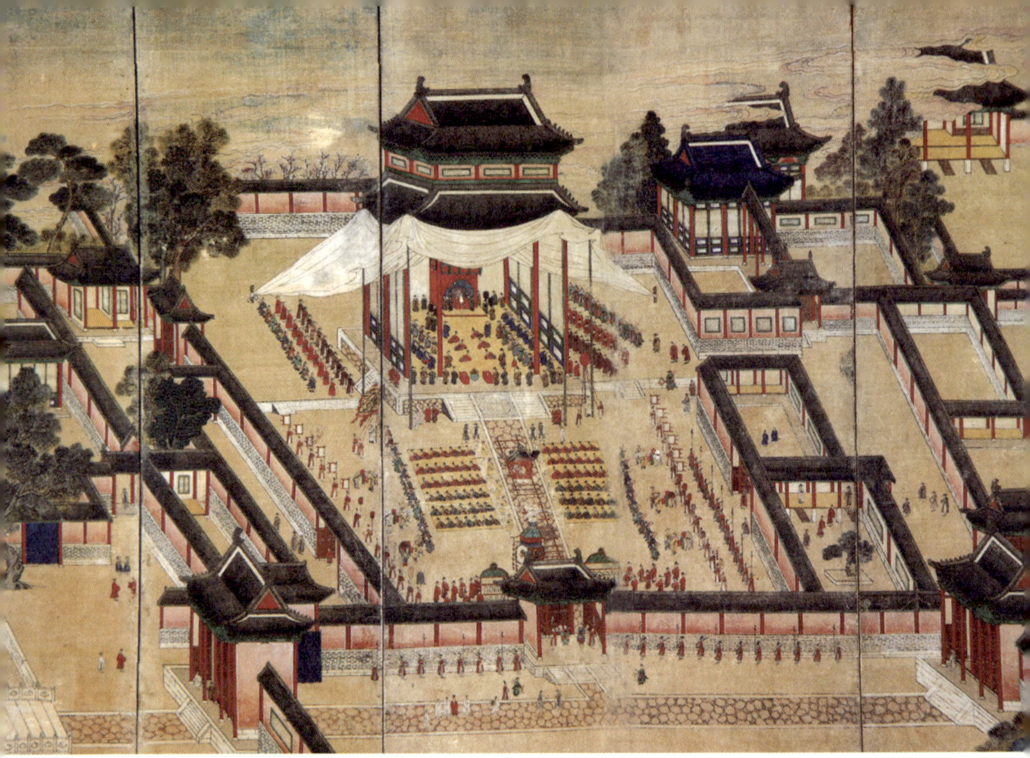

왕세자 탄생 축하연(부분) 태어난 당일 원자로 책봉된 왕자 '선'은 노론과 소론을 막론한 모든 당파의 지지 아래 세자가 되었다.

려 수많은 죄수들을 방면했으며 백성들의 어깨를 짓눌렀던 군향軍餉(군역에 관한 세금)도 일시 정지시켰다. 그리고 백 살 이상 된 사대부와 서인庶人의 직급을 높여주었고, 재상의 어버이 가운데 아흔 살 이상 된 노인에게 음식물을 내려주었다. 삼종의 혈맥, 아니 사종四宗의 혈맥인 원자가 오래 살기를 바라는 뜨거운 애정에서 나온 조치들이었다. 이런 조치에 사대부는 물론이고 대부분의 백성들도 환호했다. 순조롭고도 경사스런 출발이었다.

세자 책봉식은 영조 12년(1736) 3월 15일 『국조오례의國朝五禮儀』에 실려 있는 의식에 따라 창덕궁 인정전에서 거행되었다. 세자 책봉은 그 의식 하나하나가 모두 법전에 명시된 국가의식이었다. 광화문의 큰 북이 둥둥 울려 퍼지는 가운데 병조는 많은 군사를 동원해 임금 거둥시의 의장을 진열했고, 문무백관들은 인정전 마당에 늘어서 있는 열여덟 개의 품계석 앞에 자신의 자급資級에 따라 섰다.

다시 북이 울리자 백관들은 문밖으로 나가고, 면류관과 면복을 갖춘 영조가 선정전宣政殿으로 나아갔다. 또다시 북이 울리자 종친과 문무백관이 들어와 자리를 잡았다. 북소리가 그친 후 수레(輿)에 탄 영조가 엄숙한 의장을 갖추고 등장하자 다시 북이 울렸고, 인정전 문에 들어설 즈음 북소리가 멈추고 아악이 연주되었다. 영조가 수레에서 내려 홀(珪)을 잡고 자리에 오르자 향로에서 연기가 피어올랐다. 상서원尙瑞院 관리가 어보를 받들어 책상 위에 놓으니 음악이 그쳤다. 종친과 문무백관이 네 번 절하는 동안 아악이 웅장하게 울려 퍼졌다.

선책관宣冊官 홍경보洪景輔가 전교傳敎가 있다고 말하자 유모의 부축을 받은 어린 왕자는 말을 알아듣기라도 하듯 꿇어앉았다. 홍경보가 함을 열어 세자 책봉 책명冊命을 선포했다.

"왕은 말하노라. 왕세자王世子를 세우는 것은 바로 나라를 튼튼히 하는 데 제일 먼저 힘써야 할 일이며, 명호名號를 올려 더하는 것은 곧 천명을 계승하여 터전을 잡는 큰 계책이다……. 삼종의 혈맥을 이었으니 10년 동안 계속되었던 한밤의 근심을 감추게 되었고 팔도가 기뻐 노래 부르니 온 조정이 해가 둘이 겹친 경사에 우쭐하도다. 비록 원자의 이름이 정해지고 국본國本(세자)이 돌아갈 곳이 있었지만 왕세자의 자리가 비어 있어 인심이 오랫동안 답답했었다……. 이에 너를 왕세자로 삼으니 너는 많은 복을 받고 어린이의 의절儀節을 힘써 닦아 백성들의 마음에 순응하여 대인의 학문에 나아가도록 하라."

책명을 다 읽자 청나라에 세자 책봉을 주청할 정사 김흥경金興慶이 교명함敎命函을 가져다가 세자에게 주었다. 물론 14개월 된 아이가 글을 읽을 수는 없었다. 하지만 『국조오례의』에 실려 있는 이 순서를 빠

사도세자 책봉 죽책 영조 12년(1736) 3월 15일, 백관들이 하례한 가운데 창덕궁 인정전에서 두 살짜리 원량 선의 세자책봉식이 거행되었다.

뜨리지 않아야 세자 책봉이 적법성을 갖출 수 있었다.

"왕은 말하노라"로 시작하여 "우리 선조들을 빛나게 하고 내가 기대하고 희망하는 바를 저버리지 말아야 할 것이니, 힘쓸지어다"로 끝나는 교명을 읽은 김흥경이 책함冊函을 가져다 세자에게 주었다. 세자 교육을 담당하는 세자시강원世子侍講院의 필선弼善 남태온南泰溫이 꿇어앉아 이를 대신 받았으며, 김흥경이 또 인수印綬를 가져다주니 세자를 경호하는 세자익위사의 익찬翊贊 조명국趙鳴國이 꿇어앉아 대신 받았다.

유모의 부축을 받아 아래로 내려간 세자는 마치 자신의 역할이 무엇인지 아는 것처럼 어전을 향해 네 번 머리를 조아려 절했다. 세자가 다시 유모의 부축을 받아 안으로 돌아오자 정사 김흥경과 부사 김동필金東弼도 인정전으로 되돌아와서 복명復命했다.

"전교를 받들어 왕세자에게 물품을 갖추어 전책典冊을 주고 예를 마쳤습니다."

정사와 부사가 네 번 절하고 물러 나왔다.

이로써 만 한 살의 원자를 세자로 책봉하는 전례가 끝났다. 날씨는 구름 한 점 없이 맑아 세자의 앞날을 축복하는 듯하였고, 마치 세자의 미래가 푸름으로 뒤덮일 것임을 말해주는 것 같았다.

세자 책봉식을 바라보던 영조의 감회는 새로웠다. 자신은 무수한 시련을 겪은 후에야 왕세제로 책봉될 수 있었으며, 이 과정에서 평생 씻지 못할 정치적 상처도 입었다. 경종 독살설의 상처는 가슴속 깊은 곳에 씻을 수 없는 상처로 각인되어 있었다. 그 상처는 내면 깊은 곳에서 꿈틀대며 밖으로 폭발하기를 기다리는 한으로 변했다. 하지만 영조는 탕평蕩平이라는 이름으로 상처와 한을 감추고 억눌렀다. 이 아이에게만큼은 이런 상처와 한을 물려주지 않으리라고 영조는 다짐했다.

효종을 닮은 소년 천자

영조는 훗날 사도세자를 뒤주 속에 가두어 죽이고 나서도 문득 이렇게 말하곤 했다.

"어릴 때의 세자는 실로 성인의 자질이 있었다."

『영조실록』에는 영조의 이런 평가처럼 어린 시절 세자의 영특함을 증명하는 기록들이 많다. 세자가 두 살 때인 영조 12년(1736) 1월 4일, 우의정 송인명이 "세자께서 덕스런 모습이 숙성해 보이니 실로 동방의 한없는 복입니다"라고 칭찬하자 영조가 대답했다.

"내가 일찍이 송나라 태종太宗이 소년 천자少年天子란 말을 비웃었다."

두 살짜리 세자가 소년 천자에 가까운 천품이란 칭찬이었다. 그만큼 세자의 어린 시절은 영명하고 숙성해 남다른 점이 있었다. 세자가 태어난 지 19개월 때인 영조 12년 9월 25일의 기록을 보자.

"임금이 시·원임 대신 등을 동궁東宮(세자궁)에서 인견引見했다. 세자는 임금의 오른쪽에 있었는데 대면하는 사람이 많은 것을 보고서

싫어하는 기색이 있자, 임금이 웃으면서 도로 들어가게 했다. 세자가 걸음을 재촉하여 들어가니 여러 신하들이 모두 무엇을 잃은 것 같이 섭섭한 기분이었다. 잠시 후 세자가 다시 서실西室로 와서 창문을 열고 서니, 임금이 여러 신하에게 명해 다시 보게 했다. 그제야 세자가 엄연한 자세로 빙 둘러 보았는데 얼굴에 웃음을 띠고 있었다. 중관中官(세자궁의 관원)이 문방 도구를 바치니, 세자가 종이를 펴놓게 하고는 글씨를 쓰고 그림을 그렸는데 붓대를 놀리는 것이 매우 익숙했고 획을 긋는 것이 매우 힘이 있었다. 붓이 마르면 붓을 중관에게 주어 먹물을 묻히게 하고 가져오면 또 휘둘러 글씨를 써 내려갔는데 종이에 거의 꽉 찰 정도가 되자 이를 중관에게 주었다. 대신과 여러 신하들이 이를 차례대로 돌아가며 보았다. 임금이 이르기를, '조금 전에 칭얼댄 것은 사람들이 자기를 안는 것이 싫어서였다. 지난 번 부채를 잡으려고 히기에 내가, 내 손이 부채에 다쳤다고 했더니 그 뒤로는 부채를 보고서도 집으려 하지 않았다.'"

영조는 대신들을 자주 동궁으로 불러 세자의 영특함을 자랑했다. 하루는 원자를 무릎에 앉힌 채 신하들을 불러 '성誠'과 '경敬'이란 두 글자를 써서 원자에게 보여주었다. 유학의 근본 도리가 압축된 두 글자였다. 원자는 마치 글자의 뜻을 아는 양 한참 동안을 바라보았고, 영조는 이 모습을 신하들에게 보여주며 가슴 뿌듯해했다. 마흔 넘어 얻은 아이가 유달리 영특한 것이 기쁘고 자랑스러웠던 것이다.

영조는 세자의 자질이 남다름을 믿어 의심치 않았다. 세자 책봉을 마친 다음 날 인정전에 나가 백관의 하례를 받은 영조는 세자 책봉의 대임을 수행한 여러 신하들에게 상을 주면서 이렇게 말했다.

"원자의 용모가 뛰어나고 키가 자라서 벌써 옷을 입히게 되었으며, 말을 배우고 걸음을 배워서 겨우 돌을 지났는데도 참으로 특이한 자질을 보이니 이는 하늘에서 타고 났도다. 복스러운 이마의 중앙에 해 모양의 뼈가 튀어나온 모습은 내게 모든 근심을 없게 하고, 산같이 높고 연못같이 깊어 보이는 자태는 사람들이 한 번 보고 승복하게 했다."

조현명은 세자를 이렇게 치하했다.

"세자 저하邸下께서 효묘孝廟(효종)의 모습을 매우 닮았으니 이야말로 종묘사직의 복입니다."

'효종을 닮았다'는 조현명의 이 말은 영조에게 큰 기쁨이었다. 효종은 그야말로 삼종의 혈맥의 첫머리가 되는 인물이기 때문이다. 또한 이 말은 사도세자에 대한 기막힌 예언이었다. 실제로 세자는 자라면서 용모뿐 아니라 성향까지 효종을 빼닮았다. 세자는 효종과 마찬가지로 자라면서 문文보다는 무武를 더 좋아하고 또한 국내의 파벌 다툼보다 북벌에 더 관심이 있었다.

영조는 이런 세자를 조선 최고의 현군賢君, 나아가 동양 최고의 성군聖君으로 키우고 싶었다. 세자 역시 두 살 때 천天·지地·부父·모母 등 63자를 해득할 정도로 조숙해, 영조의 기대가 지나친 것만은 아니라는 사실을 입증했다.

영조가 이상으로 삼는 군주, 즉 세자가 지향해야 할 군주상으로 꼽은 인물은 중국 고대 주周나라의 문왕文王이었다. 세자가 세 살 때인 영조 13년(1737) 1월 2일 영조는 승지 유엄柳儼에게 말했다.

"동궁의 성품이 서책을 좋아하고 자못 글자의 뜻을 아는 능력이 있다. 「문왕세자文王世子」 편을 배울 적에 '왕王' 자를 보면서는 나를 가리켰고 '세자世子' 자를 보면서는 자신을 가리켰다."

세자가 세 살 때부터 열기 시작한 서연書筵(세자가 학문과 정책을 토론하고 배우는 것)에서, 궁관이 『효경孝經』과 『소학小學』에서 글을 뽑아 강독하자 그 읽는 것을 이해했다. 궁관이 「문왕」 편을 읽자 손으로 문왕이란 글자를 짚은 것이다.

　조선시대에 세자를 교육시키기 위해 설치한 세자시강원에는 당대 제일의 학자들이 사부師傅로 임명되었다. 요즈음은 사부라는 말을 함부로 쓰지만 조선시대에는 쉽게 쓸 수 없었다. 세자의 스승을 사부라 일컬었기 때문이다. 사부는 한 사람이 아니라 사와 부, 두 사람이었다. 사부는 모두 정1품 최고위직으로, 사는 영의정이, 부는 좌의정이 겸임했다. 그 밖에도 종1품인 이사貳師는 찬성이 겸임하고, 정2품인 좌·우 빈객賓客, 종2품인 좌·우 부빈객副賓客, 정3품 당상관인 찬선贊善 등 여러 고위 관료들이 세자의 교육을 담당했다. 그만큼 장차 군주가 될 세자의 교육을 중시한 것이다.

　세자는 영조 12년 3월 처음 세자시강원의 사부와 상견례를 거행했다. 세자와 사부의 상견례도 법에 그 의식이 규정되어 있었다. 사도세자의 사는 소론 이광좌李光佐였고 부는 노론 김재로였다.

　세자의 영특함은 사부와의 일화에서도 나타난다. 천자문千字文을 읽다가 '사치할 치侈' 자가 나오자 입고 있던 반소매 옷과 자줏빛 비단에 구슬 꾸러미를 장식한 모자를 벗어던지며 이렇게 말했다고 한다.

　"이것은 사치한 것입니다."

　이는 영조의 뜻에 꼭 맞는 행동이었다. 영조는 평생 검소함을 몸소 실천한 군주였다. 그의 침전엔 명주 이불 한 채와 요 하나가 전부였고 웬만한 사대부가에도 다 있는 병풍조차 없었다. 또한 목면으로 만든 잠옷을 입고 장식 있는 자기瓷器류도 일체 사용하지 않았다. 영조의 궁중 생활은 검소함 그 자체였다. 그리고 백관들에게도 검소함을 실천하라고 여러 차례 하교했다. 영조는 가끔 세자의 검소한 생활을 부추기기 위한 질문을 던지기도 했다.

　"비단과 무명 중에 무엇이 더 나은가?"

"무명이 더 낫습니다."
세자의 대답에 영조가 흡족한 웃음을 띠며 되물었다.
"너는 비단옷과 무명옷 중 무엇을 입겠는가?"
"무명옷을 입겠습니다."
흡족한 영조는 신하들에게 이 사실을 전하며 세자의 자질이 뛰어남을 자랑하기도 했다. 영조는 세자를 눈에 넣어도 아프지 않을 만큼 사랑했다. 양자 사이에는 어떠한 안개도 끼어 있지 않았다.

박문수의 예언

사도세자의 출생은 축복받은 것이었다. 일각의 반발은커녕 당파를 막론한 추복 속에서 원사로 성호되었고, 곧이어 세자로 책봉되었다. 얼핏 보면 당연한 조치 같지만 전례로 보면 그렇지 않았다. 영조의 부왕인 숙종은 재위 15년(1689) 서인에서 남인으로 정권을 갈아치운 후에야 장희빈 소생의 윤昀(경종)을 원자로 정호할 수 있었다. 당시 장희빈 소생의 아이는 태어난 지 석 달이 지났지만 장희빈이 남인가 여성이란 이유로 서인(노론)이 격렬하게 반대했던 것이다. 당시 소동을 겪었던 그 원자가 효종의 혈맥이면서도 이른바 '삼종의 혈맥'에서 빠지는 한 임금, 바로 경종이었다.

서인이 장희빈 소생의 원자 정호를 반대한 표면적 명분은 정비인 인현왕후仁顯王后 민씨가 스물세 살의 한창 나이라는 것이었다. 그러나 사도세자를 정호할 당시 정비인 정성왕후 서씨는 마흔네 살이었다. 누가 보더라도 후사를 기대할 수 없는 나이였다. 당색을 불문하고 영조가 삼종의 혈맥을 원자로 정호하겠다는 데 반대할 명분이 없었다. 게다가 원자의 어머니 영빈 이씨는 당색이 없는 여인이었다.

삼종의 혈맥을 잇고 갓 태어난 왕자 선도 태어나는 순간부터 정쟁에서 벗어날 수 없는 운명이었다. 출생 순간부터 세자를 자파로 만들려는 당파의 움직임이 시작되었다. 당시 조정은 노론과 소론으로 나뉘어 있었다. 보다 정확히 말하면 노론과 소론 온건파인 완소緩少로 나뉘어 있었다. 영조 4년(1728) 이인좌의 봉기 이후 남인과 소론 강경파인 준소峻少가 몰락한 이후 조정은 노론과 소론 온건파만 남아 있었다. 두 당은 뿌리가 같은 서인이었지만 경종 시절 목호룡睦虎龍의 고변이라고도 불리는 임인옥사壬寅獄事(1722)를 겪으면서 완전한 정적으로 갈라졌다. 사도세자의 비극도 바로 이 정치지형에 갇힌 결과 운명으로 바뀌었던 것이다. 세자가 태어난 날 원자 탄생을 축하하는 영조와 대신들의 인견 장면에서도 이런 조짐은 단적으로 드러난다.

이 자리에서 봉조하奉朝賀(종2품 이상 퇴임 관료에게 평생 동안 녹봉을 지급하여 우대한 칭호) 민진원閔鎭遠이 먼저 입을 열었다.

"옛날 경종께서 태어났을 때 인현왕후께서 취하여 아들로 삼았는데, 지금도 마땅히 그리해야 합니다."

이 말은 영조에게 방금 태어난 왕자를 정비인 정성왕후 서씨의 아들로 입적시키라는 말이었다. 이는 단순한 절차상의 문제가 아니었다. 민진원의 말도 단순한 조정 원로의 말은 아니었다. 그는 노론의 영수였다. 민진원의 이 주청은 왕자에 대한 노론의 당론에서 나온 말이었다.

민진원은 인현왕후가 경종을 아들로 입적한 예를 들었지만 이는 경우가 달랐다. 경종은 남인 당색 장희빈(장옥정)의 아들이었다. 경종이 원자로 책봉된 때는 숙종 15년(1689)인데, 이듬해 장희빈은 왕비로 책봉되었다. 원자의 세자 책봉과 장희빈의 왕비 책봉은 거의 동시에 이루어졌다.

　그런데도 민진원은 왕자가 태어난 당일 아이를 생모에게서 빼앗아 정성왕후 서씨의 아들로 입적하라고 청한 것이다. 노론 영수 민진원이 강보에 쌓인 아이를 정성왕후 서씨 품으로 돌리려는 이유는 명백했다. 정성왕후 서씨가 노론가 여인이기 때문이다. 즉 그녀에게 아이 양육을 맡김으로써 아이를 노론의 원자·세자, 나아가 노론의 임금으로 만들려는 정치적 의도가 담겨 있었다. 민진원은 갓 태어난 왕자를 노론의 당파적 시각으로 바라보았다. 이는 민진원 개인의 생각이 아니라 노론의 당론이었다. 갓난아이를 정성왕후의 아들로 입적하자는 민진원의 요청에 이어 여러 신하들이 빨리 왕자의 호를 정해 종묘에 고하자고 청했다. 영조는 어린 왕자의 입지를 강화시키기 위해 이 주청을 받아들였다. 후궁의 아들보다는 정궁正宮(왕비)의 아들로 있는 것이 원자의 미래에 이익일 것이라는 계산이었다.

　영조와 노론의 이해가 일치해 갓 태어난 아이는 생모의 품을 떠나 정성왕후의 아들로 입적되었다. 노론의 승리였다. 그러나 이 순간 소론 영수인 봉조하 이광좌가 제동을 걸고 나섰다.

　"무릇 원자궁元子宮에서 일할 자들은 궁인宮人(궁녀)과 내관內官(환관)을 막론하고 근후謹厚(신중하고 온후함)한 자를 골라 좌우에 둔다면 원자의 성격과 습관이 좋게 이루어질 것입니다."

　원자를 왕비의 소생으로 만들자는 데 이의를 달 수는 없었다. 그러나 자칫 편벽된 교육을 받으며 자라날 우려가 있었다. 그래서 원자궁에서 일할 자들은 신중히 골라야 한다고 주장한 것이다. 원자와 같이 있는 자들마저 노론 일색으로 만들 수는 없다는 의사 표시였다. 당시 소론은 탕평책 덕분에 조정의 한 부분을 차지하고 있었지만 야당 신세였다. 이광좌에 이어 노론에 반기를 들고 나선 소론 인사가 영성군

박문수(1691~1756) 비록 소론계 당인이었지만 원자를 두고 노론과 소론, 각 당파의 당론이 다른 것에 대해 '유일한 삼종의 혈맥을 당파의 자리에서 바라본다면 원자와 나라의 운명이 망극의 지경에 빠질 수 있다'는 우려를 영조에게 나타냈다.

靈城君 박문수朴文秀였다. 오늘날까지 암행어사로 이름이 남아 있는 그는 영조 4년(1728) 소론 강경파와 남인들이 일으킨 이인좌李麟佐의 난 진압에 공을 세워 가의대부嘉義大夫로 승급한 후 영성군에 봉해진 소론 중진이었다.

"내전에서 아들로 취하는 것은 매우 중대한 사안입니다. 마땅히 따스한 화기가 궁궐 사이에 넘쳐흐르도록 해야 합니다. 신이 여러 번 이러한 말씀을 우러러 권면했으나 아직도 그 효과가 없으니 유감이 아닐 수 없습니다."

'궁궐 사이'는 영조와 정성왕후 서씨 사이를 말하기도 하고, 정성왕후와 영빈 이씨 사이를 말하기도 하는 것이다. 왕자를 영빈에게서 빼앗아 정성왕후에게 입적시키려면 영조와 정성왕후, 그리고 정성왕후와 영빈 사이에 따스한 화기가 넘쳐흘러야 한다는 뜻이었다. 아이를 가져가는 왕비나 아이를 내주어야 하는 영빈에게 한이 남아 있으면 왕자의 앞날과 종사에 불행이 올 수도 있다는 의미가 담긴 말이었다.

박문수의 이 말은 다시 말해 영조가 왕비와 후궁을 잘 거느리지 못한다는 비난이기도 했다. 영조는 평상시 같았으면 이런 비난성 발언에 화를 냈겠지만 이 날만큼은 달랐다. 그는 웃으며 박문수에게 물었다.

"효과가 있는지 없는지 경이 어찌 아는가?"

"진실로 화평한 미덕이 있었으면 이남二南의 교화가 반드시 멀고 가까운 곳에 두루 미쳤을 것입니다. 조정 신하들이 어찌 이를 모르겠습니까?"

영조가 대답했다.

"내 마땅히 더 권면하겠다."

박문수가 말을 받았다.

"당론은 실로 망국亡國의 기초가 되는데, 지금 국가에는 단지 한 살 먹은 원량만이 있을 뿐입니다. 이런 때에 여러 신하들이 당파의 마음을 가진다면 그것이 어찌 나라를 생각하는 도리겠습니까? 전하께서 비록 '이미 탕평을 이루었다'고 하시지만, 민진원과 이광좌로 하여금 머리를 맞대고 일을 집행하도록 하지 못하시니, 이것은 거짓 탕평에 지나지 않습니다."

박문수는 갓난아이를 둘러싼 당파의 당론에 우려를 나타냈다. 유일한 삼종의 혈맥을 당파의 자리에서 바라본다면 원자와 나라의 운명이 망국의 경지에 빠질 수 있다는 우려이자 혜안이었던 것이다. 박문수의 말은 그대로 어린 왕자의 비극적 운명을 예언하는 말이 되어버렸다.

영조가 말을 받았다.

"삼종의 혈맥이 지금 다행히 다시 이어졌으니, 원자를 도와주어서 나라를 편안하게 하는 것은 오로지 경들이 삼가 협조하는 데 달려 있을 뿐이오."

다른 날 같았으면 영조는 갓 태어난 원자를 둘러싼 정파의 이견을 이런 식으로 얼버무리고 지나치지는 않았을 것이다. '오로지 경들이 삼가 협조하는 데 달려 있다'는 식의 마무리가 아니라 당론이 원자의 앞길에 미칠 영향을 차단하려는 의도로 신하들을 준절히 책망했을 것이다. 그러나 신하들과 다투기에 이날은 너무 기쁜 날이었다. 오로지 모든 신하들이 당론을 버리고 원자를 돕기를 바라는 마음 하나뿐이었다. 하지만 이는 영조의 바람일 뿐이었다. 신하들은 당론을 버리지 않았다. 더 큰 문제는 영조도 마찬가지였다. 사도세자 인생의 근본적 비극의 싹은 여기에서 시작되었다.

2부

눈물의 임금

『영조실록』 38년 윤5월 13일
(나경언이 고변한 지 21일째 되던 날)

영조가 창덕궁에 나아가 세자를 폐하여
서인으로 삼고 뒤주에 가두었다.

장희빈과 경종, 모자의 한

후사를 이을 아들에 한이 맺힌 것은 영조의 부친, 즉 사도세자의 할아버지인 숙종도 마찬가지였다. 영조의 두 정비와 마찬가지로 숙종의 두 정비인 인현왕후 민씨와 인원왕후 김씨도 후사를 낳지 못하는 석녀였다. 열네 살의 어린 나이에 왕위에 오른 숙종은 15년 동안이나 아들이 없었다. 게다가 숙종은 몸이 약했다. 임금이 후사가 없는 그 자체로 정치가 불안해지는 게 왕조국가의 속성인데 거기다 몸까지 약할 경우엔 더 말할 필요가 없었다. 최악의 경우 신하들이 임금을 제거하고 자신들이 지지하는 종친을 국왕으로 추대할 수도 있었다. 숙종 원년(1675) 3월 종친과 궁녀 사이의 스캔들인 '홍수紅袖(궁녀)의 변'도 어린 왕 숙종에게 후사가 없었기에 일어난 사건이었다.

그 15년의 불안한 무자無子 기간에 종지부를 찍은 여인은 인현왕후 민씨가 아니라 후궁인 희빈 장씨였다. 크게 기뻐한 숙종은 희빈 장씨가 낳은 아들 윤을 하루빨리 원자로 책봉하려 했다. 그러나 희빈 장씨의 아들이 원자로 정호되는 것은 간단하지가 않았다. 장희빈이 남인

계란 이유 때문이었다. 윤이 태어난 지 두 달이 조금 더 지난 숙종 15년(1689) 1월 10일, 숙종은 시·원임 대신과 6조 및 3사의 장관들을 전격 소집했다. 이때 숙종은 단호하게 선포했다.

"원자 정호에 머뭇거리며 관망하거나 감히 이의를 제기하는 자가 있다면 벼슬을 바치고 물러가라."

그러나 이런 말에 움츠러들 신하들이 아니었다. 대부분 서인 당인黨人들이었다. 이조 판서 남용익南龍翼이 반대하고 나섰다.

"지금 중궁中宮(왕비)께서 춘추 한창이십니다."

왕비 민씨가 아직 젊다는 반론이었다. 회의에 참석한 대부분의 신하들도 남용익과 마찬가지였다. 원자 정호는 세자 책봉으로 이어지게 마련이었고, 그 다음은 즉위할 것이었다. 원자로 정호되면 큰 변수가 없는 한 남인가 희빈 장씨의 아들이 숙종의 뒤를 이어 임금이 될 것이었다. 이 때문에 서인들은 '왕비가 아직 젊다'는 명분으로 원자 정호에 반대했다. 재위 15년 만에 낳은 숙종의 첫아들 윤은 서인들의 환영을 받지 못했다. 태어날 때부터 남인이란 당적이 따라다녔다.

서인들도 숙종이 아들을 낳기를 바랐다. 다만 그 아들이 서인가 소생이어야만 했다. 이를 위해 서인들은 서인가 여인을 숙종의 정비로 만들려고 노력했고, 두 번이나 성공했다. 숙종의 첫 번째 부인인 인경왕후仁敬王后 김씨는 서인 명문가 출신이었다. 인경왕후는 딸만 셋을 낳았는데 그나마 모두 요절했고, 자신도 스무 살 젊은 나이에 세상을 버리고 말았다. 서인은 이에 좌절하지 않고 다시 서인가 여인인 인현왕후 민씨를 숙종의 계비繼妃로 만들었다. 그러나 민씨는 공주조차 생산하지 못했다.

인경왕후와 인현왕후가 모두 아들을 낳지 못하자 숙종은 초조해졌다. 이 초조한 틈새를 비집고 들어온 여인이 대비궁의 궁녀로 있던 장옥정이다. 인경왕후나 인현왕후가 명문대가 출신인데 비해 장옥정의 집안은 남인과 먼 관계가 있는 중인에 지나지 않았다. 그나마 중인의 적녀嫡女도 아닌 서녀庶女, 즉 첩의 딸이었다. 그런 신분으로 숙종의 승은을 입어 15년 동안 바라고 바라던 아들 윤을 생산한 것이다.

임금이 된 지 15년 만에 낳은 아들은 모친이 남인계라는 이유로 태어나는 순간부터 서인들의 배척을 받았다. 이는 왕조국가 조선이 말기적 상황에 돌입했음을 의미한다. 원자 정호에 반대하는 행위는 왕권에 도전하는 행위였다. 원래 왕조국가에서 군주는 충성을 받는 주체이고 신하는 충성을 바치는 객체다. 그러나 서인들이 원자 정호에 대놓고 반대한 것은 자신들이 군주를 선택할 수도 있는 주체임을 표명한 것이었다. 신하가 주체가 되고 임금이 객체가 되는 본말전도 현상이 발생한 것이다. 이른바 신하가 임금을 선택하는 '택군擇君'의 시기가 된 것이다.

택군! 이는 신하가 임금을 선택한다는 뜻으로, 현재 임금도 마음에 들지 않으면 갈아치울 수 있다는 전제가 있을 때 가능한 말이다. 즉 역모 가능성을 항상 등에 달고 있어야 사용할 수 있는 말이 '택군'이었다.

숙종은 서인들의 반대를 무릅쓰고 장희빈 소생의 윤을 원자로 정호했다. 그리고 이를 종묘에 고묘했다. 왕조국가에서 선왕의 위패를 모신 종묘에 고묘했다는 것은 이제 바꿀 수 없다는 뜻이다. 이제 장희빈 소생의 윤은 세자가 되고, 부왕이 세상을 뜨면 임금이 될 것이다. 그러나 서인은 이런 상황을 좌시하지 않았다.

고묘까지 끝낸 원자 정호를 정면에서 반대하고 나선 인물이 바로 서인 영수 송시열宋時烈이었다. 그는 대로大老라는 경칭 겸 애칭으로 불릴 정도로 당대 최고의 거물 정치인이자 학자였으며, 효종 · 현종

두 임금의 스승이기도 했다.

　서인의 정면 도전에 당황한 숙종은 정권을 갈아치우지 않으면 원자의 미래를 기약할 수 없다고 판단했다. 그래서 정권을 남인들에게 넘겨주면서 당대 최고의 노정객인 여든셋의 송시열을 사사시켰다. 그리고 인현왕후 민씨를 서인으로 강등해 폐출시키고 희빈 장씨를 왕비로 승격시켰다. 장씨에 대한 총애가 깔려 있었지만 재위 15년 만에 낳은 원자의 미래에 대한 배려가 더 컸다.

　흔히 장희빈은 악처, 인현왕후는 양처로 알려졌지만 이는 훗날 다시 정권을 잡은 서인들이 퍼뜨린 유언비어에 불과했다. '역사는 승자의 기록'이란 속설대로 인현왕후 소속 궁녀가 쓴 『인현왕후전』이 널리 전파된 결과이기도 하다.

　숙종은 왕비 책봉 5년 만에 장씨를 내쫓고 민씨를 다시 왕후로 책봉했다. 정권이 다시 서인에게 넘어간 것은 물론이다. 여기에는 새로이 왕자 금昑(영조)을 낳은 숙의淑儀 최씨의 역할이 결정적이었다. 왕자 금이 태어나자 서인은 숙의 최씨의 아들 금을, 남인은 장씨의 아들 윤(경종)을 지지하게 된다.

　숙종이 장씨를 폐출시키고 서인으로 강등되었던 민씨를 다시 왕비로 복위시킨 것에서 끝났다면 사도세자의 비극은 없었을지도 모른다. 원래의 왕비가 복위되고, 원래의 후궁이 다시 후궁으로 돌아간 것이기 때문이다.

　그런데 인현왕후 민씨가 복위 7년 만에 사망한 책임을 숙종이 희빈 장씨에게 돌림으로써 비극이 싹트기 시작했다. 숙종은 희빈 장씨가 거처인 취선당 서쪽에 신당을 차리고 민씨를 저주하는 바람에 죽게 되었다면서 사사하려 했다.

　문제는 장씨가 세자의 생모라는 데 있었다. 세자의 생모를 죽일 경

우 조정에 피바람이 일 수 있었다. 남인 몰락 후 고립된 세자 윤을 지지한 정치세력은 서인에서 갈라진 소론이었다. 소론은 장씨가 세자의 생모임을 들어 장씨 사사에 반대했다. 그러나 숙종은 완강했다.

"대신들의 뜻이 세자를 위하는 데서 나왔음은 알지만, 내가 살아 있을 때도 희빈이 저런데 내가 죽었을 때는 어쩌겠는가. 반드시 당을 만들어 나라에 화가 미칠 것이다."

숙종은 장씨에게 자진自盡을 명했다. 열네 살의 세자 윤은 대신들을 찾아다니며 어머니를 살려달라고 빌었다. 세자의 애절한 호소에 소론 영의정 최석정崔錫鼎은 눈물을 흘리며 다짐했다.

"신이 감히 죽기로 저하의 은혜를 갚지 않으리까."

그러나 노론 좌의정 이세백李世白은 옷자락을 잡고 매달리는 세자의 손길을 뿌리쳐 외면했다. 결국 희빈 장씨는 세자 윤의 애원을 뿌리친 집권당 노론에게 한을 품은 채 사약을 마셨다. 인현왕후가 죽은 두 달 후인 숙종 27년(1701) 10월의 일이었다. 장씨가 죽기 직전 세자의 하초를 잡아당겨 경종이 생식기능을 상실했다는 말은 노론에서 꾸민 것이다. 장씨가 죽던 날 세자는 모친을 만나지도 못했다. 희빈 장씨의 유일한 희망은 세자가 왕위에 올라 자신의 한을 풀어주는 것뿐이었다. 자신의 한을 풀어줄 유일한 혈육의 하초를 잡아당겨 못쓰게 할 만큼 정치적 식견이 부족한 장씨가 아니었다. 희빈 장씨는 세자 윤이 피맺힌 한을 풀어주기를 바라면서 영욕으로 점철된 인생을 끝마쳤다. 장씨의 한이 세자에게 전해졌음은 두말 할 나위가 없을 것이다.

세자 윤이 장희빈 소생이라는 점은 숙종과 합작해 그녀를 죽음으로 몰고 간 노론에게 커다란 부담이었다. 숙종도 마찬가지였다. 숙종과 노론은 세자가 즉위했을 경우에 발생할지도 모를 사태를 우려했다. 생모가 사사당한 연산군의 일이 옛일이 아니었다. 연산군 때와 달리 조정은 당파로 나뉘어 있었다. 희빈 장씨를 지지했던 소론과 남인이 새 왕을 부추긴다면 조정에 피바람이 불 것은 불문가지였다.

마침내 숙종은 노론 대신 이이명李頤命과 독대했다. 숙종 43년(1717)의 정유독대가 그것이다. 조선에서는 임금과 신하가 단 둘이 만나는 독대가 엄격히 금지되어 있었다. 반드시 입직 승지와 사관이 입회해 기록을 남겨야 했다. 독대는 그만큼 떳떳하지 못한 대화를 나눈다는 증거이기에, 공개 정치를 지향했던 조선에서는 엄격히 금지되었던 것이다.

둘이 나눈 대화가 모두 전해지진 않지만 그중 일부는 훗날 알려지게 된다. 병석의 숙종은 이이명에게 이렇게 말했다고 한다.

"연잉군과 연령군을 부탁한다."

왕세자 윤을 부탁한다는 말은 없었다. 이이명과 노론은 이를 세자를 갈아치우라는 말로 해석했다. 사실 이는 숙종의 속마음일 수도 있었다. 독대 직후 숙종은 세자에게 대리청정을 명했는데 이를 주청한 인물이 노론 이이명이라는 데서 두 사람의 음모는 더욱 분명해진다.

'대리청정'이란 말은 왕조국가에서 신하가 입에 담을 수 없는 말이었다. 세종 때에도 말년에 병이 든 세종이 세자에게 대리청정을 하려 하자 신하들이 격렬하게 반대하고 나섰다. 세종은 우여곡절을 겪은 후에야 첨사원詹事院을 설치해 세자 대리청정을 할 수가 있었다.

노론 영수 이이명이 소론이 지지하는 세자 윤의 대리청정을 청하고 그 청이 받아들여진 것은 숙종과 함께 짠 사전 각본이 있었기에 가능한 일이었다. 일단 대리청정을 시킨 후 꼬투리를 잡아 세자를 갈아치우려는 의도다. 세자 대리청정이 세자의 지위를 공고화하는 길이라면 나이 여든 넘은 소론 영부사 윤지완尹趾完이 고향에서 관을 들고 올라와 거칠게 항의할 리가 없었다. 아마 소론의 이런 반발이 없었다면 세자 윤은 대리청정을 하다가 자리에서 쫓겨나 비참한 종말을 맞았을 것이다.

 소론이 반발하고 숙종 또한 이미 늙고 병들어 세자 교체란 대사는 치러지지 못했다. 독대 3년 후인 1720년 숙종이 재위 46년 만에 승하하고 세자 윤이 즉위했다. 어머니의 죽음을 눈앞에서 지켜본 세자, 어머니의 죽음에 노론이 관여했음을 알고 있는 세자가 임금이 되었다. 숙종과 노론이 갈아치우려던 세자가 끝내 즉위하면서 파란의 경종 시대(재위 1720~24)는 이렇게 열렸다.

이복형제의 비극, '경종 독살설'

사도세자가 태어난 지 20일이 채 안 된 그해(1735) 2월 10일, 조정은 파란에 휩싸였다. 판부사 이의현李宜顯이 올린 주청 때문이다. 노론 이의현은 '원자 탄생은 경사이므로 김창집金昌集과 이이명을 신원해야 한다'는 주청을 올렸다.

  영조는 고민에 빠졌다. 경종 시절 자신에게 대리청정을 시키자고 주장하다 사형당한 김창집과 이이명을 신원하자는 말이므로 자신과 밀접한 관계가 있었다.

  상소를 읽은 영조는 생각에 잠겼다.

  '업보로다!'

영조는 탄식했다.

  '그때 서덕수徐德壽와 김복택金福澤을 만나지 말 것을…….'

그러다 다시 머리를 흔들었다.

  '그랬다면 내가 이 자리에 있을 수 있었으랴…….'

  그랬다. 그 만남이 없었으면 자신은 이 자리에 오를 수 없었을 것이다. 그만큼 노론 4대신의 신원과 영조의 왕위는 떼려야 뗄 수 없는 관계였다.

경종은 심신이 유약했다. 어린 나이에 목도한 생모의 비참한 죽음은 그의 심신을 쇠약하게 했다. 게다가 장희빈에 대한 숙종의 미움은 세자 윤에게 옮겨졌다. 숙종은 세자가 조금이라도 잘못하면 가차 없이 꾸짖곤 했다.

"누구 아들인데 그렇지 않겠는가?"

세자 윤은 두려웠다. 부왕 숙종이 두려웠고 어머니가 죽던 날 애원하는 자신의 손길을 뿌리치던 노론이 두려웠다. 그는 부왕과 집권당 노론이 자신을 제거하기 위해 호시탐탐 기회를 노리고 있다는 사실을 잘 알고 있었다. 이 과정에서 세자는 나름의 처신술을 터득했다. 어떤 사안에도 자신의 의사를 표시하지 않는 처신이었다. 그는 자신이 사는 유일한 길은 입을 다물고 대세에 따르는 것이라고 생각했다. 입을 다물으로써 노론에게 꼬투리를 잡히지 않는 것만이 스스로를 보호하는 길이라고 믿었다.

소론이 자신을 지지하고 있다는 사실은 알고 있었지만 그들의 힘은 미약했다. 한때 총융사摠戎使로 병권을 쥐고 있던 외삼촌 장희재張希載도, 국모였던 어머니 장옥정도 보호하지 못한 소론이었다. 괜히 소론을 지지하고 나섰다가는 노론의 역습에 걸려 죽을 수도 있음을, 세자는 어머니의 사사 과정을 통해 본능적으로 알게 되었다.

이런 처신이 세자의 목숨을 살리고 임금으로 만든 것인지도 모른다. 신중한 처신, 특히 노론과 부딪히지 않는 과묵한 처신은 노론에게 내쫓을 구실을 주지 않았다. 아무 잘못도 없는 세자를 무작정 폐할 수는 없었다. 세자는 신중하고 신중하게 처신했다. 아무도 세자의 깊은 속내를 알 수 없었다. 하지만 어찌 한이 없었으랴! 어머니가 사사당한 아들의 가슴속에 증오가 없을 수 없었다. 침묵 속에 숨어 있는 증오가 더 무서운 법이다.

노론도 세자가 가슴속에 증오를 키우고 있다는 사실을 알고 있었다. 경종이 즉위하자 노론이 다급해진 이유는 이 때문이다. 연산군이 그랬던 것처럼 경종은 증오의 칼을 뽑을 것이고, 그 칼은 자신들을 향할 것이었다.

경종을 임금으로 인정하지 않는 노론은 경종이 즉위하자마자 비상대책을 수립했다. 노론의 비상대책은 크게 세 단계로 나뉘어 있었다. 첫째 연잉군(영조)을 왕세제王世弟로 책봉하는 것이고, 둘째 연잉군에게 대리청정을 시키는 것이었다. 셋째는 경종을 무력화시키고 연잉군을 즉위시키는 것이었다. 상황이 여의치 않으면 경종을 곧바로 독살하고 바로 연잉군을 즉위시킬 수도 있었다.

노론은 경종의 몸이 약하다는 것을 왕세제 책봉의 명분으로 내세웠다. 그러나 내심의 명분은 이이명에게 '연잉군과 연령군을 부탁한다'고 했던 숙종의 밀지였다. 이 과정에서 김창집, 이이명 등 노론 중진들은 비밀회의를 열었음이 분명하다. 그 비밀회의는 신하들이 임금을 택하는 이른바 '택군' 회의였다. 왕조국가에서 신하가 임금을 선택하는 '택군'은 그 자체가 역모였다. 노론에게 경종은 갈아치워야 할 소론 임금일 뿐이었다. 노론은 연잉군을 택군했고 연잉군은 노론의 택군 제의를 받아들였다. 영조의 숱한 논란의 시작이었다.

드디어 경종 1년(1721) 8월 20일 노론 수뇌부의 지시를 받은 사간원 정언 이정소李廷熽가 1단계 작전을 개시했다. 이정소에게 노론 비밀회의의 결정 사항을 수행하라고 통보한 인물은 숙종의 장인인 김만기金萬基의 손자 김운택金雲澤·민택民澤 형제였다. 숙종의 외척을 동원하여 숙종의 밀지에 무게를 더하려 한 것이다. 정6품에 불과한 이정소는 아들 없는 임금에게 저사儲嗣(후사를 세우는 것)를 빨리 세우라는 상소를 올렸다.

이 사실은 연잉군에게도 미리 통보되었는데 통보 당사자는 김운택 형제의 종형제인 김복택과 연잉군의 부인 서씨의 종제인 서덕수였다. 숙종의 첫 번째 부인인 인경왕후의 외조카들과 서씨의 친척들이 경종을 몰아내고 연잉군을 임금으로 추대하는 행동책을 맡은 셈이다.

이정소는 상소에서, "지금 우리 전하께서 춘추가 왕성하신데도 아직 저사가 없으시다"면서 경종에게 아들이 없다고 지적했다.

"방금 국세는 위태롭고 인심은 흩어져 있으니 마땅히 나라의 대본大本(세자)을 생각하고 종사의 지극한 계책을 꾀해야 하는데도 대신들은 아직껏 이를 청하지 않으니 신은 이를 개탄합니다."

아들이 없는 임금에게 빨리 후사를 결정하라는 말이었다. 이는 연잉군을 직접 언급하지는 않았지만 연잉군을 왕세제로 삼으라는 말이기도 했다. 자신들이 '택군'한 인물이 연잉군이라는 의사 표시였다. 경종이 이정소의 상소를 접한 것은 하루 일과가 마무리되는 저녁때였다. 이 또한 노론의 치밀한 계획이었다. 상소를 올린 당일 모든 계획을 마무리 짓기 위해 일부러 늦은 시간을 택해 상소를 올린 것이다. 경종은 긴장했다. 그는 이정소의 상소가 노리는 바가 무엇인지 잘 알고 있었다. 열네 살 때 생모가 죽어가는 모습을 본 경종이었다.

그날 밤 노론 영의정 김창집과 좌의정 이건명李健命 등 노론 대신들이 들이닥쳐 경종에게 면담을 요청했다. 국난이나 역모가 아닌 한 대궐문이 닫힌 이후에 청대하는 것은 극히 이례적인 일이었다. 정상적인 상황이라면 경종은 이 한밤의 청대를 거부했을 것이다. 날이 밝은 후 노론뿐 아니라 자신을 지지하는 소론도 참석하는 회의에서 공론에 부치는 것이 유리했기 때문이다.

"어제 이정소가 후사를 빨리 세우라고 상소했는데 경들은 어떻게 생각하는가?"

이렇게 하문하면 소론이 벌떼같이 일어나서 "아니 되옵니다"라고 소리칠 것이 분명했다. 그뿐 아니라 "전하에게 왕자가 없는데 후사를 세우라는 말은 의중에 인물이 있다는 뜻으로서, 그 자체가 역모입니다"라고 주장하면 역옥逆獄으로 비화할 수 있었다.

노론은 이런 사태를 우려해 한밤에 청대한 것이었다. 소론의 귀에 들어가기 전에 사태를 마무리해야 했다. 결국 경종은 이를 뿌리치지 못했고 한밤중에 노론 대신들을 청대하게 되었다. 이때 모인 인사들의 면면은 노론의 사전 각본임을 알 수 있다. 영의정 김창집, 좌의정 이건명, 판중추부사 조태채趙泰采, 호조 판서 민진원, 공조 판서 이관명李觀命 등 노론 일색이었다. 소론 우의정 조태구趙泰耉와 이조 판서 최석항崔錫恒은 이 자리에 참석하지 못했다. 이들이 국가의 운명이 바뀔 수도 있는 중대한 회의에 자의로 불참했을 리는 만무하다. 노론 승지 조영복趙榮福이 자당自黨에게만 알리고 소론 대신들에게는 야간 청대 사실 자체를 감췄던 것이다.

노론 일색의 회의에서 영의정 김창집이 입을 열었다.

"정언 이정소의 말이 지당하니 누가 감히 이의가 있겠습니까?"

판중추부사 조태채도 가세했다.

"말이 이미 나왔으니 오래 끌 수 없습니다. 청컨대 빨리 처분을 내리소서."

좌의정 이건명도 나섰다.

"이 일은 한 시라도 늦출 수 없으므로 신 등이 감히 깊은 밤중에 입대를 요청한 것입니다. 빨리 대계大計(세제를 세우는 것)를 정하소서."

승지 조영복도 가세했다.

"대신과 여러 신하들의 말은 모두 종사의 대계를 위한 것이니, 속히 윤허하소서."

드디어 경종이 대답했다.

"윤허한다."

여러 신하들이 한꺼번에 응답했다.

"이는 종사의 한없는 복입니다."

그러나 '종사의 한없는 복'이 아니라 '노론의 한없는 복'이었다. 노론의 무혈쿠데타가 전격적으로 승리를 거둔 것이었다. 그러나 노론은 여기에서 만족할 수 없었다. 날이 밝으면 어떤 상황이 벌어질지 알 수 없었기 때문이다. 한밤에 노론 대신들만 청대해 세제 책봉을 주청한 것은, 소론의 눈에는 임금을 협박한 것으로 비쳐질 것이고, 자칫 역습을 당할 우려가 있었다. 노론은 소론이 이의를 제기하지 못하게 하는 안전장치가 필요하다고 생각했다.

김창집과 이건명이 다시 주청했다.

"전하께서 위로 자전慈殿(대비)을 모시고 계시니 자전께서 허락하시는 수필手筆을 받은 다음에야 봉행할 수 있을 것입니다. 전하께서 아뢰는 동안 신 등은 합문閤門 밖에서 기다리겠습니다."

대비 인원왕후 김씨의 허락을 맡으라는 말이었다. 대비는 국사에 간여할 수 없었다. 그것이 조선의 법이었다. 그러나 노론은 대비까지 끌어들여야 나중에 뒤집어지는 일이 없을 것이라고 생각했다. 경종은 대비전에 들어갔다. 그러나 예상과는 달리 경종은 한참이 지나도록 나오지 않았다. 경종이 나오지 않자 김창집 등 노론 대신들은 입술이 바싹 탔다. 그야말로 고공 외줄타기와 같은 정치적 도박이었다. 한 치라도 어긋나면 그 길로 황천행이었다. 김창집은 승전承傳 내관을 통해 경종을 재촉했다.

날이 밝았음을 알리는 종이 친 뒤에야 대비전을 나온 경종은 낙선당樂善堂으로 대신들을 불렀다. 김창집이 물었다.

"자성慈聖(대비)께 아뢰셨습니까?"

"그렇다."

이건명이 못을 박았다.

"반드시 자전의 수찰手札(손으로 쓴 글)이 있어야만 거행할 수 있습니다."

임금이 책상 위를 가리키며 말했다.

"여기 있다."

김창집이 뜯어서 읽었다. 인원왕후의 언문 교서에는 그 유명한 말이 적혀 있었다.

"효종의 혈맥과 선왕(숙종)의 골육은 금상今上(경종)과 연잉군이 있을 뿐이니 어찌 다른 사람이 있겠는가."

'효종의 혈맥과 선왕의 골육'은 삼종의 혈맥이란 뜻이다. 또 다른 종이에는 해서楷書로 '연잉군'이라고 쓰여 있었다. 노론 대신들은 이를 읽고 눈물을 흘렸다. 종사를 위한 눈물로 가장했지만 눈물의 의미를 경종인들 모를 리 없었다. 임금을 협박해 얻은 승리를 기뻐하는 악어의 눈물이었다. 노론의 전격적인 한판 승리였다.

당시 경종의 나이 서른넷이었다. 30대 초반의 임금에게 여섯 살 아래 동생을 후사로 삼으라는 것은 무리한 주장이었다. 태종 때 같았으면 국청 뜰에 피비린내가 진동했을 사안이었다.

노론은 그만큼 다급했기에 임금을 윽박지르는 무리수를 둔 것이었다. 거기에는 경종비 선의왕후宣懿王后 어씨의 움직임이 있었다. 그녀는 양자를 들일 준비를 하고 있었다. 이는 조선의 종법과 상속법상 당연한 행위였다. 조선의 종법과 상속법은 형제 상속이 아니라 부자 상

속이었다. 종손이 아들을 낳지 못하면 양자를 들여 후사를 잇는 것이 조선의 종법이었다. 조선에 그토록 많은 양자가 있는 것은 이 때문이다. 이 경우 종통은 종손의 동생이 아닌 새로 들인 양자에게 있었다.

경종이 양자를 들이면 노론으로서는 그것으로 끝이었다. 양자는 물론 경종과 마찬가지로 소론계일 것이고, 그가 경종의 뒤를 이어 조선의 21대 임금이 될 것이었다. 선의왕후 어씨는 음흉한 이복 시동생을 싫어했다. 노론이 천재지변이라도 난 듯 한밤중에 청대해 번개처럼 세제 책봉을 주청하는 무리수를 택한 것은 이 때문이었다.

연잉군(영조)이 진퇴양난의 험곡에 빠진 이유도 여기에 있었다. 노론의 행위는 신하가 임금을 택하는 '택군'으로, 객관적 역모였다. 이때 스물일곱이었던 그는 이런 사실을 알기에 충분했다. 연잉군이 험곡에서 빠져 나오는 방법은 사실 간단했다. 임금 자리에 대한 미련을 포기하면 되는 것이었다. 그리고 선왕의 아들로 유유자적하며 지내면 그만이었다. 하지만 그는 임금 자리를 포기할 수 없었다. 그 스스로 험곡으로 향했다. 이것이 바로 연잉군의 한계이자 모순에 가득한 정치 역정의 출발점이었다. 연잉군은 임금이 되고 싶은 정치적 야망으로 경종 반대당인 노론의 '택군' 제의를 받아들였다.

임금을 시켜주겠다는 노론의 밀사 서덕수와 김복택의 제의는 대권에 뜻을 둔 인물로서는 목숨을 걸어볼 만한 가치가 있었다. 그러나 국법과 원칙에 어긋나는 길이었다. 연잉군은 이 제의를 수락해 왕위를 둘러싼 건곤일척의 승부에 목숨을 걸었다. 이 승부에서 노론은 자신을 지지했고 소론은 경종을 지지했다. 영조는 노론에 의해 추대된 임금이었다. 이것이 영조가 지닌 가장 큰 한계이자 죽어도 씻을 수 없는 회한이자 모순이었다.

연잉군이 노론의 제의가 객관적인 쿠데타이자 역모인 줄 알면서도 수락한 데는 대비 김씨의 동향도 한몫했다. 대비 인원왕후 김씨는 소론 김주신金柱臣의 딸이었으나 남편 숙종을 따라 노론으로 전향한 여인이었다. 대비 김씨는 경종비 어씨가 양자를 들여 경종의 후사를 잇게 하려 하자, 노론 좌의정 김창집에게 연잉군을 세제로 추대하라는 밀지密旨를 내렸다고 한다. 연잉군은 자신을 세제로 만드는 시나리오를 대비가 연출했다는 점으로 스스로를 위로했다. 그러나 당시는 대비 섭정 기간이 아니었다. 조선의 국법에 섭정하지 않는 대비의 정사 참여는 불법이었다. 이는 노론은 말할 것도 없이 대비와 연잉군까지도 불법적인 역모에 가담했다는 사실을 의미한다.

반대로 이는 경종이 그만큼 고립되어 있었다는 반증이기도 하다. 위로는 대비, 아래로는 동생 연잉군, 그리고 집권당인 노론이 합세해 경종을 흔들어대고 있었던 것이다.

노론은 이렇게 경종을 몰아붙여 날이 채 밝기도 전에 연잉군을 왕세제로 만들었다. 이튿날 이 사실을 안 소론에서 경악했지만 이미 경종과 대비가 받아들인 이상 방법이 없었다. 그러나 노론은 안심할 수 없었다. 상대는 국왕이었다. 그가 마음만 먹는다면, 그리고 상당한 무리를 감수할 결심만 한다면 자신들은 당장에 어육魚肉이 될 수도 있었다. 그가 누구의 아들인가? 당파를 바꿔가며 수많은 신하들의 목숨을 빼앗은 숙종의 아들이자 한을 품고 죽은 희빈 장씨의 아들이었다.

노론은 경종을 무력화시키는 2단계 작전을 개시했다. 2단계 작전의 실행자는 종3품 사헌부 집의執義 조성복趙聖復이었다. 조성복은 연잉군이 세제로 결정된 지 두 달도 채 지나지 않은 경종 1년 10월에 상소를 올려 정국에 파란을 몰고왔다. 상소의 내용은 간단했다.

"세제를 정사에 참여케 하십시오."

왕세제에게 대리청정을 시키라는 말이었다. 정상적인 상황이라면

목이 열 개라도 부족한 주청이었다. 정상적인 상황이라면 임금이 대리청정을 명하면 세자는 석고대죄席藁待罪하고 모든 백관들은 대궐 뜰에 꿇어앉아 명을 환수해달라고 철야 정청庭請해야 했다. 국왕의 권한을 다른 이와 나누라는 말을 꺼내는 순간 그는 객관적인 역적이었다. 왕권에 대한 정면 도전이자 왕조국가 시스템에 대한 전면 부인이었다.

그런데 이 상소에 대한 경종의 반응은 노론조차 의외였다.

"주청한 바가 좋으니 어찌 유의치 않겠는가."

경종이 즉각 세제의 대리청정을 받아들인 것이다. 노론은 너무 손쉽게 끝나버린 승리에 대해 의아했다. 경종이 모든 권력욕을 상실한 것으로 받아들였다. 그러나 이는 노론의 무리수였다. 비록 야당이고 소수에 지나지 않지만 경종에게도 소론이란 지지 당파가 있었다. 이번에는 소론도 무력하게 당하고 있지만 않았다. 지난 일을 교훈 삼아 궐 내에 정보망을 구축해두었던 것이다. 그래서 소론 좌참찬 최석항이 다급하게 달려왔다. 대궐문을 닫지 못하게 한 후 궁궐로 들어가는 데 성공했다. 최석항은 경종에게 눈물을 흘리며 호소했다.

"지금 전하의 춘추 겨우 서른이시고 재위하신 지 1년도 안 되었습니다. 의관이 말하는 바에 따르면 이른바 편찮으신 증세라는 것은 소변이 잦은 데 불과합니다. 청컨대 빨리 대리청정의 명을 거두어주소서."

역시 소론인 우의정 조태구도 한밤에 대궐에 들어와 눈물을 흘리며 명을 거두어달라고 호소했다. 경종은 소론 대신들의 주청에 힘을 얻었다. 어쩌면 이런 효과를 노리고 쉽게 대리청정을 허락한 것인지도 몰랐다. 경종은 대리청정 명을 거두었다. 반전의 시작이었다.

경종이 대리청정을 철회하자 노론은 공포에 휩싸였다. 다음 날 노론 영수 영의정 김창집은 이 사태에 대한 책임을 들어 사직을 청했다. 경종의 속마음을 떠보기 위한 것이었다. 정승이 사직을 요청하면 최소한 서너 번은 만류하는 것이 상례였다. 그러나 경종은 김창집의 사직을 즉각 허락했다. 노론은 당혹감과 두려움에 휩싸였다.

그런데 경종은 뜻밖에도 김창집 사직 이틀 후에 다시 세제의 대리청정을 명했다. 자신이 신병이 있다는 이유였다. 정국은 미궁 속에 빠져들었다. 경종의 진정한 속마음이 무엇인지 알 수 없었다. 노론은 일단 대궐 뜰에서 정청하며 대리청정 명을 환수해달라고 요청했다. 경종은 이를 받아들이지 않았다. 경종의 속마음은 여전히 오리무중이었다. 두렵기는 세제 연잉군도 마찬가지였다. 그 역시 대리청정 명이 경종의 진심인지 아닌지 알 수 없었다. 자신의 속내를 떠보는 것일 수도 있다고 생각한 연잉군은 명을 환수해달라고 요청했다. 그럴 수밖에 없었다.

그러나 대궐 뜰에서 정청한 지 3일이 되도록 경종은 대리청정 명을 거두지 않았다. 이에 노론 지도부는 대궐 뜰 한 구석에 모여 구수회의를 열었다. 노론 4대신인 영의정 김창집, 영중추부사 이이명, 판중추부사 조태채, 좌의정 이건명이 그들이었다. 숙론 끝에 이들은 대리청정을 받아들이기로 결정했다. 3일 동안 정청을 했으면 모양새는 갖추었다고 판단한 것이다. 노론 4대신은 2품 이상과 3사 장관을 불러 말했다.

"명을 환수해달라는 정청을 중지하는 것이 좋겠다."

그리고 연명 상소인 연차聯箚를 올렸다.

"숙종 때의 전례에 따라 세제에게 대리청정을 시키소서."

숙종 43년(1717) 세자 윤(경종)에게 대리청정을 시킨 전례에 따라 세제 금에게 대리청정을 시키라는 말이었다. 숙종 43년의 대리청정이 세자 윤을 내쫓기 위한 것이었다면 지금의 대리청정은 국왕 윤을 내쫓기 위한 것이었다. 그때나 지금이나 대리청정은 윤을 내쫓기 위한 것이라는 점에서 아무런 변함이 없었다.

노론은 연잉군을 정사에 참여시킴으로써 국왕 경종의 권력을 빼앗는 데 성공했다. 하지만 이는 노론의 착각이었다. 완전히 임금의 자리에서 몰아내지 않는 한, 왕조국가 조선에서 경종은 엄연한 국왕이었다. 대리청정은 말 그대로 국왕을 대신하는 것일 뿐 세제가 국왕일 수는 없었다.

소론은 분개했다. 소론 강경파인 준소峻少는 노론과 정면 승부를 결심했다. 김일경金一鏡을 비롯한 소론 강경파 7인이 선봉에 서서 상소를 올렸다. 세제 대리청정이 시작된 지 두 달이 채 안 된 시점이었다.

"엎드려 원하건대 세제 청정을 주장한 적신賊臣 조성복과 4흉四凶을 모두 법으로 처단하소서."

조성복은 물론 노론 4대신을 4흉으로 지목한 대담한 상소였다. 『당의통략黨議通略』은 "김창집 등이…… 마음속에 두려움이 없지 않았다"라고 전하고 있는데, 그 우려대로 세제 대리청정 주청이 역모로 몰린 것이다. 『경종실록』 사관이 "이때 김창집, 이건명 등이 주상으로 하여금 정무를 놓게 만들려고 조성복을 사주하여 상소를 올리고 상시嘗試(속마음을 떠봄)하였다"고 전하는 것처럼 노론의 역심은 주지의 사실이었다. 노론에서는 김일경을 맞공격하는 것 외에 다른 방법이 없었다. 일제히 김일경을 성토하고 나섰다. 관건은 경종의 태도였다. 평소대로라면 경종은 노론의 주청을 받아들여 김일경을 유배 보냈을 것이다. 그러나 이때는 달랐다. 경종은 김일경을 일약 이조 참판에 임명했다. 그 동안 감추었던 경종의 속마음이 드디어 드러난 것이다. 경종은 김일경 등 소론 강경파들을 대거 등용하면서 노론 4대신을 비롯한 50여 명의 노론 인사들을 위리안치, 유배, 파직시켰다. 이것이 소론이 일거에 정국을 장악하는 신축환국辛丑換局이었다. 『경종실록』 1년 12

월 6일의 사관史官은 이렇게 평했다.

"주상께서 즉위하신 이래 공묵恭默하여 말이 없고 조용히 고공高拱(방관함)해서 신료를 인접引接하여 더불어 수작하지 않고 군하群下의 진달하고 계품하는 것을 모두 허락하니, 흉당凶黨(노론)이 오만하고 쉽게 여겨 꺼리는 바가 전혀 없었으므로 중외에서 근심하고 한탄하며 질병이 있는가 염려하였다. 그런데 이에 이르러 하룻밤 사이에 건단乾斷(천자가 정사를 스스로 재결함)을 크게 휘둘러 군흉群凶을 물리쳐 내치고 사류士類를 올려 쓰니, 천둥이 울리고 바람이 휘몰아치며 하늘과 땅이 뒤집히는 듯했으므로, 군하가 비로소 주상이 숨은 덕을 도회韜晦(재덕을 숨기어 감춤)함을 알았다."

경종은 극도의 인내로 자신의 능력을 숨기고 있었던 것이다. 그리고 하루아침에 건단을 휘둘러 친정시대를 연 것이다. 그러나 이는 시작에 불과했다.

노론에 대한 소론의 본격적인 공세는 목호룡의 고변(1722)으로 시작되었다. 이 고변은 노론이 3급수三急手를 통해 경종을 죽이거나 내쫓으려 했다는 내용이었다. 경종 2년(1722) 임인년에 발생했다 해서 임인옥사라고도 한다. 노론이 논의했다는 3급수는 상당히 구체적인 내용이었다. 노론이 자객을 시켜 경종을 죽이는 대급수, 독약을 사용해 독살하는 소급수, 숙종의 유명遺命(유언)을 빙자해 경종을 폐출하는 평지수를 계획했다는 것이 목호룡이 고변한 3급수였다. 목호룡의 고변은 정국에 엄청난 충격을 던졌다. 고변이 사실이라면 노론 대신들은 빠져나갈 길이 없었다. 『경종실록』 2년 3월 27일자는 목호룡이 이렇게 말했다고 전한다.

"신臣(목호룡)은 비록 신분은 미천하지만 왕실을 보존하려는 뜻을 가지고 흉적이 종사를 위태롭게 하려는 모의를 직접 보고는 호랑이 입〔虎口〕에 먹이를 주어서 은밀히 비밀을 알아낸 후 감히 이처럼 상변 上變하는 것입니다."

비밀을 알아내기 위해 자신이 직접 역모에 가담했다는 것이었다. 비밀을 알아내기 위한 것이라기보다는 정권이 소론 강경파로 넘어갔기 때문에 고변한 것이리라. 그러나 모의의 직접 가담자가 고변한 것이므로 빠져나갈 방법이 없었다. 김일경으로부터 4흉으로 몰렸던 김창집, 이이명, 이건명, 조태채 등 노론 4대신은, 결국 이 고변에 걸려 모두 사형당하고 말았다.

임인옥사라고도 불리는 목호룡의 고변 사건은, 아직 태어나지도 않은 사도세자와도 밀접한 관련이 있다. 사도세자의 아버지인 왕세제 연잉군이 연루되기 때문이다. 처조카 서덕수가 왕세제 연잉군도 관련되었음을 자백하고 사형당한 것이다. 그는 연잉군을 임금으로 추대하려고 했으며 연잉군에게도 이 사실이 통보되었다고 자백했다. 즉 연잉군이 역모의 수괴라는 뜻이었다. 조선시대 역모에 이름이 거론되고도 살아남은 종친은 거의 없었다. 역모에 걸리면 혐의만으로도 죽음을 당하기 마련이었다. 연잉군처럼 미리 인지까지 한 경우는 목이 열 개라도 부족했다. 연잉군은 이때의 수사 기록인 「임인옥안壬寅獄案」에 역적의 수괴로 이름이 등재되었다. 만약 이때가 정상적인 상황이거나 경종이 그 모호한 성격만큼이나 관대한 인물이 아니었다면 연잉군은 분명 황천으로 갔을 것이다.

하지만 경종은 자신의 자리를 뺏으려 한 이복동생의 목숨을 뺏고 싶지 않았다. 부왕 숙종이 자신보다 더 사랑했던 동생의 목숨을 살려주고 싶었다. 경종은 연잉군을 보면 반드시 웃었으며 때로는 친히 세제가 있는 동궁의 문밖에 서서 이렇게 말하기도 했다.

"우리 아우의 글 읽는 소리가 듣고 싶어서 왔네."

경종은 연잉군에게 이런 말도 했다.

"소론의 여러 신하들이 성심껏 보호해서 동궁(연잉군)이 편안하다."

소론이 연잉군을 반대한다는 사실을 경종이 모를 리는 없었다. 경종의 이 말은 세제와 소론을 화해시키려는 나름의 시도였다.

「임인옥안」에 역적의 수괴로 등재된 세제 연잉군의 처지는 아주 궁색해졌다. 집권당도 소론으로 바뀌었다. 김일경이 주도하는 소론 강경파는 연잉군을 제거하려 했다. 선의왕후 어씨에게 양자를 들여 후사를 잇고 연잉군을 제거하는 방법이 다시 시도되었다. 선의왕후 어씨가 보기에 연잉군은 면종복배面從腹背, 즉 낯빛으로는 복종하고 뱃속으론 배신하는 두 마음의 음흉한 시동생일 뿐이었다. 더욱이 경종을 몰아내려 한 역적이었다.

선의왕후 어씨는 소론 강경파 김일경과 결탁해 세자궁의 궁인 박상검朴尙儉을 시켜 연잉군을 압박했다. 박상검은 같은 궁인인 석열石烈, 필정必貞, 문유도文有道 등과 모의해 세제와 경종의 만남을 차단했다. 궁 안의 여우를 잡는다는 핑계로 세제 연잉군이 경종을 만나러 가는 길목 곳곳에 덫을 놓아 출입을 막은 것이다.

자신에 대한 압박이 노골화되자 연잉군은 두려움을 느꼈다. 이제는 반대로 그가 고립되어 있었다. 노론은 모두 죽거나 쫓겨났고 조정은 소론이 차지했다. 이런 대궐에서 연잉군이 기댈 유일한 인물은 대비 김씨뿐이었다. 하지만 당시 연잉군은 대비도 만날 수 없었다.

야사野史는 연잉군이 마지막 수단으로 대비궁의 담을 넘어서 인원왕후 김씨를 만났다고 전하고 있다. 하지만 대비궁과 동궁은 지척지간에 있었으므로, 이는 연잉군을 억압한 소론을 비난하기 위해 만들어낸 소문인 듯하다.

어렵사리 대비를 만난 연잉군은 눈물을 흘리며 핍박받는 자신의 처

지를 호소했다. 숙종을 빼닮아 감정 기복이 심하고 눈물도 많았던 연잉군의 설명을 들은 김씨에게 세제 폐위와 사사는 시간문제로 보였다. 대비는 남편이 사랑했던 이 아들의 목숨을 살리는 길은 세제 자리를 내놓는 것밖에 없다고 생각했다. 연잉군의 마지막 희망인 대비 김씨의 말은 세제를 놀라게 했다.

"차라리 세제 자리에서 물러나 선왕께서 주신 작호(연잉군)를 보존하라."

왕세제 자리를 내놓고 목숨을 건지라는 말이었다. 실제로 대비 김씨는 이런 내용의 언문 서찰을 조정에 내리기도 했다. 하지만 이는 연잉군의 의도와는 달랐다. 연잉군은 임금 자리를 포기할 수 없었다. 임금 자리는 그가 살아 있는 이유 그 자체였다. 그가 대비에게 눈물로 호소한 것은 세제 자리를 내놓기 위해서가 아니라, 대비가 나서서 박상검 같은 궁인들을 처벌해달라고 경종에게 요청하기 위한 것이었다. 대비 김씨가 뜻밖의 말을 하자 연잉군은 자신이 가진 최고의 무기, 즉 삼종의 혈맥이란 무기를 꺼내 들었다.

"그러면 저야 편하겠지만 삼종의 혈맥을 어찌하겠습니까?"

인원왕후는 세제에게 경종에게 들어가 고하라고 권유했다. 이 권고에 힘을 얻은 연잉군은 경종을 만나 울면서 자신이 당한 고난에 대해 설명했다.

이 보고를 들은 경종은 아주 뜻밖의 조처를 취한다. 처음에는 박상검 등을 잡아들이라고 명령했다. 그러나 돌아서자마자 곧 이 명령을 거두어버렸다. 이는 경종의 마음도 박상검과 같다는 뜻이었다. 지은 죄가 있던 세제는 두려웠다. 그러나 연잉군에게는 물러설 자리가 없었다. 세제 자리를 내놓으나 쫓겨나나 죽기는 매한가지였다. 왕비 어씨가 양자를 들이는 순간 자신은 끝장이었다. 연잉군은 다시 박상검 등을 처벌할 것을 경종에게 주청했다. 거듭된 주청에 경종은 화를 벌컥 냈다.

『경종실록』에는 세제의 입을 빌어 "갑자기 감히 듣지 못할 하교를 내리셨다"고만 기록되어 있어, 경종이 무엇이라 말했는지 정확히 알 수는 없다. 중요한 점은 경종의 이런 반응은 세제를 폐위시킬 수도 있다는 강한 암시라는 점이다.

막다른 골목에 몰린 연잉군은 궁관을 움직여 난국을 타개하는 정치적 승부수를 던지기로 했다. 사실상 목숨을 건 승부수였다. 그는 입직한 궁관 김동필 등에게 세제 자리를 물러나겠다고 말했다. 세제의 심복인 김동필 등은 당연히 펄쩍 뛰며 물러나서는 안 된다고 나섰다. 그것이 연잉군이 바라던 바였다.

연잉군은 못 이기는 체하며 한발 물러서면서 세제 사부와 여러 대신들에게 자신의 의사를 전해달라고 부탁했다. 연잉군의 의사란 박상검 등을 제거해달라는 부탁이었다. 대비와 경종에게 읍소해도 소용이 없자 조정 대신들을 움직이는 전술로 바꾼 것이다. 그런데 뜻밖에도 소론 온건파가 세제의 편을 들고 나섰다. 새로운 반전이었다. 소론 온건파의 영수이자 사형당한 노론 4대신 중 한 명인 조태채의 종형이기도 했던 영의정 조태구가 세제를 지원하고 나섰다. 영의정 조태구는 경종에게 박상검 등을 처벌하라고 주청했다.

"옛 사람은 환관을 집안의 종에 비유하였으니 박상검 등을 시험 삼아 사가의 예로 말한다면, 지금의 형세는 종의 말을 듣고 형제가 화합하지 못하는 것입니다. 이러면 그 집안이 흥하겠습니까, 망하겠습니까? 전하께서는 어찌 집안의 종을 아끼셔서 동궁의 마음을 위로하지 않으십니까?"

역시 소론 온건파 최석항도 환관 박상검을 벌하라고 주청했다.

하지만 경종은 이들의 주청에 아무런 답도 하지 않았다. 한참 지난 후에야 무슨 말을 했는데 입속에서만 중얼거렸기 때문에 알아들을 수 없었다. 조태구가 다시 나섰다.

"잘 듣지 못했으니 옥음玉音을 자세히 듣기를 원합니다."

경종이 조금 크게 말했다.

"적발하여 정법正法(사형)하라."

연잉군이 다시 살아나는 순간이었다. 소론 온건파가 왜 연잉군을 도왔는지는 분명치 않다. 어쩌면 이들은 당론보다 국본을 더 중시한 원칙주의자들인지도 모른다. 최소한 노론처럼 당론을 국론보다 앞세우지 않았던 점은 분명하다. 이때 소론 온건파까지 연잉군 공격에 가세했다면 연잉군의 미래는 없었다. 소론 온건파는 연잉군에게 생명의 은인이었다. 노론에서 추대한 연잉군을 구해준 것이 소론 온건파였다는 점은 조선 당쟁사의 아이러니이자 훗날 탕평책을 가능케 한 씨앗이기도 했다.

이후에도 소론 영의정 조태구는 눈물을 흘리면서까지 세제를 효유曉諭(알아듣도록 타이름)하라고 몇 번이나 간했다. 경종은 이런 읍소에 대답하지 않는 것으로 거부했다. 경종은 속마음은 「임인옥안」에 괴수로 이름이 오른 연잉군을 역적으로 생각했을 수도 있다. 그러나 차마 삼종의 혈맥을 죽일 수는 없었다.

막다른 골목에 몰린 연잉군은 최석항과 조태구 등 소론 온건파 정승들의 도움을 받아 호구에서 빠져나왔다. 그러나 한 치의 실수만 있어도 언제 나락으로 떨어질지 알 수 없는 상황은 계속되었다. 연잉군의 유일한 희망은 경종의 몸이 약하다는 사실이었다. 경종이 죽는다면 세제인 자신이 즉위할 것이었다. 드디어 경종은 재위 4년 8월에 접어들면서 병세가 심각해져 거의 식사를 하지 못할 정도로 쇠약해졌다. 이때 대비 김씨와 왕세제는 의원들의 반대에도 경종에게 게장과 생감을 올린다. 경종은 게장 덕택에 평소보다 많은 수라를 든 후 감을 먹었다. 『경종실록』은 게장과 생감은 의가醫家에서 매우 꺼리는 상극의 음식이라고 전하고 있다. 바로 이것이 연잉군이 즉위한 후에도 두고두고 그를 괴롭히는 경종 독살설의 중요한 빌미가 된다.

공교롭게도 그날 밤부터 경종은 가슴과 배가 조이듯이 아파왔다. 다음 날도 그 다음 날도 경종의 환후는 차도가 없었고 설사를 계속했다. 연잉군은 이때 다시 의원들과 대립한다. 의원들의 반대를 무릅쓰고 게장과 생감을 올린 지 닷새 만이었다. 발단은 연잉군이 인삼차를 올리는 데서 시작했다.

연잉군이 인삼차를 올리려 하자 의원 이공윤李公胤이 반대했다. 그러나 연잉군은 오히려 의원 이공윤을 강하게 논박하고 나섰다. 일개 의원이 세제와 싸워 이길 수는 없었다. 결국 연잉군은 인삼차를 두 번이나 올렸다. 세 번째 인삼차를 올리려 하자 의원 이공윤이 또 반대하고 나섰다.

"소신이 처방한 약을 진어하고 다시 인삼차를 올리면 기氣를 움직여 돌리지 못할 것입니다."

이공윤이 처방한 약을 들었는데 여기에 인삼차를 더하면 죽을 거라는 뜻이었다. 『영조실록』에 이공윤은 강한 처방을 주로 해 명성을 얻은 의원으로 기록되어 있다. 연잉군은 어의에게 벌컥 화를 냈다.

"사람이 본래 자신의 의견을 내세울 곳이 있기는 하지만 지금이 어느 때인데 꼭 자기의 의견을 세우려고 인삼을 쓰지 못하게 하는가?"

연잉군은 또다시 인삼차를 올렸다. 조금 지나자 경종의 콧등이 조금 따스해졌다. 세제 연잉군이 말했다.

"내가 의약의 이치는 알지 못하나 인삼이 양기陽氣를 회복시키는 것

의릉(경종릉) 조선의 20대 왕인 경종과 그의 계비 선의왕후 어씨의 능이다. 경종은 신병과 당쟁의 와중에 후사 없이 재위 4년 만에 승하했다. 서울시 성북구 소재.

은 안다."

그러나 이는 꺼져가는 촛불이 마지막으로 빛을 발하는 것에 지나지 않았다. 인삼차를 마신 얼마 후 경종은 숨을 거두고 말았다. 재위 4년 (1724) 8월 24일의 일이다.

강력한 처방으로 명성을 얻은 당대 제일의 어의가 자신의 처방과 인삼은 상극이라고 극구 말렸음에도 끝내 고집을 피운 연잉군의 행위는 분명 정상은 아니었다. 게다가 연잉군은 「임인옥안」에 역적의 수괴로 올라 있는 처지로서 경종의 처방을 두고 의관과 싸울 형편은 분명히 아니었다.

경종의 환후를 악화시킨 게장과 생감, 그리고 의원과 대립하며 연잉군이 올린 인삼차는 연잉군이 경종을 독살했다는 소문을 증폭시키기에 충분했다. 사람들은 연잉군을 의심의 눈초리로 바라보았다. 특히 소론 강경파는 의심을 넘어 영조의 혐의를 확신했다. 경종 독살설이 난무한 가운데 연잉군은 드디어 왕위에 올랐다. 상처뿐인 영광이지만 기나긴 여정이 끝나는 듯했다. 하지만 이는 끝이 아니라 새로운 시작에 불과했다.

영조의 왕위 등극 과정은 영조와 노론의 씻을 수 없는 업보였다. 이 업보가 갓 태어난 세자에게까지 영향을 미쳤다. 앞의 노론 판부사 이의현의 '김창집과 이이명을 신원하자'는 상소가 그것이었다. 원자의 탄생을 자당의 현안을 푸는 계기로 이용하려 한 것이다. 충격을 받은 영조는 대신들을 물리친 후 홀로 생각에 잠겼다. 영조에게 경종 시절의 당쟁에 대한 기억은 본능적인 공포 그 자체였다. 그 상처를 이의현이 다시 건드린 것이었다. 결심을 굳힌 영조는 대신과 비변사 당상堂上을 불렀다. 대신들이 모이자 영조가 심각하게 입을 열었다.

"신하들이 자기의 사당私黨을 구하려고 나를 곤란한 지경에 밀어넣었다."

이의현이 사당, 즉 노론의 이익을 위해 국왕을 곤란에 빠뜨렸다는 뜻이었다. 그러나 이런 하교에도 노론은 물러서지 않았다. 노론 우의정 김홍경이 반박했다. 다음 해 세자 책봉을 청하기 위해 주청사로 북경에 가기로 예정된 인물이었다.

"4대신은 같은 마음으로 일하다 순국하였는데, 오직 김창집, 이이명 두 사람만이 아직도 원한을 갖고 있기에 신원을 청한 것입니다."

국왕을 '곤란한 지경에 밀어넣었다'고 질책했음에도 신하들이 반박하고 나서자 영조는 다시 이들을 밖으로 나가게 했다. 영조는 호흡을 가다듬고 다시 대신들을 불러 말했다.

"서덕수는 내 처조카인데 서덕수 사건은 내전內殿(중전)에 걸리는 바가 있지 아니한가? 나라에 경사가 있은 후 '양궁兩宮' 사이에 화기

가 애애하기를 바라는데 지금 만약 서덕수 사건을 다시 제기하면 내전이 어찌 편할 수 있겠는가?"

신하들은 영조가 말을 잇는 도중에 놀라고 두려워서 자리에서 일어났다.

"어찌 이처럼 차마 귀로 들을 수 없는 말씀을 하십니까? 속히 말씀을 정지하소서."

이 말이 무슨 뜻이기에 '곤란한 지경에 밀어넣었다'는 하교에도 물러서지 않던 신하들이 놀라며 두려워했을까? 이는 노론 4대신과 함께 사형당한 정성왕후의 조카 서덕수가 정성왕후는 물론 영조와도 관련 있다는 뜻이었다. 영조는 신하들의 두려움을 모르는 체 계속 말을 이었다.

"당시 유언비어가 있었는데, 대비전(인원왕후)을 위험한 말로 두렵게 하던 사가 말하기를, '연잉군이 정궁(정성왕후 서씨)을 박대하고 주색에 빠져 있는데 지금 그를 책립한다면 반드시 기사년의 일이 다시 일어날 것이다'라고 했었다."

말을 마치기 전에 두려움에 휩싸인 여러 신하들이 다시 말을 가로막고 나섰다.

"어찌하여 또 귀로 차마 듣지 못할 말씀을 하십니까?"

"이것은 다른 사람의 말을 그대로 전하는 것이지 내 스스로 하는 말은 아니다."

기사년의 일이란 숙종이 인현왕후를 쫓아내고 원자를 낳은 장희빈을 왕비로 승격시킨 사건을 말한다. 당시 조정엔 이 문제를 둘러싸고 피비린내 나는 정쟁이 벌어졌다. 영조가 '양궁 사이에 화기가 애애하기를 바란다'고 말한 것은 아기를 못 낳은 왕비 정성왕후를 내쫓고 세자의 생모인 선희궁을 왕비로 책립하는 사태가 오지 않기를 바란다는 말이었다. 왕비를 어머니로 섬기는 신하들로서는 차마 들을 수 없는 말이다.

우의정 김흥경이 다시 말했다.

"차마 귀로 들을 수 없는 말씀을 하시니, 어찌 감히 다시 이 문제를 제기하겠습니까?"

김창집과 이이명의 신원을 요구했던 판부사 이의현도 물러서지 않을 수 없었다.

"앞일은 비록 알 수 없지만, 이미 이런 하교를 받았는데 어찌 감히 다시 재론하겠습니까?"

'앞일은 비록 알 수 없지만'이란 단서를 달아 물러선 것이다. 영조가 대답했다.

"이로써도 내 마음은 시원하지 못하다."

그렇다! 영조의 마음은 시원할 수가 없었다. 노론이 4대신이 사형당한 임인옥사의 기억에서 자유로울 수 없는 것처럼 이 옥사에 직접 관련되었던 영조도 마찬가지였다. 이는 영조의 씻을 수 없는 과거의 업보였다. 그 업보가 하나로 엮여 갓 낳은 세자까지 당론으로 이끌고 간 것이다.

영조의 두 가지 콤플렉스

영조는 두 가지 콤플렉스를 갖고 있었다. 하나는 어머니 숙빈 최씨의 신분에 대한 콤플렉스였고, 다른 하나는 앞서 이야기한 경종 독살설에 대한 콤플렉스였다.

그의 어머니 숙빈 최씨는 궁녀 출신이라고도 하고 궁녀의 수발을 드는 무수리 출신이라고도 하고 대궐에서 바느질을 하는 침방나인이라고도 한다. 어느 쪽이든 천한 출신인 것은 분명했다. 그런 최씨가 노론의 지지를 받는 계기는 아주 사소한 이유, 서인가 여인인 인현왕후 궁 소속이었다는 점 때문이다. 그러나 최씨는 남다른 정치적 감각을 지니고 있었다. 숙종 시절 서인과 남인이 상대방이 역모를 꾸몄다고 서로 고변했을 때 최씨는 서인의 편에 서서 남인 정권을 무너뜨리는 데 결정적인 역할을 했다. 최씨가 서인을 지지했던 것은 단순히 인현왕후 궁 소속 나인이었기 때문만은 아니다. 그보다는 희빈 장씨가 그녀의 연적戀敵이자 정적政敵이란 점이 더 크게 작용했다. 희빈 장씨는 숙종의 총애가 다른 여인에게 옮겨가면 자신이 인현왕후 신세가 될 수 있다는 생각에 최씨를 핍박했고, 이것이 최씨를 노론에 기울게 했다.

최씨는 희빈 장씨에 이어 숙종의 둘째 아들인 금을 낳으면서 내명부의 실세로 떠올랐다. 국왕의 아들을 낳으면 정1품 빈嬪에 책봉되는 관례에 따라 그녀도 숙의에서 숙빈으로 승급했다. 그러나 내명부 정1품 빈이 되었다고 해서 천인이라는 그녀의 출신마저 씻을 수는 없다. 이것이 바로 영조의 콤플렉스였다.

영조에게 어머니 최씨는 자신을 낳아준 효성의 대상이자 몸속에 천인의 피가 흐른다는 자괴감을 심어준 부정否定의 대상이기도 했다. 숙빈 최씨는 영조가 임금이 되는 것을 보지 못하고 숙종 44년(1718) 3월 세상을 떴다. 숙종과 노론 거두 이이명이 세자를 윤에서 금으로 바꾸려는 정유독대 이듬해였다.

영조는 즉위 후 죽은 어머니의 묘호를 육상毓祥으로 승격하고 시도 때도 없이 배알함으로써 출신에 대한 콤플렉스에서 벗어나려 했다. 심지어 재위 15년(1739) 8월 최씨의 묘를 배알했을 때 신하들이 소홀히 대했다는 이유로 약방의 입진入診(진찰이나 치료)을 거부하기도 했다. 임금의 약방 입진 거부는 신하들을 압박하는 주요 수단이었다. 생모 출신에 대한 콤플렉스에서 벗어나려는 영조의 욕구는 집요했다. 요컨대 그는 과거에 너무 집착했다. 또한 숙빈 최씨의 친정아버지만이 벼슬을 추증받은 것도 불만이었다.

"사서士庶의 동추同樞도 으레 3대를 추증하는데 임금의 사친私親을 아버지만 추증해서야 되겠는가?"

영조는 외조부 외에 외증·고조부까지 추증시켜 외가의 위상을 높였다. 외가 자체를 양반으로 승격시킴으로써 어머니의 출신을 둘러싼 콤플렉스에서 벗어나려 한 것이다. 자신의 외가만 승격시키기는 것이 눈치가 보이자 선조의 후궁인 인빈仁嬪 김씨의 친정을 끼워 넣어 함께 추증시켰다. 인빈 김씨는 죽은 지 이미 150여 년이 지났지만 영조의 어머니 덕에 덤으로 승격된 것이다. 그리고 숙빈 최씨에게 화경和敬이라는 시호를 추시했다. 이런 과정을 거쳐 천인 출신의 어머니 숙빈 최씨를 추증하는 목표를 모두 달성한 것은 즉위한 지 29년 만의 일이었다.

이처럼 영조는 한번 설정한 목표를 중간에서 잊어버리는 일이 없었다. 또한 설정한 목표를 무리하며 한번에 달성하려고 하기보다는 주위 여건을 보아가며 하나씩 실현해나갔다. 그는 목표를 달성하기 위해 때로는 화를 내기도 하고 떼를 쓰기도 하는 등 다양한 전술을 구사했다.

그러나 생모의 출신에 대한 콤플렉스보다 영조를 평생 따라다니며 괴롭힌 것은 영조가 경종의 죽음에 관여되었다는 소문과 의혹이었다. 경종 독살설은 노론과 소론, 노론과 남인의 대립이 격화된 당시 정국의 부산물이었다. 진위 여부는 중요하지 않았다. 영조 즉위 후 정치보복을 당하거나 정계에서 소외되었던 남인과 소론 강경파에게 중요한 것은 진위 여부가 아니라 '독살설' 그 자체였다. 이는 영조가 왕임을 부인하는 그들의 무기였다.

영조는 자신을 둘러싼 의혹들에 대해 잘 알고 있었다. 심지어 영조의 면전에 대놓고 이런 소문을 들먹이며 욕한 인물도 있었으니, 군사軍士 이천해였다. 이천해는 즉위 직후 영조가 능에 행차할 때 어가를 가로막고 소리를 질렀다. 영조는 그 소리가 "차마 들을 수 없는 말"이라며 사관에게 기록하지 말라고 명령해『영조실록』의 해당 기사에는 다만 환국換局에 관한 말이었다고만 기록되어 있다. 환국이란 정권교체를 뜻하는 조선시대 정치용어다. 그러나『영조실록』4년의 기록에는 "심유현이 만들어낸 말을 퍼뜨렸다"고 적고 있는데, 심유현이 만든 말이란 다름 아닌 경종 독살설이었다.

어가를 가로막고 저주를 퍼부을 때 이천해는 이미 목숨을 걸었고, 또 이 때문에 실제 사형당했지만, 이 사건이 영조 초반 정국에 미친 파란은 컸다. 이는 신왕新王 영조를 둘러싼 세간의 의혹, 특히 반대당파인 소론의 의구심을 그대로 드러내 보인 사건이었다. 이천해가 보여주었듯이 소론 강경파는 영조의 즉위를 인정하지 않았고, 그 정당성을 경종 독살설에서 찾으려 했다. 소론 강경파는 경종이 독살당했다고 믿었다. 소론 강경파의 이런 시각은 영조가 즉위 후 김일경과 목호룡을 국문할 때도 명확히 드러난다. 노론 4대신을 4흉으로 몰았던 김일경은 영조 즉위 직후 체포되어 친국을 당했다. 『영조실록』즉위년 (1724) 12월 8일자는 "김일경은 공초供招를 바칠 때 말마다 반드시 선왕(경종)의 충신忠臣이라 하고 반드시 '나[吾]'라고 했으며 '저[矣身]'라고 하지 않았다"고 적고 있다. 영조를 임금으로 인정하지 않는다는 뜻이었다. 분노한 영조가 "네 머리를 베어 대행대왕(경종)의 빈전에 고하겠다"고 위협하자 김일경은, "나 또한 대행대왕 곁에 죽기를 원하오"라며 눈썹 하나 까딱하지 않았다. 목호룡 또한 지지 않고 영조의 말을 한 마디 한 마디 받아쳤다. 영조가 왕위에 오른 순간 이들은 이미 죽음을 각오한 터였고, 결국 자신들의 신념에 따라 죽어갔다. 영조는 국왕의 권력으로 자신의 원수들을 죽일 수는 있었지만 독살설과 소론의 반발까지 가라앉힐 수는 없었다. 김일경과 목호룡의 대답은 영조가 나라 전체의 임금이 아니라 노론 한 당파만의 임금에 지나지 않는다는 사실을 내외에 공표한 격이었다.

영조는 괴로웠다. 즉위 과정에서는 노론의 지지가 필수적이었지만 이왕 임금이 된 이상 노론의 임금이 아니라 모든 당파의 임금, 전 조선의 임금이 되고 싶었다. 임금은 한 개인일 수 없었다. 자신이 곧 국

김일경 단소壇所 신임사화를 주도했던 소론 강경파 김일경은 영조가 즉위하자 유배되었다가 목호룡과 당고개에서 참형을 당했다. 경상북도 예천군 소재.

가이자 백성들의 총합이었다. '임금에게는 개인적인 원수가 없다'는 말은 국왕들에게 요구되는 직업강령이었다. 영조의 생각도 다르지 않았다.

하지만 이는 소론은 물론 노론의 생각과도 달랐다. 정치적 대차대조표상 영조는 노론 임금이었다. 노론 역시 영조를 자파 임금이라고 생각했다. 영조가 즉위하자 노론은 경종 때 당했던 정치보복을 되갚으려고 했다. 소론이 경종 때 노론 4대신을 4흉으로 몰아 죽인 것처럼 이번에는 노론이 경종 때 왕세제 대리청정에 반대한 유봉휘柳鳳輝, 이광좌, 조태구, 조태억趙泰億, 최석항 등 소론 5대신을 5흉으로 몰아 죽이려고 나섰다. 이 중에서 조태구와 최석항 등은 세제를 결정적 위기에서 건진 인물들이었다. 특히 조태구는 환관 박상검이 세제를 핍박할 때 눈물을 흘리면서까지 박상검을 죽이라고 주청한 인물이었다.

이광좌도 청나라가 경종이 후사를 얻게 되면 세제를 교체할 수 있다고 말했을 때 세제를 교체하지 않겠다는 경종의 결심을 청나라에 알린 소론 온건파 영수였다.

노론이 죽이려는 소론 5대신은 모두 소론 온건파로서 영조로서는 세제 시절에 커다란 은혜를 입었던 인물들이었다. 소론 온건파는 반대당이었지만 영조를 도왔다. 이는 노론과는 차원이 다른 문제였다. 이 때문에 영조는 소론 온건파마저 공격할 수는 없다고 생각했다.

그러나 소론 온건파에게 도움을 받은 것은 영조였지 노론이 아니었다. 노론은 계속 소론 5대신을 죽이자고 청했다. 영조는 노론의 이런 요구에 싫증을 느껴 재위 3년(1727, 정미년) 만에 노론을 내쫓고 소론 온건파에게 정권을 내주었다.

이를 정미환국丁未換局이라 하는데 만약 이 환국을 단행하지 않았다면 영조는 그렇게 오랫동안 임금 노릇을 하지 못했을지도 모른다. 영조가 왕위에 오른 후 노론이 소론 온건파까지 공격하고 나서자 소론은 두려워하면서도 분개했다. 특히 소론 강경파 이인좌와 정희량鄭希亮 등은 영조를 내쫓기 위한 군사 정변을 조직했다. 영조 4년(1728)에 발생한 '이인좌의 난'이 그것이다. 무신년에 일어났다 해서 '무신난'이라 불리기도 한다.

이들에겐 진실이든 아니든 영조와 노론이 경종을 독살했다는 명분이 있었다. 이는 노론의 전횡에 불만을 품은 농민들을 모을 수 있는 무기가 되었다. 이인좌 휘하에 모인 군사들은 진중에 경종의 위패를 모셔놓고 아침저녁으로 모여 곡을 했다. 군사들에게 거사의 정당성과 전투력을 갖게 하기 위한 집회였다. 즉 반군은 자신들이 '선왕을 독살한 영조와 노론'을 응징하기 위해 봉기했다는 거병의 정당성을 전 군사들에게 각인시키려 한 행위였다.

더구나 이인좌의 군대엔 경종의 시신을 목격한 인물까지 있었다. 경종의 전 부인인 단의왕후端懿王后 심씨의 조카 심유현沈維賢이었다. 심유현은 친구 이유익李有翼이 선왕이 무슨 병환으로 승하하셨느냐고 묻자 이렇게 대답했다.

"내가 급히 부름을 받고 환취정環翠亭에 들어가 보니 임금께서 얼굴빛은 여전하신데 환관 한 사람이 곁에 서 있고 대신이 들어와서 초혼招魂(혼을 부름)하기를 청하더군."

이는 곧 경종이 독살당했다는 말이었다. 경종의 시신을 직접 목격한 전 왕비 조카의 목격담은 이인좌의 군사로 하여금 경종 독살설을 사실로 믿게 만들었다. 이인좌의 군사가 초기에 청주성을 점령하고 대구 지역을 휩쓰는 등의 혁혁한 전과를 올린 배경에는, 자신들의 행위에 대한 이런 확신이 있었다.

만일 영소가 정미환국을 단행하지 않은 상태에서 이인좌의 난이 일어났다면 이는 급속도로 확산되었을 것이다. 소론 온건파까지 공격을 받는 상황에서 이인좌가 거병했으면, 충청 북부와 경상도뿐 아니라 서울, 경기, 충청 남서부에서도 동조 거병이 일어날 수 있었다. 난이 전국으로 확산되었더라면 진압은 쉽지 않았을 것이다. 그런데 영조가 정미환국을 단행해 소론 온건파에게 정권을 넘겨줌으로써 소론 강경파와 남인 일부만이 가담했던 것이다. 박문수를 비롯한 소론 온건파는 오히려 난 진압에 나섰다. 이인좌와 심유현을 비롯한 무신난 10괴魁와 많은 관련자들이 사형당했지만 영조가 받은 정치적 타격과 심정적 상처도 그것에 못지않았다.

하지만 영조는 이인좌의 난을 수습하는 과정에서 현군의 자질을 보여주었다. 난이 진압된 후 노론은 다시 이를 소론 제거의 구실로 삼으려 했다. 이는 소론을 역당逆黨으로 몰 수 있는 더없이 좋은 기회였다.

그러나 영조의 반응은 예상과 달랐다.

"지금 역변이 당론에서 나왔으니 앞으로 당론을 하는 자는 역적으로 다스리겠다."

이를 영조 5년(1729) 기유년에 있었다 하여 기유대처분이라 한다. 영조는 소론 온건파를 계속 등용하는 한편 사형당한 노론의 대신 중 일부의 신원도 시도했다. 기유대처분에서 영조는 임인년에 사형당한 노론 4대신 중 이건명과 조태채를 신원했다. 영조는 이인좌의 난의 여파가 채 가시기도 전인 그해 8월 제천堤川 사람 이석효가 또다시 반란을 일으키자 합문을 폐쇄하고 대신들의 청대를 거부했다. 이런 실랑이 후에 영조는 대신들을 불러 선언했다.

"노론 4대신이 누구에게 대리청정을 시키자고 했기에 역적이라 하는가? 비록 그른 것이 있다 하더라도 죽였으면 그만이지 추탈追奪(죽은 사람의 관작을 빼앗음)까지 하는 것은 심하지 않은가? 4대신 중 김창집과 이이명은 그 자손이 옥안에 나왔으니 할 수 없다 하더라도 이건명과 조태채는 그렇지 않으니 복관復官시키라."

이는 노론 4대신을 모두 신원시키라는 노론의 요구와 이들을 신원시켜서는 안 된다는 소론의 반대를 절충한 것이었다. 노론과 소론, 두 당 모두 이 조치에 불만을 가졌지만, 두 정파의 이해를 감안한 조절책임을 알고 있었기에 무작정 거부할 수만은 없었다.

이처럼 영조의 탕평책은 두 당 모두 한편으론 반발하고 다른 한편으론 수긍할 수밖에 없는 토대 위에서 나왔다. 그나마 남인과 북인은 대부분 배제되었다. 영조는 무신난의 성격을 당론의 소산이라고 인식했다. 문제는 그 자신도 이런 당론에서 자유롭지 못한 현실이었다. 영조는 당론을 조절하지 않고는 나라를 다스릴 수 없다는 결론에 도달했다. 그렇게 나온 정책이 탕평책이었다.

원래 탕평이란 말은 『서경書經』「홍범구주洪範九疇」의 "치우침이 없고 당이 없으니 왕도는 탕탕하며, 당이 없고 치우침이 없으니 왕도는 평평하다〔無偏無黨 王道蕩蕩 無黨無偏 王道平平〕"라는 구절에서 나온 말이다. 조선에서 이를 처음 제기한 인물은 숙종 20년(1694) 소론 박세채朴世采였다. 숙종도 탕평을 수긍하긴 했지만 말뿐이었다. 숙종은 자신의 정치적 이해관계에 따라 한 당을 몰아내고 다른 당을 대거 등용하는 편당偏黨정책, 분열정책을 되풀이했던 임금이었다. 그 뒤를 이은 경종은 노론과 소론을 조정할 만큼의 정치력도 권력도 건강도 그리고 의지도 부족했다.

조선의 탕평책은 영조 때 와서 비로소 그 형체를 갖추게 되었다. 영조는 노론을 한 사람 등용하면 소론도 한 사람 등용하는 쌍거호대雙擧互對 방식을 통해 조정의 균형을 잡으려고 했다. 영조는 노론 영수 민진원과 소론 영수 이광좌를 불러 왼손으론 민진원의 손을 잡고 오른손으론 이광좌의 손을 잡아 두 사람을 화해시키려 했다. 하지만 임금이 직접 손을 잡고 화해를 종용했음에도 두 사람은 싸늘하게 거절했다. 그 정도로 탕평은 어려운 일이었다.

영조는 노론 영의정 홍치중洪致中과 소론 좌의정 조문명 등 탕평에 동조하는 신하들에게 힘을 실어주며 탕평책을 계속 추진했다. 영조는 자신의 첫아들 효장세자의 빈으로 소론 탕평파 조문명의 딸을 간택했을 정도로 탕평에 힘을 기울였다.

그러자 노론은, 조정에 노론·소론 외에 탕평당이라는 새로운 당이 생겼다고 비판하고 나섰다. 노론 대사헌 조관빈趙觀彬은 상소를 올려 영조의 탕평책을 직접 비난했다.

"전하께서 당을 없앤다고 하시더니, 이제 도리어 두 당 외에 또 한 당을 보태 음陰과 양陽 외에, 음도 아니고 양도 아닌 것이 하나 나와 모두 셋이 되어 군자도 되지 못하고 소인도 되지 못합니다."

조관빈의 상소 중에 말한 군자, 소인이란 의례적인 수사가 아니라 이론적 배경에서 나온 말이었다. 동양의 정당론은 남송의 구양수歐陽脩가 체계화한 진붕眞朋, 위붕僞朋에서 비롯되었다. 구양수는 군자들의 당은 '진짜 당'이란 뜻의 진붕, 소인들의 당은 '가짜 당'이란 뜻의 위붕으로 분류했다. 조선시대 사대부들도 구양수의 진붕·위붕론을 정당 활동의 정당성의 근거로 삼았다.

문제는 진붕과 위붕이 상대적일 수밖에 없다는 데 있었다. 즉 자신들의 당은 항상 진짜 당이고 상대당은 언제나 가짜 당이었다. 가짜 당은 정치적 파트너나 대화의 상대가 아니라 타도의 대상에 지나지 않았다. 정쟁이 격화되지 않을 도리가 없었다. 물론 그 이면에는 권력을 둘러싼 막대한 정치·경제적 이권이 걸려 있었다. 영조의 탕평론은 진붕·위붕론에서 벗어나 노론과 소론은 물론 남인과 북인 일부까지도 정치의 상대로 인정하려는 상호주의 원칙에 입각한 정치관이자 정당관이었다.

소론 온건파는 영조의 탕평책에 대체로 만족했다. 영조가 노론이라는 것은 다 알고 있는 사실이었다. 영조 즉위 직후 영조가 노론과 함께 소론 강경파를 공격하자 소론은 당장 내일을 기약할 수 없는 형편이 되었다. 영조가 노론의 말을 들어 계속 소론을 탄압하면 소론은 앉아서 죽든지 이인좌처럼 목숨 걸고 정변을 일으키든지 두 가지 길밖에 없었다. 이런 와중에 영조가 탕평책을 추진해 소론 영수 이광좌에게 영의정을 제수했으니 거부할 이유가 없었다.

이는 노론 군주 영조와 소론의 실질적인 화해였다. 이 화해의 터전 위에서 새로운 조선을 건설하는 것이 당시의 시대적 과제였다. 영조가 과거가 아닌 미래를 지향하는 정치에 보다 치중했다면 영조는 훨씬 더 많은 업적을 남겼을 것이다. 또한 하나밖에 없는 자신의 아들을 뒤주 속에 가두어 죽이는 비극도 없었을 것이다.

하지만 영조는 과거의 원죄에서 끝내 자유롭지 못했다. 영조의 가슴속 깊은 곳에는 경종 독살설이, 그 뇌리 깊은 곳에는 역적의 괴수로 자신의 이름이 등재된 「임인옥안」이 자리를 잡고 있었다. 영조의 대리청정을 주청하다 사형당한 노론 4대신의 원혼도 그의 머리맡을 떠나지 않고 있었다. 영조는 과거의 원죄에서 자유롭지 못했다.

현실의 권력을 장악한 영조가 바꿀 수 있는 것은 현재였다. 그리고 현재가 만드는 미래였다. 어떠한 현실권력도 과거를 바꿀 수는 없었다. 그러나 영조는 과거를 뒤바꾸려고 시도했다. 과거의 원죄에서 벗어나는 유일한 길은 미래의 업적이지 과거사 다시 쓰기가 아니었다. 그러나 영조는 과거사 다시 쓰기에 나섰다. 영조의 마음은 임인옥사 때 사형당한 노론 4대신을 복관시키는 데 있었다. 그러나 이를 위해 무리수를 쓰지는 않았다. 소론의 동의를 얻는다면 좋겠지만 그게 아니더라도 최소한 소론의 묵인하에 한 걸음씩 조치들을 취해나갔다. 그러나 노론은 4대신 중 두 명이 신원되지 못한 것이 불만이었고, 소론은 두 명이 신원된 것이 불만이었다. 노론은 남은 김창집과 이이명도 신원시킬 것을 요구했고 소론은 거부했다. 이를 둘러싸고 당쟁이 격화되었다.

노론 두 대신의 신원문제를 둘러싸고 당쟁이 격화되자 영조는 재위 13년(1737) 8월 '혼돈개벽混沌開闢'이라는 하교를 내렸다. 어제까지의 당습黨習을 혼돈으로 규정하고, 오늘 이후는 당쟁이 없는 개벽의 시대라는 뜻이었다. 영조는 혼돈개벽 하교를 발표하기 전에 특유의 몸짓을 보였다. 단식을 단행한 것이다. 임금이 단식하면 왕조국가의 정치 기상도는 저기압으로 떨어지게 마련이다.

영조가 단식을 계속하자 세 살 된 세자가 미음을 바쳤다. 영조는 미음을 거부하면서 오열嗚咽했다.

"세 살 된 원량(세자)이 억지로라도 미음 들기를 청하는데 내가 차마 들지 않을 수 있겠는가만은 내 마음이 이미 굳어졌기에 따르지 않았다."

입시한 대신들이 민망할 수밖에 없었다. 영의정 이광좌는 이렇게 말했다.

"전하께서 매양 눈물을 흘리시니 참으로 민망합니다."

국왕이 칭병과 오열, 그리고 단식 등의 방법을 동원해야 정치적 목적을 이룰 수 있는 왕조국가는 정상이 아니었다. 조선은 이미 그런 상태에 접어들고 있었다. 이런 비정상적인 상태를 정상으로 되돌리는 것이 왕도 정치의 가장 큰 목표여야 했다. 그러나 영조는 자신이 관련된 여러 과거사를 다시 쓰는 것이 가장 큰 목표였다. 소론은 반발했다. 영조는 목표를 달성하기 위해 때로는 화를 내고 때로는 떼를 쓰고 때로는 단식하고 때로는 눈물 흘렸다.

영조는 소론의 반발을 최소화해가며 여러 방법으로 사형당한 노론 인사들의 신원을 단행했다. 처조카 서덕수를 신원하는 과정은 영조의 정치 기술의 한 단면을 잘 보여준다.

영조는 자신의 장모인 잠성부부인岑城府夫人 이씨의 죽음을 빌미로 서덕수를 신원했다. 잠성부부인의 죽음과 서덕수 신원과는 아무런 정치적 연관성이 없었다. 장모의 죽음을 계기로 처조카를 신원하려 한 것에 지나지 않았다. 영조 14년(1738) 말의 일이었다. 엉뚱한 조치에 소론은 반발했다. 소론은 옥안에 오른 역적은 옥안을 상고하지 않고서는 신원할 수 없다고 주장했다. 소론의 주장이 조선의 국법에 맞는 것이었다. 그만큼 경종 때 서덕수의 행위는 역모가 분명했다. 그러나 영조의 대응은 국법이 아니었다.

"옥안을 다시 상고하면 내전도 다시 상고해야 하는데 신하로서 내전을 섬기는 그대들이 이럴 수 있단 말인가?"

이런 논리 아닌 논리에 소론 대신들은 입을 다물 수밖에 없었고 서덕수는 우격다짐으로 신원되었다. 그러나 서덕수를 신원했다고 문제가 끝난 것은 아니었다. 노론 두 대신이 여전히 남아 있었으며 김용택金龍澤 · 이희지李喜之 등 임인옥사 때 사형당한 다른 노론 자제들도 남아 있었다. 영조는 서덕수 신원 1년 후에 노론의 최대 현안이었던 김창집과 이이명을 신원함으로써 노론 4대신 모두를 신원시켰다.

그래도 문제는 남아 있었다. 「임인옥안」에 아직도 영조의 이름이 역적의 수괴로 올라 있었다. 영조는 「임인옥안」을 없애고 싶었다. 드디어 재위 17년째인 신유년(1741)에 영조는 유명한 「신유대훈辛酉大訓」을 발표했다. 「신유대훈」이란 경종이 연잉군을 세제로 책봉한 것은 역모가 아니라 대비와 경종의 하교에 의한 합법적인 행위임을 밝힌 것이었다. 또한 영조는 「임인옥안」도 불태우라고 명하고 종묘에 고묘했다. 이로써 자신의 과거를 합리화하기 위한 긴 장정에 마침표를 찍었다.

그러나 이것이 끝이 아니었다. 김용택 · 이희지 등 임인옥사 때 역적으로 사형당한 노론 명문가의 자제 다섯 명이 여전히 역적으로 남아 있었다. 영조는 이들을 잊지 않고 있었다. 그러나 이들의 행위는 너무나 증거가 뚜렷했기 때문에 섣불리 건드리지 못하다가, '나주 벽서 사건'이 발생한 후에 『천의소감闡義昭鑑』을 발표해 이들의 행위 역시 나라와 영조를 위한 충성으로 인정했다. 즉위한 지 31년(1755)째의 일이었다.

영조는 무려 31년이라는 시간을 투자해 자신의 과거를 얽매고 있던 모든 족쇄를 풀었다. 영조는 이로써 자신과 관련된 모든 과거사가 정당화되었다고 생각했다. 그렇게 역사 속에서도 정당화될 것이라고 생각했다. 그러나 이는 영조의 오산이자 역사에 대한 자만이었다.

과거는 이미 흘러간 물결이다. 현세의 권력이 아무리 강하다 해도 과거를 바꿀 수는 없었다. 현세의 권력으로 과거를 뒤바꿀 수 있다고 믿는다면 그 자체가 역사에 대한 오만이었다. 과거는 과거 자체로서 살아 숨 쉬는 생물이다. 과거가 현세에 영향을 줄 수는 있어도 현세가 과거에 영향을 줄 수는 없다. 영조는 과거가 아니라 현세를 고민해야 했고, 미래를 지향해야 했다. 영조는 현세를 중시한 결과 그와 같은 무게로 과거에 집착했다. 영조는 표면상 탕평을 추진했지만 마음속 깊은 곳에는 당심과 소론에 대한 증오가 자리 잡고 있었다. 이 두 가지가 표출되면서 사도세자의 비극은 극대화되는 것이었다.

3부

슬픈 서막

『영조실록』 38년 윤5월 14일
(사도세자가 뒤주에 갇힌 다음 날)

좌의정 홍봉한이, "한림翰林 윤숙尹塾은
어제 신들을 꾸짖었고 또 울부짖으며 거조를 잃었으니,
인심을 진정시키고자 한다면
엄히 처벌하지 않을 수 없습니다"라고 아뢰었다.

『영조실록』 같은 날

환관 박필수朴弼秀와 여승 가선假仙 등을 베어 죽였다.
처음에 박필수는 세자를 따라 놀면서 세자를 종용하여
좋지 못한 일을 많이 저질렀고,
가선은 안암동의 여승인데 머리를 기르고 입궁하였다.
이때 임금이 박필수와 가선 및 서읍西邑의
기녀 다섯 명의 목을 베라고 명했다.

저승전의 한상궁

영조가 세자를 생모 영빈 이씨의 손에서 떼어내 보모의 손에 넘긴 것은, 세자가 태어난 지 겨우 백 일째 되는 날이었다. 종사를 중시했던 영조에게 세자는 단순한 아이가 아니라 왕위를 이을 후계자였다. 이때부터 세자는 부모보다는 남과 함께 있는 시간이 많아졌다. 세자가 보모와 함께 생활하게 된 처소는 저승전儲承殿이었다. 저승전은 '세자 자리를 잇는 집'이란 뜻이다. 그런데 공교롭게도 저승전의 후문인 융효문隆孝門 바깥이 군수 물자를 보관하는 군물고軍物庫였다. 무예를 좋아했던 사도세자의 품성은 여기서 길러졌는지도 모른다.

그러나 정작 세자의 운명을 이끈 것은 군물고보다도 저승전 자리에 남아 있는 음울한 자취였다. 저승전, 바로 그 전각을 매개로 숙종과 경종, 그리고 영조를 둘러싼 치열한 권력투쟁이 벌어졌었다. 훗날 세자의 부인이 되는 혜경궁 홍씨는 여성 특유의 직감과 정치적 감각으로, 어린 세자가 살게 된 저승전의 역사적·정치적 의미를 정확히 분석했다. 홍씨가 『한중록』에서 어린 세자를 저승전에 모신 것을 한탄한 것은 다 그만한 이유가 있었다. 세자가 소론의 정견을 갖게 된 시초를 홍씨는 저승전의 영향으로 보고 있는 것이다.

저승전에는 불행한 한 모자의 원혼이 깃들어 있었다. 저승전 동북쪽 가까운 곳에는 숙종의 계비였던 희빈 장씨가 왕비에서 강등된 후 거처하던 취선당就善堂이 자리 잡고 있었다. 희빈 장씨는 바로 이곳 취선당에서 인현왕후를 저주했다는 이유로 숙종 27년(1701) 사사당했다. 또 재위 4년(1724) 만에 만 서른여섯의 젊은 나이로 독살설 속에 세상을 떠난 비운의 임금 경종의 한도, 세자 시절 대리청정하던 저승전의 시민당時敏堂을 떠나지 못하고 있었다. 이 밖에도 또 한 사람, 경종의 계비 선의왕후 어씨의 원혼도 저승전에 깃들어 있었다. 시동생 연잉군이 아니라 종친의 아이를 후사로 만들려다 실패한 어씨는, 경종이 죽은 후에도 저승전에서 6년이나 더 살았다.

어씨는 "대행대왕(경종)의 곁에 죽기를 바란다"는 김일경과 목호룡의 마지막 절규와, 이인좌의 군사들이 경종의 복수를 다짐하며 조석으로 남편의 위패에 곡한다는 소식을 바로 이곳 저승전에서 들었다. 또한 군사 이천해가 영조의 어가를 막고 '경종 독살'을 항변했다는 소식을 듣고 가슴을 쓸어내린 곳도 저승전이었다.

눈물과 한 속에서 6년을 보낸 어씨가 세상을 뜬 후 이곳 저승전에는 어씨의 삼년상을 지내는 궁녀들이 거주하고 있었다. 세자가 이곳으로 들어가기 불과 2, 3년 전만 해도 저승전에는 경종비 어씨의 체취가 남아 있었다.

세자는 이곳 저승전에 들어감으로써 경종과 운명적으로 만나게 되었다. 저승전의 유산뿐 아니라 경종비 어씨의 3년상을 마치고 궐 밖으로 나갔던 어씨궁 소속의 궁녀들이 다시 들어와 세자를 모시게 된 것이다. 조선시대 궁주宮主와 궁녀는 단순한 주종관계가 아니라, 하나의 목적을 공유하는 한 집안이었다. 궁주가 권력이 있으면 그 궁 소속의 궁녀에게도 권력이 따랐다. 경종이 재위에 있을 때는 어씨를 모시던 궁녀들도 힘이 있었다. 그러나 경종이 죽고 영조가 즉위하자 그들은 끈 떨어진 갓 신세로 전락했고, 더구나 어씨마저 세상을 떠나자 눈물을 흘리며 궐 밖으로 쫓겨나야 했다. 그들은 비록 궁녀 신분에 불과했지만 노론이 자신들의 원수임을 잘 알고 있었다. 이런 여인들이 다시 저승전에 들어와 세자를 모시게 된 것이다.

저승전에서 세자를 모신 상궁은 최상궁과 한상궁, 두 명이었다. 그 중에서 세자에게 많은 영향을 준 인물은 한상궁이다. 한상궁은 최상궁에게 세자의 교육에 대한 역할 분담을 제의했다. '최상궁은 엄하게 인도하고 자신은 부드럽게 대하자'는 것이 역할 분담의 요체였다.

혜빈 홍씨는 『한중록』에서 세자를 부드럽게 대한 한상궁을 "수다이 좋고 간사스럽고 거짓이 많은 인물"이라고 격하게 비판했다. 그 이유 중 하나가 세자에게 무예를 가르쳤다는 것이다. 손재주가 좋은 한상궁이 나무와 종이로 큰 칼과 활 같은 무기를 만든 후, 어린 나인들과 장난감 군기軍器를 가지고 함께 놀게 했다는 것이다. 홍씨는 "그 유희로 말미암아 나중에 말 못할 지경에 이르렀다"고 말했다. '말 못할 지경'의 일이란, 세자가 군사 정변과 관련된 일로 죽음에 이르게 되었음을 뜻하는 말이다. 이는 정신병 때문에 죽었다는 홍씨 자신의 말과 상반되는 견해다. 『한중록』에는 이처럼 앞뒤가 맞지 않는 부분이 적지 않다. 이런 부분을 추적하면 사도세자 비극의 진실에 보다 가깝게 다가갈 수 있다.

사실 한상궁은 탁월한 교육자였다. 문과 무, 강한 것과 연한 것, 엄한 것과 부드러운 것에 의한 역할 분담은 한 인간의 심성과 신체를 함께 튼튼하게 하는 효과적인 교육방법이다. 다시 말해 최상궁은 '엄한 도리', 즉 학문을 가르치고 한상궁은 무예를 가르침으로써 어린아이가 문무 한쪽에 치우치지 않도록 전인 교육을 한 것이다. 그런데도 혜경궁 홍씨가 한상궁을 격하게 비난하는 이유는, 사실 세자에게 무예를 가르친 것보다도 한상궁의 당색에 있었다. 한상궁은 소론이었다. 경종비 소속의 상궁이 소론인 것은 당연했다.

두 여인은 혜경궁이 주장하는 것처럼 은연중에 세자에게 노론에 대한 부정적인 시각을 심어주었을 수도 있다. 어쩌면 경종의 죽음에 관한 여항閭巷(길거리)의 소문들을 전해주었을지도 모른다. 이렇듯 저승전의 우울한 유산은 어린 세자에게 잠재적 의식을 남겼는지도 모른다. 경종과 어머니 장옥정, 부인 어씨의 한이 세자의 주위를 맴돌고 있었다. 어씨의 한을 가슴에 간직한 궁녀들이 세자를 둘러싸고 있었다.

경종과 희빈 장씨, 또 선의왕후 어씨가 어린 세자를 자신들의 세계로 이끌었다면 그것은 어쩔 수 없는 세자의 운명이었다. 그리고 그것은 세자 개인의 운명이 아니라 인조반정 이후 조선 왕실이 겪었던 지난한 과거사에서 비롯된 운명이었다. 세자가 태어났을 당시, 인조반정으로부터 경종으로 이어진 이러한 격동의 왕실사에서 자유로운 인물은 왕가에 아무도 없었다.

당습을 하지 말라

세자가 채 만 두 살이 안 된 영조 12년 9월, 영조가 양성합養性閤에 나갔을 때의 일이다. 영조 곁에는 어린 세자가 의젓하게 앉아 있었다. 영조는 중신들을 양성합으로 불렀다. 세자의 영특함을 자랑하고 싶어서이기도 했지만, 어린 세자의 지위를 일찍부터 확고히 하려는 뜻도 있었다.

그 자리에 노·소론의 영수급 인사들인 영의정 이광좌와 영부사 이의현, 봉조하 이태좌李台佐와 판부사 김흥경, 우의정 송인명 등이 속속 모여들었다.

"이 봉조하가 한번 안아서 체중을 재어보라."

이태좌가 일어나 세자를 안았고 나머지 대신들도 차례대로 안아보았다. 이의현이 말했다.

"신처럼 늙은 사람은 저하의 체중을 이기지 못하겠습니다."

이 말에 영조가 웃었다.

세자가 이태좌 앞에 나가서 서니 이태좌가 손을 세자의 정수리 뒤에 대고 말했다.

"신의 나이가 지금 여든인데 이 나이를 저하께 봉헌奉獻합니다."

영조가 받았다.

"노신老臣의 뜻이 귀하다."

궁관이 말했다.

"저하, 글씨를 써보십시오."

세자는 큰 붓을 잡고서 종이 열두 장에 각각 두 자씩 썼다. 영조가 말했다.

"쓴 것을 너의 스승께 드려라."

세자의 스승은 얼마 전부터 세자시강원의 사부를 겸하고 있는 영의정 이광좌였다. 세자가 이광좌에게 공손히 전하자 이광좌가 여러 대신에게 각각 두 장씩 나누어 주었다.

아름다운 광경이었다.

영조는 자애로운 아버지였고, 노신들은 할아버지 같았다. 소론 대신인 이광좌·송인명은 물론 노론 대신인 김흥경과 이의현, 그 누구도 세자의 강건함과 영특함에 이의를 달지 않았다.

원자를 세자로 책봉한다는 청나라의 「왕세자 봉전칙封典勅」이 나올 때도 신하들은 모두 세자를 먼저 생각했다. 예법에는 책봉받는 세자가 직접 나가서 청나라 사신을 맞이하고 고명을 받도록 되어 있었다. 하지만 이제 만 두 살인 세자가 직접 나갈 수는 없었기 때문에 예조에서는 편법을 생각해냈다. 원접사遠接使에게 세자를 직접 보는 절차를 생략하는 임무를 맡기자고 청한 것이다.

영조는 이 편법을 옳게 여기면서 대신들에게 물었다.

"만약 칙사가 끝내 세자를 보겠다면 혹시 난처해지지 않겠는가?"

영의정 이광좌가 답했다.

왕세자태학입학식도 사도세자는 여덟 살 때 태학에 '입학'했다. 물론 세자가 태학에서 실제로 교육을 받는 것은 아니었지만, 이는 그만큼 유학을 중시한다는 의사 표시이자 세자가 이제 본격적인 학문의 길에 접어들었음을 의미했다.

"나이가 어리다고 핑계를 대면 무슨 곤란한 일이 있겠습니까?"

그러나 청나라 사신들은, 역관이 왕세자가 어려서 칙서를 직접 받을 수 없다고 말하자 곤란하다고 이의를 제기했다.

"친히 받는 절차는 임시로 제외하도록 허락할 수 있지만, 한 번 보지 않을 수는 없소. 만약 황제께서 세자의 모습이나 어디에서 고명을 전했는지를 물으신다면 무어라고 답하겠소?"

역관은 사신의 요청을 거절했다.

"왕세자의 나이가 어려서 이미 중대한 예절도 제외했는데, 사사롭게 볼 수는 없습니다."

이때만 해도 신하들은 적어도 사도세자에겐 한마음이었다. 이태좌가 여든의 나이를 봉헌한 것처럼 모두들 세자가 오래 살기를 빌었다. 영조도 마찬가지였다.

영조가 부총관 김환金鍰을 소견할 때 사도세자를 입시케 한 것은 세자의 수명이 길기를 바랐기 때문이다. 김환은 부자父子의 나이가 거의 150세에 달했기 때문에, 그 장수를 축하하는 뜻에서 특별히 지중추부사에 제수된 인물이었다.

이렇듯 영조는 물론이고 신하들 모두 세자가 성군의 자질을 타고난 것으로 믿어 의심치 않았고, 또 그렇게 자라기를 빌었다.

영조는 감정 기복이 심한 성격답게 신하들에게 세자를 자랑하고 싶어 했다. 영조는 승지와 옥당 관원들을 모이게 한 후 세자에게 『동몽선습童蒙先習』을 읽게 했다. 『동몽선습』을 읽는 세자의 음이 청량하고 구두句讀가 분명했다.

여러 신하들이 똑같은 목소리로 하례했다.

"종묘사직의 복입니다."

영조는 기분이 좋았다. 그는 세자를 돌아보며 말했다.

"입시한 여러 신하들은 모두 나에게 복종하여 섬기는 사람들이다. 그들의 자손들 또한 앞으로 너와 함께 늙어갈 사람들이니, 너는 그 사실을 유념하라."

세자는 여덟 살이 되던 해 드디어 부왕 영조와 함께 종묘에 배례하게 되었다. 종묘는 역대 왕과 왕후, 그리고 추존된 왕과 왕후의 신주를 모신 사당인 만큼, 종묘 배례는 아주 중요한 예절이었다.

어린 세자는 면류관과 면복을 입고 영조를 따랐다. 원래 예조에서 정한 순서에는 없었는데, 영조가 이를 꾸짖으면서 즉석에서 세자도 절차에 포함시키라고 명했던 것이다. 영조는 또한 어머니 숙빈 묘에

탕평비 세자의 태학 입학을 기념하며 세운 비로, 세자를 포함한 성균관 유생 모두가 편벽된 당심을 갖지 않고 두루 통하는 군자의 도를 깨치기를 바라는 영조의 마음을 비에 새겼다. 서울시 성균관대학교 구내 소재.

나아갈 때도 사도세자를 배종陪從시켰다. 어머니에게 자랑스러운 손자를 보여주고 싶었다.

사도세자는 여덟 살 때 태학太學에 입학했다. 세자는 태학에 나갈 때면 입고 있던 곤룡포袞龍袍를 벗고 학생의 옷인 청금靑衿으로 바꾸어 입고 머리에는 연두건軟頭巾을 썼다. 세자시강원에 당대의 쟁쟁한 학자들이 모여 교육을 담당했으므로 세자가 태학에 실제로 들어가는 것은 아니었지만, 이는 그만큼 유학을 중시한다는 의사표시이자 이제 본격적인 학문의 길에 접어들었음을 뜻하는 것이었다.

영조는 15년 전인 정미년(1727)에 효장세자가 태학에 입학하던 광경이 생각났다. 그토록 가슴 뿌듯했는데 그만 그 다음 해 효장세자가 죽고 말았다. 그러나 이제 그 공백을 메워줄 유일한 아들 선이 당당히 태학에 입학한 것이다. 영조의 나이 마흔아홉, 쉰이 내일모레였다.

'만약 이 아들이 없었다면 죽어서 어떻게 조종을 뵈었으랴!'

영조는 그날 영화당映花堂으로 세자를 불렀다.

"유복儒服을 입고 오게 하라."

영조는 유복, 즉 학생복을 입은 세자의 모습이 보고 싶었다. 이윽고 세자가 학생복을 입고 나타났다. 한결 의젓해진 모습이었다.

영조는 세자와 함께 태학에서 공부하는 여러 집사의 입시를 명했다. 영조는 이들에게 훈시했다.

"당습을 하지 말라."

영조는 어린 세자의 주위에 당습이 머물 것을 두려워했다. 영조는 이때 어필로 글씨를 써 대사성에게 전하며 비로 새겨 성균관의 반수교泮水橋에 세우라고 명했다.

두루 통하고 편벽되지 않는 것은 군자의 공심이고
편벽되어 두루 통하지 않는 것은 진실로 소인의 마음이다
〔周而不比 乃君子之公心 比而不周 寔小人之私意〕

이는 『논어』「위정爲政」편에 있는 글을 응용한 것으로, 세자가 편벽된 당심黨心을 갖지 않기 바라는 영조의 마음이 잘 드러나 있다. 영조는 세자의 앞날에 당쟁이 있을 것을 염려해 이 비를 반수교 앞에 세웠다. 영조는 또한 사도세자의 입학을 기념하는 과거를 실시했다. 세자의 입학을 전국의 사대부들과 함께 축하하기 위함이었다.

영조는 반수교에 세운 비처럼 세자가 두루 통하는 군자의 마음을

가지기를 바랐고, 그것이 자신에 대한 효도라고 생각했을지 모른다. 그러나 정작 영조 자신은 편벽된 소인의 마음과 두루 통하는 군자의 마음 사이에서 방황했다. 탕평책은 두루 통하는 군주의 마음이었으나 「임인옥안」 뒤집기는 편벽된 소인의 마음이었다. 중요한 것은 영조의 마음이었다. 영조가 소인의 마음으로 기울어 있으면서 세자에게는 군자의 마음을 가지라고 말하는 것은 도로徒勞에 불과하기 때문이다.

어린 왕자의 정치 체험

사도세자가 처음 정치 현장에 등장한 것은 불과 세 살 때였다. 단식을 하는 부왕에게 미음을 권하는 정치적 역할을 맡게 된 것이다. 그때 세자는 한 나라의 지존인 국왕이 식사를 거부해야만 목적한 바를 얻을 수 있는, 복잡 미묘한 정치의 세계를 알 수는 없었다. 그러나 그렇다고 해서 그 역할을 거부할 자유도 없었다. 조선의 왕자에게는 마크 트웨인의 『왕자와 거지』에 나오는 왕자처럼 무료함에 겨워할 틈이 없었다. 세자일 경우에는 더했다. 더구나 당쟁의 한복판에 서 있던 사도세자는 다른 세자들보다 훨씬 어린 나이에 정치의 무대에 등장해야 했다.

사도세자는 본격적으로 정치 무대에 등장한 것은 다섯 살 때였다. 영조가 임인옥사에 관련되어 사형당한 처조카 서덕수를 신원한 지 한 달 만인 영조 15년(1739) 1월의 일이었다. 이번에는 세 살 때와는 상황이 훨씬 달랐다. 영조가 갑자기 승정원에 「비망기備忘記」를 내려 다섯 살짜리 세자에게 양위하겠다고 선언한 것이다.

"아! 임금 자리가 어떤 자리이겠는가마는 나는 초개처럼 여긴다. 황형에게 후사가 있어 우리 집을 지키는 것이 바로 내 본심인데, 열조列祖께서 도우시어 다행히 원량이 있어 이제는 다섯 살이 되었으니 내 이미 후사가 있다. 아! 효장이 살아 있다면 어찌 오늘까지 기다렸겠는가?"

영조의 말대로 '효장이 살아 있었으면' 이제 스무 살일 테니 혹시 모르겠지만, 다섯 살짜리 아이에게 양위하겠다는 말은 누가 보더라도 진정이라기보다는 정치적 몸짓이었다. 승지 오언주吳彦冑는 명을 받지 못하겠다고 버텼다.

"신은 비망기를 탑전榻前(임금의 의자 앞)에 두고 물러가겠습니다."

영조는 단호했다.

"열 번 올리더라도 내가 열 번 내리겠다."

대신과 장관들, 3사는 물론이고 종친과 음관, 의빈儀賓(부마)까지 모두 60여 인이 몰려들어 명을 거두어달라고 요청했다. 하지만 영조는 강경했다.

"오늘 이 일은 갑자기 나온 것이 아니다. 사람이 누구인들 부자 형제가 없겠는가마는, 어찌 나와 같은 자가 있겠는가? 오늘 이 일을 하고서야 세자 대리라는 말이 그칠 것이다."

이 말을 듣고서 송인명이 말했다.

"온 나라 안이 소란스러워진 뒤에 하교를 거두신다면 무슨 이익이 있겠습니까?"

영조가 양위 소동을 벌인 것은 얼마 전 임인옥사 때 사형당한 서덕수의 신원에 불만을 품은 영의정 이광좌가 사직으로 항의했기 때문이다. 이광좌가 보기에 경종 때 3급수 사건은 분명한 역모였고 서덕수는 여기에 관련되어 죽은 역적이었다.

영조는 이광좌를 비롯한 소론에게 대리청정 주장이 역모가 아니며 자신은 왕위에 초연하다는 모습을 보여주기 위해, 다섯 살짜리 세자에게 양위하겠다고 소동을 벌인 것이다.

영조는 우의정 송인명에게 이런 속내를 내비쳤다.

"사람들은 내가 원보元輔(영의정)를 부르고 싶기 때문이라고 하겠지만, 내가 어찌 원보 한 사람을 위해 이런 일을 하겠는가?"

조정 대신들은 영조의 이런 속마음을 정확히 읽고 있었다. 영의정 이광좌는 사직 상소를 낸 뒤 입궐하지 않고 동작강銅雀江(현재의 동작동 부근) 가에서 사직 허락을 기다렸다. 영조는 허락하지 않았다. 이광좌가 물러가면 자칫 소론 전체의 지지를 상실할 우려가 있었기 때문에 양위 소동을 벌인 것이다. 영조가 양위 전교를 내렸다는 말을 들은 이광좌는 달려오지 않을 수 없었다. 늦게 조정에 나타난 그는 울부짖으며 외쳤다.

"나라가 장차 망할 것입니다."

영조는 이 말이 듣고 싶었는지도 모른다. 이조 판서 조현명 등 수십 명이 전殿에서 내려가 관을 벗고 땅에 머리를 두드리며 외쳤다.

"신의 죄는 죽어 마땅합니다."

신하들의 이마가 붉게 물들어서야 영조는 양위 하교를 거두었다. 그 와중에 세자는 영문도 모른 채 거적을 깔고 전교를 거두어달라고 대죄해야 했다. 세자는 왕위를 건 거대하고 복잡한 정치극에서 석고대죄하는 중요한 역할을 맡아야 했다.

이런 가운데 영조의 양위 소동을 강하게 비판하고 나선 신하가 있었다. 머리를 땅에 부딪치며 명을 거두라고 호소했던 조현명이다.

"일전에 내리신 명을 다행히 곧 도로 거두시기는 했지만 전하께서 즉위하신 후 15년 동안 이런 일이 몇 번 있었습니다. 문을 닫는 것으로 부족하시면 음식을 물리치시고, 음식을 물리치는 것으로 모자라시면 보위를 사양하시기에 이르렀습니다. 왕위의 중대함이 어떠한데 전

하께서는 하루아침에 담소談笑하듯이 다섯 살짜리 원량에게 보위를 맡기려 하셨습니까? 무릇 어려운 것이 천위天位(임금 자리)입니다. 그런데 이것이 어찌 전하의 장난감이기에 경솔히 이렇게 하십니까? 동궁이 지금 마침 어리지만 뒤에 들어서 알면 반드시 크게 근심할 것입니다."

조현명과 그의 형 조문명은 영조 탕평책의 한 축을 이루고 있는 소론 온건파였다. 조문명은 또 효장세자빈 조씨의 친정아버지로 영조의 사돈이었다.

다섯 살 어린 나이로 겪은 양위 소동의 풍상들이 세자를 조숙하게 했다. 실로 세자는 조숙하고 영특했다. 양위 소동 5일 전에 영조는 유신儒臣(학문으로 발탁된 신하) 오수채吳遂采에게 세자의 영특함과 조숙함을 자랑했다.

"연전에 『소학』에 있는 아름다운 말을 초록해 원량에게 읽힌 적이 있었다. 지난 번 원량이 저녁밥을 먹을 때 내가 마침 원량을 부르자 원량이 입안의 음식을 뱉었다. 옆에 있던 자가 물으니, '음식이 입에 있으면 뱉는다'라고 대답했다. 능히 『소학』의 말대로 하였으니, 참으로 기특하다."

고대 주나라 주공周公이 섭정을 할 때 '한 번 밥을 먹는 동안에도 세 차례나 입에 물고 있던 음식을 도로 뱉어내면서 잠시도 머뭇거리지 않고 찾아온 관원들을 만났다'는 고사를 말하는 것이다. 유신 오수채인들 세자의 조숙하고 영특함을 부인할 이유가 없었다.

"동궁의 나이가 이제 겨우 다섯 살인데 글을 읽고 몸소 행하는 보람이 있으니 지혜가 보통보다 뛰어남을 알 수 있습니다."

세자가 보통 아이보다 뛰어난 자질을 가졌음을 의심하는 사람은 아무도 없었다. 이런 세자를 올바르게 키우기 위해서는 조용히 세자의

창덕궁 선원전 역대 임금의 어진이 봉안된 곳이다. 영조 16년(1740) 5월, 신하들이 당론을 하자 영조는 이곳에서 왕위와 옥체를 무기로 빗속에서 양위 소동을 벌인다. 양위 소동이 있을 때마다 어린 세자는 영문도 모른 채 그 혼란 속으로 던져졌다. 서울시 종로구 소재.

자질이나 품성을 좋은 쪽으로 키워주어야 했다. 더구나 일반 사가의 아들이 아니라 왕위를 이를 세자였다. 그런 세자에게 필요한 것은 나라를 다스리는 왕도王道를 배우는 것이었다. 하지만 영조는 어린 그를 계속 정치의 현장, 그것도 극심한 당쟁의 현장에 끌어들였다. 양위 소동이 한 번 벌어질 때마다 세자의 영혼은 큰 상처를 입었다. 영조 16년(1740) 5월, 여섯 살 세자는 다시 양위 소동에 휘말린다.

그날은 날씨가 잔뜩 찌푸려 비가 쏟아질 듯했다. 이날 영조는 창덕궁 내 역대 임금들의 초상이 봉안된 선원전璿源殿으로 향했다. 그리고는 숙종의 영정이 모셔져 있는 문밖에 가서 자리를 깔고 북쪽을 향해 앉았다. 원래 왕가에서 임금은 남쪽을 바라보고 신하는 북쪽을 바라보는 법이었다. 그래서 남면南面은 임금을, 북면北面은 신하를 뜻하는 말로 쓰인다. 즉, 영조는 숙종에게 신하의 예를 취한 것이었다. 영조가 앉아 있는 차가운 바닥을 비가 적시기 시작했다. 빗줄기가 점점 굵어져 주위는 진흙탕으로 변했고 영조의 어의도 젖어들었다. 굳이 임금이 아니라도 보기 민망할 지경이었다. 그렇게 한 시간이 지났으나 영조는 안으로 들어갈 생각을 하지 않고 바닥에 엎드린 채 눈물을 흘렸다.

도승지 신만申晩이 울면서 말했다.

"전하께서는 어찌하여 이런 일을 하십니까?"

"내가 당론을 조제調劑(조정)하지 못하므로 숙종께 하직하고 물러가 짐을 벗어 원량에게 맡기기로 결정했다."

또다시 물러나겠다는 말이었다.

이 소식을 들은 문무백관이 달려와 소리쳤다.

"이것이 무슨 일입니까? 편안히 앉아서 하교하시기 바랍니다."

그러나 영조는 부복한 채 일어나지 않았다. 병조 판서 조현명이 큰 소리로 외쳤다.

"오늘 종사宗社가 망하는데 대신들은 어찌 동조(대비)께 이 정상을 고하지 않습니까?"

영조가 어머니로 모시고 있는 대비 김씨에게 아뢰어 중지시키라는 말이었다. 좌의정 김재로가 급히 대비를 청대했고 송인명은 영조에게 주청했다.

"사세가 이러한데도 진정으로 느끼지 못하고 다시 당론을 하는 자는 중률重律로 다스리소서."

이어 대제학 오원吳瑗은, "당을 만드는 자는 역률逆律로 다스려야 하겠습니다"라고 가세했다.

신하들은 영조가 무엇을 원하는지 잘 알고 있었다. 당론을 하지 말라는 것이었다. 그러나 당론의 동기를 제공한 인물은 다름 아닌 영조 자신이었다. 사형당한 노론 4대신 중 그때까지 신원되지 못하고 있던 김창집과 이이명을 복관한 데 있었다. 영조가 두 대신을 복관시키자 경종 때 노론의 행적을 정당화한 것이라고 생각한 노론은 소론을 공격하고 나섰다. 3사를 장악한 노론은 소론 대신 유봉휘와 조태구의 관직 추탈과 영의정 이광좌의 파직을 주청했다. 노론은 심지어 이광좌가 부친의 묘소를 '왕王'자 형상의 산맥에 모셨다고 공격했다. 이광좌가 임금이 되려 한 역적이라는 주장이었다. 노론 대신 복관을 둘러싸고 당쟁이 격화되자 영조가 또다시 양위 소동을 벌인 것이다.

양위 소동은 대개 대비의 서찰이 당도하는 것으로 끝나게 되어 있었다. 이번에도 대비 인원왕후 김씨의 수찰이 영조가 부복해 시위하는 빗속 현장에 도착했다. 영조는 일어섰다가 다시 꿇어앉아 수찰을 읽었다.

"삼종의 혈통이 어디 있기에 여섯 살 원량이 있는 것을 믿고 이런 일을 하시오?"

영조도 양위 소동을 끝낼 때가 되었음을 알았다. 당을 만드는 자는 역률로 다스리라는 말까지 나왔으니 의도한 바는 다 얻은 셈이었다. 영조가 양위 소동을 중지하겠다고 선언했다. 이에 여러 신하들이 울면서 "천세千歲, 천세, 천세"라고 외쳤다.

윤양래尹陽來가 덧붙였다.

"이 뒤에 신하들이 어찌 차마 당론을 하겠습니까?"

그러나 당론의 진원지는 영조 자신이었다. 영조는 잊을 만하면 경종 때의 「임인옥안」에 대한 반전을 시도해 당쟁을 유발시켰다. 이때마다 어린 세자를 끌고 들어간 인물도 영조 자신이었다. 양위 소동 직후 임금을 만난 자리에서 좌의정 김재로가 말했다.

"왕세자의 억울한 마음을 어찌 생각하지 않겠습니까?"

영조는 가볍게 대답했다.

"어린 아들이 어찌 알겠는가?"

영조의 말대로 세자는 어렸다. 하지만 그는 성인聖人이 될 교육을 받아야 할 어린 나이에 거적을 깔고 대죄해야 했다. 그 과정에서 한 어린아이의 심성은 상처받을 수밖에 없었다. 조현명은 영조의 거듭된 양위 소동이 세자에게 좋지 않은 영향을 끼칠 것을 우려해 경연에서 영조에게 이렇게 권고했다.

"신이 세자를 바라보니 천고에 보기 드문 기상을 지니고 있으나 앞으로의 성취에 대한 책임은 전하에게 있다고 하겠습니다."

조현명의 권고는 핵심을 찌르는 것이었다. 앞으로 세자가 어떻게 되느냐의 문제는 영조에게 달려 있었다. 이것이 핵심이었다.

노론 세자빈

영조 20년(1744) 1월 9일.

 안국동 풍산 홍씨가家는 아침부터 술렁거렸다. 왕세자빈으로 책봉 받는 부절과 예물을 받는 날이었기 때문이다. 정사 판중추부사 김흥경과 부사 낙풍군 이무李懋가 부절과 예물을 갖고 오기로 되어 있었다.

 열 살밖에 되지 않은 어린 소녀 홍씨는, 세자빈으로 간택된 후 친정에서 나와 별궁에서 지내며 아버지 홍봉한洪鳳漢으로부터 영조가 내려준 『소학』과 『어제훈서』 등을 배우고 있었다. 날이 밝자 어린 소녀 홍씨는 머리를 곱게 빗고 단정히 앉았다. 기쁨인지 두려움인지 모를 눈물이 흘러내렸다.

 홍씨는 그 누구보다 의지가 굳셌지만 그 누구보다 많은 눈물을 흘릴 운명을 타고났다. 또한 그 누구보다 정치적이었지만 바로 그 정치 때문에 일생 동안 수많은 눈물을 흘려야 했다. 훗날 혜빈 또는 혜경궁으로 불리는 여인이었다.

 세자가 그랬던 것처럼 홍씨도 조숙했다. 조숙한 만큼 그녀는 자신

홍봉한(1713-78) 아버지가 예조 판서를 지낸 홍현보인 까닭에 음직으로 출사할 수 있었다. 딸 홍씨가 세자빈이 되고 그해 과거에 급제하면서 비로소 중앙 정계로 진출했다.

이 걷는 이 길이 어떤 길인지 알고 있었다. 가문에는 영광이겠지만 자신에게는 가시밭길임도 알고 있었다. 그는 자신으로 인해 가문이 일어날 수 있다는 사실이, 무엇보다 아버지 때문에 더는 눈물을 흘리지 않아도 된다는 사실이 기뻤다.

　홍씨는 작년에 아버지 때문에 흘렸던 눈물이 생각났다. 서른한 살의 아버지 홍봉한이 과거에 또 낙방한 것이다. 동년배 중에는 종6품 이상 참상관이 수두룩했고, 빠른 축은 벌써 정3품 통정대부인 당상관에 이르기도 했다. 그런데 홍봉한은 아직도 출사 못한 백두白頭 신세였다.

　그나마 작년 과거는 영조가 성균관 문묘의 공자 신위에 참배를 마친 후 특별히 실시한 알성시謁聖試였다. 시골 유생들의 부러움을 사며 본 과거에서 또 떨어졌으니 당시 아홉 살의 홍씨도 실망해서 울지 않을 수 없었다.

3부 슬픈 서막　151

『한중록』에 따르면 이때만 해도 홍봉한의 집은 가난했다. 심지어 왕세자빈으로 간택받는 데 필요한 의복을 마련할 돈조차 없었다. 그래서 언니의 혼수에 쓰려고 준비해 둔 옷감으로 치마를 만들고 낡은 천으로 속감을 만들어 입었다. 다른 혼수 차비는 어머니가 빚을 얻어 겨우 차려냈을 정도였다.

그렇다고 해서 가문마저 한미했던 것은 아니다. 선조들의 벼슬로 따지면 쟁쟁한 집안이었다. 안동 풍산현이 본관인 풍산 홍씨의 시조는 고려의 국학國學 직학直學인 홍지경洪之慶이며, 조선조에는 많은 현관을 배출했다. 대사헌 홍이상洪履祥과 선조의 딸인 정명공주貞明公主의 부군 영안위 홍주원洪柱元이 직계 조상이다. 홍씨의 고조부인 홍만용洪萬容이 예조 판서, 증조부 홍중기洪重箕가 사복시 첨정, 할아버지 홍현보洪鉉輔가 예조 판서를 역임한 쟁쟁한 가문이었다. 이런 가문 출신인데도 계속 낙방하자, 더는 출사를 늦출 수 없었던 홍봉한은 결국 음직蔭職을 두드렸다. 홍봉한의 부친이 정2품 판서를 역임했으니 음관으로 출사할 자격이 있었다.

홍봉한이 처음 맡은 음직은 종9품 의릉懿陵 참봉이었다. 판서의 아들이 서른이 넘어 음직인 참봉에 나갔으니 심정이 쓰렸다. 게다가 의릉은 경종과 어씨의 능이었다. 이제 딸이 세자빈이 되었으니 홍봉한의 정치 인생이 달라질 것은 분명했다. 홍봉한은 영조와 사돈이자 다음 임금인 세자의 장인이 된 것이다.

홍봉한으로서 이는 정치적 모험이었다. 조선시대 척리에게는 영광은 순간이고 화가 장구한 경우가 더 많았다. 또한 척리는 진짜 선비들로부터는 비루하다는 천시를 받았다. 홍씨의 어머니가 세자빈 간택에 응하는 단자單子(생년월일을 적어 바치는 것)를 내지 않으려 했던 것은 이 때문이다. 그러나 홍봉한은 "내가 녹을 먹는 신하요, 딸이 재상의 손녀인데 어찌 임금을 속이겠는가?"라며 단자를 바쳤다. 임금에 대한 충성심보다는 자신의 정치적 불운을 딸을 통해 타개해보려는 속셈이 더 강했다. 말단 참봉에서 벗어나기 위해 자신의 딸을 걸고 정치적 승부수를 던진 것이다.

당시 세자빈을 간택할 때면 8도에 금혼령禁婚令을 내리고 처녀 단자를 받았다. 하지만 지방에서 응하기는 어려웠고 대개 서울 사는 사대부가 처녀들만 응했는데 그 수는 많아야 서른을 넘지 않았다. 홍봉한은 유달리 영특한 자신의 딸이면 이 경쟁에서 승리할 수 있다고 보았다.

홍씨는 다른 여자 아이들과 달랐다. 홍씨의 할아버지가 돌아가셨을 때의 일이다. 당시 홍씨는 일곱 살이었는데 마침 외가의 혼사가 있어 어머니 한산 이씨와 함께 가게 되었다. 사대부가 여인들이 저마다 화려한 치장을 뽐내고 있었는데 그녀 혼자 흰옷 입기를 고집했다. 보다 못한 홍씨의 어머니가 나섰다.

"남은 저렇게 곱게 차려 입었는데, 너만 흰옷이라 곱지 않으니 너도 저렇게 차려 입어라."

그녀가 대답했다.

"저는 할아버님 복제服制(상복)를 입어야 하니 다른 아이들 같이 색동옷을 입어서는 안 되지요."

그 말을 듣고 일가 한 사람이 거들었다.

"일곱 살에는 복제를 입지 않는다."

그녀가 응수했다.

"저는 비록 복제를 입지 못하는 나이지만 부친이 상복을 입고 계시니 색동옷을 입을 수는 없지요."

홍봉한은 이렇듯 총명한 딸이라면 세자빈으로 간택될 것이라 믿고, 이리저리 돈을 변통해 세를 낸 가마로 간택에 임했다. 예상대로 아홉 살 홍씨가 3간택을 무사히 치르고 세자빈으로 결정되었다. 홍봉한이 거듭 과거에 낙방할 때에는 적막하기만 하던 안국동 집이었지만 홍씨가 세자빈으로 간택되자 갑자기 사람들이 들끓었다. 평소 내왕이 없던 먼 일가들까지 예전부터 두터운 정의가 있었다는 듯 떼로 모여들었다. 전에 한 번도 본 적이 없던 대부大夫 한 명은 홍씨에게 공손한 말로 이렇게 말했다.

"궁금宮禁(대궐)이 지엄하니, 한 번 들어간 후로는 영 이별인즉 궁중에서 공경하며 조심히 지내소서. 제 이름이 거울 감鑑자와 도울 보輔자니, 들어가신 후에 잊지 마소서."

홍씨는 비록 어렸지만 궁중에 들어가서 자신을 불러달라는 뜻임을 알고 있었다. 홍씨는 이런 과정을 통해 권력의 힘을 깨달아갔다. 이때부터 홍씨는 좋든 싫든 정치의 길로 접어들게 되었다.

홍씨는 왕세자빈으로 책봉받던 그날 유달리 돌아가신 할아버지가 떠올랐으리라. 홍씨가 태어났을 때 할아버지는 부친과 어머니 한산 이씨에게 이렇게 말했다 한다.

"비록 여자 아이지만 보통 아이와는 다르다. 잘 길러라."

할아버지는 그녀를 각별히 사랑해 무릎에서 내려놓지 않았다고 한다. 홍씨는 할아버지가 자신을 보고 하던 말을 똑똑히 기억했다.

"이 아이는 벌써 작은 어른이니 일찍 어른이 될 것이다."

아버지 홍봉한이 그녀의 방으로 들어왔다. 세자빈으로 간택된 후부터는 존대를 해야 했다.

"신하의 집이 척리가 되면 총애가 따르고, 총애가 따르면 문벌이 왕성해지고, 문벌이 왕성해지면 재앙을 부르는 법입니다. 내 집이 도위都尉(선조의 부마 영안위)의 자손으로 나라의 은혜를 망극히 입었으니 나라를 위하여 끓는 물, 타는 불 속을 어찌 사양하겠습니까? 그러나 백면서생이 일조에 왕실의 척리가 되었으니 이것은 복福의 징조가 아니라 화禍의 기틀이 될까 합니다. 그러니 오늘부터 두려워서 죽을 곳을 모르겠사옵니다."

『한중록』에서 홍씨가 부친이 권력욕이 없음을 강변하기 위해 전한 말이지만 이 당시만 해도 홍봉한에게도 이런 마음이 있었을 것이다. 그랬다. 신하로서 외척이 되는 것은 복과 화가 이마 앞에 동시에 와 있는 것과 다름없었다. 복이 굴러 화가 되는 것은 순간이었다. 그의 훈계는 계속된다.

"궁중에 들어가면 삼전三殿(대비 인원왕후 김씨와 정성왕후 서씨, 그리고 세자의 생모 선희궁 이씨) 섬김을 삼가고 조심하여 효성으로 힘쓰고, 동궁 섬김을 반드시 옳은 일로 돕고, 말씀을 더욱 삼가서 집과 나라에 복을 닦으소서."

그랬다. 혜경궁이 무심코 『한중록』에 쓴 "집과 나라에 복을 닦으소서"란 홍봉한의 이 마지막 말 한마디에 그녀가 걸었던 81년 간의 지난한 삶, 궁중에서 보낸 파란만장한 70여 년의 역정이 담겨 있었다. '나라와 집'의 순서가 아니라 '집과 나라' 순서였다. 이 순서는 홍씨가 평생 일관되게 지킨 정치이념이었다. 홍봉한이나 그녀에게 우선순위는 나라나 왕가가 아니라 풍산 홍씨 사가였던 것이다.

드디어 이틀 뒤인 1월 11일, 그녀는 대궐에서 보낸 가마를 타고 궁중으로 향했다. 가마가 돈화문敦化門을 지나서 금천교禁川橋에 접어들었다. 금천교는 인왕산 물줄기를 끌어들여 만든 명당수明堂水 위에 아름다운 석축 홍예로 세운 다리였다. 다리 아래로는 맑은 물이 흘렀다. 명당수를 조성한 사람은 다름 아닌 영조였는데, 개국 초에 맑았던 물줄기가 점점 더러워져 내가 막힐 지경에 이르자 내탕금을 하사해 바닥을 쳐냈다. 그 후 유리처럼 맑은 명당수가 되었다.

창덕궁 금천교 왕가와 사가를 구분 짓는 상징적인 의미를 지닌 다리다. 이곳을 지남으로써 왕가의 일원이 된 홍씨는 훗날 일어날 비극의 소용돌이의 중심에 서게 되었다. 서울시 종로구 소재.

    금천교 아래를 흐르는 명당수는 이승과 저승을 단절시키는 도솔천처럼, 왕가와 사가를 구분 짓는 의미를 갖고 있었다. 이는 나라와 개인, 공과 사를 구분 짓는 기준이기도 했다. 사사로운 욕심을 다리 아래 명당수에 씻어버리고 정사에 임하라는 뜻이었다. 홍씨도 마찬가지였다. 이 다리를 지나는 순간 그녀는 풍산 홍씨의 여식이 아니라 이 나라의 예비 국모였다. 집안보다 나라를, 사보다 공을 위에 두어야 했다.

    홍씨는 진선문進善門을 지나 세자를 기다리는 곳인 어의궁於義宮에 자리를 잡았다. 바로 이곳이 가례嘉禮가 행해질 장소였다. 영조가 인정전에 자리 잡자 왕세자가 동문인 숙장문肅章門으로 들어왔다. 세자는 영조에게 네 번 절한 후 서남쪽을 향해 앉았다. 사옹원 제조가 술을 받쳐 올리자 세자는 자리에서 내려와 술을 입에 댔다가 떼고 나아가 어좌 앞에 꿇어앉았다.

영조가 입을 열었다.

"가서 너의 아내를 맞이해 나의 종사를 받들게 하되 엄하게 거느리도록 힘써라."

세자가 대답했다.

"신臣 선은 삼가 교명을 받들겠습니다."

세자는 다시 네 번 절한 다음 서쪽 계단으로 내려와 어의궁으로 나갔다. 그곳에 세자빈 홍씨가 있었다.

세자나 세자빈 모두 자신의 의지로 선택한 배우자나 혼인은 아니었다. 두 사람 모두 운명이 맺어준 사이였다. 간택을 마친 후 별궁에 머물던 홍씨도 이 혼인을 운명으로 받아들였다. 세자의 생모인 영빈 이씨(선희궁)가 준 노리개도 이 혼인을 운명으로 받아들이는 하나의 계기가 되었다. 이 노리개의 원 주인은 선조의 딸이자 혜경궁의 현조懸祖 홍주원의 부인이기도 한 정명공주였다. 정명공주가 손부孫婦 조씨에게 준 것이 여러 사람의 손을 거쳐 다시 홍씨 손에 다시 들어오게 된 것이다.

홍씨가 운명이라고 생각하게 한 또 하나의 물건은 영빈 이씨가 갖고 있던 네 폭짜리 수병풍이었다. 이 수병풍의 원래 주인은 홍씨의 조부 홍현보였는데, 하인이 팔았던 것을 영빈 이씨가 침방에 두르라고 보내주었다. 홍씨의 계모가 이 병풍을 보고 말했다.

"조부께서 가지셨던 수병풍이 궁중에 들어와서, 오늘날 손녀분 침방에 치게 되었으니 이상하오이다."

홍씨는 이 역시 운명으로 받아들였다. 그러나 『한중록』에서 전하는 이 일화는 아버지 홍봉한이 작위적으로 꾸민 듯한 의혹이 풍긴다. 이 병풍은 검은 용의 비늘을 금실로 수놓은 것이었는데, 홍봉한은 이를 두고 혜경궁 홍씨가 태어날 때 꾼 태몽과 같다고 했다. 홍씨는 영조 11년(1735, 을묘년) 6월 18일에 반송방 외갓집에서 태어났는데, 홍봉한은 그 전날 저녁 흑룡의 금빛 비늘이 침실 위에 빛나고 있는 꿈을 꾸었다고 한다. 홍봉한은 이 병풍을 보고 영빈 이씨에게 말했다.

"이 병풍의 용 빛이 완연히 을묘년 6월에 꿈꾼 용의 빛과 같사옵니다. 그때 꿈 꾼 뒤로 잊고 있었더니, 지금 이 병풍을 보니 꼭 그 꿈속에서 본 용과 같사옵니다."

이 말을 듣고 좌중이 모두 감탄했다. 선희궁도, 그 말을 들은 다른 사람들도 세자와 홍씨가 천생연분이라고 믿었다. 조선의 사대부들이 대부분 성리학을 신봉한 반면 왕가 여성들은 대부분 불교에서 안식처를 찾았다. 대궐에 불교적 성격의 기신재忌晨齋가 남아 있었던 것이 이런 성향을 단적으로 말해준다. 대궐의 여인들은 두 사람을 부처님이 맺어준 인연이라고 생각했다. 그랬을 수도 있었다. 만약 두 사람이 소현세자와 강빈처럼 정치적 견해가 같았다면 하늘이 맺어준 인연일 수도 있었다. 정치적 견해를 같이했던 소현세자와 강빈은 그 때문에 비참한 죽음을 맞았지만, 그것은 비장한 아름다움을 담은 사랑이었다. 그러나 사도세자와 세자빈은 정치적 견해를 달리했고, 이 차이가 두 사람의 인생을 하늘과 땅으로 바꾸었다.

삼종의 혈맥으로 태어난 세자 선은 태어나는 순간부터 정치를 운명으로 받아들일 수밖에 없었다고 해도, 홍씨는 그렇지 않을 수도 있었다. 아니 왕실의 여인만 되지 않았다면 굳이 정치라는 삼각파도에 몸을 던질 필요가 없었다.

홍씨의 집안은 노론이었다. 홍씨의 현조인 선조의 부마 홍주원과 동생 홍주신, 홍주국은 모두 노론의 원조인 서인이었고, 이후 홍봉한의 증조曾祖 홍중기가 노론으로 자정自定하면서 집안은 대를 이어 노론이 되었다. 홍봉한의 백부인 홍석보와 부친 홍현보도 모두 노론이었다.

간택 당시 홍봉한은 비록 종9품 음직에 지나지 않았으나 집안 자체는 노론 명문가였다. 영조는 탕평을 상징한다는 의미에서 효장세자빈으로는 소론 탕평파인 조문명의 딸을 간택했었다. 사도세자빈으로 노론 홍봉한의 딸을 간택한 것은, 이른바 쌍거호대의 의미도 있었지만 재위 20년이 흐르면서 정국 주도권에 대한 자신감이 생겼기 때문이기도 했다. 노론가의 딸을 세자빈으로 결정한 영조의 선택에 대비 인원왕후 김씨와 왕비 정성왕후 서씨는 환영했다. 그녀들도 누구 못지않은 노론이었기 때문이다.

인원왕후는 세자빈 홍씨를 흡족하게 여겼다.

"아름답고 극진하니 나라의 복이다."

영조도 마찬가지였다.

"슬기로운 며느리를 내가 잘 가렸노라."

정성왕후 서씨와 선희궁도 그녀를 지극히 사랑했으니, 적어도 가례 당시에는 두 사람이 아름다운 배필이 될 것임을 의심하는 사람은 아무도 없었다. 『궁중기문宮中記文』에는 사흘 동안 혜성이 나타나는 이변이 계속되다가, 혼례를 치를 때가 되자 갑자기 없어졌다고 적고 있다. 그러나 혜성이 사라진 것을 두고 세자의 비극적 운명을 예견한 것이라고 해석한 사람은 아무도 없었다.

세자와 세자빈도 마찬가지였다. 가례 당시 두 사람은 서로에게 만족했다. 가례 당시 세자는 열 살의 어린아이답지 않게 체구가 듬직했고 머리도 영특했다. 그야말로 건강한 신체에 건강한 정신을 지닌 믿음직한 세자였으니 홍씨가 싫어할 이유가 없었다.

홍씨도 나이에 비해 조숙하고 현명했으며 외모도 아름다워 세자가 싫어할 이유가 없었다. 또한 홍씨는 조선 왕실에서 요구하는 검소한 여인상에 걸맞은 여자였다. 홍씨의 이런 성품을 엿볼 수 있는 일화가 하나 있다. 그녀에게는 동갑인 가까운 친척 아이가 있었는데 그 아이는 집이 부유하여 매번 화려한 옷을 입었다고 한다. 하루는 그 아이가 다홍색 주름치마를 입고 오자 어머니 한산 이씨가 홍씨에게 물었다.

"너도 저런 옷 입고 싶으냐?"

"저런 옷이 있으면 안 입지는 않겠지만, 새로 장만해서 입고 싶지는 않습니다."

아이답지 않은 이 대답을 듣고 어머니가 탄식했다.

"너는 가난한 집 딸이니 어찌하랴. 네가 성혼할 때는 고운 치마를 해주어, 오늘 네가 어른같이 한 말을 표창하겠다."

그녀가 세자빈으로 간택되자 이 일을 생각해낸 어머니는 또다시 탄식했다.

"이전에 고운 옷을 해주지 못하고 생각만 해왔는데, 궁중에 들어가면 끝내 사사로운 의복을 입지 못할 것이니, 그전에 입히고 싶었던 원을 풀겠습니다."

어머니 이씨는 다홍 주름치마를 해 입히며 슬퍼했고 조숙한 홍씨도 울면서 고맙게 받아 입었다. 홍씨의 이런 성품은, 스물다섯이 넘도록 사가에 살아서, 백성들의 어려운 생활상을 잘 알고 있는 영조의 검소한 생활태도와도 잘 맞았다.

무엇보다도 홍씨가 세자빈이 되어 궁중 어른들의 사랑을 받게 되면서 홍씨 가문도 술술 풀리기 시작했다. 홍봉한이 드디어 과거에 급제했다. 이 소식을 들은 세자는 세자빈에게 한걸음에 달려와 전하며 기뻐해주었다. 나이 어린 이들의 순수한 사랑이었다. 세자는 장인 홍봉한이 영조에게 받은 사화賜花(과거급제자에게 임금이 내리는 모자에 쓰는 꽃)를 어루만지며 기뻐 어쩔 줄을 몰랐다. 세자빈을 사랑한 만큼 장인도 사랑했던 것이다.

홍봉한이 과거에 급제한 것은 세자의 장인이었기에 가능한 일이었다. 그는 세자와 딸이 대혼大婚을 올린 그해 10월 실시된 과거에서 급제했다. 그 과거는 영조의 병환이 나은 것을 축하한다는 명목으로 치러졌지만 실상은 홍봉한을 급제시키기 위한 별시別試였다. 이제 갓 과거에 합격한 그에게 제수된 관직은 파격적이게도 정5품 문학文學이었다. 문학은 세자시강원에 속한 관직이었으니 세자를 잘 보도하라는 뜻이었다.

이후 홍봉한은 눈부실 정도로 빠르게 승진해 이듬해인 영조 21년에 일약 종2품 광주 부윤에 제수되었다. 집의 신사관申思觀이 아무 이력이 없는 홍봉한이 부윤으로 가는 것은 부당하다고 논박할 정도의 고속 출세였고, 『영조실록』에 '여론이 좋지 않았다'라고 기록할 정도로 파격적 승진이었다. 그의 파격 승진에 집권 노론은 아무런 시비도 걸지 않았다. 홍봉한이 노론이었기 때문이다.

당시 국구國舅(임금의 장인) 집안 중에는 과거에 급제한 사람이 없었다. 대비의 친정인 경은부원군慶恩府院君 김씨 댁에도 없었고 정성왕후의 친정인 달성부원군達城府院君 서씨 댁에도 없었다. 선희궁은 양반 출신도 아니니 더 말할 나위도 없었다.

이들은 모두 홍봉한의 급제를 기뻐했는데, 특히 정성왕후 서씨가 가장 기뻐했다. 서씨는 혜경궁 홍씨의 표현을 빌리면 '노론을 친척같이 여길' 정도의 노론 골수 당원이었다. 정성왕후는 홍봉한의 과거 급제 소식을 듣고 눈물까지 흘리며 기뻐했다고 『한중록』은 전한다. 이를 보고 혜경궁 홍씨가 감격했음은 물론이다.

정성왕후는 왜 홍봉한의 급제에 눈물까지 흘리며 기뻐했을까? 경종 시절의 한 때문이었다. 서씨는 임인옥사 때 조카 서덕수가 소론 강경파에 의해 사형당한 한을 갖고 있었다. 서덕수가 영조에게 노론의 '택군' 사실을 알렸다가 사형당하면서 세제빈이었던 서씨도 세제 연잉군과 함께 커다란 정치적 곤경에 처했었다. 그녀와 세제는 대비 인원왕후의 지원으로 겨우 살아남을 수 있었으나 연잉군은 「임인옥안」에 역적의 수괴로 등재되어 살얼음 같은 나날을 보내야 했다. 서씨는 이러한 과거사에 대한 한 때문에 바깥사돈 홍봉한의 급제를 눈물 흘리며 기뻐했던 것이다.

이처럼 세자를 둘러싼 사람들은 모두 노론이었다. 대비 인원왕후 김씨도, 법적인 어머니 정성왕후 서씨도 노론이었다. 생모 선희궁은 영조를 따라야 했으므로 당연히 노론이었고, 혜경궁 홍씨 역시 아버지를 따라 정성왕후 서씨처럼 뼛속 깊은 노론의 골수 당인이었다. 하지만 세자는 아니었다. 그리고 이것이 바로 비극의 싹이었다.

4부

임금과 대리 임금

『영조실록』 38년 윤5월 15일
(사도세자가 뒤주에 갇힌 지 이틀이 지난 날)

영조가 경화문景化門에 나아가 직접 지은 하교로써
자신이 정사에 복귀하는 이유를 담은 반교문을 반포했다.
이익원李翼元을 중도부처하였는데, 반교할 때
소리를 내어 울면서 눈물을 흘렸기 때문이다.

『영조실록』 같은 날

죄인 서필보徐必普와 정중유鄭重維의
목을 베어 전시하라 하였는데
구 동궁(사도세자) 시절에 범한 바가 있기 때문이다.

무제의 반만큼만 짐을 섬겨라

해는 동쪽에서 솟아 사해四海를 밝히고
달은 중천에 솟아 만산萬山을 비추도다

사도세자가 열 살 때 지은 시다. 여기에서 '해'와 '달'은 모두 국왕을 상징하는 것인데, '해가 사해를 밝히고 달이 만산을 비춘다'는 시구에서 제왕의 웅혼한 기상이 물씬 풍긴다.

세자가 성장하면서 제왕의 길, 즉 왕도를 추구한 것은 당연한 일일 것이다. 세자의 시처럼 '해'와 '달'은 어느 특정 지역이나 특정 당파만을 비추는 존재가 아니라 '사해'와 '만산'을 비추는 존재였다. 세자가 추구한 길은 이런 '해'와 '달'의 길이었다. 영조의 질문에 답한 아홉 살 세자의 말속에는 그가 추구하는 '해'와 '달'의 길이 잘 나타나 있다.

"우리나라 조정 관리들은 예로부터 당론을 갖고 있는데 어떻게 하면 그만두게 할 수 있는가?"

"똑같이 보고 함께 등용하면 될 것입니다."

영조는 이 대답을 아주 기특하게 여겼다. 영조도 당론에 관계없이 모든 당을 똑같이 보고 함께 등용하고 싶었지만 과거와 노론에 발목이 잡혀 당론에서 자유로울 수 없는 처지였다. 이것이 그의 고민이었다. 하지만 세자는 달랐다. 세자에게는 발목을 잡는 과거가 없었으므로 당론을 초월하는 국론을 추구하고자 했다.

영조가 '독서와 연락宴樂(잔치)' 중에서 무엇이 더 좋은지를 물은 적이 있었다. 물론 영조가 원하는 대답은 '연락보다 독서가 더 좋다'는 것이었다. 영조의 명령을 받은 홍문관 수찬 어석윤魚錫胤이 세자에게 물었을 때 세자의 대답은 달랐다.

"모두 좋다."
"무슨 까닭입니까?"
"연락도 좋다고 말하는 까닭은 시연侍宴(연회를 보좌함)하여 즐거움을 받들기 때문이다."

임금이 연락에서 즐거워할 수 있기에 이를 보좌하고 싶다는 뜻이었다. 세자는 이 대답 후 바로 앞의 시를 지었다.

이처럼 세자는 편벽되지 않는 원만함을 추구했다. 영조가 세자의 태학 입학 당시 반수교에 세운 "두루 통하고 편벽되지 않는 것은 군자의 공심이고, 편벽되어 두루 통하지 않는 것은 진실로 소인의 마음이다"라는 시비의 정신을 추구한 것이다. 이것이 진정한 탕평이었다.

세자가 열두 살 때 가뭄이 들자, 영조는 대풍을 기원하는 의미에서 후원後苑에 벼를 심는 행사를 가졌다. 영조가 신하들에게 일렀다.

"오늘은 바로 후원에 벼를 심는 날이므로 세자에게 농사의 어려움을 알게 하려 한다."

영조는 벼를 심은 후 세자에게 물었다.

"농사짓는 일이 왜 힘들다고들 하는가?"

"무더운 여름이라 물이 펄펄 끓듯이 뜨거운데도 농사꾼들은 농기구를 가지고 일을 하니 그 고생스러움을 짐작할 수 있습니다."

영조는 유신 조명정趙明鼎에게 『시경詩經』 「빈풍豳風」 '칠월장七月章'을 읽게 했다. 조명정이 낭랑한 목소리로 읽었다.

"칠월이면 화성火星이 기울고……, 내 아내가 아들과 함께 저 남쪽이랑으로 들밥을 지고 오면 농사 맡은 관리가 와보고 기뻐한다네."

영조가 무심하게 '칠월장'을 넘기니 '치효장鴟鴞章(부엉이장)'이 나왔다.

부엉아 부엉아 내 자식 잡아먹었으니
나의 보금자리는 헐지 마라
정성으로 어린 자식 길렀는데 불쌍하구나
장맛비 내리기 전에 저 뽕나무 뿌리 벗겨다가
창을 엮고 문을 얽었으니
이제 너 같은 아랫것들이 어찌 감히 나를 모욕할 수 있겠는가
내 손이 다 닳도록 내 갈대 이삭 뽑아다가
내 집을 쌓고 보금자리를 깔았다
내 입이 병난 것은 내 집이 없기 때문이니라
내 날개는 부러지고 내 꼬리는 닳아 빠졌으며
내 보금자리는 위태하여 비바람에 흔들거리는지라
내 소리는 어려움에 떤단다

마치 영조와 사도세자의 비극을 예언한 것 같은 '치효장'은 중국 고사에서 유래되었다. 주나라 무왕武王이 죽고 성왕成王이 어린 나이로 즉위하자 주공이 섭정을 했는데 관숙管叔과 무경武庚이 주공을 모함하는 노래를 만들어 뿌렸다. '주공이 섭정하는 것이 성왕에게 불리하

다'는 내용이었다. 즉 주공이 성왕의 자리를 빼앗을 것이라는 뜻이었다. 주공은 군사를 일으켜 관숙과 무경을 주살했다. 그러자 어린 성왕이 주공을 의심하기 시작했다. 실제로 자신을 죽이려는 것이 아닌가 하는 생각이 든 것이다. 그때 주공이 자신의 결백을 밝히며 지은 시가 바로 '치효장'이다. 영조는 물론 '치효장'을 알고 있었지만 자신이 '내 자식 잡아먹는' 운명이 될 줄은 꿈에도 몰랐을 것이다.

세자는 열두 살 때 한묵翰墨에 관심을 갖고 자주 붓을 잡았다. 또한 마진痲疹(홍역)을 앓던 와중에도 "착한 일을 하는 것이 가장 즐겁다[爲善最樂]"라는 휘호를 써 영조를 기쁘게 했다.

영조는 세자가 열세 살 때 그 학문과 기질을 시험해보았다. 먼저 춘방春坊(세자궁)의 상·하번을 불러 지난 번 읽은 것을 복습시킨 후 세자에게 물었다.

"『소학』은 원량이 일찍이 읽은 것이니 나는 배운 것이 어떠한지 살펴보고 싶을 뿐이다. '입교入敎'가 왜 먼저이며 '명륜明倫(윤리를 밝힘)'이 왜 다음이냐?"

이는 『소학』 「내편內篇」의 순서가 '입교' '명륜' 순으로 편찬된 이유를 묻는 것이었다. 세자가 대답했다.

"먼저 가르침을 받은(입교) 후에 윤리를 밝힐 수(명륜) 있으므로 입교를 먼저 배우는 것입니다."

"'계고稽古'는 무슨 뜻이냐?"

이 또한 『소학』의 한 편명이었다.

"옛 일을 널리 상고해 좋은 것은 본받고 나쁜 것은 경계하고자 하는 것입니다."

"'가언嘉言'과 '선행善行'이 '계고'보다 뒤에 있는 것은 무슨 까닭이냐?"

"아름다운 말(가언)과 착한 행동(선행)은 반드시 옛 것을 상고해야 알 수 있기 때문입니다."

세자의 대답은 거침이 없었다. 영조는 다시 물어보았다.

"『대학大學』의 8조목 중 격치格致를 먼저 삼는 것은 무슨 까닭이냐?"

이는 열세 살의 세자가 대답하기에는 어려운 질문이었다. 『대학』의 8조목이란 격물格物·치지致知·성의誠意·정심正心·수신修身·제가齊家·치국治國·평천하平天下를 말하는 것으로, 말하자면 천하를 평정하는 순서인 셈이다. 영조가 질문한 격치는 격물과 치지를 합친 말로서 "앎에 이르는 길은 사물의 이치를 밝히는 데 있다(致知在格物)"는 뜻이다. 즉 사물의 끝까지 그 이치를 궁구하는 것이 지식에 이르는 길이란 뜻이다. 세자가 대답했다.

"사물의 이치를 밝히는 지식에 도달한 뒤에야 세상을 다스리는 경지에 이를 수 있기 때문입니다."

이 대답에 만족한 영조가 빙그레 웃고 다시 물었다.

"지금 대답하는 것을 들으니 네가 평소에 헛되이 읽지 않았음을 알 수 있다. 한漢나라 임금 중 누가 우수하다고 여기는가?"

"문제文帝입니다."

"너의 기질은 무제武帝를 좋아할 것 같은데 도리어 문제를 좋아하는 것은 무슨 까닭이냐?"

"무제는 비록 쾌활하지만 오히려 오활迂闊한 부분이 많았기 때문입니다."

제왕의 시호에 '무武' 자가 들어가면 군사적인 업적을 많이 남겼음을 뜻하고, '문文' 자가 들어가면 문화적인 업적을 많이 남겼음을 뜻한다. 영조는 세자의 기질이 문보다 무에 가까움을 알고 있었다.

영조는 그 전에도 이런 질문을 한 적이 있었다.

"한나라 고조高祖와 무제 중 누가 더 훌륭한가?"

"고조의 기상이 훌륭합니다."

"문제와 무제 중 누가 더 훌륭한가?"

"문제가 훌륭합니다."

영조는 이 대답이 자신을 속이는 것이라고 여겨 꾸짖었다.

"이는 나를 속이는 것이다. 네 마음은 반드시 무제를 통쾌하게 여길 터인데 어찌 문제가 훌륭하다고 하는가?"

"문제의 정치가 무제보다 훌륭했기 때문입니다."

"너는 앞으로 무제의 반 정도만 나를 섬겨도 충분하다. 내가 매번 한나라 무제를 예로 들어 너를 경계했는데, 이는 너의 시를 보니 기氣가 크게 승하기 때문이다."

세자가 지은 시가 기가 승하다는 것은 이 시를 두고 한 말이었다.

범이 깊은 산에서 울부짖으니 큰 바람이 부는구나〔虎嘯深山大風吹〕

이 시를 지었을 때 세자의 나이 열네 살이었다. 열네 살 소년의 시치고는 대단한 기상이 깃든 시라 할 수 있다. 영조에게는 세자의 이런 성품이 걱정이었다. 세자에게는 '범'과 '바람' 같은 무인적 기상이 있었다.

세자는 효종처럼 후원에서 말 타고 활 쏘는 것을 좋아했다. 정조가 편찬한 사도세자 일대기인 『어제장헌대왕지문』은 효종이 사용하던 청룡도와 쇠몽둥이를 힘깨나 쓰는 무사들도 움직이지 못했는데 세자는 15, 16세 때부터 들어서 썼다고 전하고 있다. 또한 효종의 웅대한 꿈, 북벌이 자신의 임무라고 여겼으며 세자는 이 이상을 실현하는 것이 자신에게 부여된 역사적 의무라고 생각했다.

그러나 이런 무인적 자세는 노론과 영조의 뜻에 어긋나는 것이었다. 효종이 사망한 후 청나라와 평화관계가 정착되자 '북벌의 기상'은 사라져버리고 현실과 동떨어진 '소중화小中華 사상'이 팽배했다. 정치사상도 '예론禮論'으로 기울었다.

조선 후기의 임금에게 요구되는 덕목은 '무왕'이 아니라 '문왕'이었고, 영조도 세자에게 어린 시절부터 문왕을 닮을 것을 요구했다. 세자는 문을 등한시한 것은 아니었지만 무가 적성에 더 맞았다. 좋게 말하면 문무를 겸전하려 한 것이다.

하지만 조선의 지배층들은 무는 일개 병사나 추구하는 것이라고 멸시했다. 영조도 이 범주에서 크게 벗어나지 않았다. 이 또한 영조와 세자의 갈등 중의 하나였다.

대리청정의 숨은 뜻

영조 24년(1748) 12월, 영조가 세자에게 물었다. 세자 나이 만 열네 살이었다.

"네가 역사를 공부해 보니 한·당·송 세 왕조 가운데 어느 나라가 가장 낫던가?"

"한나라가 제일 위이며 송나라가 다음이고 당나라가 가장 아래입니다."

"당나라가 왜 제일 아래인가?"

세자가 대답했다.

"집안을 잘 다스리지 못했기 때문입니다."

이 대답을 만족스럽게 여긴 영조는 크게 칭찬하면서 기뻐했다. 먼저 자신의 몸을 닦고 집안을 다스리며, 나라를 통치하며 천하를 평정한다는 '수신제가치국평천하'는, 조선의 사대부는 물론 국왕도 추구해야 할 덕목이었다.

영조는 이런 칭찬을 한 다음 달인 재위 25년(1749) 1월에 전격적으

로 세자에게 전위하겠다고 선포했다. 그날이 세자의 생일 다음 날이란 점에서 영조의 의도적인 행위였다.

그날 밤 영조는 갑자기 봉서封書를 승정원에 내렸다. 한밤에 내려지는 봉서에는 대개 파란을 일으키는 내용이 담겨 있게 마련이었다. 입직 승지 박필재朴弼載와 김상복金相福은, 봉서의 첫머리가 '중옹仲雍, 백이伯夷'의 고사인 것을 보고 아연 긴장했다. 중옹은 주나라 태왕의 아들로, 부왕이 아우 계력季歷에게 자리를 물려주려 함을 알고 형인 태백泰伯과 함께 형만荊蠻으로 도망쳐 동생에게 왕위를 양보한 인물이다. 고죽군孤竹君의 둘째 아들 백이 역시 아우인 숙제叔齊에게 왕위를 물려주기 위해 도망간 인물이다.

스스로 왕위를 포기한 인물들을 거론한 것으로 보아 왕위에서 물러나겠다는 뜻이었다. 아니나 다를까 승지 박필재 등은 다음 구절을 보자마자 급히 봉서를 덮고 입직한 홍문관원과 함께 급히 합문에 나가 청대했다. 문제의 구절은 이랬다.

"을유년의 등록謄錄을 상고하라."

'을유년의 등록'이란 숙종 31년(1705, 을유년)에 숙종이 세자에게 선위禪位하겠다는 전교를 내리고 그 시행 절목을 마련하게 했던 일을 말한다. 다시 선위 파동이 인 것이었다. 조정은 긴장에 휩싸였다.

비가 억수같이 쏟아지는 밤이었다. 임금이 전위하겠다고 나서면, 전위 전교가 진심인지, 신하들의 충성심을 떠보기 위한 의도적 행위인지 알 수 없어도, 무조건 대궐 뜰에 정청을 차려놓고 울부짖어야 했다. 당사자인 세자도 거적을 깔고 명을 거두기를 빌어야 했다.

내전으로부터 갑자기 전위 전교를 받고 당황한 세자는 급히 촛불을 켜고 춘방 관원을 불렀다. 그러나 무조건 명을 거두어줄 것을 빌 뿐, 다른 대책이 있을 수 없었다. 신하들의 인견을 거부하던 영조는 새벽

4, 5시경이 되어서야 승지와 홍문관원들을 만났다. 전각 지붕을 후드득 후드득 때리는 빗소리가 긴장감을 더했다.

"내가 감히 삼종의 혈맥이란 자전의 하교를 어기지 못해 이 자리에 있었지만 남면(왕 노릇)하기를 즐기지 않는 마음은 25년이 하루 같아서 원량이 나이 들기만 기다렸는데 이제 다행히 열다섯 살이 되었다. 오늘 내가 이 일을 하는 데는 세 가지 뜻이 있다. 하나는 내가 죽어 저승에 가 황형의 용안을 뵐 수 있도록 하고자 함이고, 둘째는 남면하기를 즐기지 않는 뜻을 성취하고자 함이며, 셋째는 5년 전부터 병이 더하여 고치기 어려움을 두려워했기 때문에 일에서 벗어나 정양하고자 함이다."

한밤에 내려진 이번 전위 소동에도 어김없이 경종이 끼어들었다. 경종 독살설이란 씻을 수 없는 영조의 콤플렉스가 다시 도진 것이다. 자신은 왕이 되고 싶지 않았으니 경종을 독살했을 리가 없지 않겠느냐는 변명이었다. 삼종의 혈맥을 보존하라는 대비의 하교를 어길 수 없어 할 수 없이 왕이 되었다는 이야기였다.

승지와 옥당 관원들이 이마를 바닥에 찧으며 명을 거두어 달라고 간하고, 날이 밝자마자 소식을 듣고 달려온 시·원임 대신과 비변사의 여러 재신들, 그리고 문무백관들도 모두 울면서 전위 봉서를 거둘 것을 청했다. 그러나 영조는 완강했다. 이번에는 물러나려는 이유가 둘이 늘어 다섯이 되었다.

"내가 반드시 이루려는 다섯 가지 뜻이 있다."

영조는 포의布衣·한사寒士가 되고 싶고, 심중의 병이 심해 정무를 보기 어려우며, 세자가 지금은 훌륭하지만 뒷날의 일은 알 수 없기 때문에 살아 있을 때 정치하는 것을 보려하며, 어린 세자가 당론을 알 수 없기 때문에 자신이 뒤에서 세자의 기반을 세워주려 한다는, 네 가지 이유를 늘어놓은 다음 마지막으로 자신의 콤플렉스를 덧붙였다.

"내가 세제로 책봉받은 후 갑진년에 즉위했는데 오늘의 괴로운 마음을 이룬 뒤에야 저승에 가서 황형을 뵐 면목이 있을 것이다."

세자에게 왕위를 물려주어야 자신이 임금이 되기 위해 경종을 독살했다는 소문에서 자유로워질 것이라는 말이었다.

이는 세자가 다섯 살 때나 여섯 살 때 했던 것처럼 단순한 소동으로 끝날 일회성 행위가 아니었다. 그러나 신하들로서는 만류하는 외에 다른 방법이 없었다. 여기에는 노론·소론이 있을 수 없었다. 노론 영의정 김재로가 말렸다.

"동궁(세자)의 학문이 하루가 급한데 어찌 차마 번거로운 국사를 맡겨 촌음을 아껴야 하는 공부에 방해가 되게 하십니까?"

소론 좌의정 조현명도 반대했다.

"사람이 지식이 되어 늙었다는 말을 함부로 하지 않는 것은 부모의 마음을 아프게 할까 두려워하기 때문입니다. 지금 전하께서 늙었다고 하여 짐을 벗으신다면 동조의 마음이 과연 어떠하시겠습니까? 또한 동궁의 학문이 해와 같이 오르고 촌각마다 전진하는데, 지금 이렇게 온갖 정무를 보게 하여 그 시간을 빼앗기게 하시니 이것이 어찌 아버지가 자식을 지극히 사랑하는 뜻이며 종묘사직을 위한 장구한 계책이겠습니까?"

노·소론의 모든 신하들이 번갈아 간했으나 영조의 마음은 움직이지 않았다. 빗줄기가 한층 거세지고 있었다. 세자는 비를 맞으며 달려와 헌함軒檻(마루) 밖에 엎드렸다. 영조가 말했다.

"지금 나는 마음속으로 맹세했다."

이 말을 듣고 세자가 엎드려 울었다.

"세자는 앞으로 오라."

조현명(1690~1752) 효장세자의 빈인 현빈 조씨의 숙부로, 형 조문명과 함께 영조 때 탕평책을 이끈 소론 영수이자 탕평 영수였다. 또한 시종일관 사도세자를 지지했다.

왕위를 주겠다고 오라는 말에 세자가 어찌 나아갈 수 있으랴. 영조는 거듭 세자를 불렀다.

"세자는 앞으로 나오라."

세자가 겨우 일어나 헌함 안으로 들어왔다. 얼굴은 눈물과 빗물이 뒤범벅되어 있었다.

"왜 울기까지 하느냐?"

눈물을 흘리는 사람은 세자만이 아니었다. 여러 신하들은 물론 영조 또한 울음을 삼키고 있었다. 살아 있는 아버지에게 왕위를 받겠다고 할 수는 없었다. 세자와 백관이 입이 닳도록 힘써 간쟁하니 영조가 한발 물러섰다.

"여러 사람의 마음이 이와 같으니 다시 생각해보겠다."

그러다가 다시 입을 열었다.

"부득이하다면 대리청정은 어떻겠는가?"

사실 이것이 소동을 일으킨 영조의 본심이었다. 양위 소동으로 대신들의 충성심을 시험해본 후 세자에게 대리청정을 시키려는 것이었다.

영의정 김재로가 "그것도 안 됩니다"라고 반대하자 영조는 벌컥 성을 냈다.

"크고 작은 공사公事를 모두 승정원에 머물러 두게 하라. 나는 결코 임금 노릇을 하지 않겠다."

이에 좌의정 조현명이 나섰다.

"천하의 대성인大聖人으로서 천하의 큰일을 시행하며 이처럼 고성과 노기를 띠었다는 말은 들어보지 못했습니다."

신하들은 영조의 본심이 전위가 아니라 대리청정에 있음을 알아챘다. 그리고 이는 영조가 물러나는 것이 아니므로 받아들일 수도 있다고 여겼다.

"뜻을 받들겠습니다."

영조가 대답했다.

"어린 세자로 하여금 국사國事를 모르는 상태에 두었다가, 훗날 만약 노론과 소론에 의해 그릇된다면 그때는 내가 알더라도 어찌 무덤에서 일어나 깨우쳐줄 수 있겠는가? 오늘 이 일은 반드시 효험이 있을 것이다."

영조는 뜻을 굳혔다.

"내가 고심 끝에 물러나려 하였는데 원량이 울며 사양하는 걸 보고 감동하여 지난밤의 전교는 특별히 거두겠다. 세자로 하여금 대리청정케 하니 정유년(숙종 43년, 숙종에 세자에게 대리케 한 해)의 고사에 따르라."

이로써 열다섯 살의 세자는 국정의 전면에 나서게 되었다.

영조는 '사람을 쓰는 것과 군사를 동원하는 것, 그리고 사형에 관련된 것 등 세 가지 일과 국방에 관련된 일'만 자신에게 품의하고 나머지는 세자에게 아뢰라고 명했다.

영조가 세자에게 대리청정을 명한 것은 계획적인 일이었다. 영조는 세자에게 국정을 잘 가르쳐 성군으로 만들고 싶었다. 그래서 조선이란 나라와 종사를 반석 위에 놓고 싶었던 것이다.

그러나 이를 통해 영조가 얻으려는 또 하나의 목적은 자신의 과거에 대한 일부의 의구심을 씻는 것이었다. 즉 자신이 경종을 독살했다는 혐의를 벗고 싶었다. 전위의 이유로 자신의 병을 들먹인 것도 이 때문이다. 경종 때 자신과 노론이 주도했던 세제 대리청정은 역모가 아니라, 임금에게 병이 있을 때면 통상적으로 실시할 수 있는 일반적인 정치 행위임을 내외에 밝히고자 했던 것이다.

하지만 이는 그야말로 변명에 지나지 않았다. 경종 때 연잉군의 대리청정 요구에는 경종을 몰아내려는 불순한 의도가 개재되어 있었다. 지금의 대리청정은 말 그대로 대리에 지나지 않았다. 세종이 국왕이 되었어도 실권은 상왕 태종에게 있었던 것처럼 세자가 비록 대리청정을 한다 해도 실권은 재위 25년째를 맞는 영조에게 있을 것이기 때문이다.

임금보다 어려운 세자

세자는 대리청정 명을 받은 지 6일째 되는 날 익선관翼善冠에 곤룡포를 입고 동궁 내의 시민당으로 나갔다. 문무백관의 조참朝參을 받는 의식을 치르기 위해서였다. 영조는 시민당의 협실挾室에 나가 이 의식을 지켜보았다. 세자의 사부와 대신이 북쪽 계단을 거쳐 시민당에 올라 왕세자에게 두 번 절하자 세자가 답배했다.

이때 1품의 종신宗臣(종친)이 대신을 따라 시민당에 오르자 영조가 제지하며 나섰다.

"옛 법에는 오직 세자시강원의 정1품 이사와 왕자·대군으로 백부·숙부되는 사람만 당에 올랐다. 예법에 어긋났으니 예조 판서를 체직시키도록 하라."

도승지로부터 영조의 하교를 들은 세자가 말했다.

"그렇다. 종신은 계단을 도로 내려가도록 하라."

그 다음 날 세자는 시민당에서 대신과 비변사 당상관을 인접했다. 영조가 없는 자리에서 처음으로 보는 정사였다. 이 자리에서 영의정

사도세자 대리청정 '휘지' 영조 25년(1749), 사도세자는 열다섯의 나이로 대리청정을 시작했다. 사진은 대리청정을 위임받은 왕세자가 명령을 내릴 때 사용한 증표다.

김재로가 주청한 것은 신분제에 관한 것이었다.

"옛날에는 천인 남자가 양인良人 아내에게서 낳은 자식은 아비의 신분을 따라 천인이 되었으나, 경술년(영조 6년)부터는 어미의 신분을 따라 양인이 되도록 했습니다. 그런데도 장예원掌隸院(노비를 관리하는 관청)에서는 각 도에 속전贖錢(천인이 양인이 될 때 내는 돈)을 받아 올리도록 했습니다. 경술년부터는 남자 종이 양인 아내에게 낳은 자식은 땅에 떨어질 때부터 자연히 양인이 되는 것이므로 속전을 낼 필요가 없으니 속전의 징수를 면제하는 것이 마땅합니다."

영조 6년(1730)에 공사公私 천인賤人 중 모친이 양인이면 어머니의 신분을 따르게 했으므로 속전을 낼 필요가 없는데도 장예원에서 속전을 받은 것은 잘못이라는 뜻이었다.

좌의정 조현명이 가세했다.

"장예원 담당자를 파직함이 마땅합니다."

세자가 대답했다.

"그리하라."

조현명이 다시 말했다.

"시민市民(상인)의 피폐함이 참으로 가엾습니다. 지난날 비변사에서 조사해보니 장시場市에서 부담하는 역役의 1년 액수가 수만 냥에 이르렀습니다. 사정이 이러하니 시민들이 어떻게 위로 부모를 모시고 아래로 자녀를 기르겠습니까? 김상로金尙魯와 박문수에게 명해 바로잡도록 해야 합니다."

이날 여러 신하들은 모두 움츠리고 엎드려 머리를 들지 못했다. 영조에게 입시할 때보다 더욱 엄숙하고 공손했다. 이는 세자의 성격 때문이었다. 영조는 감정 표현이 풍부하고 눈물도 많은데 비해 세자는 과묵했다. 또한 표정에 위엄이 있어 얼굴빛과 말솜씨로 사람을 끌어들이지 않았기 때문에, 신하들은 영조보다 세자를 더 두려워했다.

약 20여 일 후인 영조 25년(1749) 2월, 영조는 환경전歡慶殿에 나가 왕세자를 시좌侍坐시켰다.

"오늘은 원량이 시좌한 가운데 처음으로 정사를 보는 날이다. 품의하여 결정할 일이 있으면 세자에게 품의하라. 나는 앉아서 지켜보고자 한다."

영조는 세자에게도 말했다.

"무릇 여러 신하들의 주청에 '그렇게 하라[依爲之]'라는 세 글자로 대답한다면 반드시 잘못을 저지를 우려가 있다. 의심스러운 점이 있으면 반드시 대신에게 물어서 잘 생각한 후에 결정하라."

영의정 김재로가 함경 감사의 요청을 말했다.

"성진城津 방영防營은 다시 길주吉州에 소속시키는 것이 편리할 것입니다."

성진은 함경도 성진만 근처의 군사적 요충지인데 여기 있는 방영을 다시 길주에 소속시키자는 말이었다.

조현명이 추가로 설명했다.

"6진六鎭으로 통하는 길은 모두 아홉 갈래가 있는데, 길주는 요충에 해당되지만 성진은 단지 세 갈래 길만 막을 수 있습니다."

세자가 물었다.

"방영을 다시 길주에 소속시키더라도 성진에 군졸이 남아 있는가?"

"진졸鎭卒이 있습니다."

"그렇다면 방영을 길주로 옮기는 것이 좋겠다."

군사 문제에 관한 한 세자는 자신 있었다. 열다섯 살의 나이에 방영을 길주로 옮기더라도 성진에 군사가 남는지를 물은 것은 군사 문제에 관한 세자의 타고난 식견을 보여주는 것이다.

그런데 부왕 영조가 세자의 조치에 제동을 걸고 나섰다.

"네 말이 비록 옳기는 하다만 당초 방영을 성진으로 옮긴 것은 내가 한 일인데 길주로 다시 옮기는 것은 경솔하지 않느냐? 마땅히 대신에게 먼저 물어보고 또 내게도 품의한 후에 결정하는 것이 옳을 것이다."

이에 세자가 여러 신하들에게 두루 물어보았으나 결론이 나지 않자 영조가 결정을 내렸다. 길주와 성진의 군사 형편을 직접 보고 결정하는 게 타당하다는 신중한 결론이었다. 이에 따라 병조 판서 김상로가 변방을 순시한 후 그 보고를 토대로 결정하는 것으로 결론이 났다.

또 다른 현안은 부처 간의 이해 다툼 문제였다.

청나라 사신이 왔을 때 접대를 맡은 호조에서 예산이 부족하자 남한산성의 수어청守禦廳 자금을 빌려 쓴 적이 있었다. 그 후 수어청에서 호조에 보내야 하는 쌀 3백 석을 전에 빌려간 자금과 맞바꾼 것이라며 내주기를 거부해 문제가 된 것이다.

호조 판서 박문수는 수어청이 호조에 쌀 3백 석을 주어야 한다고 주장했으나 수어사守禦使 조관빈趙觀彬은 반대했다.

"호조의 비용도 중요하지만 수어청의 자금은 불의의 변란에 대비하는 것입니다. 이런 군사비를 돌려주지 않으면서 또 쌀을 가져다 쓰려고 하는 것이 옳은 일입니까?"

영조가 세자에게 말했다.

"하나는 항상 필요한 자금이요, 다른 하나는 유사시에 필요한 자금이니 세자가 잘 생각해 처리해보라."

말하자면 일종의 시험이었다. 잠시 생각하던 세자가 입을 열었다.

"쌀은 일단 호조로 보내고, 호조에서는 꾸어간 자금을 준비해 갚는 것이 옳겠다."

꾸어간 돈은 갚고 호조에 줄 쌀은 주라는 말이었다. 영조가 웃으면서 말했다.

"네 처리가 옳다."

조관빈이 다른 사항을 보고했다.

"길거리를 떠돌아다니는 거지들이 많이 있으니 조사해 고향에 돌아가 편히 살게 하소서."

세자가 대답했다.

"그들이 원하는 대로 하게 내버려두라."

영조는 세자의 일처리를 지켜본 감상을 말했다.

"너는 깊은 궁중에서 태어나 안락하게 자랐으니 임금 노릇하기가 어려운 줄 어떻게 알겠는가? 지금 성진 방영에 관한 일을 처리하는 것을 보니 손쉽게 처리해버리는 병통이 없지 않다. 나는 한 가지 정사와 한 가지 명령도 함부로 내리지 않았고, 당론을 조제하는 데 고심하여 머리와 수염이 모두 허옇게 되었다. 그러나 이 덕분에 25년 동안 여러 당파가 서로 살해한 적이 없었으니 너는 이를 금석金石처럼 지킴이 마땅하다. 저 여러 신하들은 그들의 조상을 따져보면 모두 혼인으로 맺어진 좋은 사이지만 당론이 한 번 나오자 멀어져서 서로 해칠 마음을 품었다. 그러니 내가 고집스럽게 당론 조제에 힘쓴 것은 진실로 옳은 일이다. 오늘 네가 신하들이 아뢰는 말을 믿어서 시원스럽게 길주의 일같이 처리한다면 종묘사직과 신하들, 그리고 백성들은 어떻게 되겠느냐? 한 당이 모두 나오고 한 당이 모두 물러나는 것은 겉으로 보기에는 시원하겠지만 살육의 폐단을 열어놓는 것이니 네가 이 명을 지키지 않으면 뒷날 죽어서 무슨 면목으로 나를 보겠느냐?"

영조가 세자의 결정에 제동을 거는 이유는 명백했다. 당쟁이 치열한 상황에서 심사숙고하여 일을 처리하지 못하면 숙종 때나 경종 때처럼 서로 상대 당을 살육하는 상황이 다시 올 수도 있다는 우려였다.

영조의 이런 우려는 타당한 것이었다. 하지만 영조의 이런 개입은 세자로 하여금 지나치게 조심하게 만들었다. 조현명이 이런 상황에 대해 우려했다.

"저하께서는 일에 임해서 쉽고 어려운 것을 막론하고 반드시 대조大朝께 품의하시고 스스로 결정하시는 것이 적습니다. 신은 저하의 마음이 신중히 살펴려는 데서 나온 줄은 잘 알지만…… 스스로 결정할 것은 스스로 결정하고 품의할 것만 품의해야지 어떻게 모든 것을 번거롭게 품의할 수 있습니까?"

이렇듯 세자는 조현명의 우려를 살만큼 신중하게 처신했고 영조는 세자의 이런 처신에 만족했다. 세자가 대리청정한 지 약 6개월쯤 후에 영조는 자신과 세자가 함께하는 두 번의 차대次對(임금이 신하와 만나는 것)를 파하라고 명했다. 그때까지 세자는 한 달에 여섯 번의 차대를 행했는데 그중 네 번은 세자 혼자 동궁에서 행하고 나머지 두 번은 영조와 함께 대전에서 행했다. 영조가 이 두 번의 차대를 폐지시킨 것은 세자의 대리청정이 모든 차대를 맡겨도 좋을 만큼 본궤도에 올랐음을 인정한 것이었다. 대신과 승지, 옥당에서 밤새 이 명을 환수하라고 요청했으나 영조는 끝내 거부했다.

세자가 대리청정하는 동안 영조는 감시에 가까울 정도로 세자의 일거수일투족을 지켜보았다. 하루는 세자가 차대를 일찍 파하자 영조가 승지를 불러 물었다.

"오늘 동궁이 어찌 차대를 일찍 파했는가?"

"대신들이 물러가겠다고 청하자, 동궁께서는 우물쭈물 미루며 오랫동안 있다가 억지로 허락하셨습니다."

"원량이 대신들의 퇴조退朝(조정에서 나감)를 허락하지 않는 것이 옳았다. 대신들에게는 무엇을 물어보았는가?"

"동궁이 백성들의 고통에 대해 물었습니다."

"그 질문이 매우 좋다."

영조는 이어 동궁에게 시좌를 명했다. 임금이 부르자 대신들도 따라 들어오지 않을 수 없었다. 영조는 세자와 대신들이 모인 가운데 세자에게 물었다.

"오늘 차대에서 네가 백성의 질고에 대해 물었다고 하는데, 이 말이 과연 성심에서 나온 것이냐? 대신들이 간략하게 말한 것은 책임 모면에 지나지 않으니 내가 개탄한다. 그러나 그 말 중에서 혹시 아름다운 말이 있으면 나를 위해 외워보도록 하라."

세자가 대답했다.

"좌상左相(조현명)의 임금은 산과 같고 백성은 흙과 같다는 말이 좋았습니다."

영조가 웃으며 말했다.

"사부가 모두 들어와 있는데 유독 좌상만 칭찬하면 영상領相(김재로)의 처지는 어찌 되겠는가?"

그랬다. 바로 이 점이 영조와 세자가 갈라지는 부분이자 세자와 노론이 갈라지는 부분이었다. 조현명은 소론 명문가 출신인 반면 김재로는 노론 영수였다. 이때부터 세자가 소론을 편애했는지는 분명치 않지만 영조의 말처럼 세자의 이런 태도에 노론 김재로가 불만을 품었을 가능성은 있다.

이날 영조는 세자에게 백성의 고통에 대해 훈계했다.

"민간의 고통은 역役이 가장 심하며 세稅가 다음이다. 곡식 낟알 하나하나가 모두 신고辛苦 속에서 생산되며, 실 한 올 한 올이 또한 가난한 여자의 손에서 나온 것이니 어찌 잔인하지 않겠는가? 네가 만약 우리 백성을 불쌍하게 여기지 않는다면 배고픔을 면하지 못한 백성들은 오막살이 아래에서 서로 울면서 너를 원망하고 꾸짖을 것이다. 생각이 이에 미치면 어찌 두렵지 않겠는가?"

영조는 이처럼 그 누구보다 백성들의 고통에 대해서 가슴 아파했던 인군仁君이었다. 세자는 부왕 영조의 이런 애민사상을 이어받으려 노력했다. 또한 세자는 신하들에게는 어려운 존재였지만 부왕 영조에게는 누구 못지않은 효자였다. 세자가 대리청정을 시작한 다음 해(1740) 9월 영조가 정양차 온양의 온궁으로 행차해 서울을 비운 20여 일 동안, 세자는 밤이면 옷을 단정히 입고 자세를 바르게 했으며 때로는 밤새워 눈물을 흘리기도 했다.

과묵한 성품의 세자가 눈물을 흘리는 것은 이례적인 일이었기에 궁관이 물어보자 세자는 이렇게 대답했다.

"내가 태어난 후 처음으로 부모와 멀리 떨어져 있게 되니 어버이 그리운 마음에 저절로 눈물이 흐른다."

영조가 서울로 돌아와 이 소식을 듣고는 감탄했다.

"세자의 일은 늘 상상 밖이다."

세자는 이처럼 사람의 상상을 뛰어넘게 하는 구석이 있었고 영조는 세자의 이런 효성과 비범함을 자랑스러워했다.

당인들을 갈아 마시겠다

영조 28년(1752)은 세자에게 곤혹스러운 나날이었다. 세자뿐 아니라 세자빈과 갓 태어난 원손까지 홍역을 앓아 온 집안이 병에 시달린 것이다. 의원의 진찰을 받을 때 신하들이 침실에서 누워 접견하라고 청할 정도로 세자의 병세가 심각했다. 그러나 세자는 몸조리에만 매달릴 형편이 아니었다. 당쟁이 재연되었기 때문이다. 당론 조제에 실패한 영조는 다시 한 번 특유의 시위를 벌였다. 의원의 입진을 거부한 것이다. 와병 중인 세자도 의원이 권하는 약을 거부할 수밖에 없었다.

"내가 대리한 지 4년이 지나도록 성상의 마음을 우러러 본받지 못해 약을 물리치는 지경에 이르렀으니 모두 나의 잘못이다. 내가 무슨 마음으로 약을 먹겠는가."

이 말을 들은 약방 제조 원경하元景夏가 영조에게 전했다.

"동궁이 자신의 죄라면서 약을 복용하지 않는다 하니, 이게 무슨 모양이란 말입니까?"

당시 정국이 시끄러워진 까닭은 노론 정언 홍준해洪準海가 소론 영의정 이종성李宗城을 탄핵하고 나섰기 때문이었다. 영조는 분노했다. 자신이 와병 중이고 세자와 세자빈, 그리고 하나뿐인 원손마저 홍역을 앓고 있는 판에 왕실의 쾌유를 기원하기는커녕 당쟁을 일삼았기 때문이다. 영조는 원경하에게 분노를 표시했다.

"경들이 홍준해의 편을 들어서 임금은 돌아보지 않으니, 이것이 당을 비호하고 역적을 옹호하는 것 아닌가? 아! 원량이 지금 대리하고 있으니 사체가 중대하다. 세자가 지금 병을 앓아 조용히 조섭해야 하는데, 이를 돌아보지 않은 채 이처럼 날뛰고 있으니 그들의 눈에는 저 군儲君(세자)은 보이지 않고 당인들만 보이는 것이다."

영조는 애가 탔다. 그의 분노는 극에 달했다.

"당인들을 갈아 마시겠다."

분노한 영조 앞에 병석의 세자가 할 수 있는 것은 의원의 진료를 거무하면서 영조에게 약을 들라고 청하는 것뿐이었다. 영조는 계속 탕약을 거부하다가 승지 이지억李之億이 울면서 청하자 비로소 약을 들고 유시했다.

"아! 부덕한 내가 재위한 지 거의 30년이 되었는데 그동안 날마다 고심한 것이 조제 두 글자였다. 내가 아니었더라면 오늘날 여러 신하들 중 살아남은 자가 드물었을 것이다. 내가 대통을 계승한 뒤로 마음을 다하여 조제하지 않았다면 피차간에 보복하느라 서로 죽이고 말았을 것이다. 아! 나라의 법은 당인들끼리 보복하라고 만들어진 것이 아니다. 일시에 보복하면 한쪽 당인들은 통쾌하겠으나 아! 보복이란 예로부터 돌고 도는 것이니 법을 만든 자가 도리어 그 법에 걸리지 않을지 어떻게 알겠는가?"

영조가 약을 들자 세자와 세자빈, 그리고 원손도 거의 다 나았다. 홍역에 의한 치사율이 높던 조선시대에 이는 드문 일이었다.

임금이 와병 중이며 세자 일가가 홍역을 앓는 와중에 벌어진 당쟁은, 당시 조선의 정치 기상도가 어떠했는지를 극명하게 보여주는 사건이다. 왕조국가에서 국왕과 세자 일가가 모두 와병 중인데도 신하들이 쾌유를 비는 대신 상대 당을 공격할 정도로 당쟁의 폐해가 극심했던 것이다. 세자의 진정한 위험은 홍역이 아니라 당론일 수밖에 없었다.

무슨 면목으로 황형을 뵙겠는가

영조는 화협옹주가 죽은 직후 또다시 양위 소동을 벌인다. 세자가 대리청정한 지 4년째 되던 해였다. 이번 소동은 영조가 다가오는 육순을 계기로 과거의 콤플렉스와 단절하려는 의도에서 시작한 일이었다.

재위 28년(1752) 12월 5일 송현궁松峴宮으로 거동한 영조는 대궐로 돌아가지 않겠다고 선언했다. 물러나겠다는 의미였다. 신하들은 놀랐다. 곧 영조의 육순이기 때문에 백관들이 하례를 준비하는 시점에서 나온 폭탄선언이었다. 영조가 송현궁에 도착했을 때는 어두운 밤이었는데 설상가상으로 비 섞인 눈까지 휘날리고 있었다. 예조 판서 원경하가 사모를 벗고 머리를 땅에 찧으며 어가를 돌리자고 주청했다. 그러나 영조의 대답은 추운 겨울 날씨보다 싸늘했다.

"경이 비록 백 번 머리를 깨뜨리더라도 돌아보지 않을 것이다."

영조가 양위를 선언하자 가장 다급해진 인물은 홍역을 앓고 있던 세자였다. 세자는 병색이 채 가시지 않은 몸으로 홍역과 상극인 눈비를 맞으며 작은 가마를 타고 급히 송현궁으로 향했다. 승지가 영조에게 세자가 달려온다고 전하자 영조는 '너무 지나치다'고 말했다..

또다시 인원왕후 김씨가 나설 수밖에 없었다. 결국 영조는 돌아오라는 대비의 봉서를 받고서야 대궐로 돌아왔다. 세자와 백관은 가슴을 쓸어내렸으나 이것은 시작에 불과했다. 며칠 후 영조는 선화문宣化門에 나갔다. 그해는 유달리 눈이 많이 내렸는데 이날 역시 눈비가 섞여 내렸다. 그런데 영조는 청포靑袍 차림이었다. 임금의 옷은 홍포紅袍이지 청포가 아니다. 이는 곧 임금 노릇을 하지 않겠다는 표시였다.

"대소 공무를 모두 동궁에게 들여보내라. 이 옷을 벗은 뒤라야 이 마음이 드러날 것이다. 태조와 세종께서도 이미 행하셨다."

다급해진 예조 판서 원경하가 수를 냈다. 경종이 지은 시를 암송한 것이다.

"곽공郭公처럼 길이길이 다복하게 살지어다."

곽공은 중국 당나라 사람이었는데 나라에 공을 세워 후한 녹을 받은 데다 기억하지 못할 정도로 자손이 많았다 하여 다복한 사람의 대명사로 일컬어지던 인물이다.

이 시를 들은 영조는 갑자기 책상 위에 엎드려 곡을 했다.

"이 어제시御製詩는 내가 연잉군이던 시절 황형께서 주신 것이다. 내가 그냥 연잉군으로 있었다면 오늘날 어찌 이런 아픔이 있겠는가? 이 옷을 벗지 않는다면 무슨 얼굴로 지하에 돌아가 황형을 뵙겠는가?"

김상로가 나섰다.

"눈보라치는 혹독한 추위 때문에 반드시 몸에 손상이 올 것인데 이게 무슨 일이란 말입니까?"

"지금은 평소 마음먹은 바를 이룩할 때이다."

평소 물러나려고 마음먹고 있었다는 뜻이다. 세자가 가만히 있을 수 없었다. 세자가 눈비 속을 달려와 엎드려 빌었다.

"전교를 회수해주소서."

"너는 지금 내 마음을 모르고 있다. 태조께서는 정종께 선위하였고 세종께서도 이미 문종께 거행하신 전례가 있다. 그러므로 네가 아비의 마음을 평안하게 하려면 내가 이 옷을 입도록 허용해야 할 것이다. 내가 오늘 청포를 입은 것은 나름의 의도가 있는 것이다."

김상로가 말했다.

"신들은 돌아볼 것조차 없지만, 어찌 원량을 생각하지 않으신단 말입니까?"

"내가 원량을 사랑하지 않을지언정 차마 선조께 불효할 수는 없다. 경들은 나로 하여금 지하로 돌아가 황형을 뵐 체면이 있게 해야 할 것이다. 경종께서 대리청정을 명하실 때 대소 공무를 모두 나에게 들여보냈는데 이 때문에 이루 헤아릴 수 없는 흉악한 말을 들었다. 지금 이렇게 하지 않는다면 어떻게 나의 괴로운 마음을 펼 수 있겠는가?"

경종 때 대리청정을 주청한 것 때문에 역적으로 몰렸으니 지금 세자에게 양위해 자신은 원래 왕위에 뜻이 없었음을 밝히겠다는 것이었다. 영조의 변명은 계속 이어졌다.

"태조나 세종 때는 대리청정이 그리 큰 문제가 아니었는데 지금은 꺼리는 바가 되었다. 노론은 황형 때 이 때문에 화를 입었기 때문에 겁을 먹어 뜻을 받들지 않고, 소론은 이 때 대리청정을 죄로 삼았기 때문에 뜻을 받들지 않고 있다. 노론이니 소론이니 하는 것이 나와 무슨 관계가 있기에 한 쪽은 무함誣陷이라 하고 다른 한 쪽은 무함이 아니라고 하니 내가 어찌 견딜 수 있겠는가?"

경종 때 대리청정은 죄가 아니라는 자기변명이었다.

"야사에서는 어떻게 썼는지 모르겠지만 어찌 통분하지 않을 수 있겠는가?"

야사에 자신을 경종을 독살한 역적으로 기술했을 것을 우려하는 말이었다. 대신들은 이 소동이 끝나려면 대비가 다시 등장해야 함을 알았다. 대비는 이런 역할이 싫지 않았다. 자신이 대궐의 가장 웃어른임을 입증하는 기회였기 때문이다. 대비는 한글 교서를 내렸다.

"내 친히 희정당熙政堂으로 나가 마음을 돌리라고 권하려 한다. 주상의 효성으로 어찌 따르지 않겠는가?"

대비는 희정당에 나가 승전색承傳色(왕명을 전하는 내시)을 시켜 구두로 전교했다.

"주상은 무슨 연고로 그리 찬 곳에 앉아 있는가? 즉시 올라오는 게 어떠하겠소?"

"자전께서 추운 궁전에 나오시도록 한 것 역시 신의 불초한 죄이지만 마음이 몹시 울적하고 답답하여 감히 명을 따르지 못하겠습니다."

"주상에게 들어볼 말이 있으니 잠시 들어왔으면 하오."

영조는 들어갔다가 몇 마디 나눈 후 나와서 다시 엎드렸다.

"이처럼 찬 곳에 앉아 있으려면 애당초 왜 뜻을 받들겠다고 답했소. 빨리 올라오시는 게 어떻겠소?"

"마음이 몹시 답답하니 소신小臣의 마음을 굽어 살피도록 헤아려주시기를 천만 번 바랍니다."

이런 실랑이 끝에 영조는 다시 대비의 명을 따라 대소 공무를 동궁에게 들이라던 전교를 거두게 되었다.

"30년 동안 고심해오던 일을 지금 또 이루지 못했으니, 마음이 슬프고 아플 뿐입니다."

그러나 영조는 전교를 거두고도 다시 억지를 부렸다.

"조선은 '임금 군君' 자 하나만으로 족하다. 나는 지금 태상왕太上王이 되었다."

김상로가 말했다.

"이렇게 하시면 대비의 뜻을 받든 것이 무슨 의의가 있습니까?"

"자전의 뜻을 받든 것은 '임금 군' 자 하나뿐이다."

영조는 다음 날 약방을 소견하면서 또다시 억지를 부렸다.

"내가 어제 좋은 기회를 놓치고 말았다. 옛날 한세량韓世良이, '하늘에는 두 해가 없고 나라에는 두 임금이 있을 수 없다'고 말했는데 대리를 어찌 왕이라 하겠는가? 왕위를 물려준 뒤에는 한 대궐에 두 임금이 있을 수 없으니 내가 마땅히 밖으로 나가 거처해야 할 것이다."

영조는 모든 공무를 동궁에게 내려 보냈다. 일종의 파업인 셈이었다. 박문수가 영조에게 따졌다.

"그 명을 받들 수 없다는 것을 훤히 알고 계시면서도, 일부러 이러한 하교를 내리시는 이유가 무엇입니까?"

영조가 화를 냈다.

"박문수가 어찌 감히 임금을 견제한단 말인가?"

그러면서 영조는 자신이 왕세제로 책봉되었을 때 이를 사양했던 상소를 가져와 읽게 했다. 물론 의례적인 내용의 상소였다. 이러는 사이 밤 3경三更(밤 11시~새벽 1시)에 이르렀다.

이때 사도세자의 태도가 특이했다. 세자는 팔짱을 끼고 영조 앞에 서 있었던 것이다. 영조가 이를 보고 손을 휘저으며 가라고 말했다.

"너는 무엇하러 나왔는가?"

자신이 양위하면 왕위를 물려받을 세자에게 무엇하러 왔느냐고 묻는 데서, 영조의 행위가 계산된 것임이 명백히 드러난다. 이어서 영조는 세자에게 말했다.

"내가 시를 한 편 읽을 것인데 네가 눈물을 흘리면 효성이 있는 것이므로 전교를 환수하겠다."

이때 영조가 읽은 시는 『시전詩傳』의 「육아蓼莪」 편으로 효자가 부모 봉양을 제대로 하지 못함을 슬퍼하는 내용이다. 그 시 끝 편에 이르자 세자가 엎드려 눈물을 흘렸다.

이종성이 나섰다.

"동궁의 효성이 지극하였으니 환수하겠다는 명을 식언食言하시면 안 됩니다."

영조가 세자에게 말했다.

"너의 도리는 들어가라는 명을 들었으면 들어가면 그만이다. 무엇 하러 오래 앉아 있는가?"

세자가 안으로 들어가자 여러 신하들이 명을 환수해달라고 요청했다. 영조는 골똘히 생각하다가 말했다.

"어렵도다. 어려워."

영조는 안으로 들어갔다가 다시 나와 말했다.

"동궁이 들어간 줄로 알았는데 아직까지 물러가지 않고 기둥 뒤에 있으면서 내가 들어가기만을 기다리고 있다. 그러니 여러 신하들은 잠시 물러나 나를 괴롭히지 말라."

이종성이 말했다.

"신들은 비록 죽을지라도 전교를 거두시지 않으면 물러나지 못하겠습니다."

"그렇다면 선조先祖 때 대신이 이런 전교를 받들어 따른 것도 모두 잘못이란 말인가?"

바로 이 점이 영조와 소론 영수 이종성의 딜레마였다. 즉 태조나 세종 때 이런 명을 받든 것이 올바르다고 한다면 연잉군의 세제 대리청정도 옳은 것이 되니 경종 때 연잉군과 노론을 공격한 소론으로서는 잘못을 인정하는 셈이 되는 것이었다. 소론 영수 이종성으로서는 영조의 명을 받들 수 없었다. 반면 영조는 예전에 이런 명을 따른 것이 올바른 것이라면 경종 때 대리청정도 올바른 것이 되지만, 이 경우에는 정말 왕위를 물러나야 했으므로 딜레마에 빠질 수밖에 없는 것이다.

이종성이 대답했다.

"이런 전교를 받들어 따른 것은 정말 잘못된 것이었습니다."

영조가 큰소리로 말했다.

"이는 선조께서 하신 일을 불만스럽게 여기는 것이다."

영조와 소론 사이에 최대공약수는 있을 수 없었다.

다음 날 영조는 한발 더 나아갔다. 12월 15일 영조는 어머니 숙빈 최씨의 묘인 육상궁毓祥宮에 전배展拜한 후 도승지 유복명柳復明에게 양위하겠다는 전교를 내렸다. 유복명은 꿇어앉아 이를 읽은 후 통곡했다.

"이게 무슨 일입니까? 신들은 죽음이 있을 뿐입니다."

영조는 어가를 호위하는 군사들에게 말했다.

"내가 그동안 너희들에게 덕을 입힌 일도 없는데 오늘 영원히 작별하게 되었다."

신하들과 군사들이 울자 영조도 울었다.

"내가 지금 물러나려는 뜻을 이루었으니 통쾌하다만, 선왕(경종) 때의 일을 추억해보니 자연히 감회가 깊구나."

도승지로부터 이 소식을 들은 세자는 허둥대며 호위도 갖추지 못한 채 작은 가마를 타고 부어교鮒魚橋 앞에 이르러 승지에게 말했다.

"내 지금 대죄하고 있으므로 의장儀仗을 설치해서는 안 되니 모두 치우도록 하라."

세자는 가마에서 내려 창의궁彰義宮으로 가 대죄하며 상소를 올렸다.

"삼가 너무도 불초한 신은 대리하라는 명을 받든 후 주야로 걱정하고 두려워했습니다. 그런데 이제 꿈속에서도 상상할 수 없는 하교를

 **육상궁** 영조의 생모인 숙빈 최씨의 사당이다. 영조는 숙의 문씨의 오빠 문성국을 이곳 육상궁의 별감으로 특채했다. 서울시 종로구 소재.

받고 나니 가슴이 덜컥 내려앉아 마치 깊은 연못에 떨어진 것처럼 어찌할 바를 모르겠습니다. 잠시라도 차마 물러갈 수 있겠습니까? 감히 만 번 죽음을 무릅쓰고 문밖에 거적자리를 깔아놓고 엎드려 성상의 마음을 번거롭게 하고 있으니, 신은 더욱 죽을죄를 지었습니다. 삼가 원하건대 성상께서는 정원(승정원)에 내린 하교를 빨리 거두소서."

그러나 영조는 물러서지 않았다. 지루한 줄다리기가 계속되었다.

이틀 후인 12월 17일 왕세자는 다시 합문 밖에 나와 대명했다. 영조가 하교했다.

"동궁이 나왔다는 말을 듣고 지금 차가운 뜰로 나와 앉았는데, 그가 들어갔다는 말을 들은 뒤에야 전殿으로 올라가겠다. 이 뜻을 전하라."

세자가 들어가야 전으로 올라갈 것이니 빨리 돌아가란 말이었다.

세자 또한 진퇴양난이었다. 물러날 수도 나아갈 수도 없었다. 세자가 물러나지 않자 영조가 말했다.

"비록 자전께서 친히 나오시더라도 따르기 어려운 형편인데, 너야 말할 것이 있겠는가? 너는 따뜻한 온돌방에 잘 있으면서 나로 하여금 차가운 곳에 있게 하니 자식의 도리가 이렇단 말인가? 빨리 가라고 전유하라."

영조의 말과는 달리 세자는 따뜻한 온돌방이 아니라 눈비가 휘날리는 혹독한 추위 속에서 차가운 바닥에 거적을 깔고 대죄하고 있었다. 홍역이 채 가시지 않은 세자의 몸 위로 눈이 쌓여 몸과 땅을 분간할 수 없는 지경이 되었다. 무려 일곱 번이나 이런 실랑이가 계속된 후 세자가 말했다.

"매번 이렇게 말씀하시니 다시 아뢸 말씀이 없습니다. 할 수 없이 문을 밀치고 곧바로 들어가야 하겠습니다."

영조는 세자가 문을 밀치고 들어간 다음 날에야 하교를 거두었다. 살을 에는 듯한 추위 속에서 무려 13일을 버틴 후였다.

"자전의 망극한 분부 때문에 할 수 없이 받들어 따랐다. 아! 이 사람은 왜 이렇단 말인가? 앞으로 내 뜻을 이루지 못하고 돌아가게 되었다. 훗날 무슨 얼굴로 돌아갈 것이며 무슨 면목으로 황형을 뵙겠는가? 생각이 여기에 이르니 나도 모르게 목 놓아 서럽게 운다. 아! 금년의 일은 옛날과 비할 바가 아니다. 이것은 정말 다시 즉위한 것과 다름없다. 임금의 거처를 모호하게 할 수 없기 때문에 특별히 내 마음을 털어 유시하노라."

그랬다. 영조의 속마음은 물러나는 데 있는 것이 아니라 다시 즉위하는 데 있었다. 「임인옥안」에 역적의 수괴로 올라 있는 노론 임금 연잉군으로서가 아니라, 노론과 소론을 막론한 전 조선의 임금으로 다시 즉위하고자 한 것이다.

  하지만 한 번 흘러간 과거는 제왕이라 해도 다시 돌이킬 수 없는 것이었다. 영조의 과거 되돌리기 정치에 세자와 대신들만 거듭 상처를 입고 있었다.

5부

정적政敵

『영조실록』 38년 윤5월 16일
(사도세자가 뒤주에 갇힌 지 사흘이 지난 날)

"아! 비록 만고에 없는 일을 만났지만 지금은 내가
그 보좌에 나갔으니 조선을 중흥해야 하는데
오늘 대신臺도(3사의 신하들)이 어찌 감히
정사에 복귀하는 처음에 연달아 아뢰는가?"

『영조실록』 38년 윤5월 17일
(사도세자가 뒤주에 갇힌 지 나흘이 지난 날)

임금이 태복시에 나아가 죄인 엄홍복을 친국하였다.
이때 엄홍복이 조재호가 한 불령한 말을 듣고서
이미에게 전했고 이미가 홍봉한에게 전했는데,
홍봉한이 임금에게 아뢰어 친국이 있게 된 것이다.
임금이 판부사 조재호와 응교 이미를
모두 삭직削職하라고 명하였다.

만약 다른 왕자가 있다면

영조가 양위하겠다며 소동을 벌일 무렵인 영조 29년(1753) 봄, 건극당建極堂 아래 고서헌古書軒에서 한 여인의 배가 불러오고 있었다. 건극당은 영조가 어렸을 때 거처했던 곳이자 영조의 맏아들인 효장세자 부부의 거처였다. 효장세자가 세상을 뜬 후에는 과부가 된 현빈 조씨가 홀로 기거하고 있던 곳이다.

영조 27년(1751) 11월 현빈이 죽자 예조에서는 소공복小功服(5개월복)을 입어야 한다고 주청했고 김재로는 대공복大功服(9개월복)을 입어야 한다고 주장했다. 되도록 현빈을 후히 장사 지내고 싶었던 영조는 김재로의 대공설에 따라 장례를 치렀다. 영조는 현빈의 장례를 친히 주관할 정도로 그녀의 죽음을 애도했다.

그런데 이 과정에서 전혀 뜻하지 않은 일이 발생한다. 예순을 앞둔 영조에게 연정이 생긴 것이다. 영조가 살아 있을 때는 숙의 문씨라 불리다가, 영조가 죽은 후에는 문녀文女라는 증오의 대명사로 일컬어진 여인이 연정의 대상이었다.

영조는 현빈의 장례를 치르면서 현빈궁 소속 나인인 문씨를 눈여겨 보았다가, 장례 후 가까이했다. 마누라가 고우면 처갓집 말뚝에다 절을 한다는 속담대로 영조는 천민 출신인 문씨의 오라버니 문성국文聖國을 별감別監으로 제수하는 파격적 은혜를 베풀었다. 문씨 남매는 지존至尊의 총애를 받게 되자 그만 이성을 잃었고, 문씨의 배가 불러오자 바라봐서는 안 될 자리를 넘봤다. 문씨 생각에 세자의 생모 영빈 이씨와 자신은 다를 것이 없었다. 영빈이나 자신이나 천인 출신이긴 마찬가지라고 생각한 것이다.

'왕자만 생산한다면…….'

왕자만 생산할 수 있다면 국본이 바뀔 수도 있다고 생각했다. 권력에 눈이 멀자 장희빈의 비극적 종말은 보이지도 않았다.

'따지고 보면 금상(영조)도 무수리 출신인 최씨 소생이 아닌가?'

문씨가 이런 생각을 품게 된 것은 세자를 둘러싼 당론 때문이기도 했다. 문씨의 배가 점점 불러오면서 노론은 문씨가 거처하는 고서헌을 주목했다.

노론은 세자가 소론과 친한 것에 불만을 갖고 있었다. 이제 스물을 눈앞에 둔 세자는 확연히 소론 쪽으로 기울고 있었다. 혜경궁이 주장했듯이 어릴 때 경종 부부를 모셨던 궁녀들과 함께 지낸 때문인지는 알 수 없지만, 세자는 조현명, 이종성 등 소론 탕평계 인사들과는 뜻이 잘 맞은 반면 집권당인 노론과는 그다지 원만한 관계를 유지하지 못했다. 그러나 노론은 이른바 '삼종의 혈맥', 아니 영조까지 포함해 '사종의 혈맥'은 사도세자밖에 없었기에 달리 방도를 내지 못하고 있던 터였다.

'만약 다른 왕자가 태어난다면…….'

그렇다면 노론은 영조의 후사와 관련해 다른 정치 일정을 짤 수도 있었다. 이는 영조의 후계 구도가 무無에서 다시 시작할 수도 있음을 뜻하는 것이었다. 장안 사대부와 여항의 인심이 술렁거렸다.

"문씨가 딸을 낳는다면, 문씨 남매는 남의 아들이라도 가져다 아들을 낳았다고 속일 것이다."

이런 흉흉한 말들이 떠돌아다녔다.

영조의 총애가 문씨에게로 쏠리자 세자도 다급해졌다. 더구나 소론 탕평파 영수인 영의정 이종성마저 노론의 탄핵을 받아 도성 밖으로 쫓겨난 형편이었다. 그러나 이종성은 향리로 돌아가지 않았다. 대궐, 그중에서도 문씨가 기거하는 고서헌을 중심으로 한 정국의 풍향이 그의 낙향을 막았던 것이다. 영조 29년 3월, 문씨의 진통이 시작되자 장안의 민심은 더욱 뒤숭숭해졌다.

위기감에 쌓인 이종성은, '세자 저하를 호위해야 한다'며 만약의 사태에 내비했다. 이종성은 또한 이런 말도 했다.

"우리 집안은 대대로 나라의 은혜를 받은 만큼, 시속 사람들이 내쫓으려 한다는 이유로 나의 평소 뜻을 움직일 수 없다. 설사 주먹질과 발길질을 번갈아 퍼붓더라도 오직 앞으로 나아갈 뿐 물러설 수는 없다. 한 번 죽으면 그만일 따름이다."

이종성이 이런 말을 해야 할 만큼 상황은 심각했다. 소론은 숙종 43년(1717) 정유독대의 망령을 떠올렸다. 그때처럼 세자는 고립되어 있었다. 그때 숙종은 세자를 두고도 이이명에게 연잉군을 부탁했다. 그것이 경종 비극의 시작이었고 현재 벌어지려는 비극의 뿌리인 셈이었다.

드디어 고서헌에서 울음소리가 터져 나왔다. 온 조정의 관심이 아이의 성별에 모아졌다.

"옹주 아기씨이옵니다."

노론은 탄식한 반면 소론은 안도의 한숨을 내쉬었다. 한고비는 넘긴 셈이었다. 서울에 머무르면서 만약의 사태에 대비하던 이종성이 말했다.

"다행히 옹주가 태어났다는 얘기를 들었으니, 이제 귀향할 결심을 할 수 있게 되었다."

영의정 이종성은 영조 29년 3월 7일 글을 올리고 고향으로 돌아갔다.

세자는 문씨가 옹주를 낳았다는 소식을 듣고 이렇게 말했다.

"사람들이 문씨에 대해 제아무리 이러쿵저러쿵하더라도 나는 결코 그런 일이 없다고 장담한다. 설사 그런 일이 있다고 하더라도 일월처럼 밝으신 대조(영조)께서 어찌 준엄한 꾸지람을 내리지 않겠는가? 단지 뭇 신하들이 어쩔 줄 몰라 염려했는데 상신相臣(이종성) 덕분에 진정시킬 수 있었다."

그러나 일월 같은 대조는 과거사에 발목이 잡혀 있었다. 영조는 당론을 조제하며 탕평책을 추진하기 위해 무한한 인내심을 발휘해왔다. 인내에 인내를 거듭하며 당론을 조절한 덕택에, 영조 대에는 숙종·경종 때처럼 당파 간에 죽고 죽이는 살육전은 재연되지 않았다. 영조는 여기에 무한한 자부심을 갖고 있었다. 그러나 영조의 탕평책은 사실상 노론의 자리에서 소론 온건파를 포용한 부분적 탕평이었다. 이런 부분적 탕평을 추진하는 데도 영조에게는 지대한 인내가 필요했다. 영조는 경종 독살설이란 악몽이 떠오를 때마다 소론에 대한 증오가 치밀어 올랐다. 그럴 때마다 극도의 자제력으로 인내했다. 그러나 그 인내에 종지부를 찍을 어두운 그림자가 다가오고 있었다. 그 그림자는 영조뿐 아니라 세자의 앞날에도 짙은 어둠을 드리는 것이었다.

나주 벽서 사건의 파문

문씨가 옹주를 낳자 한숨 돌린 세자는 이해(영조 29년) 겨울부터 사형수를 세 번 심리하는 3복三覆을 실시했다. 세자는 이해 겨울에만 열여덟 명의 사형수를 결단해 살려냈다. 세자는 이 공을 영조에게 돌리기도 했다. 우부승지 조명정趙明鼎이 세자에게 들은 말을 영조에게 전했다.

"어제 3복 때 세자께서 '오늘 대조(영조)께서 결단해 살리신 자 외에 한 사람도 의심을 품고 더 살리지 못했으므로, 대조의 살리기 좋아하시는 덕을 본받지 못한 것이 송구하다'라고 말씀하셨습니다."

이에 영조가 대답했다.

"어젯밤에 동궁에게 물어보았더니 과연 충분히 살갔더라."

혜빈 홍씨는 세자가 정사를 처리하다가 영조에게 물으면, "그만한 일도 결단하지 못하고 나를 번거롭게 하니 대리청정시킨 보람이 없다"고 꾸중했다고 적고 있다. 그러다 세자가 아뢰지 않으면, "그런 일을 알리지 않고 왜 혼자 결정하느냐?"라고 꾸중했다고 썼다. 하지만 이 또한 혜경궁 홍씨의 창작일 뿐이다. 영조나 세자나 자신의 역할을 모를 정도의 범재들은 아니었다. 세자는 대리청정이 말 그대로 국왕 '대리'에 지나지 않는다는 사실을 잘 알고 있었고, 영조는 세자의 이런 처신이 만족스러웠다.

그러나 영조는 만족에서 끝나지 않고 세자가 계속 성장하는지 여부에 끝없는 관심을 가졌다. 영조는 가끔 세자를 불러 학문이 어느 정도 진전되었는지 확인했다. 영조 30년(1754) 세자가 서연에서 『논어』를 강독하자, 영조는 세자를 불러 『논어』를 외워보라고 명했다. 세자가 낭랑한 목소리로 다 암송하자 영조가 물었다.

"자로子路가 해어진 솜옷을 입고도 담비 가죽 옷을 입은 자와 함께 있는 것을 부끄러워하지 않은 까닭은 무엇인가?"

"자로는 재물이 아니라 도道를 즐겼기 때문에 해어진 옷을 부끄러워하지 않은 것입니다."

"그때는 조악한 음식을 먹을 때였는가 후한 녹祿을 먹을 때였는가?"

"조악한 음식을 먹을 때나 후한 녹을 먹을 때나 그 마음은 같았습니다."

영조가 다시 물었다.

"송나라 효종은 어진 임금이고, 장준張浚 또한 어진 신하인데 다시 떨치지 못한 것은 무슨 까닭인가?"

"위의 임금과 아래의 신하, 위아래가 그 마음을 같이하지 못했기 때문입니다."

"위아래가 한마음이 되려면 어떻게 해야 되겠는가?"

세자가 대답했다.

"일마다 공정하면 한마음이 될 수 있을 것입니다."

이 대답에 영조가 기뻐하며 칭찬했다. 세자 나이 스무 살 때 일이다.

영조는 한밤에 세자를 입시케 해 학문을 물어보기도 했다. 영조 30년(1754) 5월 입직入直하는 옥당 관원을 불러 『소학』「입교立教」편을 강독하게 한 후 세자에게 물었다.

"『소학』의 근본이 무엇인가?"

"경敬입니다."

"무엇을 경이라 하는가?"

"본심本心을 지켜 방심하지 않는 것을 뜻합니다."

영조가 웃으며 말했다.

"과연 괄목刮目할 상대相對로다."

그랬다. 세자는 보이지 않는 데서도 본마음을 지켜 방심하지 않고 꾸준히 노력하는 인물이었다. 그래서 다시 만날 때는 사람들로 하여금 눈을 크게 뜨고 보게 만들었다.

영조는 세자의 이런 자질에 만족했으며 세자가 경을 숭상하면서 공정한 마음으로 나라를 다스리기를 바랐다. 영조는 자신이 탕평책을 추진하는 것이 공정한 마음의 표본이라고 생각했다. 영조는 자신을 경종 때의 피화자被禍者라는 관점에서 당파를 바라보았다. 그래서 영조는 소론을 계속 등용한 것에 대해 큰 의미를 부여했다. 그러나 영조가 등용한 세력은 경종 때 소론 강경파에 맞서 자신을 도왔던 세력뿐이었다. 경종 때 노론의 행위는 객관적인 역逆이었다. 그렇다면 그 역을 성토한 소론 강경파의 행위는 객관적인 충忠이었다. 하지만 영조는 성공한 쿠데타라면 과거까지도 옳다는 관점에서 경종 시대를 바라보았다. 그러니 소론 강경파와는 화해할 수 없었다. 소론 강경파에게 경종 때 충의 행위를 이제 임금이 된 자신에게 발휘해달라고 그들을 등용하는 것이야말로 진정한 화해였다. 그러나 영조는 그럴 마음이 없었다. 영조와 소론 강경파는 어떤 계기만 발생하면 언제든지 충돌 가능성이 있었다.

이렇게 양자가 계속 긴장관계에 있던 영조 30년(1754) 6월 세자는 대신에게 이잠李潛의 일을 물어본다. 이것은 중대한 의미가 있었다. 이잠은 성호 이익李瀷의 둘째 형으로서 숙종 32년(1706) '서인들이 동궁(경종)을 모해하려 한다'는 상소를 올렸다가 혹독한 형신刑訊 끝에 죽은 인물이었다. 경종 때 소론에서 편찬한『숙종실록 보궐정오』는 이잠이 "이 상소를 올려 스스로 춘궁春宮(경종)을 위하여 죽는다는 뜻에 붙였는데, 그 어머니가 힘껏 말렸으나 그만두지 않고, 드디어 극형을 받았다"라고 기록하고 있다.『경종실록』은 "(이잠이) 일찍이 선조先朝(숙종) 때 상소를 올려 군흉群凶이 전하殿下(경종)를 모해하려는 정상을 진달했는데 심지어 좌우左右에서 칼날을 들이대고 있다는 말을 하기까지 했습니다"라고 전하면서 "오늘날 백망白望의 칼이 나오고 보니 이잠의 말이 부절을 맞춘 것과 같습니다"라고 기록하고 있다. 백망은 임인옥사 때 칼로 경종을 살해하려 했다는 혐의를 받고 사형당한 인물이었다.

'노론에서 경종에게 칼날을 들이대고 있다'고 주장했던 이잠에 대해서 세자가 물었다는 것 자체가 노론으로서는 경악할 일이었다. 세자의 질문에 영의정 이천보李天輔가 답했다.

"이잠의 흉악한 상소는 참으로 신축년(경종 원년), 임인년(경종 2년)과 무신년(영조 4년)에 있었던 일의 장본張本입니다. 숙묘肅廟(숙종)께서 진노하여 친국하셨는데, 그 뒤에 조태구趙泰耈가 아뢰어 장령을 추증追贈하기에 이르렀으니, 이것은 이잠과 같은 마음인 것입니다."

신축년은 김일경의 상소로 소론이 정권을 잡은 것을 뜻하고, 임인년은 목호룡의 옥사로 발생한 사건을 뜻하고, 무신년은 경종 독살에 복수하겠다면서 일어난 이인좌의 난을 뜻하는 것이었다. 그 뒤 소론

나주 금성관 영조 31년(1755), 이곳의 대문에 걸린 '흉서'로 영조의 탕평책에 사실상의 종지부를 찍게 되는 나주 벽서 사건이 시작되었다. 전라남도 나주시 소재.

영수 조태구가 경종에게 아뢰어 사형당한 이잠에게 사헌부 장령을 내리게 한 것은 이잠과 같은 마음이라는 비난이었다. 세자는 분명 경종 때의 행위에 대해 나름의 관점을 갖고 있었다. 이잠을 역적으로 보는 노론의 관점과는 다른 것이었다. 세자가 이런 관점을 갖는 것은 위험한 일이었다. 설상가상으로 이듬해인 영조 31년(1755) 2월 나주 벽서 사건이 발생한다. 이 사건은 영조의 탕평책에 사실상 종말을 가져왔을 뿐만 아니라, 부자父子 사이도 결정적으로 갈라지게 만든다.

영조 31년(1755) 2월 4일 전라 감사 조운규趙雲逵가 올린 급한 장계 한 장으로 나주 벽서 사건의 막이 올랐다.

"나주 객사客舍에 이런 흉서가 내 걸렸습니다."

흉서는 '간신이 조정에 가득해 백성들의 삶이 도탄에 빠졌다'는 내용이었다. 조정이 발칵 뒤집혔다. 2백여 년 전인 명종 2년(1547)에 발생했던 '양재역 벽서 사건'의 재판再版이었다. 양재역 벽서 사건은 '위로는 여왕, 아래로는 간신 이기李芑가 권세를 잡고 있으니 곧 나라가 망할 것이다'라는 내용으로 나주 벽서와 비슷했다.

영조는 좌의정 김상로, 우참찬 홍봉한, 형조 참판 이성중李成中 등을 불러 장계를 보여주며 웃으며 말했다.

"이들은 황건적과 같은 무리들인데, 틀림없이 무신년(이인좌의 난)의 잔당들이다. 당시 최규서崔圭瑞가 고변했을 때도 나는 동요하지 않았다."

영조는 성격 변화가 심한 임금이었다. 작은 일에도 쉽게 화내며 눈물 흘리는 영조가 자신의 치세 전체를 부정하는 벽서에 동요하지 않았을 리는 만무했다. 이는 영조의 심적 동요가 웃음으로 위장해야 할 만큼 크다는 반증일 뿐이었다.

영조는 좌포도대장 구선행具善行과 우포도대장 이장오李章吾에게 흉서의 필적을 보여주며 말했다.

"기한을 정해 반드시 범인을 체포하라."

이런 종류의 범인을 체포하는 것이 그다지 어려운 일은 아니었다. 조정에 불만을 품고 글로 비방할 정도라면 범인은 양반 사대부 출신일 수밖에 없었다. 나주가 대읍이긴 했지만 양반 사대부 숫자는 많아야 1퍼센트 이내였으니 그중에서 조정에 불만을 품은 사대부를 찾는 게 그다지 어려울 것은 없었다.

과연 사건 발생 1주일 만에 범인이 체포되었다. 윤취상尹就商의 아들 윤지尹志라는 인물이었다. 윤취상은 경종 때 한성 판윤, 훈련대장을 역임하면서 김일경, 박필몽朴弼夢 등과 함께 노론 제거에 앞장섰던 소론 강경파였다. 그는 또한 영조 1년(1725) 노론이 김일경, 심단沈檀

등과 함께 4적으로 몰아 네 차례나 고문을 했으나 끝내 자복하지 않고 장하杖下의 귀신이 된 인물이었다. 소론 강경파가 주도한 영조 4년의 이인좌의 난이 26년 만에 다시 재연된 것이었다.

윤지는 이인좌의 난 때 제주도로 유배되었다가 나주로 옮겨져 30년 동안이나 풀려나지 못하고 있었다. 영조의 탕평책을 허위라고 여길 만큼 긴 세월이었다. 윤지는 체포되어 서울로 압송되었다. 영조는 동룡문銅龍門에 나가 윤지를 친국하며 사주한 자를 실토하라고 말했다. 피바람의 전조였다.

윤지는 자복하지 않았다. 하지만 자백하지 않는다 해서 넘어갈 사안이 아니었다. 그의 자백이 아니더라도 증거는 많았기 때문이다. 윤지의 종 개봉介奉의 상전上典 첩남妾男인 독동禿同이 벽서를 붙였다고 자백했다.

"윤지가 그이 중 개봉을 시켜 신을 부르기에 새벽에 갔더니, 등불을 밝혀놓고서 저에게 흉서를 붙이도록 시켰습니다. 신이 방榜을 나주 객사 대문에다 붙였는데, 크기는 종이 3분의 1쯤 되었고 너비는 제법 넓었으며, 세 줄이었고 글자 크기는 엽전보다는 작고 바둑알보다는 컸습니다. 당시 이효식, 이제춘, 이정하 등도 함께 있었습니다."

자백은 구체적이었다. 독동은 또 윤지가 자신에게 이렇게 말했다고 자백했다.

"오랫동안 귀양지에 있었으므로 귀양에서 풀려나려고 하는 일인데, 이는 매우 중대한 일이므로 반드시 죽을 각오를 해야 할 일이니 말이 누설되지 않도록 하라. 일이 발각되면 내가 죽을 것이고 네게 미루거나 핑계대지 않을 것이다."

그런데 이 사건에 연루되어 국문당한 이하징李夏徵이 영조에게 정면으로 반발하고 나섰다.

"신은 김일경의 상소가 있은 후에야 비로소 신하의 절개가 있다고 여겼습니다."

이하징은 다름 아닌 현직 나주 목사란 데에 문제의 심각성이 있었다. 나주 목사가 노론 4대신을 4흉으로 몰고 세제 연잉군(영조)을 역적의 수괴로 몬 김일경을 '신하의 절개가 있는 인물'이라고 항변하는 것이었다. 이는 곧 자신의 임금은 영조가 아니라 경종이라는 뜻이었다. 다른 인물들은 대부분 윤지와의 관계를 부인하거나 축소하기에 급급했는데, 이하징은 스스로 윤지의 가까운 친구라고 하면서 심지어 꿈에 윤지의 아버지 윤취상을 배알했다고까지 말했다. 이처럼 영조를 전면에서 부인한 이하징은 그 자신뿐 아니라 가족까지 모두 연좌되었다. 주모자인 윤지는 물론이고 그 아들 윤광철尹光哲과 윤희철尹希哲도 모두 사지四肢가 잘렸다.

이 사건으로 영조는 거의 이성을 잃은 듯했다. 친국을 당하던 임국훈林國薰은 이런 말도 했다.

"윤지의 아들 윤광철이 일찍이 한 절구絶句를 제게 전해주었는데 그 내용은, '철마가 서쪽에서 한강가로 왔다[鐵馬西來漢水濱]'는 것이었습니다. 그는 이 시가 바로 당저當宁(영조)께서 꿈속에서 숙종에게 바친 시라고 말했습니다."

자신이 지었다는 시까지 거론되자 영조는 분노했다. 『영조실록』은 임금의 마음이 너무나 아파 자리에 앉아 있을 수 없었다고 기록하고 있다. 철마는 군사를 뜻하므로 이는 영조가 경종을 몰아냈다는 내용이었던 것이다. 영조가 안절부절 못하자 승지 김선행金善行이 나섰다.

"이 시는 공민왕 때에 홍건적에게서 나온 시로 신도 일찍이 듣고서 외우는 시인데 무엇 때문에 그렇게 놀라십니까?"

영조에게 이 말은 구세주였다. 안색이 밝아진 영조가 말했다.

"그러한가?"

영조는 즉석에서 김선행을 도승지로 임명했다.

이 사건이 확대되는 와중에 윤상백尹尙白이 신문을 받다가 죽었는데 조사 결과 약물에 의한 것으로 드러났다. 포도청에서 이 독살 사건을 조사하고 나서면서 나주 벽서 사건은 조정 신하들에게까지 그 혐의가 확대되었다. 포도청의 조사 결과 윤상백을 독살한 자는 전 훈련대장이자 훈신인 박찬신朴纘新의 아들로 드러났다. 윤상백이 박찬신을 끌어들이려 하자 그 아들이 나졸 신상윤申尙潤을 매수해 수은으로 독살한 것이었다.

박찬신의 집을 수색하자 놀랍게도 그곳에서 붉은색의 융의戎衣(군복)가 나왔다. 붉은색 융복은 임금이 입는 것이었다. 이로 인해 박찬신은 이괄과 같은 죄목으로 몰렸다. 그러나 박찬신은 끝내 혐의를 부인했고 무수한 고문 속에서도 끝끝내 버텼다. 이에 좌의정 김상로가 나섰다.

"어째서 그의 자백을 기다리십니까? 곧바로 전지를 내려 정법하는 것이 좋겠습니다."

이는 영조가 기다리고 있던 말이었다.

"죄인 박찬신은 나라의 후한 은혜를 받았는데도 불만을 가지고 감히 역적 윤지, 윤광철과 서로 통했다. 지금 조동정趙東鼎이 물고物故(심문 도중 매 맞아 죽음)되었는데 또 박찬신이 물고된다면 정법하지 못하는 것이 되니 장차 어떻게 인심을 두렵게 하겠는가? 박찬신을 즉시 남문 밖에서 효시梟示(머리를 베어 보임)하도록 하라."

매일같이 국청 뜰에 피비린내가 진동하고 성문 밖에는 하루가 멀다 하고 죄인들의 목이 걸렸다. 얼마나 많은 인물들이 효수되었으면 노론인 영중추부사 김재로가 나서서, "지금은 군사를 일으키는 때가 아닌데 날마다 효시하는 것은 아마도 불가할 듯합니다"라고 중재할 정도였다. 그러나 국청은 달을 넘겨 계속되었고 그 만큼 수많은 관련자들이 죽어나갔다.

　영조는 분노하고 또 분노했다. 이 사건은 영조에게 30여 년 동안 심혈을 기울였던 당론 조제를 포기하게 했다. 가슴속 깊은 곳에 숨겨두었던 편당심이 그대로 드러나면서 소론 온건파까지 과녁으로 삼았다. 탕평책이 무너지고 노론 일당이 독주하는 계기를 만들었다. 소론을 지지하는 세자에게 커다란 위기였다.

부자의 갈림길

영조는 거의 이성을 상실했다. 그 자신이 직접 능지처참陵遲處斬 현장에 나가 사람으로서는 차마 눈 뜨고 볼 수 없는 장면을 주관했다. 영조는 세자도 경종 때 자신을 역적으로 몰았던 소론을 역적으로 여기기를 바랐다. 그래서 세자에게 소론에 대한 분노를 고스란히 전하려고 세자를 능지처참 현장에 직접 데리고 나가 지켜보게 했다. 세자가 보는 앞에서 능지처참당한 사람은 윤지의 아들 윤광철이었다. 영조는 보련을 타고 선인문宣仁門을 경유해 출발하면서 세자에게 따르도록 명했다.

숭례문崇禮門에 도착한 영조는 세자를 옆에 앉힌 후 백관을 자급에 따라 차례대로 세웠다. 피가 튀면서 윤광철의 머리와 다리와 팔이 찢겨 나갔고, 비명이 숭례문의 토수를 때렸다. 윤광철은 이미 사람이 아니라 아귀의 형상이었다. 사람이라면 고개를 돌리지 않을 수 없는 비참한 장면이었으나 백관들은 고개를 돌릴 수 없었다. 고개를 돌릴 경우 죄인을 동정하는 것으로 오해받을 수 있었기 때문이다.

스물한 살의 세자는 얼굴을 찌푸렸다.

'이것은 아니다.'

세자는 영조가 이성을 잃었다고 생각했다. 세자는 이 살육전의 한가운데 영조의 과거가 있고 황숙皇叔(경종)의 비극이 있다고 생각하게 되었다. 어린 시절 저승전의 궁녀들이 속삭이던 말들이 떠올랐다.

'선왕(경종)은 노론에게 독살당해 돌아가셨습니다.'

그 아련한 말들이 귓가에 맴돌았다. 생각해보면 선왕과 부왕은 이상한 사이였다. 부왕 영조가 소동을 벌일 때면 반드시 선왕이 등장했다. 영조는 가끔 뜬금없이 선왕이 자신을 지극히 사랑했음을 회고하곤 했다. 또한 자신이 황형을 극진히 공경했음을 셀 수 없이 강조했다. 전혀 맥락이 닿지 않는 때와 장소에서 부왕은 선왕을 회상하며 하염없이 눈물을 흘리기도 했다. 세자는 이런 점들이 이해되지 않았다.

'혹시……'

선왕에 대한 영조의 회고가 지겨우리만큼 반복되자, 세자는 '경종 독살설'이 사실일지도 모른다고 생각하게 되었다.

영조는 나주 벽서 사건에 대한 수사가 한창 진행되던 영조 31년(1755) 3월 5일, 신하들의 하례를 받는 자리에서 입을 열었다.

"30년 동안 고심하던 일이 이제야 비로소 성과를 보게 되었다."

영조가 겉으로는 탕평을 주장했지만 속으로는 노론 당인이었음을 스스로 자백하는 말이나 다름없었다. 영조의 하교는 계속된다.

"노론, 소론, 남인, 북인이 모두 하나로 돌아가 옛날에 충성했던 자는 편안하게 그대로 있을 것이며, 옛날에 역적 같기도 하면서 역적이 아닌 것 같았던 자도 이미 마음을 고쳐먹었을 것이니, 내가 장차 저승에서 성고聖考(숙종)와 황형을 찾아뵙고 절할 면목이 있게 되었다."

영조는 세자에게 당부의 말을 잊지 않았다.

"이 뒤의 일은 네게 달려 있으니 너는 그것을 굳게 지키며 흔들리지 말고 세도世道를 진압하도록 하라."

노론은 쾌재를 불렀다. 드디어 지난 30여 년간 별러온 소론 박멸의 기회를 잡은 것이다. 살아 있는 소론은 물론 이미 죽은 소론도 공격 대상이 되었다. 이미 죽은 윤지의 아버지 윤취상은 물론 이 사건과 관련 없는 소론 영수 조태구, 유봉휘, 이사상李師尙에게도 역률을 추가했다. 영조가 즉위하자마자 노론이 처단하고자 했던 이른바 소론 5흉 중 조태구와 유봉휘에게 드디어 역률이 추시된 것이다.

이미 죽은 사람이야 시신이 난도질당한다 해도 아픔을 모르겠지만 그 자손들이 입는 피해는 심각했다. 조상이 역률로 걸리면 자손의 임용 길은 봉쇄되기 마련이었고 때로는 연좌되어 재산을 빼앗기고 노비로 전락하기도 했다.

드디어 노론의 공세는 15년 전에 세상을 떠난 소론 온건파 영수 이광좌에게 향했다. 이광좌 역시 조태구처럼 경종 시절 위기에 몰린 세제 연잉군을 도왔던 인물이다. 청나라에 가서 세제를 바꿀 의향이 없음을 밝힌 인물이 그였다.

이광좌의 관작을 추탈하자는 노론의 이런 주장을 영조는, 단 한 번 주저하는 몸짓을 보인 후 추인했다. 영조 31년(1755) 3월 2일의 일이다. 노론의 공세는 영조 4년에 죽은 조태억에게도 행해져 그 역시 이광좌처럼 관작을 추탈당했다. 노론은 나주 벽서 사건을 소론 전체를 역적으로 모는 계기로 삼았고, 영조는 이를 추인했다.

세자는 영조와 노론의 이런 공세에 불만을 품었다. 윤지와 연결된 소론 강경파야 어쩔 수 없다고 해도, 사건과 아무 상관도 없는 소론 온건파와, 더욱이 죽은 지 수십 년이 지난 소론 온건파 영수들에게까지 역률을 추시하고 관작을 추탈하는 것은 너무 심하지 않느냐는 생각이었다.

여기가 세자와 영조의 생각이 갈리는 갈림길이었다. 영조는 나주 벽서 사건은 소론 전체를 적당賊黨으로 모는 계기로 삼았다. 영조는 세자가 이러한 자신의 판단을 한 치의 망설임 없이 따를 것이라고 믿어 의심치 않았다. 또한 그것이 세자의 효도이자 의리라고 생각했다.

하지만 세자의 생각은 달랐다. 세자는 경종 시절 노론의 세제 책봉과 대리청정은 객관적으로 볼 때 문제가 있는 행위라고 생각했다. 그것은 분명 신하가 임금을 택한 '택군'으로, 역적으로 공격받을 소지가 충분했다. 더구나 소론 온건파는 그런 와중에도 세제(영조)를 도왔다. 그러니 수십 년이 지난 지금 복수할 만큼 정당성이 있는 행위는 아니라고 본 것이다. 그간 당론 조제가 임금의 역할임을 기회 있을 때마다 훈계하던 부왕의 정치적 가르침에 비추어 봐도 지금의 이 옥사는 지나친 정치보복이었다.

세자는 영조가 '30년 동안 고심하던 일이 성과를 보았다'며 '이 뒤의 일은 세자에게 달려 있다'고 하교한 바로 다음 날, 사건 확대에 반대하는 자신의 내심을 드러냈다.

소론 영수 이태좌의 아들이자 이광좌의 조카인 판중추부사 이종성의 처리 문제였다. 이태좌도 좌의정을 거친 정승이니 이들은 이른바 부자 정승이었다. 경주가 본관인 이종성 가문은, 조문명·조현명의 풍양 조씨, 윤증尹拯의 파평 윤씨와 함께 소론 명문가였다. 나주 벽서 사건의 여파로 이광좌의 관작이 추탈되자 이종성은 스스로를 비판하며 사직의 뜻을 밝혔다. 몇 해 전 노론이 이광좌를 공격할 때 자신이 상소를 올려 이광좌를 옹호했다는 자책이었다.

"이광좌는 친척으로 따지면 상복을 입는 관계지만 의리로 따지면 사표師表와 같습니다."

당시 이종성의 상소 요지는 이광좌는 자신의 친척일 뿐 아니라 스승이라는 말이었다. 이종성의 사직상소를 세자가 만류했다.

"경卿이 나라를 위하는 정성은 성상께서 환히 알고 계실 뿐 아니라 나 또한 잘 아는 일인데 하필이면 이처럼 스스로 자책하시오."

이는 세자가 나주 벽서 사건 처리에 대해 영조와 다른 생각을 갖고 있었음을 말해주는 대목이다. 세자가 사직을 만류한 지 채 보름이 안 되어 영조가 이종성을 삭탈관작하여 문외출송門外黜送시켜 버리기 때문이다. 이종성은 물론 나주 벽서 사건과 아무런 관련이 없었다. 단지 몇 년 전 이광좌를 '사표' 운운했다는 상소 한 장이 문제의 전부였다.

세자는 숙의 문씨가 출산하려 할 때 자신을 호위해주었던 이종성이 문외출송되자 위기를 느끼기 시작했다. 그가 보기에 영조는 이성을 잃고 노론에 끌려다니고 있었다. 가만 내버려두면 소론은 강경파, 온건파 할 것 없이 다 죽을지도 몰랐다. 세자는 정치보복을 막고 소론을 보호하기 위해 고심했다.

영조 31년 3월 25일, 노론 사간 박치문朴致文이 올린 상소는 노론의 정치보복이 어디까지 갈 것인지를 잘 보여준다.

"여인으로 종이 된 자를 제외하고 남자로 종이 된 자는 대조(영조)께 아뢰어 일체 남김없이 진멸해 화근을 끊어버려야 합니다."

박치문의 상소는 나주 벽서 사건에 연좌되어 종이 된 남자들을 모두 죽여야 한다는 섬뜩한 주장이었다. 이들이 한을 품은 채 살아 있는 한 훗날 보복을 당하지 않으리란 보장이 없었기 때문이다. 세자는 박치문의 주장을 따르지 않았다. 세자는 정치보복의 광기에 휩싸인 조정에서 살육을 막아보려고 단신으로 애쓰고 있었다.

영조 31년 4월 2일 지평 홍양한洪良漢이 상소를 올려 유배형에 처해진 권두령權斗齡, 임천대林天大, 홍익원洪益源, 이광사李匡師, 조동하趙東

夏, 김윤金潤, 허계許珪 등을 모두 죽일 것을 청했을 때도 세자는 거부했다. 이들은 세자 덕에 목숨을 부지할 수 있었다. 그 다음 날에는 헌납 윤동성尹東星이 상소를 올려 민후기閔厚基를 죽여야 한다고 나섰다. 민후기가 국청에서 정신을 잃고 횡설수설한 것은 국청을 현혹시킬 계책이었다는 주장이었다. 세자가 답했다.

"모두 따르지 않겠다."

노론은 세자의 이런 조치에 불만을 가지고 집요하게 소론을 공격하고 나섰다. 그 다음 날인 4월 4일에는 지평 심곡沈縠이 조동하와 김윤은 사형시키고 기언표奇彦杓와 이양조李陽祚를 다시 국문하자고 청했다. 이때도 세자는 말했다.

"모두 따르지 않겠다."

광기의 현장에서 세자는 용기를 발휘했다. 영조가 자신을 도왔던 소론 온건파 영수에게까지 역률을 추시하고 관작을 추탈하는 상황에서 세자의 이런 처신은 위험한 것이었다. 수세에 몰린 소론은 세자를 유일한 생명줄로 여겼다.

며칠 후 지평 심곡이 박태신朴泰新과 김윤을 노적孥籍(가족도 사형시키고 재산을 몰수하는 것)하자고 청했고, 정언 정상순鄭尙淳은 박태정朴台延을 잡아오던 도사를 잡아다 국문하자고 청했다. 연일 죽이고 국문하자는 청이었다. 이들의 주청에 세자는 곤혹스러웠다.

"번거롭게 품하기가 어렵다."

세자는 분명한 태도로 영조와 노론에 저항하고 있었다. 노론은 세자가 자신들과 다른 정견을 가지고 있다고 확신했다. 그리고 소론에 대한 공세를 계속했다.

그해 6월 10일에는 사간 심발沈墢이 관작을 추탈당한 이광좌를 공격하고 나섰다. 이광좌에게 역률을 시행하지 않았기 때문에 나주 벽서 사건이 일어났으니 이광좌도 유봉휘, 조태구처럼 역률을 시행해야 한다는 주장이었다.

세자는 이 주청도 거부했다. 세자는 힘겨운 싸움을 벌이고 있었다. 그나마 다행인 것은 문외출송된 이종성이 약 한 달 만에 다시 판중추부사로 서용된 것이다. 영조가 서서히 이성을 회복하고 있다는 증거이기도 했다. 이런 살육을 계속하다가는 소론이 재차 봉기할 수도 있다고 생각했을지 모른다.

그해 5월 이종성은 시민당에서 세자를 만나 이렇게 말했다.

"대조(영조)께서 일찍이 경연 중에, '내가 어릴 적에 작은 벌레 한 마리를 죽이는 것을 늙은 궁인이 보고 경계하기를, 비록 미물이라 하더라도 까닭 없이 죽여서는 안 된다고 했다. 내가 이에 감동하여 항상 죽이기를 좋아하지 않는 마음을 먹은 까닭에 하늘이 돌보아 이런 원량(세자)을 낳있다'라고 말씀하셨습니다. 신은 실로 이 하교를 우러러 받들었습니다. 성인의 덕은 살리는 것이지만 때로는 형벌을 쓰지 않을 수는 없는데, 방금 큰 옥사(나주 벽서 사건 국청)를 겪어서 뒷수습을 잘하기 어렵습니다. 저하께서는 대조의 살리기 좋아하시는 덕을 본받으셔서 끝없는 아름다움을 도모하소서."

피비린내가 진동하는 궁중에서 세자가 진정으로 듣고 싶은 말이었다. 군주의 덕은 살리는 데 있는 것이지 죽이는 데 있는 것은 아니었다. 그러나 이는 세자와 소론 영수 이종성의 바람일 뿐이었다. 노론은 공세를 그치지 않았다. 사간원 헌납 남학종南鶴宗이 상소를 올려 이른바 소론 5대신 중 역률이 추시되지 않은 이광좌, 최석항, 조태억에게도 역률을 추시하자고 청했다.

세자는 따르지 않았다. 그러나 힘에 부쳤다. 그래서 노론 대신들을 끌어들여 더 이상의 살육을 막으려 했다. 세자는 노론 좌의정 김상로에게 상의했다. 그러나 훗날 세자를 죽이는 데 적극 가담하는 김상로가 세자 편을 들 리 없었다.

"이광좌의 죄가 어찌 추탈로 끝나겠습니까?"

이것이 김상로의 답변이자 노론의 당론이었다. 그리고 이런 당론은 노론으로 하여금 세자에게 이질감과 적대감을 느끼게 했다. 세자는 분명 노론과 다른 정치관, 역사관을 가지고 있었다. 김상로는 세자를 소론 당인으로 보았다.

'이런 세자가 즉위한다면……'

사도세자가 비극적 종말을 맞는 새로운 국면에 접어든 것이었다. 김상로와 노론에게 세자의 즉위는 두려운 일이었다. 세자가 즉위한다면 오늘 소론을 향하고 있는 정치보복의 칼끝이 자신들에게 향할 수도 있으며, 죽은 소론 영수들에게 역률을 추시했던 것처럼 자신들도 똑같은 보복을 당할 수도 있다고 생각했다. 소론 여인들과 자제들이 종으로 전락한 것처럼, 자신의 부인들과 자제들도 종으로 전락할지도 몰랐다. 소론과 공존이 없었던 것처럼 세자에게도 마찬가지였다. 이제 노론에게 세자는 제거해야 할 정적이 되었다.

그때부터 게장은 먹지 않았소

소론도 가만히 있지 않았다. 나주 벽서 사건으로 대량 살육이 자행되자 그해 5월에 열린 과거에서 조직적으로 반발했다. 영조는 나주 벽서 사건 처리 후 역적 토벌을 축하한다는 '토역경과討逆慶科'를 베풀었는데, 역적으로 몰린 소론이 바로 이 토역경과장을 반발의 장으로 삼은 것이다.

한 장의 시권試券(답안지)이 사건의 발단이었다. 시권의 작성자는 첫머리에는 답안을 적다가 그 아래에 파리 머리만큼 작은 글씨로 조정을 비난하는 글들을 써놓았다. 그뿐 아니라 답안 대신 「상변서上變書」라 쓰인 종이 한 장이 발견되어 병조 판서를 거쳐 영조에게 올려졌다.

영조는 「상변서」의 내용을 다 보기도 전에 상을 치면서 눈물을 흘렸다. 대신들이 무슨 내용이 쓰여 있는지 알려달라고 청하자 영조가 울먹였다.

"종이 가득 장황하게 쓴 것이 모두 패악한 글이라 차마 똑바로 바라볼 수 없으며 마음이 땅에 떨어지는 듯하다. 방자하게 휘諱까지 썼으니 어찌 족히 말하겠는가?"

휘란 선왕들의 이름을 말한다. '휘'란 낱말 자체가 '꺼리다'라는 뜻인데서 알 수 있듯이 왕조국가에서는 임금들의 이름은 절대 쓸 수 없었다. 고려 말의 학자 안향安珦이 조선시대에 안유安裕로 불렸던 이유도 문종의 이름인 '향珦'을 피하기 위해서였다. 이미 죽은 사람의 이름도 휘하여 바꾸는 시대에 선왕의 이름들을 직접 썼으니 여간 대담한 자의 행위가 아닐 수 없었다. 또한 문제의 시권에는 조정 대신들에 대한 비난이 많았는데 그중에서도 병조 판서 홍상한洪象漢과 혜경궁의 부친인 훈련대장 홍봉한 형제에 대한 비난이 가장 심했다.

익명의 투서는 수사 결과 심정연沈鼎衍이란 인물이 작성한 것으로 밝혀졌다. 심정연은 이인좌의 난에 관련되어 사형당한 심성연沈成衍의 아우였다. 소론이 저지른 나주 벽서 사건의 토벌을 기념하는 과장科場에 이런 답안과 익명서를 올린 것은 경과慶科와, 나주 벽서 사건 치죄 자체를 조롱하는 행위였다. 영조가 분노하는 것도 당연했지만 소론의 원한도 그 이상으로 뿌리 깊었다.

국문장에서 심정연은 이렇게 말했다.

"이는 바로 제가 일생 동안 간직한 마음이기 때문에 과장에 들어올 때 이미 써두었던 것입니다."

심정연을 국문한 결과 연루자가 드러났다. 윤혜尹惠와 김도성金道成이었다. 윤혜는 나주 벽서 사건의 주모자 윤지의 숙부로 윤취상의 아우였으며 김도성은 김일경의 종손이었다.

영조와 노론은 경악했다. 윤지가 주도한 나주 벽서 사건 토벌을 축하하는 경과에 윤지의 숙부가 투서했으니 경악하지 않을 도리가 없었다. 더구나 공초 도중 윤혜가 춘천에서 군사를 모아 거병하려 했다는 사실까지 밝혀졌다. 이인좌의 난의 재판이 될 뻔한 것이다.

「상변서」를 작성한 자도 윤혜였다. 영조가 직접 국문하며 윤혜에게 여러 선왕들의 휘를 한 종이에 나란히 쓴 까닭을 묻자 윤혜가 대답했다.

"제 아들의 이름을 지을 때 상고하느라 썼소."

이미 삶을 포기한 대답이었다. 선왕들의 이름을 따서 아들의 이름을 지으려 했다는 말은 곧 자신의 아들을 왕으로 만들려 했다는 말과 다름이 없었다. 다시 말하면 '너 따위가 왕 노릇을 하는데 내 아들은 왜 왕이 될 수 없는가?'라는 질문이나 마찬가지였던 것이다.

이 대답에 격분한 영조가 가장 무거운 주장朱杖으로 힘껏 때리게 했으나 윤혜는 혀를 깨물고 신음소리조차 내지 않았다. 영조와 윤혜는 이미 국왕과 신하가 아니라 한 하늘 아래 살 수 없는 원수일 뿐이었다.

윤혜의 공초에 충격을 받은 영조는 보여步輿를 타고 선인문을 나섰다. 종묘에 이르러 보여에서 내린 영조는 종묘 앞에 엎드려 눈물을 흘렸다.

"저의 부덕不德으로 욕이 종묘에까지 미쳤으니 제가 어떻게 살겠습니까?"

영조는 31년 5월 4일 심정연을 능지처참한 지 이틀 만에 다시 윤혜의 형을 집행했다. 영조는 형장에 직접 나가 형을 집행하면서 곤룡포가 아닌 갑주甲冑(갑옷)를 입었다. 군사를 일으켜 역적을 토벌한다는 의미였다. 영조는 숭례문 누각에 올라가 백관을 차례로 서게 한 다음 다시 눈물을 흘렸다.

"윤혜는 바로 주범이기 때문에 군사를 일으키는 뜻에서 몸에 갑주를 입었다. 그러나 내 어찌 즐겁겠는가?"

이때 소론 판부사 이종성이 말리고 나서 영조의 격분을 샀다.

"죄인에게 형을 시행하는 것은 유사有司(담당 관료)의 일일 뿐인데 지존으로서 어찌 친히 이런 일을 하십니까?"

영조가 노해서 상을 치며 소리쳤다.

"이종성은 나를 감형監刑하는 도사都事라고 말하는가?"

영조는 즉석에서 이종성을 충주로 귀양 보내라고 명했다. 이어서 윤혜의 머리를 깃대 끝에 매단 다음 백관들에게 차례로 조리돌리라고 명했다. 아무리 원수라 해도 방금까지 살아 있던 사람의 머리를 깃대 위에 매달고 돌리는 것은 사람이 할 짓이 아니었다. 영조는 또 소리쳤다.

"김일경과 목호룡 같은 생각을 품은 자는 나와서 엎드려라."

누가 감히 죽여달라고 나오겠는가? 이는 이성을 잃은 영조의 광기였을 뿐이다. 이날 윤혜와 함께 김요채金耀采와 김요백金耀白이란 인물이 효시된 이유는 그들이 김일경의 종손이기 때문이었다. 영조는 이것으로도 부족해 김일경의 후손이나 친척 중에 성을 바꾸어 도망한 자가 많다는 심정연의 공초에 따라 특별 수색대를 결성해 체포하도록 명했다.

윤혜의 형인 윤근尹慬과 윤신尹慎 그리고 윤취상의 서종자庶從子 윤경尹憼 등도 모두 사형당해 윤씨는 그야말로 씨가 마를 지경에 이르렀다. 김일경의 종손 김도성이 사형당한 것은 말할 것도 없고, 유명두柳明斗 · 유봉린柳鳳麟 부자, 강몽협姜夢協, 김인제金寅濟, 이전李佺, 권소權邵, 이성, 이원하李元夏, 박세검朴世儉 등 소론계의 여러 인물이 사형당했다.

이 사건에서도 세자는 온건한 입장을 취했다. 심정연과 관련되었던 전효증全孝曾과 전효순全孝舜이 심정연의 속내를 몰랐다는 이유로 한 등급 감해 유배에 그치자, 장령 이세태李世泰가 거듭 처형을 주청했으나 세자는 거부했다. 또한 지평 이수훈李壽勛이 유배된 조동성趙東星을 다시 국문하자고 청했을 때도, 정연 정광한鄭光漢이 심내복沈來復을 국문하고 윤상익尹尚益과 윤상호尹尚浩를 정배하자고 상달했을 때도, 세자는 모두 거부했다.

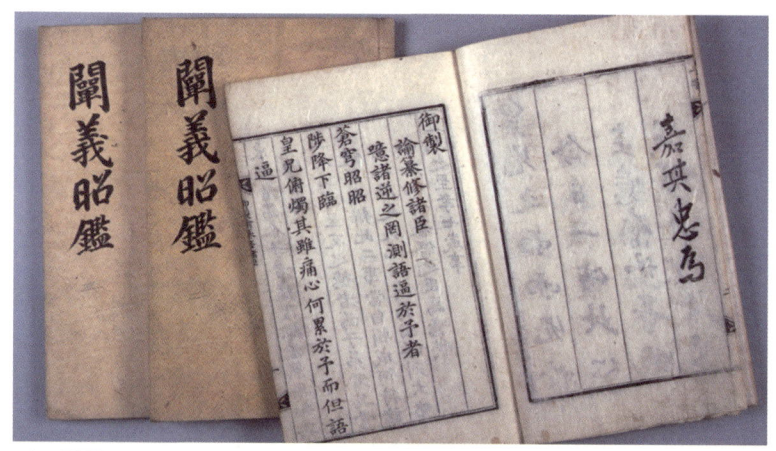

「천의소감」 신임옥사에서부터 나주 벽서 사건까지를 언급한 책으로, 경종 대 노론의 행위는 모두 영조와 나라를 위한 충성이었음을 주장한다.

　세자는 이성 잃은 살육의 현장에서 사람을 살리려고 노력했다. 그러나 광기가 지배하는 현장에서 사람을 살리려는 행위는 자신을 위험에 빠뜨리는 일이 되기 일쑤다.
　'나주 벽서 사건'과 '토역경과 투서 사건'으로 소론은 재기가 불가능할 정도의 타격을 입고 완전히 몰락했다. 노론 일당 독주가 시작된 것이다. 두 사건은 영조가 과거의 업보에서 벗어날 수 없는 운명임을 명확히 보여주었다. 이 사건은 경종 때의 옥사나 이인좌의 난과 연결된 사건이었다.
　소론 강경파 윤취상의 아들이라는 이유만으로 30년 이상 귀양살이를 하는 후손들의 존재 자체가 영조를 얽매고 있는 과거의 질긴 끈이었다. 영조의 탕평책은 소론 강경파와 남인을 배제한 불완전한 것이었다. 탕평책에 배제된 이들은 현실에 불만을 가지고 있었고 그 불만이 이런 반발로 나타난 것이었다.
　영조는, 이인좌의 난은 탕평책의 계기로 삼았으나 나주 벽서 사건과 토역경과 투서 사건은 거꾸로 탕평책을 폐기하는 계기로 삼았다. 형식은 여전히 탕평책이었으나 내용은 노론 일당 독재였다. 나아가 영조는 이 두 사건을 자신을 얽매고 있는 과거의 합리화 계기로 삼았다.

영조가 이 두 사건을 계기로 발간한 『천의소감』이란 책자가 바로 그것이다.

요즘 말로 '천의소감 편찬위원장'격인 '찬수청 도제조纂修廳都提調'에는 노론 김재로뿐 아니라 소론 이천보와 조재호도 포함되었다. 두 사건에 노론뿐 아니라 소론도 반대한다는 모양을 갖추려 한 것이었다. 영조는 탕평책은 비록 폐기했으나 여전히 탕평책을 실시한다는 형식은 필요로 했다. '의를 밝게 비추다'란 뜻의 『천의소감』은 경종 때의 신임옥사로 출발해 나주 벽서 사건까지 언급한 책으로서 국시國是를 밝게 한다는 명분을 내세웠으나, 실제 내용은 영조의 행위가 옳았다고 강변하기 위한 책이었다. 이에 따라 경종 때 세제 대리청정을 주청해 사형당한 노론 4대신의 연명 상소는 물론이고 3급수 사건 때 사형당한 김용택 등 5인의 행위도 모두 영조와 나라를 위한 충성으로 뒤집혔다. 이는 노론에서 끝없이 요구해온 사안들이었다.

문제는 이들의 행위가 경종의 자리에서 볼 때는 반역이 확실하다는 점이었다. 경종 때 소론 강경파가 이를 확대한 측면은 있지만 물증도 뚜렷한 사건들이었다. 노론의 경종 때 행위는 역적으로 단정되기에 충분했다. 그런데도 이 모든 행위들이 나라에 대한 충성으로 돌변한 것이다. 여전히 과거에서 벗어나지 못한 영조와 노론의 자기변명일 뿐이었다. 또한 즉위 30년이 지난 지금도 여전히 경종 때의 일에 대해 변명을 해야 하는 처지임을 밝힌 것에 불과했다.

영조는 나주 벽서 사건이 발생한 그해 10월 『천의소감』 찬수청 관료들을 불러 자기변명을 늘어놓았다. 이번 변명의 핵심은 경종과 대비 인원왕후 김씨의 사이가 좋았다는 것이었다. 영조는 경종에 대해 신하들에게 술회했다.

"황형은 갑술년(경종의 어머니가 쫓겨나고 민비가 복위한 해)부터 이른 아침과 깊은 밤에도 성후聖后(인현왕후 민씨)곁을 떠나지 않았으며, 간혹 대조(숙종)께 책벌을 받을 때면 반드시 바지를 걷고 뵈었다."

영조는 신하들 앞에서 또다시 특유의 눈물을 흘리며 목멘 소리로 말을 이었다.

"황형이 성후께 효도했는데, 자성(인원왕후 김씨)께인들 어찌 차이가 있었겠는가?"

입시한 여러 신하들이 말했다.

"이 부분은 아래에서 말하기 어려우니, 반드시 어제御製(임금이 지은 글)가 있어야만 하겠습니다."

그랬다. 이 부문을 자칫 잘못 기술했다가는 나중에 역적으로 몰릴 우려가 있었다. 영조가 말했다.

"부르는 대로 받아쓰라."

영조의 말인즉 경종이 인현왕후 민씨를 지극히 섬긴 정성으로 한 살 위의 계모인 대비 김씨를 섬겨 둘 사이가 아주 좋았다는 것이다. 인현왕후 민씨는 경종이 효자라는 것을 나타내기 위한 소품에 불과했고 핵심은 대비 김씨와 경종이 사이가 좋았다는 강변이었다.

영조는 왜 50년도 더 지난 일들을 끄집어낸 것일까? 그 역시 영조의 발목을 잡는 과거의 유산이었기 때문이다. 토역경과 투서 사건으로 국문을 받던 신치운申致雲은 영조와 대비 인원왕후 김씨를 직접 겨냥해 이렇게 말했다.

"나는 갑진년(경종이 죽고 영조가 즉위한 1724년)부터 게장을 먹지 않았소."

신치운은 이어 그 이유가 경종이 대비와 영조가 올린 게장과 생감을 먹고 죽었기 때문이라고 말했다. 즉 경종을 독살한 것은 인원왕후 김씨와 영조라는 힐난이었다.

영조는 이 말을 듣고 떨리지 않을 수 없었다. 영조나 신치운이나 그만큼 뿌리 깊은 한을 품고 있었던 것이다.

"아! 슬프다. 신치운을 정형正刑(사형)한 뒤에 울며 자성께 아뢰었는데, 자성의 하교를 듣고서야 그때 황형께 바친 '게장'이 동조에서 보낸 것이 아니고 어주御廚(대궐의 주방)에서 바친 것이란 사실을 알았다."

경종 독살설을 불러온 문제의 게장이 대비나 연잉군이 보낸 것이 아니라 대궐 주방에서 올린 것이라는 주장이었다. 물론 이는 대비의 일방적인 주장일 뿐이고 사실 여부를 확인할 수 있는 증거는 제시하지 못했다.

『경종실록』은 당시 세제 연잉군이 의가에서 꺼리는 게장과 생감을 진어했다고 기록하고 있지만, 그 30여 년 후에 작성한 『천의소감』은 경종에게 올린 게장이 대비가 보낸 것이 아니라 어주에서 올린 것이라고 적고 있다. 『천의소감』에 아무리 '그때의 게장은 동조가 보낸 것이 아니다'라고 열 번 백 번 적는다고 해서 해결될 문제가 아니었다. 문제는 진실 그 자체에도 있었지만 영조와 노론에 대한 소론 강경파의 불신과 반감에도 있었기 때문이다. 소론 강경파는 영조를 임금이 아닌 선왕을 독살한 역적으로 여기고 있었다. 나주 벽서 사건 관련자 중 한 명은 '갑진년부터 우리에겐 임금이 없다'고까지 말했다.

이들에게 영조는 노론의 임금일 뿐이며 나아가 경종을 살해한 역적일 뿐이었다. 따라서 대비 김씨 또한 노론의 대비일 뿐이며 영조와 공모해 경종을 살해한 역적의 수괴일 뿐이었다.

『천의소감』을 백 번 펴낸다 하여 경종 때의 사건에 대한 혐의가 없

어지는 것은 아니었다. 그 혐의를 없애기 위해서 필요한 것은 소론에 대한 단죄가 아니라 화해였다. 오로지 화해를 통해 미래로 가는 길만이 음울했던 과거의 사건과 기억들을 자유롭게 만들 수 있었다. 그러나 노론은 화해 대신 증오를 택했다. 영조 또한 겉으로는 탕평책을 실시해 소론을 포용하는 듯했으나 틈만 생기면 반전을 시도했다. 나주 벽서 사건과 토역경과 투서 사건은 반전의 결정판이었다.『천의소감』 편찬은 현재의 권력으로 과거를 뒤바꾸려는 무리수였다.

그 과거의 족쇄와 무리수의 한가운데에 세자가 있었다.

세자의 꿈, 북벌

세자는 말에 올랐다. 대궐의 북원北苑(지금의 비원)에 다다르자 청룡도 青龍刀를 뽑아 들었다. 청룡도를 들 때마다 세자는 고조부 효종을 떠올렸다. 이 청룡도를 만든 사람이 효종이었기 때문이다. 이곳 북원도 효종대왕이 말을 달리며 무예를 닦던 곳이었다. 효종대왕은 주자의 학문을 닦으라는 송시열 같은 산림의 충고는 귀담아 듣지 않았다. 효종에게 중요한 것은 수신修身하는 주자의 학문이 아니라 병자호란의 국치國恥를 씻을 수 있는 군사력이었다. 효종은 갑사甲士들과 이곳 북원에서 직접 말을 몰아 문신들의 우려를 자아내기도 했다.

수십 합을 휘두르자 이마에서 땀이 솟았다. 기분 좋은 땀이었다. 부왕 영조는 이런 모습에 혀를 차겠지만 고조부 효종께서 보신다면 분명히 흐뭇해하시리라는 생각이 들었다.

세자는 이어 활을 뽑아들었다. 실전용인 정량궁正兩弓이었다. 세자익위사의 무사가 한 순旬의 화살을 바쳤다. 화살 또한 실전용 철전鐵箭이었다. 그는 화살 한 대를 시위에 걸었다. 2백 보의 과녁이 오늘따라

창덕궁 후원 사도세자는 효종처럼 후원에서 말 타고 활 쏘는 것을 좋아했다. 하지만 조선 후기 임금에게 요구되는 덕목은 '무왕'이 아니라 '문왕'이었다. 영조도 세자에게 어린 시절부터 문왕을 닮도록 요구했다. 서울시 종로구 소재.

유난히 선명했다. 세자는 시위를 힘껏 당겼다가 놓았다. 화살은 시위를 박차고 창공으로 뛰어나갔다. 명중을 알리는 고전기告傳旗가 올라갔다. 세자는 가슴이 상쾌해졌다. 한 순 다섯 대의 화살에 모두 고전기가 올라갔다. 그는 외치고 싶었다.

'바로 이곳이다.'

사람들은 이런 세자를 보면 수군거렸다.

"풍원군 조현명이 효묘를 빼닮았다고 한 말에는 과연 선견지명이 있었다."

효종을 닮았다는 말은 세자에겐 듣기 좋은 비유였다. 그는 고조부 효종의 이름만 들으면 가슴이 뛰었다. 이 갑갑한 궁궐을 벗어나고 싶은 만큼 효종이 그리웠다. 그가 정벌하려 애쓰던 만주와 중원이 그려

5부 정적政敵 235

졌다.

　세자는 고조부 효종의 이야기를 들으면서, 이 나라 백성과 사대부들이 피를 흘릴 가치가 있는 것은 '북벌北伐'이자 만주 벌판이고 중원 대륙이라고 생각했다. 산과 강과 벌판이 끝없이 펼쳐져 있다는 만주, 그곳이 조선 사대부와 백성들이 피를 흘릴 가치가 있는 곳이었다.

　그곳이 진정한 제왕의 나라일 것이다. 노론이다 소론이다 싸우고, 충신이다 역적이다 죽고 죽이는 이 좁아터진 궁궐이 아닌 효종의 꿈이 담겨 있는 저 벌판이 제왕의 나라일 것이다. 그곳에서는 경종의 충신이니 역적이니, 영조의 충신이니 역적이니 하는 말 따위는 벌판을 뒤덮은 흙먼지처럼 허무할 것이다.

　세자는 마지막 다섯 순째 화살을 시위에서 떠나보냈다. 스물다섯 대째 화살이었다. 이번에도 어김없이 고전기가 올라갔다.

　세자는 문보다는 무가 적성에 맞았다. 효종이 만든 저승전의 청룡도나 쇠몽둥이는 힘깨나 쓰는 무사들도 힘겨워했지만 세자는 15, 16세 때부터 자유자재로 사용했다. 궁술과 기마에 탁월한 재능이 있어 반드시 과녁을 맞혔고 사나운 말도 세자 앞에선 고분고분해졌다. 세자는 확실히 무인의 자질을 타고 난 무군武君이었다. 역대 임금 중에서 태조와 효종을 잇는 무왕 계보였다. 세자는 유년 시절부터 놀이를 할 때도 반드시 병위兵威를 만들어내곤 했다. 그뿐 아니라 유가儒家의 책보다는 병가兵家의 책을 더 즐겨 읽어, 속임수와 정당한 수법을 적당히 응용하는 묘리妙理를 은연중 깨닫고 있었다. 혜경궁 홍씨는 이를 세자를 키운 한상궁의 탓으로 돌렸으나 사실 이는 세자의 천성이었으며, 또한 비난받을 일도 아니었다. 문관은 문을, 무관은 무를 잘하면 되지만, 만기萬機를 다 돌봐야 하는 제왕은 문무를 겸비하는 것이 최상이었다. 세자는 문무를 겸전한 타고난 임금이었다.

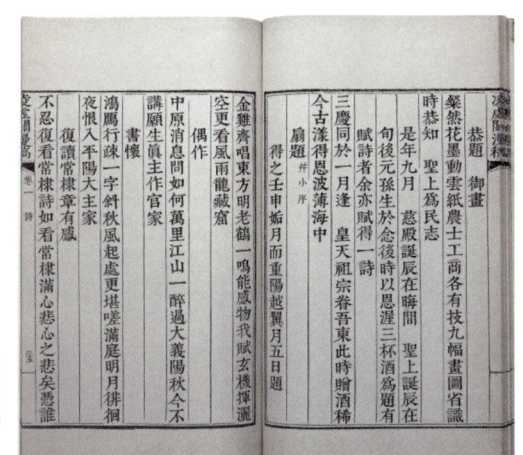

『능허관만고』 사도세자의 시문집으로 사, 부, 시뿐 아니라 대리청정할 때 군신들의 상소에 대한 답과 판부判付 등이 실렸다.

　조현명의 말대로 세자는 확실히 효종과 닮은 점이 많았다. 효종은 생전에 경연에서 "무관이 말 달리기를 좋아하면 사람들이 광패狂悖하다고 지적하니 참으로 부끄러운 풍습이다. 지금의 무관은 선비와 같으니 어찌 싸움터에서 힘을 쓸 수 있겠느냐?"며 탄식하곤 했다. 세자도 당시 무관들의 나약함을 걱정해 무관들의 자질을 높일 필요가 있다고 생각했다. 세자 자신이 무예에 관한 한 최고의 전문가였다. 나주 벽서 사건 2년 후인 영조 33년(1757)에 『무기신식武技新式』이란 책을 반포한 것이 이를 말해준다. 『무기신식』은 글자 그대로 '무예에 관한 새로운 방법'에 관한 책이었다.

　조선의 장신將臣들은 중국 명나라의 장수 척계광戚繼光이 지은 『기효신서紀效新書』를 주로 사용했는데, 그 책에 소개된 기예는 여섯 가지뿐이었다. 곤봉棍棒, 등패籐牌, 낭선狼筅, 장창長槍, 당파鎲鈀, 쌍수도雙手刀가 그것이다.

　세자는 조선 무관들이 무예에 익숙하지 못한 이유 중 하나가 『기효신서』의 결점에도 있다고 생각하고, 그 대안으로 『무기신식』을 반포했다. 세자는 『무기신식』에 기존의 무예뿐 아니라 죽장창竹長槍, 기창 旗槍, 예도銳刀, 왜검倭劍, 교전월도交戰月刀, 협도挾刀, 쌍검雙劍, 제독검 提督劍, 본국검本國劍, 권법拳法, 편곤鞭棍 등 열두 가지 무예를 새로 추가했으며, 이를 그림으로 그려 찌르고 치는 자세를 보여주었다.

세자가 일본에서 사용하는 왜검과 중국에서 사용하는 교전월도 등을 추가한 이유는 따로 있었다. 세자는 이렇게 말했다.

"우리나라는 좁아서 군사를 쓸 땅이 없다. 하지만 동쪽으로는 왜와 접하고 북쪽으로는 오랑캐와 접했으며, 서쪽과 남쪽은 바다지만 여기를 건너면 곧 옛날의 중원이다(『어제장헌대왕지문』)."

영조 대에는 빈말로라도 북벌을 주장하는 사람이 아예 없었다. 오직 사도세자만이 북벌을 꿈꾸고 있었던 것이다.

"지금은 비록 변경에 별다른 위험 요소가 없지만 마땅히 위험에 대비하는 태세를 구축해야 한다."

세자는 유비무환이란 말뜻을 가슴 깊이 새기고 있는 저군이었다.

"효묘께서 뜻하신 일을 실현할 데가 없는 데다가, 북쪽 동산의 한 자 되는 단壇을 생각하면 자다가도 탄식하게 된다."

북쪽 동산의 단이란 명나라 신종 황제의 단을 말하는 것으로, 이는 병자호란 이후 단순한 사대의 표현이 아니라 북벌의 의지를 뜻하는 보통명사였다.

"아! 성인들은 비록 아무 걱정거리 없이 편안한 시기라도 병기兵器를 미리 만들어두어 갑작스런 외적의 침입에 대처하였는데, 하물며 우리나라에는 효묘께서 결심하신 일까지 있는 데야 더 말해 무엇하겠는가?(『어제장헌대왕지문』)."

'효묘께서 결심하신 일'이란 두말할 나위 없이 북벌이었다. 그는 조선시대 북벌을 꿈꾼 마지막 군주였던 것이다.

세자는 무인의 자질을 타고 난 진취적인 제왕이었다. 세자의 이런 진취적 기상이 집권 노론 세력과 맞을 리가 없었다. 노론에게 북벌은 현재의 계급적 이익을 뒤흔드는 위험한 이념에 지나지 않았다. 그들은 현상을 변화시키는 모든 것을 경계하고 단호히 대응했다. 자신들의 계급적 이익을 보장하고 확대재생산할 수 있는 가장 효과적인 방안은 현상유지였다. 노론은 현상을 변화시키려는 모든 기도에 단호히 대처함으로써 자신들의 계급적, 당파적 이익과 벌열閥閱의 이익을 지키려 했다.

이런 세자와 노론은 함께 갈 수 없었다. 더구나 세자는 나주 벽서 사건과 토역경과 투서 사건을 통해 자신이 반노론임을 분명히 드러냈다. 이후 노론과 세자는 정적으로 대립하게 되었고, 노론은 집권당의 지위를 잃지 않기 위해 공세를 펴기 시작했다.

영조 31년(1755) 말 황해도 유생 이현백李顯白 등이 상서를 올려 송시열과 송준길宋浚吉을 문묘에 종사할 것을 청했다. 생전에 양송兩宋이라고 불린 송시열과 송준길은 노론의 정신적 지주이자 영수였다. 어떤 한 당파의 인물을 공자를 모신 성균관 문묘에 종사한다는 것은 그 인물이나 당파의 이념이 곧 조선의 국시가 된다는 것을 뜻했다. 이들의 주장은 곧 노론의 이념을 국시로 삼아달라는 요구였다. 세자는 이를 거부했다.

그러나 왕세자가 거부했다고 해서 그만둘 노론이 아니었다. 노론은 그 다음 해 신년 벽두부터 다시 공세를 펼쳤다. 영조 32년(1756) 1월 초, 관학 유생 유한사兪漢師 등이 다시 상서를 올렸다. 이들은 양송의 문묘 종사를 주장하는 데 그치지 않았다.

"문정공 송시열과 송준길을 문묘에 종사하고, 고故 상신 김창집, 이이명, 조태채, 이건명을 정려旌閭하여 그 충절을 따르게 하소서."

양송은 물론 경종 때 사형당한 노론 4대신의 충절을 정려하자는 의논이었다. 신원을 넘어서 이들을 충신으로 받들자는 주장이었다. 나라 한쪽이 발칵 뒤집혔다. 소론가의 자제들은 이 소식을 듣자 피난을 떠났다. 나주 벽서 사건이 끝난 지 1년이 채 안 된 시점이었다. 나주 벽서 사건을 두려운 눈으로 지켜보았던 소론은 노론 4대신이 충절로 정려된다면 이들을 역적으로 몰았던 자신들에게 피바람이 불 것이라고 생각했다.

세자는 이 상서에 단호하게 답변했다.

"따르지 않겠다."

『영조실록』은 이로써 겨우 인심이 진정되었다고 평가하고 있다. 나주 벽서 사건과 토역경과 투서 사건, 그리고 노론 4대신 정려 주장 등에서 보여준 세자의 기본 입장은 더 이상 과거에 매달리지 말자는 것이었다. 부왕 영조도 가담한 정치보복이기에 세자의 역할은 부분적일 수밖에 없었지만, 세자는 나주 벽서 사건을 이용한 노론의 정치보복에 명백하게 반대했다. 죄인 처벌은 유사가 할 일이라는 말 한마디 때문에 이종성이 귀양 가는 판국에 세자의 이런 처신은 분명 용기 있는 행위였다. 그러나 노론은 세자의 이런 처신을 간과하지 않았다. 그들은 이런 세자를 끌어내리기 위한 각종 공작을 본격화했다.

또 하나의 정적, 외척

 이런 와중에서 세자의 법적인 어머니 정성왕후 서씨와 역시 법적인 할머니 인원왕후 김씨가 세상을 떠났다. 영조 33년(1757년)이었다. 서종제徐宗悌의 딸인 정성왕후 서씨는 노론 집안 출신이었고, 김주신의 딸인 인원왕후 김씨는 원래 소론가였으나 숙종과 혼인한 후 남편을 따라 노론으로 전향했다.
 세자는 생모 영빈 이씨 대신에 정성왕후 서씨의 아들로 입적되었으나 이런 일로 그리 큰 갈등을 겪지는 않았다. 오히려 세자는 법적인 어머니 서씨에게 효도를 다했다. 정성왕후 서씨의 임종을 맞는 세자의 태도를 보자.
 영조 33년 2월 13일, 정성왕후의 숙환宿患이 갑자기 심해져 손톱이 파랗게 변하고 검은 피를 한 요강이나 토했다. 토한 피가 검은 색인 것은 그동안 겪었던 신산한 세월의 반증일 것이다. 세자는 서씨가 위독하다는 말을 듣고 허둥지둥 관리합觀理閤으로 달려갔다. 세자는 서씨가 흘린 검은 피가 담긴 그릇을 붙잡고 눈물을 흘렸다. 그는 피가 담긴 그릇을 직접 들고 나가 의관에게 보였다. 정성왕후는 한밤에 잠시 정신이 들었다가 세자가 있는 것을 보고 말했다.

"어찌 이렇게 늦게까지 있는가. 그만 돌아가라."

이에 세자는 무슨 일이 생기면 빨리 연락하라고 지시한 후 동궁전으로 물러갔다. 자정쯤에 나인이 와서 말했다.

"깊이 잠드셔서, 아무리 여쭈어도 대답이 없으십니다."

세자는 놀라서 다시 중궁전으로 달려갔다.

"소신이 왔나이다. 소신이 왔나이다."

여러 번 부르짖었으나 아무런 대답이 없었다. 세자의 눈에서 눈물이 흘러내렸다. 그때서야 부인이 위독하다는 말을 들은 영조가 뒤늦게 달려왔다. 세자는 영조 앞에서 원기元氣가 가라앉은 서씨에게 연달아 삼다蔘茶를 올렸다.

그러나 이런 세자의 간호도 헛되이 서씨는 다음 날인 15일에 세상을 떠나고 말았다. 예순여섯 살의 나이였다. 열세 살 때 두 살 아래인 연잉군과 가례를 올린 후 눈물과 수난의 경종 시대를 함께 헤쳐나갔던 영조의 정치적 동지이자 당인이었다. 하지만 서씨의 죽음을 더 슬퍼한 것은 세자였다. 영조는 세자가 서씨의 죽음을 애도하는 것을 보고 이렇게 말했다.

"나의 경우는 슬퍼할 바 없으나, 원량이 슬퍼하여 몸이 야위는 모습을 보면 어떻게 억제하도록 해야 할지 알지 못하겠다. 또한 동조에는 무슨 말로 아뢰겠는가? 옛날 사람들은 색동옷을 입고 어버이를 섬겼는데 나는 상복을 입고 동조를 섬기는 처지가 되고 말았다. 효순(효장세자빈)이 죽었을 때 내가 상복을 입고 여에 오르자 보는 사람들이 울먹였는데, 더구나 나이 예순넷인 지금 어떻겠는가?"

서씨가 죽는 순간 영조는 부인 서씨가 아니라 사위인 일성위日城尉

정치달鄭致達의 머리맡을 지키고 있었다. 정치달은 사도세자의 막내동생 화완옹주의 부군이었다. 영조는 이곳에서 서씨가 승하했다는 말을 들었다. 정치달도 정성왕후가 세상을 뜬 지 얼마 안 되어 세상을 버렸다. 이때 영조는 50년을 함께 산 부인의 죽음보다 사위의 죽음을 더 슬퍼했다. 스물세 살의 꽃다운 나이인 화완옹주의 남은 인생을 불쌍히 여긴 때문이리라. 게다가 바로 한 달 전에는 화완의 두 살 난 딸이 죽었으니 더욱 애처로웠을 것이다. 상사가 끊이지 않는 왕가였다. 이때도 영조는 직접 화완의 사가에 거동해 옹주를 위로했다. 대신들과 옥당에서 임금이 직접 문상하는 전례가 없다고 만류했으나 듣지 않았다. 한 달 전에 딸을 잃은 데다 남편마저 위독한 화완옹주를 위무하기 위해, 영조는 서씨가 신음하는 관리합이 아니라 옹주의 사가로 간 것이었다. 아무리 왕녀이고 부왕의 사랑을 받는다 해도 미망인이 된 이상 화완옹주는 청상과부로 평생을 보낼 수밖에 없었다.

부인과 사위를 한꺼번에 잃어 겹초상을 당한 영조는 좌·우의정의 입시를 명했다. 영조는 그들의 손을 잡고 말했다.

"경들은 이 가슴속의 슬픔을 한번 덜 수 있게 하라."

신하들이 영조의 가슴속 슬픔을 덜 수 있는 방법이 있을 리 만무했다. 이들은 그저 머리를 조아리며 빨리 환궁하라는 말밖에 할 수 없었다. 그러나 영조는 두 사람의 죽음을 슬퍼할 여유도 없었다. 다음 달인 3월 26일에 대비인 인원왕후 김씨마저 세상을 뜬 것이다. 일흔한 살의 나이였으니 천수는 누린 셈이었다. 이팔청춘인 열여섯에 마흔두 살인 숙종의 세 번째(희빈 장씨까지 포함하면 네 번째) 계비로 궁중에 들어온 그녀는 서른넷에 과부가 된 후 대왕대비로 35년 이상을 살아왔다. 김씨가 아니었으면 영조는 임금이 되지 못했을 수도 있을 정도로 영조에겐 큰 힘이 되어준 정치적 은인이었다.

한 달 사이에 왕비와 대비가 모두 세상을 버리자 대궐이 텅 빈 것 같았다. 이때 영조의 쓸쓸한 마음을 비집고 들어온 여인이 숙의 문씨였다. 노론 김상로는 그 오라비 문성국에게 접근했다.

문성국이 별감으로 특채된 곳은 영조의 생모 최씨를 모신 육상궁이었다. 이 무렵 영조는 육상궁을 부쩍 자주 출입해 재위 29년에만 무려 37회나 전배했고 다음 해인 30년에도 32회나 출입했으니 열흘에 한 번꼴로 찾은 셈이다. 영조와 문성국의 만남도 그만큼 잦아졌다.

영조 30년에 숙의 문씨가 또다시 임신하자 조정은 다시 뒤숭숭해졌다. 육상궁 별감 문성국은 스스로를 주체하지 못했다. 전에는 감히 쳐다보지도 못했던 양반 사대부는 물론이고 고위 벼슬아치까지 자신에게 잘 보이려고 노력하는 기색이 역력했다. 이런 움직임이 문씨 남매를 들뜨게 했다. 왕조국가에서 임금과의 관계는 태양과 같아서, 너무 가까이 다가가면 화상을 입고 너무 멀어지면 얼어 죽는다는 사실을 그들은 알지 못했다. 이미 권력의 단맛에 이성을 잃은 문성국이 김상로의 제휴 요구를 거부할 이유가 없었다. 잘만 하면 다음 임금의 외삼촌이 될 수도 있는 상황이었다. 김상로와 문성국의 제휴는 그 불순한 의도만큼이나 세자에게 불리하게 작용했다.

정성왕후 사후 새로 어머니가 된 열 살 아래의 정순왕후貞純王后 김씨의 존재도 세자에겐 문씨 못지않은 위협이었다. 정순왕후의 아버지 김한구金漢耇도 김상로나 홍봉한 못지않게 노론 당색이 뚜렷한 인물이었던 것이다. 김한구도 홍봉한처럼 국혼國婚 당시에는 단골 낙방거사였지만 노론 당심만은 홍봉한 못지않았다. 김한구의 집안도 노론 명문가인 경주 김씨 김인관金仁琯 파였다. 사실 김한구와 영조는 일반 사가 같았으면 서로 맺어질 수 없는 관계였다. 영조와 정빈 이씨 사이에서 태어난 화순옹주의 남편 월성위月城尉 김한신金漢藎과 김한구가 같

정순왕후 생가 영조 35년(1759), 당시 15세이던 김한구의 맏딸은 51세 연상인 영조와 결혼해 정순왕후가 되었다. 이때 정순왕후는 세자보다 열 살이 어렸다. 충청남도 서산시 소재.

은 항렬이었기 때문이다. 영조는 나이뿐 아니라 항렬로도 사위 항렬의 딸인 손녀와 결혼한 셈이었다.

대비 김씨가 죽은 후였으므로 김한구의 딸을 배필로 맞아들인 것은 영조 자신의 결정이었다. 재위 35년(1759) 6월 영조는 3간택을 행해 김한구의 딸을 배필로 결정한 후 대신들에게 물었다.

"김한구의 딸로 결정했는데 의견이 어떠한가?"

영의정 김상로와 좌의정 신만은 모두 노론이었으므로 반대할 이유가 없었다.

영조는 김한구를 오흥부원군鰲興府院君으로, 그 부인 원씨를 원풍부부인原豊府夫人으로 봉했다. 여기까지는 법전에 따라 왕의 장인인 국구에게 내린 봉작이었다. 그런데 그로부터 약 6개월 후인 그해 12월, 영조는 김한구를 금위대장으로 삼았다. 금위대장은 지금의 대통령 경호실장 격으로 직무상 자주 영조를 접할 수 있는 자리였다. 이는 문성국과 김상로의 결탁 못지않게 세자에겐 위협적인 일이었다. 이제 세자는 노론에 의해 안팎으로 포위된 상태가 되었다. 영의정 김상로는 문성국과 결탁하는 한편 김한구와도 결탁했다. 김상로가 충청도 서산瑞山의 성암서원聖巖書院을 회복해줄 것을 요청한 것은 김한구에게 잘 보이기 위함이었다.

성암서원은 이른바 '삼종의 혈맥'의 정통성에 의문을 제기하다 사형당한 김홍욱金弘郁이 종향從享된 곳이었다. 김홍욱은 억울하게 죽은 소현세자빈 강씨의 신원을 요구하다가 효종에게 장살杖殺(곤장을 맞다 죽음)당한 인물이다. 당시 강빈의 신원은 효종의 왕위 계승이 정당한가라는 문제로 비화할 수 있는 폭탄의 뇌관 같은 것이었다. 때문에 효종은 현안이 공론화되기 전에 김홍욱을 죽였다. 그후 김홍욱은 신원되었으나 그를 제사하던 성암서원은 영조 17년 서원철폐령에 의해 문을 닫은 상태였다.

김상로가 성암서원의 복설을 요구한 이유는 김홍욱이 김한구의 고조부였기 때문이다. 역사에서는 훌륭한 선조의 자식이 그릇되는 경우가 적지 않다. 대동법의 경세가 김육金堉의 후손에 공작정치 전문가 김석주金錫胄 같은 인물이 나왔던 것처럼 김홍욱의 후손에 김한구 같은 인물이 나온 것은 역사의 아이러니였다. 영조는 성암서원 복설을 허락했다. 자신이 내린 서원철폐령에 따라 없어진 서원을 복설해줄 만큼 영조는 김한구와 정순왕후를 신임했다.

예순여섯의 나이에 열다섯 살의 신부를 맞아들인 영조의 재혼은, 이후 조선 왕실에 짙은 그림자를 드리운다. 정순왕후는 아버지 김한구의 사주를 받아 즉각 세자와의 권력투쟁에 나서서 세자를 모함했으며, 또한 정조 사후에는 남인 신서파信西派를 주륙하는 등 증오의 정치의 선봉장이 된다.

왕비 김씨와 후궁 문씨, 장인 김한구와 처남 문성국 등의 외척들, 그리고 홍계희·김상로 같은 노론 중진들은 모두 한통속이 되어 영조와 세자 사이를 갈라놓았다. 사도세자는 완전히 고립되었다. 소론이 몰락해버린 조정은 노론 일당 차지였고, 내전은 왕후 김씨와 숙의 문씨 차지였다. 세자는 안팎 모두에서 고립된 것이다.

이런 경우 세자가 의지할 곳은 처가, 즉 홍봉한가家밖에 없었다. 그러나 홍봉한은 물론 세자빈 홍씨도 세자 편은 아니었다. 그들은 소론에 기운 세자를 버리고 노론 당론을 따랐다. 오흥부원군 김한구와 그의 딸 정순왕후 김씨에 대한 『한중록』의 기록을 보자.

"오흥부원군이 갑자기 국구가 되어 모든 것이 서먹서먹한데 부친(홍봉한)이 편안함과 근심을 함께 하실 마음으로 지도하여 범사에 탈이 나지 않도록 하여 주었으므로 처음은 그도 감격스레 여겼다. 나도 또한 대비전(정순왕후)을 우러러 보아, 내가 먼저 궁중에 들어왔고 내 나이 많은 것을 생각하지 않고 일심으로 공경하니, 대비전께서도 나를 극진히 대접하시므로 한 터럭의 사이도 없이 백 년을 양가兩家가 서로 사랑할까 했다. 그러나 형세가 커지고 알고 지냄이 오래되자 먼저 된 사람을 꺼리고 지도하는 뜻을 버리게 되었다."

김한구와 정순왕후는 세자를 거꾸러뜨리기 위해 온 힘을 기울였다. 이런 세력과 "백 년을 양가가 서로 사랑할까"라고 가까이 지낸 것이 홍봉한가의 방침이었다. 홍봉한과 혜경궁 홍씨는 세자를 버리고 정순왕후가와 결탁했다. 이후 두 집안은 권력을 두고는 철천지원수가 되어 서로 싸우지만 세자를 제거하는 데는 공동전선을 펼쳤다. "형세가 커지고" "지도하는 뜻을 버리게 되었다"는 혜경궁의 말은 세자 사후,

그리고 순조가 즉위한 후 대비로 수렴청정하던 정순왕후가 홍봉한가를 공격한 것을 말하는 것이다.

이렇듯 장인 홍봉한과 부인 홍씨마저 자신을 제거하려는 쪽에 가담하면서 세자는 그야말로 고립무원의 처지가 되었다.

6부

사도세자의 반격

『영조실록』 38년 윤5월 18일
(사도세자가 뒤주에 갇힌 지 닷새가 지난 날)

죄인 엄홍복을 수구문 밖에서 참하였다.
결안하기를 "본디 허황한 사람으로서 세상의 지목을
받아왔는데, 4월 사이에 만나서 긴요치 않은 수작을 나누었고,
이로 인해서 무상하고 망측한 말을 만들어
세상을 어지럽히자 했으니 만 번 죽어도
아깝지 않은 죄이다" 하였다.

『영조실록』 같은 날

임금이 "이현중李顯重을 강진현으로 정배하고,
조재호는 단천부로 안치하라"고 명했다.

풍원군이 살아 있었다면

세자가 차차 자신의 세계관을 갖게 되면서, 즉 각 당파에 대한 자신의 시각을 냉확히 하게 되면서 영조와 갈등이 싹트기 시작했다. 갈등은 여러 가지 형태로 표출되었다.

노론이 세자를 모함하기 시작하면서 세자에 대한 영조의 신뢰도 차차 무너지기 시작했다. 잠자리에서는 물론이고 조정 빈청에서까지 세자에 대한 모함이 끊이지 않았다. 그것이 안팎의 모함 때문이란 사실을 영조는 깨닫지 못했다. 환갑이 훨씬 지나 얻은 10대 소녀가 사돈의 사주를 받아 세자를 비난하는 것이란 사실을 알지 못했다. 부왕의 신뢰가 차차 식어가자 세자 또한 영조에 대한 진현進見(나아가 임금을 뵙는 것)을 꺼리게 되었다.

영조와 세자의 불화와 관련해『한국당쟁사』(성낙훈)는 이런 일화를 전한다. 세자가 김상로에게 신임辛壬(경종 1~2년) 당시의 노론의 일을 말하다가 몹시 노론의 행위를 미워하는 기색을 보이자 김상로가 영조에게 아뢰었다.

"동궁께서 신임사건에 대하여 그릇된 소견을 갖고 있습니다."

영조는 곧 세자를 불러 꾸짖었다. 이에 세자는, "황숙(경종)께서는 무슨 죄입니까"라고 대답하매, 영조는 그 뒤부터 매우 세자에게 못마땅했다는 말이 있다는 것이다.

이 일화가 사실이라면 영조는 세자의 대답에 엄청난 충격을 받았을 것이다. 오랜 세월 영조를 괴롭혀온 상처이자 콤플렉스인 경종 독살설을 세자가 건드린 것이다. 이는 영조가 30여 년간 고심 끝에 이룩해놓은 과거사 뒤집기 작업을 세자가 송두리째 부인한 셈이었다. 또한 영조와 세자가 서로 다른 정견을 가졌음을 확인시켜주는 것이기도 했다. 당쟁이 치열한 시기에 다른 정견을 가진 인물은 곧 정적이었다.

이렇듯 양자 사이에 갈등이 생겼을 때, 성격상 적극적인 행동을 취해야 할 사람은 영조였다. 영조는 감정을 쉽게 드러내는 성격인데 비해 세자는 좀처럼 자신의 감정을 잘 드러내지 않는 성격이기 때문이다. 그러나 영조는 아들과의 갈등을 스스로 해소하지 못하고 신하들을 끌어들였다. 이는 외향적인 듯 보였던 영조의 성격이 실은 내성적인 데서 기인하는 것이리라. 하지만 국왕과 세자 사이의 갈등에 노론 대신들을 끌어들였다는 데 문제의 심각성이 있었다.

재위 33년(1757) 11월 8일, 영조는 좌의정 김상로와 우의정 신만에게 말했다.

"동궁이 7월 이후로는 진현한 일이 없다."

김상로는 이 말을 듣자마자 땅을 치면서 통곡했다.

"신 등은 궐 밖에 있어서 진실로 이런 줄을 몰랐습니다. 신 등이 성상 앞에 있을 때는 말을 가리지 않고 다했으나 동궁에게는 감히 말을 다하지 못했습니다."

'궐 밖에 있어서 몰랐다'는 김상로의 말은 물론 거짓이다. 그는 숙

의 문씨의 오라비 문성국은 물론 정순왕후 김씨의 아버지 김한구와도 결탁해 궁궐 내 일은 사소한 것까지도 속속들이 알고 있었다. 이렇게 수집한 정보를 이용해 영조와 세자 사이를 벌리는 데 진력했다. 당연히 영조의 입에서 세자를 꾸짖는 말이 나오기만을 기다리고 있었다.

김상로 등 노론들이 세자를 싫어하는 이유 중의 하나가 '동궁에게는 감히 말을 다 하지 못하는' 것이었다. 그들은 세자가 두려웠다. 얼굴빛으로 사람을 끌어들이지 않는 과묵함에다, 나주 벽서 사건과 4대신 정려 상서 사건에서 뚜렷이 보여준 반노론·친소론 자세는 노론으로 하여금 세자의 즉위에 두려움을 갖게 하기에 충분했다.

세자는 영조와 달리 자신의 감정을 드러내지 않았다. 그 누가 무엄한 일을 해도 쉽게 분노하지 않았다. 노론 4대신 정려 상서에 대한 세자의 대답은 '따르지 않겠다'는 한 마디만 했을 뿐이다. 그러니 노론은 그 한 마디로 세자의 속내를 짐작할 수밖에 없었다.

영조 32년(1756) 7월에 상참常參(임금과 신하가 편전에서 국사를 의논하는 것)을 행하려다 무산되었을 때의 일도 노론을 두렵게 했다. 세자가 상참을 명했으나 양사兩司(사헌부와 사간원)의 대간이 모두 거부하고 나오지 않았다. 무려 세 번이나 대간들을 부르는 패초牌招를 내렸는데도 나오지 않았다. 이는 명백히 세자에게 저항하는 행위로 당장 파직시키거나 귀양 보내야 할 죄였다. 그러나 세자는 우의정 신만이 이들의 파직을 요청했음에도 '이미 처분했다'는 말로 대신했다.

노론은 이런 세자가 두려웠다. 그들이 보기에 세자는 어린 시절 '범이 깊은 산에서 울부짖으니 큰 바람이 부는구나'라고 쓴 시에 나오는 그 호랑이었다. 지금은 엎드린 채 죽은 듯 지내고 있지만 막상 즉위하면 어떤 일을 벌일지 알 수 없었다. 나주 벽서 사건 때 세자가 소론을 보호하려 애썼음은 모두 알고 있는 사실이었다. 이것이 노론은 두려웠다. 게다가 세자는 분명 기골이 장대한 무인의 기질을 지니고 있었다.

'무인 군주!'

두려운 일이었다. 세자가 어린 시절부터 탁월한 군사적 재능을 지니고 있었음을 모르는 사람은 없었다.

울먹이던 김상로가 다시 입을 열었다.

"지금 성교聖教를 받들었으니, 마땅히 동궁을 입대入對하여 조심하도록 아뢰겠습니다."

그 다음 날 김상로는 세자를 만나 물었다.

"어제 대조(영조)의 하교를 받았는데 7월 이후 진현하지 않았다고 하셨습니다. 무슨 까닭으로 이러한지 알 수 없습니다."

이 말을 들은 세자 또한 눈물을 줄줄 흘리면서 말했다.

"이는 모두 나의 불충불효한 죄요. 성상께서는 7월부터 진현하지 않았다고 말씀하셨으나 실제로는 6월 이후 나아가 뵙지 못했소. 진현하려 했으나 좌우가 번거로워 할 수가 없었소."

혜경궁 홍씨는 이때 세자의 정신병이 심해져 사람을 죽이기 시작했다고 말한다. 하지만 이날 김상로와 만난 자리에서 정사를 처리하는 것을 보면 과연 그 말이 사실일까 의심하지 않을 수 없다.

이날 양남 경차관兩南敬差官이 장계를 올려 하천이 터져 논밭이 소실된 토지에 대해서 세금을 면제해줄 것을 청했다.

"상달한 바가 옳다. 그대로 시행하라."

세자는 자신의 뚜렷한 정치관을 갖고 있었다. 단지 함부로 표명하지 않았을 뿐이다.

이날 영조는 다시 김상로와 신만을 불러 물었다.

"경 등은 동궁을 입대하여 그 단서를 열어 보았는가?"

"신들이 말씀을 올리니 동궁이 눈물을 흘리며 자책했습니다."

"다행스러운 일이다."

세자는 그 다음 날 영조를 잘 모시지 못했음을 자책하는 하령下令을 발표했다.

"나는 불초 불민하여 대조를 잘 모시지 못하고 양 혼전兩魂殿(인원왕후와 정성왕후의 혼전)의 제향에도 정성을 다하지 못하였으니, 자식의 도리에 진실로 어긋남이 많았다. 이것이 누구의 과실이겠는가? 바로 나의 불초함이다. 두렵고 송구스러워 후회 막급하다. 지금부터 통렬히 스스로 꾸짖고 깨우쳐 장차 모든 일에 허물을 보충해 한 번 종전의 풍습을 바꾸려 하는데, 혹시 실천하여 행하지 못하고 작년같이 된다면 이는 나의 과실이 더욱 심한 것이다. 아! 조정 신료들은 나의 이 뜻을 체득하여 일마다 바로잡아주어야 하는데, 이것이 나의 바람이다."

이 하령은 말하자면 세자의 불효반성문이었다. 이는 세자로서 매우 굴욕적인 행위였다. 효충孝忠을 국가의 기본 이념으로 하는 조선에서 부친을 대리하는 저군이, 국왕을 잘 모시지 못했다는 공개 성명서를 발표한 것이기 때문이다. 사실 이런 문제는 영조가 세자를 불러 꾸짖든 타이르든 둘이 해결할 문제지 신하들에게 공개해 망신 줄 문제는 아니었다. 어쨌든 영조는 세자가 발표한 불효반성문에 흡족했다. 영조는 승지 남태저南泰著에게 세자의 하령을 읽게 했다. 승지가 읽는 세자의 하령을 들은 영조는 무릎을 치며 경탄했다.

"기특하고 기특하다. 조선이 흥하겠구나! 비록 태갑太甲이 허물을 뉘우쳤다 해도 이것보다 더할 수는 없겠고, 내가 동짓날 발표한 윤음보다 낫다."

태갑은 중국 고대 은나라 탕왕의 손자로서 학정을 펴다 쫓겨난 후 잘못을 뉘우쳐 다시 등극한 인물이었다. 세자의 반성이 이 태갑보다 낫다는 말이었다. 영조는 이어서 전교를 쓰라고 명하며 말했다.

"아! 흰 머리의 늙은 나이에 추모하는 마음이 갑절이나 되어 밤낮으로 마음이 안정되지 않았는데, 3백 년 종사를 조종의 영혼이 묵묵히 도와주시고 황천皇天이 복을 내리셔서 승지가 원량의 하령을 가지고 들어와서 아뢰었는데 실로 만만번 몽상夢想 밖이었다. 이 기회를 그냥 넘길 수 없다. 이게 누구의 힘인가? 바로 조정 대신들의 힘이다. 원량을 불러서 하유할 일이 있으니, 시·원임 대신과 유신儒臣들을 입시하게 하라."

이로써 서너 달 계속되던 영조와 세자 사이의 갈등은 해소되는 듯했다. 그러나 화해는 채 하루도 가지 못했다.

그날 밤 영조는 갑자기 상사喪事 때 입는 최복衰服을 꺼내 입었다. 그러고는 걸어서 숭화문崇化門 밖에 나와 맨 땅바닥에 엎드려 곡을 했다. 세자는 이 돌발적인 거조에 당황했다. 그러나 부왕이 최복을 입고 땅바닥에 엎드려 곡하는 마당에 세자가 모른 체하고 있을 수는 없었다. 세자도 영조를 따라 엎드렸다.

영조가 숭화문 밖을 시위 장소로 삼은 것은 계산된 행동이었다. 숭화문은 곧 '효를 밝히는 전각'이란 뜻의 효소전孝昭殿 바깥문이었다. 곧 세자가 효도를 밝히지 못해 조선이 망했으므로 상복을 입는다는 뜻의 상복 시위였던 것이다.

임금이 상복 차림에 맨바닥에 엎드려 곡을 하는데 대신들인들 가만히 있을 수 있었겠는가. 대신들 역시 엎드려 울면서 부르짖었다.

"전하께서는 어찌 이런 거조를 하십니까?"

영조가 대답했다.

"동궁의 하령을 보니 뉘우쳐 깨우쳤다는 말이었으므로 얼른 지나쳐 보고는 놀라고 기쁨을 금치 못하여 장차 경 등을 불러 자랑하고 칭찬하려 했다. 그런데 자세히 보니 정신을 쏟은 곳이 없었다. 그래서 동궁을 불러 '옛날부터 허물을 뉘우치는 임금은 반드시 자기가 잘못한 곳을 나타내는 법이다. 지금 네가 뉘우친 것이 어떤 일이냐?'고 물었으나 동궁은 대략만 말하고 끝내 시원하게 진달하지 못했다."

이에 여러 신하들이 일제히 한 목소리로 말했다.

"평일에 너무 엄하고 두려운 까닭에 우러러 말씀드리지 못한 것입니다. 바라건대 빨리 자리로 돌아가셔서 신 등을 불러 조용히 하교하소서."

영조는 신하들의 이 말을 세자를 편드는 것이라고 생각했다. 영조는 승지를 불렀다.

"전위 교서를 쓰라."

또다시 전위 소동이 벌어질 참이었다. 승지가 전위 교서를 쓸 수는 없었다. 승지 남태저는 붓을 집어던지며 외쳤다.

"신이 죽는 한이 있어도 못 쓰겠습니다."

세자가 나아와 부복하자 영조가 꾸짖었다.

"네가 이미 후회 막급하다고만 말하고, 그 내용을 말하지 않았으니 이는 남의 이목耳目을 가린 것에 불과하다."

영조가 계속 심한 말로 꾸짖자 세자는 다만 꿇어 엎드려 흐느낄 뿐이었다. 여러 신하들이 세자를 잘 타이를 것을 호소했다.

영조의 이런 행위는 세자의 지위를 위태롭게 만들었다. 신하들 앞에서 이처럼 모욕을 주니 그렇잖아도 세자를 마땅찮아 하는 노론 대신들은 당연히 그 틈새를 비집고 들어갈 생각을 했다.

세자는 물러나와 뜰로 내려가다가 까무러쳐서 일어나지 못했다. 판부사 유척기兪拓基가 급히 의관을 불러 진맥하게 했으나 맥도脈度가 통하지 않았다. 급히 청심환淸心丸을 복용시켰더니 한참 있다가 비로소 말이 통했다.

이틀 후 영조는 동궁이 계단에서 떨어져 다쳤다며 세자궁의 중관들에게 책임을 물어 흑산도 등으로 귀양을 보내버렸다. 세자가 다친 게 영조 때문이라는 사실을 모르는 사람은 아무도 없었지만 영조는 세자궁의 중관들에게 책임을 뒤집어씌운 것이다. 이는 영조가 세자를 상대로 권력투쟁을 벌인 것과 다름없었다. 세자를 모시는 중관들을 세자로부터 떼어내어 고립시키려 한 것이다. 귀양 보낸 중관들을 채 한 달도 안 되어 석방한 걸 보면 영조의 이런 의도를 명백히 알 수 있다.

세자궁의 중관들과 세자를 격리시킨 이 조치도 사실은 영조의 과거와 관련이 있었다. 영조는 세제 시절 궁관들을 이용해 경종의 왕권을 뺏으려고 시도했었다. 영조는 경종의 왕권을 빼앗으려 했던 연잉군의 마음으로 세자를 바라본 것이다.

영조는 이런 정치 행위를 통해 한편으로는 세자를 견제하면서 다른 한편으로는 세자의 충성심을 확인하려 했다. 다음 해인 영조 34년(1758) 2월에도 비슷한 일이 있었다. 그날 영조는 숭문당에 입시한 좌의정과 우의정에게 이렇게 말했다.

"내가 아까 피 섞인 변을 보았는데, 이는 무릇 내가 신경을 많이 써서 그런 것이다. 경 등은 모름지기 이런 뜻을 동궁에게 전해 입대케 하라."

영조는 자신이 아프다는 뜻을 신하들을 통해 세자에게 전함으로써 세자의 반응을 떠보았다. 그러나 문제는 정말 아픈 사람은 영조가 아니라 세자였다. 그달 6일과 11일, 16일, 21일 세자는 거듭해서 약방의 입진을 받고 있었고, 영조가 피 섞인 변이 나왔다고 대신들에게 하소연한 당일도 세자는 약방의 입진을 받았다.

그러나 병중이라 해도 부왕이 피 섞인 변을 보았다는 사실을 모른 척 할 수 없었다. 좌의정 김상로는 세자를 만나 '세자가 서연을 한 달

넘도록 정지했기 때문에' 이런 일이 발생했다면서 책임을 세자에게 돌렸다. 세자가 병중이란 사실은 염두에 두지 않았다.

세자는 작은 책자를 갖고 오라고 명했다. 책자를 갖고 영조를 뵈려는 뜻이었다.

잠시 후 영조가 좌의정 김상로와 우의정 신만에게 물었다.

"동궁이 뭐라고 하령하던가?"

김상로가 대답했다.

"신이 청대해 성후가 편찮으신 까닭을 진달하니 세자 저하께서는 크게 놀라시더니 친히 문후하시겠다고 했습니다."

세자가 들어와 뜰아래 부복하고 머리의 관冠을 벗었다. 임금은 세자시강원의 보덕輔德을 부른 후 세자에게 들어오라고 명했다. 세자가 앞에 나아가 엎드리자 영조가 말했다.

"네가 지금 이와 같이 하니, 우리나라가 제대로 되겠구나."

세자의 처신에 만족한 영조는 돌아가라고 말했다.

"이제 동궁을 보니, 내 마음이 후련하다."

영조는 세자의 복종을 반복해서 확인했다. 세자가 다른 마음을 품지 않았음을 확인한 후에야 안심했다. 영조는 왜 이렇게 세자를 의심했을까? 왕비 김씨나 숙의 문씨, 그리고 노론 대신들의 참소도 한몫했겠지만 근본적인 원인은 다른 데 있었을 것이다. 세제 때의 자신의 행적이 근본적인 원인일 것이다.

영조가 한 번 의심할 때마다 세자는 죄인이 되어야 했고, 그때마다 조정 대신들의 구경거리가 되었다. 세자의 대리청정도 10년이 넘었고 나이도 성년이 훨씬 지난 스물다섯이었다. 국사에 대해서 알 만큼은 알 시간이고 나이였다.

영조는 이런 점을 더욱 두려워했다. 영조는 세자가 신하들과 결탁할까봐 안절부절못했다. 겉으로는 신하들에게 세자를 잘 섬기라고 말하면서도 속으로는 끊임없이 세자를 견제했다. 재위 34년(1758) 8월 영의정 이천보를 파면한 것도 이런 속마음이 드러난 한 사건이다. 소론 영의정 이천보가 영조에게 말했다.

"신 등이 밤낮으로 바라는 바는 '성궁聖躬(임금의 몸)을 보호하는 것'뿐입니다. 동궁의 자질은 천고千古에 빼어나므로 전하께서 진실로 관대하게 포용하신다면 덕성을 이룰 것이며 털끝만한 잘못도 없을 것입니다."

이천보가 '밤낮으로 바라는 바는 성궁을 보호하는 것 뿐'이라고 말한 까닭은 세자를 견제하는 영조의 속마음을 잘 알고 있었기 때문이다. 그러나 영조는 이 말에 강력히 반발하고 나섰다.

"경 등은 언제나 내가 잘못되었다며 나의 지나친 조처로 돌리는데 이것이 어찌 신하의 도리이겠는가?"

영조는 세자를 관대히 대하라는 이 말 한마디로 영의정 이천보를 파직하고 말았다. 불과 1년 전만 해도 영의정 이천보가 60번 이상이나 사직 단자를 올렸으나 허락하지 않았던 영조였다.

영조와 세자 사이를 중재하려던 이천보의 노력은 거꾸로 둘 사이에 긴장감을 조성했다. 영조는 세자에게 경연과 차대를 중지하라고 명했다. 세자에게 시위하기 위해서였다. 좌의정 신만이 세자를 청대해 말했다.

"대조께서, '원량이 잘못을 뉘우치는 하령을 내린다면 다시 강연과 차대를 할 것이다'라고 말씀하셨습니다."

이런 경우 세자는 무조건 잘못했다는 하령을 내릴 수밖에 없었다.

세자는 승지들에게 자신을 꾸짖는 하령을 쓰라고 명령했다. 그 후에야 영조는 안심했다. 그러나 그 안심도 오래가지 못했다. 영조는 세

자가 행동을 취해주기를 바랐다. 그 와중에서 다음 왕이 될 세자의 권위가 무참히 땅에 떨어지는 것은 전혀 생각하지 않았다.

세자가 잘못했다는 하령을 내린 지 며칠 후인 재위 34년 8월 30일, 영조는 다시 세자를 다그치며 경연과 차대를 거부하는 것으로 또다시 세자를 압박했다. 영조가 대신들에게 말했다.

"동궁이 지금부터 시작하여 열흘 동안 세 번 강연講筵하고, 공사公事를 가지고 입대하는 일 따위를 하나도 빼놓지 않는다면 나도 다시 경연과 차대를 하겠다."

대신들이 덕성합德成閤에 와서 세자에게 이 말을 전했다. 세자가 말했다.

"대조께서 이처럼 괴로워하시는 것은 모두 나의 불효하고 불초한 죄 때문이다. 만약 조금이라도 천청天聽(천자)을 감동시켜 돌이킬 수 있는 방도가 있다면, 열흘을 어찌 꺼려하겠는가? 한 달이라도 힘을 다해 봉행할 것이다."

세자는 영조가 요구하는 것이 무엇인지 잘 알고 있었다.

"내가 석고대죄하여 조금이라도 정성을 다하는 방도로 삼으려 하는데 어떠한가?"

이 말을 듣고 영의정 유척기와 우의정 신만이 말했다.

"지극히 마땅하니 빨리 그렇게 하시어 성심을 빨리 돌이키소서."

세자는 시민당 북쪽 정원에 돗자리를 깔고 석고대죄했다. 승지들이 세자에게 석고대죄하는 사유를 적어 영조에게 아뢰자고 말했으나 세자는 거부했다. 영조가 모르는 상태에서 그냥 석고대죄하겠다는 뜻이었다. 그러나 세자는 와병 중이었다. 그러니 동궁의 관료들이 가만히 보고 있을 수 없었다.

"차가운 곳에서 밤을 새우시면 예후睿候(임금이나 세자의 몸)를 싱하게 할 것입니다."

세자가 답했다.

"그런 이해관계를 따져서 비교할 것이 아니다. 나 또한 생각하고 헤아리는 바가 있다."

무인 기질의 세자는 석고대죄하는 사유를 알려서 석고대죄를 풀라는 명을 받아내는 뻔한 수가 싫었다. 석고대죄하는 세자에게는 많은 생각이 떠올랐다. 이런 상황은 영조가 살아 있는 한 계속될 것이었다. 지금의 대신들 중에 자신을 도와줄 인물은 아무도 없었다. 소론 영의정 이천보가 자신을 지지하는 말 한마디 때문에 쫓겨난 후 정승들, 즉 유척기, 김상로, 신만 모두가 노론이었다.

'풍원군이 살아 있었다면……'

세자는 풍원군 조현명이 그리웠다. 그가 살아 있었다면 영조와 자신을 중재하기 위해 있는 힘을 다했을 것이다. 그러나 조현명은 6년 전인 영조 28년(1752)에 이미 세상을 떠났다. 더구나 다음 해인 영조 35년(1759)에는 문씨가 임신했을 당시 '세자를 호위해야 한다'고 주장했던 이종성마저 세상을 버렸다. 세자는 고립되었다. 심지어 부인에게까지 버림받은 터였으니, 철저하게 홀로 고립된 상태였다.

온궁의 행복

영조 36년(1760) 7월 영조와 대신들 사이에서는 세자의 온천행이 거론되었다. 세자빈 홍씨는 이때도 세자의 정신병이 심했다고 주장하지만 『영조실록』이 말하는 세자의 병은 정신병이 아니라 다리의 습창濕瘡, 곧 종기였다. 영조는 김상로가 세자의 기후를 묻자 "다리의 습창으로 여를 타기 어렵기 때문에 이번에 데리고 오지 못했다. 외간에서는 이런 줄 알지 못하니 장차 어떻게 해야 하겠는가? 이번에 목욕 요청을 금한 것은 뜻이 깊으나, 만일 훈세薰洗가 유익하다면 어찌 하지 않겠는가?(『영조실록』 36년 7월 10일)"라고 대답했다.

종기는 외과의학이 발달한 현대에는 쉽게 고칠 수 있는 병이지만, 몸에 칼을 대지 않았던 조선시대에는 고치기 어려운 병이었다. 그래서 세종과 세조를 비롯한 많은 임금들이 이 병으로 고생했고, 치료를 위해 온궁을 찾았다. 영조는 석음재惜陰齋에 나가서 약방 제조 이후에게 물어보았다.

"경이 직접 동궁의 환후를 보았는가?"

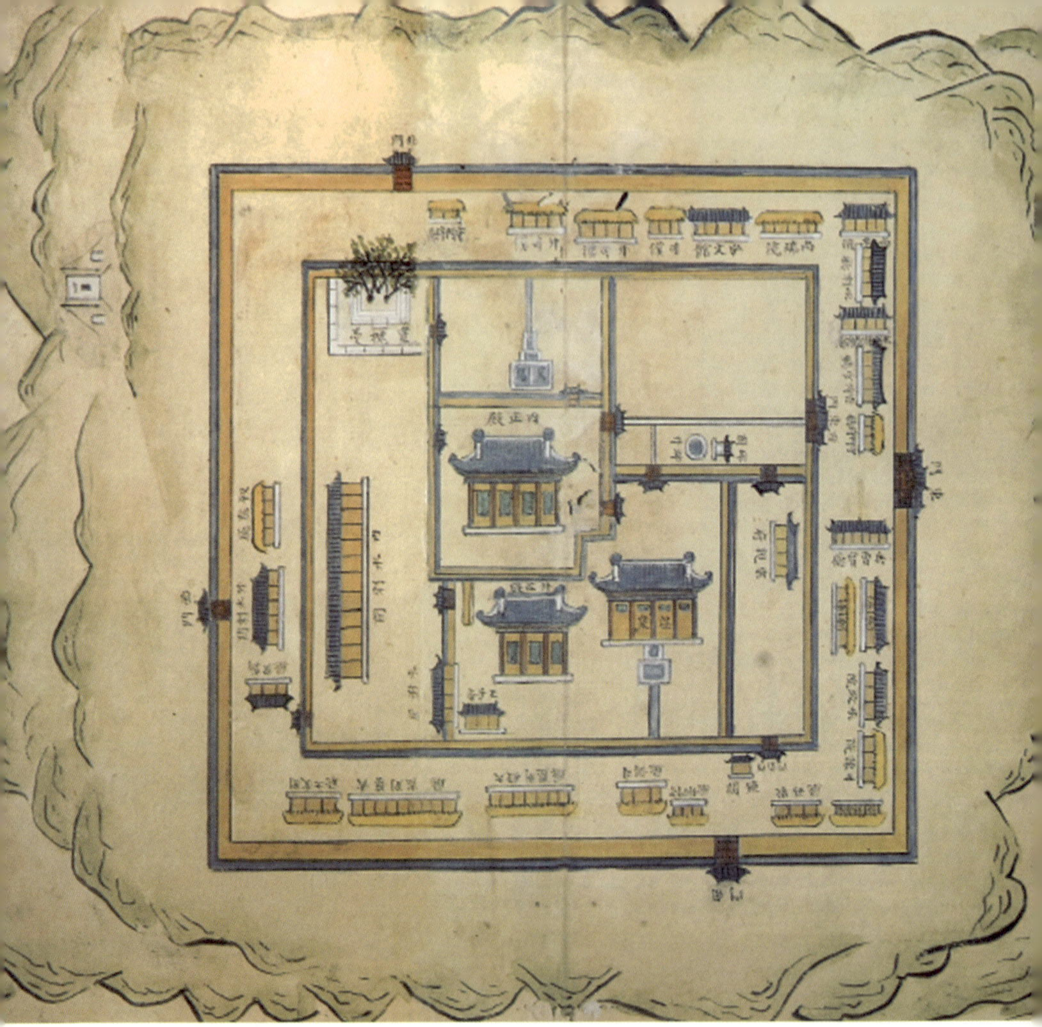

온양별궁 전도 영조 36년(1760) 7월, 세자는 종기를 치료하기 위해 별궁인 '온궁'이 있는 온양의 온천으로 향했다.

"신이 종기 난 곳을 보니 혹(腫)이 난 곳도 있고 곪아 터진 곳도 있었습니다."
"여러 의관들은 무엇이라고 말하던가?"
"온천에서 목욕하는 것이 좋겠다고 말했습니다."
영조가 답했다.
"어제 온천 목욕을 금한다는 교시를 내렸는데, 이제 내 아들이라고 문득 허락하면 백성들이 나를 믿겠는가?"

그러나 어쩔 수 없었던 영조는 하교를 내렸다.

"여러 의원들이 모두 온천욕을 청한다고 한다……. 혹시 효력이 있는데도 허락하지 않으면 이것이 어찌 아비가 된 자의 도리이겠는가? 빙탄氷炭이 마음속에 섞여서 음식 맛이 없고 잠자리도 편치 않다. 그러나 한더위를 당하여 조섭 중의 세자가 어떻게 말을 몰고 달리겠는가? 군병과 농민들의 아픔이 몸에 있는 것 같아서 이를 돌아보지 않을 수 없으니 처서處暑가 지난 후 거행하라."

이로써 스물여섯 살의 세자는 처음으로 영조의 품을 떠나 홀로 온천으로 가게 되었다. 조선시대 임금들이 온천에 거동한다는 것은 곧 온양온천으로 간다는 것을 의미했다. 별궁인 온궁溫宮이 있었기 때문이다.

그러나 혜경궁 홍씨는 『한중록』에서 세자의 온궁행이 이루어진 배경에 대해서 전혀 다른 이야기를 늘어놓았다. 정신병자 세자가 칼로 화완옹주를 위협해 영조를 조르게 했다는 것이다. 하지만 『영조실록』의 기록들이 보여주고 있듯이 세자의 온양행은 약원 제조와 의관들의 진단에 따른 처방이었다.

혜경궁 홍씨는 세자의 온궁 행차 행렬에 대해서도 어설픈 거짓말을 늘어놓고 있다. 『한중록』의 해당 기록을 보자.

"그러나 (온궁에) 거동하시는 위의威儀는 쓸쓸하기 말이 못 되더라. 당신(세자)은 전배前陪나 많이 세우고 순령수巡令手 소리나 시원히 시키시고, 풍악이나 장하게 잡히고 가려고 하셨으나, 부왕께서는 마지 못하여 보내시니 어찌 그렇게 차려주셨으리오."

혜경궁 홍씨의 말인 즉 세자의 온궁 행차가 쓸쓸하리만큼 초라했다는 것이다. 하지만 대리청정하는 저군의 행차가 혜경궁 홍씨의 말처럼 초라할 수는 없었다. 이는 왕실의 위엄과 직결되는 문제이기 때문이다.

『영조실록』은 세자의 행렬에 대해 자세히 기록하고 있다. 세자의 연輦을 시위하는 협련군挾輦軍(임금의 연을 호위하는 군)은 훈국군訓局軍 120명으로 교체해 운영하고, 호위 병사는 금위영과 어영에서 각 2백 명을 차출해 임무를 맡겼다. 즉 국왕의 경호 병력인 최정예 금위영과 어영의 병사 4백 명, 그리고 수도방위의 최정예부대인 훈국군 120명을 합해 호위 병력만 도합 520명이 되는 장엄한 행렬이었다. 이런 행렬이 '전배'도 없고 '순령수'도 없는 쓸쓸한 행렬일 수는 없다. '물렀거라' 하는 순령수 소리나 나팔 소리는 댈 것도 아니었다. 나팔과 북으로 하는 삼취三吹 대신 군기시軍器寺에서 대령한 포砲를 사용했고, 또한 영기슈旗 세 쌍과 흑호의黑號衣, 흑기黑旗, 홍자 주장수紅字朱杖手 등 수어청에서 동원한 검고 붉은 깃발이 파란 하늘을 온통 뒤덮었다.

또 대리청정하는 세자가 궐 밖에 나가는 것은 사실상 조정을 둘로 나누는 분조分朝이므로 분승지分承旨, 분병조分兵曹, 분도총부分都摠府, 분오위장分五衛將으로 하여금 세자를 따르게 해 조정을 둘로 나누다시피 했다. 각 지방의 길 안내와 성문의 개폐는 각각 해당 지방관이 맡기로 했으며 해당 도의 관찰사가 각도의 경계에서 기다리고 있다가 세자를 배종하기로 했다. 관찰사와 병마절도사가 동시에 자리를 비울 경우 발생할 변란을 염려해 병마절도사만 진영에서 대기하기로 했다. 이런 행차를 혜경궁 홍씨는 '쓸쓸하기 말이 못 되더라'고 깎아내렸다.

눈부신 위의를 갖춘 세자 행렬이 창덕궁을 떠난 것은 영조 36년 7월 18일 아침이었다. 세자의 행렬이 한강가에 도착했는데 물이 크게 불어서 배가 건널 수가 없었다. 이때 경기 감사 윤급尹汲이 꾀를 내어 큰 배 수십 척을 굵은 동아줄로 묶어서 오후에 한강을 건너 과천에 도착할 수 있었다.

세자는 배 위에서 궁관 이수봉李壽鳳 등과 함께 "무릇 임금이 배라면 신민은 물이다〔夫君者舟也 人者水也〕"라는 설을 강론했다. 이는 『후한서後漢書』 「황보규전皇甫規傳」에 실려 있는 말로, 세자의 국왕관과 백성관을 잘 보여주는 대목이다. 물은 배를 띄울 수도 있지만 엎을 수도 있는 존재라는 뜻이다. 즉 백성은 임금을 도울 수도, 해칠 수도 있는 존재라는 점을 경계한 내용이다.

과천에서 유숙하던 첫날 밤 세자가 병조 좌랑을 불렀다.

"각사各司를 적절히 분배하여 공공장소에서 머물러 자게 하고 한 사람도 민가民家에서 유숙하지 못하게 하라."

영조의 곁을 떠나 맨 처음 독자적으로 내린 명령이 수행원들에게 민폐를 끼치지 말라는 것이었다.

이날이 『영조실록』은 "사부·빈객이 한 사람도 따르지 않으니 식자識者들이 근심하고 탄식했다"라고 기록하고 있다. 왕세자의 사부는 정승들이 겸하는 것이 관례였다. 이때의 사부 빈객은 영의정 김상로, 우의정 민백상閔百祥 등이었다. 이들은 당연히 연을 따라야 했으나 노론이었기에 세인의 빈축을 사면서까지 따르지 않은 것이다.

다음 날에는 수원에서 유숙했다. 세자는 수원부 북쪽에 있는 한 산에 올라갔다. 세자는 두루 둘러보고 좋은 곳이라고 감탄하다가 처소로 돌아왔는데 그 곳이 바로 화산花山이었다. 이 화산은 29년 후 세자 자신의 시신이 이장되어 현륭원顯隆園, 또 현릉顯陵이라 불리게 되는 운명의 땅이었다.

세자는 산성山城으로 돌아와서 무인 세자답게 무기를 검열했다. 다음 날 진위振威에 유숙할 때는 밤에 천총千摠에게 군병을 점검하고 민가에 들어가지 못하도록 엄명을 내렸다. 그런데 이때 병사를 점호하

영괴대 영조의 온양 별궁 행차 때 동행한 세자가 무술을 연마하던 곳으로 이를 기념하기 위해 아들 정조가 세웠다. 충청남도 아산시 소재.

면서 피리로 군사들을 부른 게 논란이 되어, 배종하는 여러 신하가 청대해 이 문제를 논란했다.

"숙위宿衛의 사체가 얼마나 엄중한 것인데 피리로 군사를 불렀으니 지극히 놀랄 만합니다. 군율로써 처단해야 합니다."

군율로 처단하는 것은 사형을 뜻하는 것이었다. 세자가 하령했다.

"군율은 가볍게 의논할 수 없으나 삼가지 않을 수 없으니 잡아들여 각각 결곤決棍(곤장을 치는 것)하라."

세자의 웅장한 행렬은 백성들에게 커다란 구경거리였다. 세자의 연이 지나는 곳마다 부로父老들은 물론 사대부가의 여인들까지 얼굴을 가리고 다투어 나와서 행렬을 구경했다. 심지어 수십 리 밖에서도 세자를 보려 몰려들었다. 백성들의 이런 모습에 세자는 감명을 받았다. 그들에겐 속셈과 말이 다르며 말과 행동이 다른 조정 대신들과는 다른 순박함과 임금을 임금으로, 세자를 세자로 여기는 충심이 있었다.

영조 36년에는 극심한 가뭄이 들어 농사를 망친 논밭들이 많았다. 어쩌면 백성들은 이런 가뭄을 하소연하기 위해 모여든 것인지도 몰랐다.

세자는 백성들이 행차를 에워싸서 소란스러워지면 번번이 행차를 멈추고 농촌의 질고에 대해 물었다. 농촌의 괴로운 일은 과중한 조세와 부역이 으뜸이었다. 부로들이 이를 호소하면 세자는 그때마다 지방관을 불러 명령했다.

"조세와 부역을 감면하라."

한길에서 크게 기뻐하는 백성들의 탄성이 들렸음은 물론이다.

직산에 유숙했을 때 충청 감사 구윤명具允明을 접견했는데 이때 세자는 다음과 같은 하령을 내렸다.

"원근에서 구경 오는 백성들이 매우 많은데, 사람과 말이 복잡하게 얽혀서 반드시 넘어지고 쓰러지는 사람들이 있을 것이다. 이런 사람들을 찾아서 각별하게 구휼하도록 하고 구경하는 사람을 구타해 쫓지 말며 농토를 상하지 않게 하라."

이는 노론측이 다수 참여해 편찬한 『영조실록』 36년 7월 21일자에 기록되어 있는 내용이다. 그러나 혜경궁은 같은 해의 일을 정반대로 기록했다. 영조 36년의 세자 상태에 대한 『한중록』의 기록을 보자.

"경진년(영조 36년)을 당하니, 그해는 병환이 더욱 위독하시고, 대조께서도 책망이 날로 심하시매 울화는 점점 성화시고, 의대병환이 극심하더라. 갑자기 모르는 사람이 보인다 하시고 다닐 때는 미리 사람을 보내어 금하시고, 나가실 때 혹 미처 피하지 못하여 얼핏이라도 보이면 그 옷을 못 입고 벗으시고 비단 군복 한 벌을 입으시려 하면, 군복 몇 벌을 이어서 불사르시고 겨우 한 벌을 입으셨으니, 기묘(영조 35년) 경진년 사이에 군복 지어서 없앤 것이 몇 궤인지 알리오."

한 사람에 대한 같은 시기의 기록이 이처럼 확연히 다른 예는 아마 찾아보기 쉽지 않을 것이다.

세자가 온양의 온궁에 도착한 것은 영조 36년 7월 22일, 비참한 죽음을 당하기 2년 전이었다. 그날 밤 드디어 기다리던 비가 내렸다. 상서로운 조짐이었다.

며칠 뒤 군마軍馬가 우리를 뛰쳐나가 밭과 곡식을 상하게 하자 세자는 마주馬主인 위사衛士를 처벌하고 지방관에게 쌀 한 섬을 밭주인에게 보상해주라고 명령했다. 또 온양 읍내의 나이 많은 노인들을 불러 위로연을 베풀어주고, 이름 없는 선비들을 불러 도타운 말로 학문에 힘쓸 것을 권하기도 했다.

세자는 온천에 머무는 동안 날마다 강연을 열어 불편한 몸을 이끌고 정신을 추스렸으니 객관적으로 성군의 재질임은 분명했다. 온궁에서 편안한 나날을 지낸 1주일 후 세자는 임금의 상징인 궐패闕牌에 대신 절하는 망궐례望闕禮를 행했다.

"오랫동안 서울의 궁궐을 떠나 있자니, 그리운 심정을 견디기 어렵다."

세자는 드디어 온양 온천의 행궁行宮을 떠나 서울로 향했다. 직산에 도착해 충청 감사 구윤명을 불러 말했다.

"가뭄으로 밭이 태반이나 묶여 마음이 몹시 가엾고 슬픈데도 은혜로운 정사가 한 가지도 없으니 심히 겸연스럽구나. 재해를 입은 논밭의 전세를 면제해주는 것이 백성들에게 은혜를 베푸는 일인데 이 역시 허실이 섞여서 고르지 못한 폐단이 있다. 수령에게 분부해 마음을 다해 잡역雜役을 감해주고 전세를 면제해주는 일을 받들어 행하게 하라."

세자는 온 길을 되밟아 진위와 과천에서 유숙한 후 창덕궁으로 돌아왔다. 세자는 곧바로 영조가 거처하는 경희궁慶熙宮에 나아가 문안하겠다는 뜻을 표시했다. 잠시 후 영조가 도승지 이경호李景祜를 보내

만류했다.

"세자가 문안하려 하는 것은 합당한 일이나, 온천에 목욕하고 여러 날을 달려왔으니 만약 여기에서 날을 보내면 몸조리하는 도리가 아니다. 또 서로 만날 날이 멀지 않아 있을 것이니 바로 돌아가서 휴식하고 군사들도 여러 날 수고했으니 일찍 파하여 보내게 하면 내 마음이 편하겠다."

영조는 세자가 일찍 돌아온 것에 마음이 흡족했다. 세자도 이 때문에 예상보다 일찍 올라왔을 것이다. 그러나 혜경궁 홍씨는 세자의 온양행에 대해서도 상반되게 이야기하고 있다.

"동궁께서는 온행溫行(온양 행궁 행차)하려 하실 적에는 사람이 다 죽게 보이시더니 성문을 나가시매 울화가 내리셨는지, 영을 내려서 일로一路의 작폐를 못하게 하시고…… 덕을 베푸시니 온양 일읍이 고요 안정하여 왕세자의 덕을 축수 찬양했다 하더라."

세자가 정신병에 걸렸다는 소문을 퍼뜨렸지만 막상 백성들 앞에 모습을 드러낸 세자는 그 누구 못지않은 성군이었다. 그래서 혜경궁도 이 부분은 시인할 수밖에 없었던 것이다. 그러나 세자가 일찍 돌아온 것에 대해서는 이렇게 폄하했다.

"일껏 가셨으나 온양 소읍에 무슨 경치가 있으며 장려壯麗한 물색이 있으리오. 10여 일을 머무르시자 또 답답하여 8월 초육일에 환궁하신 후, '온양은 답답하니 평산平山에나 가자' 하셨으나, 또 평산에 가겠다고 말씀할 길이 없어서, 평산은 좁고 갑갑하기가 온양만도 못하다고 하여 그 길은 안 가시더라."

즉, 놀기 좋아하는 세자가 화완옹주를 칼로 위협해 온양에 갔다가 볼만한 경치와 물색이 없자 일찍 돌아왔다는 것이다. 그러나 이 말은 그 자신의 말과도 상반된다. 혜경궁은 세자가 화완옹주에게, "아무래도 (부왕과 자신은) 한 대궐에 살 수가 없으니 웃대궐을 보자고 하거나, 무슨 수단으로든 모시고 가라"라고 부탁한 직후 화완을 위협해 온양을 갈 수 있었다고 말했다. 이렇듯 칼로 누이를 위협해야 할 만큼 대궐이 싫었다면 세자는 오래오래 온양에 머물렀어야 할 것이다. 휴양이라는 명분도 뚜렷하니 일찍 올 필요가 없었다. 그러나 세자는 일찍 돌아왔다. 그것도 '오랫동안 서울의 궁궐을 떠나 있자니, 그리운 마음을 견디기 어렵다'라며. 어쩌면 세자는 '그리운 마음'보다는 자신이 대궐에 없는 동안 안팎에서 마음 놓고 자신을 헐뜯을 것에 '두려운 마음'이 들어 일찍 돌아왔는지도 모른다.

영조가 온천 행차 때의 세자의 행실에 대해 묻자 대신들은 이렇게 대답했다.

"학어鶴御(세자의 행차)가 한 번 임하자 호중湖中(충청도) 인사들이 비로소 세자의 덕이 탁월하다는 것을 알게 되었으며, 부로나 서인들 치고 세자의 덕을 칭송하지 않는 사람이 없었습니다. 이야말로 신민의 행복입니다."

우의정 민백상은 세자가 돌아온 얼마 후 세자를 만나 이렇게 말했다.

"이번 온천 행차 뒤에 거리의 말을 들으니, 저하의 어진 명성이 민심을 흡족하고 기쁘게 했습니다. 더욱 유념하시어 이 덕을 넓히소서."

혜경궁 홍씨가 세자의 온궁행에서 보여준 덕행을 전면 부인할 수 없었던 이유는 단 하나 세자를 둘러싼 이런 칭송들 때문이었을 것이다. 실제로 세자는 천여 명에 가까운 행렬이 창덕궁을 떠날 때부터 다시 돌아올 때까지 한 치의 실수도 없이 능숙하게 지휘했다. 지역을 지날 때마다 번번이 궁관 이수봉을 시켜 그 고장을 돌아다니며 주민들을 위로하고 타이르는 한편 농사 현황을 살펴보게 했다. 더운 여름날이었으므로 약원에게 미리 약을 조제하도록 명해 더위를 먹은 장수와 병사들을 구제했다. 그 결과 긴 행차 후에도 천여 명 중 한 사람도 앓는 자가 없었다.

그야말로 완벽한 행차였던 것이다. 세자가 탁월한 지휘 능력을 지녔음을 뜻하는 것이다.

온양 행차는 세자의 위의를 만천하에 알리는 계기가 되었다. 또 세자가 '포악하다', '정신병이 있다'는 등 노론이 조직적으로 전파한 소문이 거짓임을 분명히 밝히는 계기도 되었다. 세자의 온궁행이 가져온 결과가 이렇게 되자 급해진 것은 노론이었다.

진현을 둘러싼 의문의 8개월

많은 사람들은 세자의 생애 중에서 영조 37년 봄에 있었던 세자의 관서행을 미스터리로 여긴다. 그리고 세자의 비참한 죽음이 바로 이 관서행에서 비롯되었다는 것이 지금까지의 대체적인 견해다. 관서행의 줄거리 자체는 간단하다. 세자가 부왕 몰래 평안도 지방을 유람하면서 많은 비행을 저질러 결국 비극적인 최후로 이어졌다는 것이다.

하지만 관서행보다 더 큰 미스터리가 있는데, 관서 지방으로 떠나기 전 8개월간의 세자의 행적이다. 세자는 온양 행궁에서 돌아온 영조 36년 8월 초부터 관서행을 단행하는 37년 4월까지 무려 8개월 동안 영조를 단 한 번도 만나지 않았다. 같은 대궐 안에 사는 부자가 8개월 동안 단 한 번도 만나지 않은 것이다.

어떻게 이런 일이 발생할 수 있었을까?

세자가 온양에서 돌아와 진현하려 했을 때 영조는 "만날 날이 멀지 않으니 물러가 휴식하라"는 말로 사양했다. 이는 영조가 세자의 몸조리를 위해 번거로운 진현 절차를 생략해주었다는 뜻이다. 그러나 그

'멀지 않았다는 만날 날'은 쉽게 오지 않았다.

세자가 온천에서 돌아온 후 한 달 가까이 진현이 더디어지자 9월 1일 약방 도제조 이후가 영조의 탄일誕日인 13일에 진현할 것을 권했다. 세자는 "온천에 행차한 뒤뿐만 아니라 진현하지 못한 것이 벌써 석 달이 지났는데, 병이 나으면 어찌 13일까지 기다리겠는가?"라고 말했다. 세자시강원에서 13일에 세자가 진현하겠다고 아뢰자 영조가, "조리 중에 있으니 진현하지 말게 하라"고 말렸다.

이로써 부자간의 만남은 무산되었다.

그 후 세자의 진현을 둘러싼 줄다리기는 지루할 정도로 계속되었다. 성균관, 승정원 등에서 차자를 올려 진현을 권하면 세자는 약방의 입진 외에는 모든 청대를 거부하면서 천편일률적으로 답변했다. 그 외의 차자에도 모두 "우악優渥하게 비답했다"라는 한마디로 답변을 대신했다. '우악'이란 '은혜가 두텁다'는 뜻의 문서용 용어다. 세자가 사람들을 만나지 않으니 신하들도 세자의 얼굴을 볼 기회가 없었다. 그러자 영조 36년 9월 영의정 김상로가 세자에게 상서하여 이를 따지기도 했다.

"대소 여러 신하들이 절실한 말로 진달하는 것은 저하께서 겸허하게 받아들여서 몸을 변화시키는 한 단서가 될 만한데, 모두 예사로운 답을 내려서 한 종이에 박은 것과 같으니, 과연 바른말 듣기를 즐거워하는 뜻이 있으십니까?"

노론 영수 김상로의 항의에 대해 세자는 답했다.

"진달한 바가 간절하고 지극하니 명심하지 아니하겠는가? 방금 질병 때문에 고통이 심해 정신이 어지러우니 만약 조금 차도가 있으면 시일時日을 불구하고 마땅히 불러 접견하겠다."

그러나 세자는 그 후에도 여러 차대나 상서에 대해 한결같이 '우악하게 비답'만 할 뿐이었다. 우의정 민백상이 차자를 올려 신료臣僚를 자주 접견하라고 청했을 때도 마찬가지였다. 대사헌 한익모韓翼謨가 영조를 진현할 것과 학문과 정사에 힘쓰라고 상서했을 때도, 승정원과 홍문관에서 상달했을 때도 우악하게 비답하는 문서만을 내릴 뿐이었다. 그런 간간히 덕성합에 나아가 앉아 약방의 입진을 받는 것이 세자 일의 전부였다.

세자는 아프다는 핑계로 사실상 정사에 손을 놓고 있었다. 이는 의도적인 행위였다. 영조를 진현할 것인지 아닌지 판단을 요구하는 상서에도 우악하게 비답만 내릴 뿐 자신의 견해를 말하지 않고 있었다.

세자는 왜 정사에서 손을 놓았던 것일까?

온양에서 돌아온 후 세자가 유일하게 자신의 견해를 피력한 일은 충청도 생원 이의보李義輔 등이 권상하權尙夏를 청주 화양서원에 추가 배향할 것을 요청했을 때였다. 이때만은 '우악하게 비답한다'는 문서 대신 '따르지 않겠다'고 거부했다. 권상하는 노론 종주 송시열의 수제자로 숙종 15년(1689) 송시열이 사사당했을 때 그 시신을 수습한 인물이며 청주 화양서원은 송시열을 모신 서원이었다. 권상하를 송시열을 모신 서원에 추가 배향하겠다는 의사를 거부한 데는 노론에 대한 세자의 부정적 시각이 담겨 있었다. 그러나 이 한 번의 사례뿐이었다. 나머지 상서는 모두 우악하게 비답만 하는 가운데 영조 36년(1760)이 저물고 새해가 밝았다.

영조 37년에도 세자는 정사를 놓고 있었다. 아니, 정사를 더욱 멀리했다. 그해 2월 말 승지가 김한로金漢老의 글을 가지고 입대를 요청하자 세자는 이렇게 말했다.

"바람을 쏘일 수 없어 문을 열 수 없으니, 승지가 큰 소리로 글을 읽는 것이 좋겠다."

영조 37년 3월 27일 분제조 김상익金尙翼 등이 몸 상태에 대해 묻자 세자는 "치통과 두통, 그리고 복부가 당겨 기동할 수 없다"고 대답했다.

이때는 영조도 와병 중이었다. 대신들이 문병할 것을 거듭 청하자 세자가 물었다.

"연에 누워 갈 수 있겠는가?"

김상익이 답했다.

"가죽 장막으로 가리면 바람에 닿지 않을 것이며, 누워서 떠날 수도 있습니다."

세자가 연에 누워 문병 온다고 하자 영조가 말렸다.

"조리하면서 온다고 하니 더욱 마음이 쓰인다. 승지는 즉각 가서 오지 못하도록 하라."

영조와 세자의 만남은 계속 미루어졌다.

환궁 후 8개월, 그 전까지 합치면 무려 10개월이 넘는 기간 동안 부자간의 만남은 좌절되고 있었다. 여기서 간과할 수 없는 것은 이 기나긴 동안 영조는 진현하지 않는다는 구실로 소동 같은 것을 한 번도 일으키지 않았다는 점이다. 이것은 무엇을 뜻하는 것일까?

이 시점에서 세자가 왜 일주일 만에 온양에서 황급히 환궁했는지를 추적해야 한다. 세자는 왜 일주일 만에 망궐례를 올리고 환궁했을까?

무엇보다 세자는 온양 행차 때와 온양 행궁에 기거할 때 자신에게 보여주었던 백성들의 찬사가 부담스러웠다. 충청도의 사대부와 부로는 물론 일반 서인들까지 모두 세자의 덕을 칭송했는데, 세자는 이 점이 부담스러웠다. 태종이 세종에게 왕위를 물려준 후 사소한 군사 보고 절차 문제로 세종의 장인 심온沈溫을 사형시킨 전례를 세자는 알고 있었다. 자신에게 백성들의 칭송이 집중되면 집중될수록 그만큼 부왕과 노론의 경계도 강화될 것을 우려했다. 이런 우려들이 '우악하게 비

경희궁 원래의 이름은 경덕궁이었으나 영조 36년에 경희궁으로 개명되었다. 영조는 치세의 절반을 이곳에서 보냈다. 서울시 종로구 소재.

답'하며 정사에서 손을 놓는, 사실상의 정계 은퇴로 나타났던 것이다. 한편으로는 자신의 정사 방기를 영조가 묵인하는 것을 보고 두려움도 느꼈을 것이다. 세자는 영조가 자신이 정사에서 손을 떼기를 바라고 있다고 느꼈다. 그 원인은 자신의 역사관에 대해 의구심이 있다고 느꼈다. 세자는 자구책의 필요성을 느꼈다.

세자가 관서에 몰래 가 있던 다음 해 4월, 대사간 안윤행安允行이 동궁의 진현을 막지 말라고 주청하자 영조가 격하게 화를 내는 데서도 영조의 속내가 읽힌다.

"하늘과 땅이 비록 거꾸로 뒤집힌다 해도 천하에 어찌 아비가 가서 자식을 보는 이치가 있겠는가?"

영조는 화평옹주와 화협옹주가 아플 때는 관례를 무시하고 궐 밖사가까지 가서 문병했다. 옹주들에게는 관례를 무시하며 문병 가도 되지만 세자가 아플 때엔 '하늘과 땅이 거꾸로 뒤집힌다 해도' 문병 가는 법이 '천하'에 없는 '이치'라고 주장한 것은, 세자를 정치적 관점에서 본다는 뜻이었다. 영조는 세자와 권력투쟁을 벌이고 있는 것이었다. 세자도 이런 사실을 알고 있었다.

그러므로 세자의 정사 방기는 영조의 의구심을 풀어주기 위한 의도적인 행위였다. 자신은 정치에서 손을 떼겠으니 의심을 풀라는 몸짓이었다.

사실 세자의 병환은 대단한 것도 아니었다. 온양에서 서울까지 먼 길을 달려와도 아무 탈이 없을 정도였고, 온양 행궁에서 말을 타고 활을 쏠 정도로 건강했다. 영조도 세자의 병세가 별 것 아니란 사실을 알고 있었다. 세자의 병이 정말 심각했다면 옹주의 사가에도 문병 갔던 영조가 경희궁에서 창덕궁까지 가지 못할 이유가 없었다. 그럼에도 영조는 한 번도 가지 않았으며 진현도 거부했다. 세자도 영조의 이런 속마음을 알고 있었다. 영조도 노론처럼 세자가 지닌 정치적 견해, 무인적 기질, 말 없는 성품, 이런 모든 것들이 두려웠는지도 모른다.

하지만 이런 상황이 더 두려운 인물은 세자였다. 그는 철저히 고립된 상태였다. 영조는 세자를 견제하고 있었고 영조와 잠자리를 함께 하는 왕후 김씨와 숙의 문씨는 끊임없이 세자를 비난했다. 나주 벽서 사건과 토역경과 투서 사건으로 소론이 몰락한 후 조정은 완전하게 노론의 차지였다. 조현명과 이종성 등 소론 영수들은 이미 저세상 사람이었다. 세자는 자구책을 강구했다. 미행과 관서행. 이것이 세자의 자구책이자 승부수였다.

세자가 관서로 간 까닭은?

세자는 영조 37년(1761) 4월 초2일 관서행을 결행했다. 이를 혜경궁 홍씨는 '관서미행關西微行'이라고 표현했다. 혜경궁 홍씨는 세자가 관서미행 이전부터 미행을 시작했다고 적고 있다. 『한중록』을 보자.

"신사년(영조 37년)이 되니 세자의 병환이 더욱 심해지시매, 대조께서 이어하신 후에는 후원에 나가 말 타기와 군기붙이로 소일할까 하시다가 7월 후에는 후원에 늘 가셨다. 그러나 그것도 심심해서 뜻밖에 미행을 시작하시매 처음의 일이라 어이없으니 어찌 다 근심을 형용하리요. 병환이 나시면 사람이 상하고 마셨다."

홍씨는 세자의 미행 역시 정신병으로 인한 유희로 돌렸다. 또한 미행 때 비구니 한 명, 관서미행 때 기생 한 명을 궁중으로 데려왔다는 식으로 세자의 미행 목적을 여자 사냥을 위한 개인적 비리로 돌렸다.

그러나 당시 세자를 둘러싼 궁중의 정치 상황은 여자 사냥에나 신경 쓸 만큼 한가롭지 않았다. 한가롭기는커녕 영조와 세자, 노론과 세자는 팽팽한 긴장 속에서 살얼음판을 걷고 있었다. 세자는 자신을 죄어오는 음모의 무게를 알고 있었다. 세자를 지지하던 소론 대신들이 잇달아 사망하고, 그 자리를 노론이 메우는 상황은 세자에게 본능적인 공포로 다가왔다. 장희빈을 죽이고 경종을 죽인 세력이 자신을 향해 칼끝을 겨누고 있었다.

영조의 총애는 이미 세자가 아니라 세손에게 쏠려 있었다. 세손의 나이 이제 열 살, 정치를 알기엔 어린 나이였지만 영조는 어린 날의 세자에게 쏟아부었던 사랑을 세손에게 쏟아부었다. 세손은 세자 외에 또 다른 '삼종의 혈맥'이었다. 영조는 세손을 왕위 계승의 다른 대안으로 볼 수도 있었다. 영조뿐 아니라 혜경궁 홍씨의 친정도 마찬가지였다. 영조와 혜경궁 홍씨의 친정은 세자에게는 냉정했지만 세손에게는 정성을 쏟았다.

이런 상황에서 결행한 세자의 미행과 관서행의 목적이 여자 사냥일 수는 없었다. 정신병은 더욱 아니었다. 세자가 미행에서 여인들을 데려왔음은 분명한 사실이다. 그러나 이런 동정이 부왕 영조와 노론에게 속속들이 알려질 것임을 모르는 세자도 아니었다. 그렇다면 세자는 왜 여인들을 데려왔을까?

이는 의도적이고 뚜렷한 목적을 가진 정치행위였을 가능성이 높다. 즉 영조와 노론의 경계를 누그러뜨리기 위해 일부러 여자들을 데려왔을지 모른다는 말이다. 미행의 목적이 여자임을 표방해 영조와 노론의 경계를 누그러뜨리면서 '우악하게 비답'만 하는 것으로 자신의 실제 모습을 감추려는 의도일 수 있었다. 그리고 이 위장에 넘어간 노론이 미행을 의심하지 않는 틈을 타서 타개책을 찾기 위해 세자는 관서행을 결행한 것이다. 이 시간을 벌기 위해 세자는 병을 핑계로 모습을 드러내지 않은 채 '우악한 비답'이 담긴 문서만을 내려보낸 것이다.

세자는 냉철한 군사 전략가답게 만반의 조치를 취해놓았다. 관서에

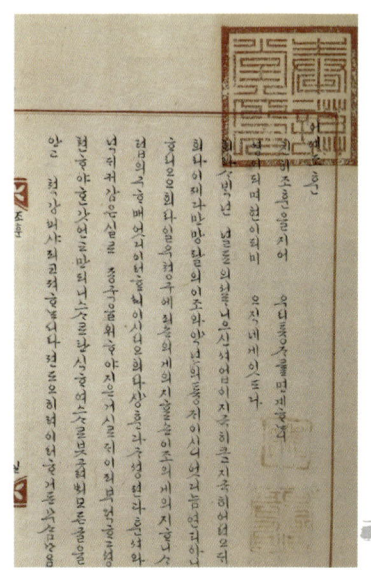

『어제조홍언해』 영조가 세손인 정조에게 내린 열 가지 훈사를 책으로 만든 『어제조홍御製祖訓』을 언해한 책이다.

가 있는 동안 세자궁 소속의 내관 유인식柳仁植에게 자기 대신 누워서 칭병하고 대답하게 했다. 그 대답은 물론 '우악하게 비답한다'는 것이었다. 세자가 관서행을 결행하기 전 지루할 정도로 '우악하게 비답한다'는 대답만 반복했기 때문에 의심하지 않을 것이란 계산이었다. 세자는 궁관 박문흥朴文興과 김우장金佑章을 데리고 관서로 향했다.

여기에서 짚고 넘어가야 할 부분이 있다. 세자는 관서 지방으로 미행을 가기 전에 중요한 인물 한 사람을 만난 것이 분명하다. 우의정을 역임한 소론 영수 조재호였다. 나주 벽서 사건과 토역경과 투서 사건으로 소론이 거의 몰락한 상황에서도 살아남은 소론 출신의 정승 역임자였다. 그는 효장세자빈 조씨의 오빠로, 노론의 위협을 받는 세자가 믿고 의지할 수 있는 거의 유일한 인물이었다. 위기의 세자가 도움을 요청한 인물이 자신의 처남인 홍낙임洪樂任이 아니라 형수의 오빠인 조재호란 점에서 세자의 비극은 극대화된다. 세자는 미행 때 그를 만나 도움을 요청했고 조재호는 이를 선뜻 수락했다.

노론의 감시망에 갇힌 세자가 관서행을 택한 이유도 조재호가 정휘량鄭翬良을 연결시켜 주었기 때문일 가능성이 크다. 정휘량은 조재호가 이끌어준 인물이었다. 조선시대에 한 인물을 끌어주는 사람을 '주인主人'이라고 불렀다. 이경석이 한때 송시열의 '주인'으로 불렸던 것도 그가 송시열을 벼슬자리에 끌어주었기 때문이다. 조재호는 정휘량의 '주인'이기에 정휘량도 소론으로 분류된다. 조재호가 세자에게 정휘량과 손을 잡으라고 권유했을 가능성이 크다. 정휘량과 손을 잡을 경우 평안 감사 휘하의 정예군사의 도움을 받을 수 있기 때문이다.

또한 세자가 정휘량과 사돈 관계였던 것도 관서행을 결행한 이유의 하나일 수 있다. 정휘량은 세자의 여동생 화완옹주의 남편 일성위 정치달의 아버지 정우량鄭羽良의 동생이었다. 정휘량 형제의 아버지 정수기鄭壽期는 영조가 즉위한 후 삭탈관작되어 문외출송되었다가 다시 등용되어 예조 판서까지 역임한 소론 온건파였다. 그는 영조 28년에 사망한 터였다.

그러나 세자가 믿고 간 정휘량은 시세에 민감한 인물이었다. 그는 나주 벽서 사건 때 다른 소론들이 침묵을 지키며 불안해할 때 이창수李昌壽와 함께 앞장서서 조태구와 유봉휘를 노적하자고 주장한 인물이었다. 나아가 소론 온건파이자 탕평파인 최석항과 이광좌의 관작을 추탈하자고 주장한 것도 바로 그였다. 영조는 노론이 아닌 소론이 최석항과 이광좌의 추탈을 주장하자 곧 허락했었다.

세자는 정휘량이 소론인데다 매제妹弟의 숙부이므로 그를 찾아가 장래를 논의했을 가능성이 크다. 그러나 세자가 믿었던 정휘량은 세자를 버리고 시세를 따랐다. 노론의 시대였기 때문이다. 정휘량은 세자가 관서에서 한 말과 행위를 홍봉한에게 그대로 전했다. 이런 정보제공에 대한 대가인지는 몰라도 정휘량은 영조 37년 8월 좌의정으로 승진한 홍봉한의 자리였던 우의정으로 승진했다. 혜경궁은 『한중록』에 홍봉한이 정휘량을 통해 세자의 관서행을 알았다고 적고 있다.

"부친(홍봉한)이 초조 황망하여 넌지시 감사(평안 감사 정휘량)에게 알아와서 소식을 들으시고, 항상 대궐에 오시다가 혹 집에 돌아오셔서도 마루에 앉아서 밤을 새워 사시니 당신의 심사가 어떠하시리오."

즉 홍봉한은 세자의 관서행을 알고 있었다. 아는 정도가 아니라 정휘량과 통하는 정보망을 갖고 있었다. 여기에서 혜경궁 홍씨의 다음 말은 중요하다.

"(세자에게) 간하고자 않으신 것은 아니로되 전혀 병환 때문이시니, 일심으로 세손(훗날의 정조)이나 보전하려 하시는 고심이더라."

홍봉한이 세자를 버리고 세손을 택했음을 자백하는 말이다. "일심으로 세손이나 보전하려 하시는 고심"이란 말은 세자를 버리고 세손을 택했다는 뜻이었다. 혜경궁 홍씨가 손자 순조에게 아버지 정조를 보전한 사람이 홍봉한이라는 사실을 강조하기 위한 말이지만 세자를 버린 것은 사실이었다. 이 당시 홍봉한은 우의정으로서 노론을 이끄는 정계 실력자였다. 세자의 관서행을 안 홍봉한은 대책 마련에 부심했다. 홍봉한은 어떤 방법으로 이 사실을 영조에게 알릴지 고심했다. 자신이 직접 사위를 고발할 수는 없었기 때문이다.

홍봉한이 생각해낸 수는 홍계희洪啓禧와 역할 분담을 하는 것이었다. 홍계희가 예문관 제학으로 제수받은 것은 세자가 관서로 떠난 1주일 쯤 후인 영조 37년 4월 8일이다. 그러나 홍계희는 그 이틀 후에 선혜청 당상직에 임용된다. 홍봉한이 적극적으로 추천한 덕분이다. 그 열흘 후 홍봉한은 영조를 인견한 자리에서 세자 문제를 직접 거론하고 나선다. 짜 맞춘 듯한 각본이다.

홍계희 묘 　홍계희는 노론의 중진으로, 경기 감사로 있을 때 세자의 잘못을 고변하게 함으로써 세자가 죽게 만드는 계기를 만들었다. 정조 즉위 후 그의 두 아들 및 일가가 정조암살미수로 처형당하자 관작이 추탈되고 역안遊案에 이름이 올랐다. 경기도 용인시 소재.

그날 4월 20일, 영조가 홍봉한과 홍계희를 만난 것은 선혜청이 주관하는 진휼미賑恤米와 균역청이 주관하는 군작미軍作米 문제 때문이었다. 이 자리에서 홍계희는 엉뚱하게 세자 문제를 꺼낸다.

"아뢰려고 하는 바는 바로 동궁의 진현에 관한 문제입니다. 동궁께서 진현하지 못한 지가 지금 몇 달이 되었습니다. 전하께서 뭇 신하들에게는 효제孝悌의 도리를 가르치시면서 왜 유독 소조께만 진현하는 길을 열어주지 않는 것입니까?"

겉으로 보기에는 세자를 옹호하는 듯한 말이다. 이 말을 받은 것은 영조가 아니라 홍봉한이다.

"홍계희의 말이 단단한 혈성에서 나온 것이긴 하지만 실세의 이면을 모르기 때문에 나온 말입니다."

홍계희가 다시 입을 열었다.

"신 등이 바야흐로 소조의 구대求對(만날 것을 요청함)를 요청하려 하면서 우선 이렇게 아뢰는 것입니다."

홍계희가 노리는 것은 세자를 만나는 것에 대한 영조의 허락이었다. 영조가 허락하면 세자도 거부할 수는 없었다. 그 시간에 세자는 관서에 있는 것이다. 즉 홍계희는 세자를 함정에 빠뜨리기 위해 세자에게 할 구대를 세자가 아닌 영조에게 요청한 것이었다.

그러나 이 계획은 영조가 "이것은 내게 진달할 바가 아니다"라고 답함으로써 무산되었다. 세자에게 직접 요청하라는 뜻이다. 세자에게 갈 경우 '우악하게 비답한다'고 나올 것이 뻔했다. 이 부분에 대한 『어제장헌대왕지문』의 기록은 이렇다.

"적신 홍계희가 내부에서 변란을 저지르려 하자, 세자가 그 소식을 듣고 말을 재촉하여 곧장 돌아왔다."

세자는 군사 전략가답게 조정에 정보원을 배치해 놓았다. 조정의 이런 움직임은 곧장 세자에게 전해졌다. 자신을 빠뜨리려는 함정이 분명하다고 판단한 세자는 소식을 듣자마자 곧장 말에 올랐다.

홍계희도 긴박하게 움직였다. 그는 영조의 허락을 얻어 세자를 만나려던 계획이 실패하자 다른 방법을 고안했다. 바로 관학 유생들을 이용하는 방법이었다. 홍계희는 세자가 서울에 없다는 소문을 퍼뜨리는 한편 노론계 관학 유생들을 움직였다. 노론 승지 홍준해와 짠 계략이었다. 관학 유생들은 세자를 제거할 결정적인 증거를 잡았다는 듯이 떼로 승정원에 몰려왔다. 지척인 정원에서 떠드는 소리를 영조가 듣지 못할 리 없었다. 시끄러운 이유가 세자의 미행에 관한 것임을 안 영조는 즉각 세자궁의 입직 승지를 불렀다.

"유생들을 거느리고 세자를 입대하라."

홍계희와 노론은 쾌재를 불렀다. 관학 유생 안형, 이헌, 원계하 등

이 세자궁으로 가서 세자에게 면대를 요청했다. 세자는 완벽한 함정에 빠진 것이다.

그런데 놀라운 일이 발생했다. 세자가 덕성합에 버젓이 나타났던 것이다. 세자는 하루 만에 평안도에서 말을 달려 서울에 도착한 것이다. 홍계희가 영조에게 세자를 만나겠다고 주청했다 거절당한 날이 4월 20일이었고 세자가 덕성합에서 유생들을 만난 것은 불과 이틀 후인 4월 22일의 일이었다. 홍계희가 자신을 함정에 빠뜨리려 한다는 소식을 세자는 아무리 빨라야 4월 21일 새벽 이전에는 들을 수 없었다. 세자는 하루 만에 관서에서 서울까지 말을 달린 것이다. 가히 신마神馬라 하지 않을 수 없는 일이다.

노론계 관학 유생들은 벌린 입을 다물지 못했다. 춘방 관원 정창성鄭昌聖이 유생들을 제압하고 나섰다.

"관학 유생의 글은 저하께서 유람하는 것을 경계한 것입니다. 이는 반드시 여항에서 근거 없이 지껄이는 말이 있어 이렇게 된 것입니다."

또 다른 춘방 관원 엄인嚴璘이 덧붙였다.

"아무리 근거 없이 지껄이는 말이라도 이런 말을 불러들인 것은 저하이오니, 앞으로는 날마다 강관講官(서연관)을 인접하고 재신宰臣들을 만나셔서 이런 말들이 없어지게 하소서."

유생들이 항간의 근거 없는 소문을 듣고 소동을 벌인 것이라는 말이었다. 세자가 눈앞에 버젓이 앉아 있는데야 반박할 말이 없었다. 세자가 춘방 관원들의 말에 맞장구를 치며 소동을 종결지었다.

"아뢴 바가 매우 훌륭하니, 소견召見하는 것이 마땅하겠다."

이런 행위가 어찌 정신병자의 짓이겠는가?

세자빈 홍씨가 세자 편이었다면 세자의 운명은 달라졌을 것이 분명하다. 세자가 소론 쪽에 서면서 홍봉한도 선택의 기로에 섰다. 노론 영수 홍봉한은 세자를 버리고 노론을 선택했다. 그리고 혜경궁 홍씨에게도 자신의 선택을 강요했다. 그렇게 홍봉한은 자신의 딸을 정보원으로 활용했고 혜경궁은 크고 작은 정보들을 홍봉한에게 고해바쳤다. 이는 곧 세자의 정적인 노론에게 고해바친 것이나 마찬가지였다. 조선의 국왕이나 대리청정하는 세자에게는 개인행동이 용납되지 않았다. 항상 승지와 사관이 뒤따랐다. 승지와 사관이 없는 가운데 세자가 만날 수 있는 유일한 인물이 세자빈이었다. 만약 세자빈 홍씨가 영조의 부인 정성왕후 서씨처럼 남편 편에 서서 행동했다면 세자에겐 커다란 힘이 되었을 것이다. 하지만 혜경궁은 세자를 편들기는커녕 세자에 대한 온갖 정보를 노론에 흘려준 간자間者에 불과했다. 세자는 영조와 영조의 여인들, 그리고 노론뿐 아니라 부인까지도 따돌리고 생존을 도모해야 했다. 비극적 인물이 아닐 수 없다.

거 땅에 있었던 때를 잊지 말라

세자는 신속한 정보망과 밤새 말을 달리는 기마술 덕택에 위기를 무사히 넘겼다. 그러나 영조는 여전히 세자의 진현을 막고 있었으며, 항간에는 세자가 동궁을 떠나 유람 다닌다는 말이 떠돌았다. 영조의 허락을 받지 않은 세자의 관서행은 많은 물의를 빚을 수밖에 없었다. 세자가 돌아온 직후 세자의 관서행을 비판하고 나선 인물은 사헌부 장령 이보관李普觀이었다.

"삼가 들으니, 요즈음 저하께서 자못 노는 것을 일삼으며 자주 세자궁을 떠난다는 시끄러운 말들이 이루 들을 수 없는 정도입니다. 신은 감히 떠도는 말을 가지고 그것을 모두 믿을 만하다고 말하지는 못하겠지만, 또한 모두 근거가 없다고 말하지도 못하겠습니다. 아! 저하 한 몸에 관계된 것과 맡으신 것이 어떠합니까? 세자로서 국사를 대리하는 책임을 맡았으니 3백 년 동안 이어온 큰 기업을 부탁받은 처지이며, 억만 백성들을 맡은 것이 아닙니까?"

세자가 대답했다.

"나의 고질병으로 인해 문안도 못 드리고 나라의 경사에도 참여하지 못해 초조하고 민망스러워 밤새 노력하고 있다. 지금 권면하는 바를 보니 충정에서 나온 것이니 그런 일이 있었으면 고치고 없었으면 더 힘을 써서 경계하고 반성하겠다."

세자의 대답은 '있으면 고치고 없으면 더 노력하겠다'는 모호한 것이었다. 같은 날 사학 유생 황만석黃萬錫은 영조를 진현하라고 상서했다.

"지난번 성상聖上(영조)이 편찮으셨다가 회복하셔서 신인神人이 함께 기뻐하며 팔도가 함께 경사스러워하는데, 유독 저하께서만 하례를 드리는 의식을 빠뜨리셨습니다. 모르기는 합니다만, 저하께서 무슨 까닭이 있으셔서 그렇게 하신 것입니까? 저하께서 대조의 명을 받지 못했다는 핑계로 해야 할 도리를 다하지 않는 것은 부당하니 빨리 진현하는 예를 행함이 옳습니다. 아! 3공三公(3정승)은 사보師保(세자의 사부)의 임무를 겸하였는데도 팔짱을 낀 채 남 보듯 하며 바로잡아 구제하려고 하지 않으며, 지위가 재상의 대열에 있으면서 진언하는 자도 몇 사람에 불과합니다. 이는 이른바 맹자가, '말을 해야 하는데도 말하지 않는 것은 모두 벽을 뚫거나 담을 뛰어넘는 좀도둑의 무리에 불과하다'라는 것입니다."

사학 유생 황만석의 상서는 학생답게 과격하지는 하지만 문제의 본질을 꿰뚫는 것이었다. 3정승과 재상들 중 그 누구도 영조와 세자의 불편한 관계를 해소하려 노력하지 않았다. 둘의 갈등을 부추겨 정적으로 만드는 데 열중할 뿐이었다. 장인인 우의정 홍봉한도 마찬가지였다. 그는 정휘량에게 정보원을 보내 세자의 관서행을 알아내고 홍계희에게 이를 문제 삼도록 사주할 정도로 세자를 궁지에 몰았다. 세자강서원의 유선諭善 서지수徐志修도 세자의 관서행을 거론했다.

"저하께서 비록 대궐 안에 계신다 해도 일거수일투족을 중외中外에

서명응(1716~87) 세자의 관서행에, 당시 대사성이었던 서명응은 세자의 근신들 중 관련된 자들의 처벌을 요구하는 상소를 올렸다. 정조가 동궁일 때 빈객이었으며 정조 즉위 후 첫 번째 규장각 제학으로 규장각 운영에 많은 영향을 미쳤다.

서 모르는 경우가 없습니다. 하물며 여러 날 동안 길을 떠난 경우이겠습니까? 관서는 길이 국경에 접해 있으니 그 전해지는 말이 장차 어느 곳까지 이르겠습니까?"

세자는 드러난 일에 대해서는 변명을 늘어놓지 않는 무인의 성격을 갖고 있었다.

"내가 이미 후회하고 있는데 어찌 명심하지 않겠는가?"

세자가 관서행을 부인하지 않자 이번에는 관련자들의 처벌을 요구하는 상서가 올라왔다. 영조 37년 5월 8일 대사성 서명응徐命膺이었다.

"저하께서 뉘우치고 깨달은 뒤에도 여러 신하들이 오직 관서행에 관한 한 가지 일은 적어 올리지 못한다고 합니다. 이번 관서 행차는 온 나라 사람들이 모두 아는 것인데도 유독 저하 앞에서만 가리고 숨기니, 이것이 훌륭한 명성에 무슨 보탬이 되겠습니까?

그리고 천리를 갔다가 돌아오는 몸으로 아직까지 지척의 전하께 진현하는 예는 행하지 못했으며, 새벽부터 밤늦게까지 말을 타고 달린 몸인데도 약원에서 기거하는 의절을 걷어치우지 못하시니, 사람들은 이것으로 저하의 뉘우침과 깨달음이 미진하다고 말합니다.

관서로 행차할 때 저하의 근신으로서 동요토록 한 자가 있을 것이며, 관서로 행차한 후에 대궐에 있으면서 비답을 대신한 내시가 반드시 있을 것입니다. 저하께서 이미 뉘우치고 깨달은 실상이 있다면 어찌 이 무리들을 아깝게 여기십니까? 당연히 유사에게 붙여 그 죄를 분명히 밝혀야 한다고 생각합니다."

이상한 것은 영조의 반응이었다. 서명응의 말대로 온 나라 사람들이 아는 일을 영조가 모를 리 없었다. 노론은 조직적으로 세자의 관서행에 대한 뒷말들을 퍼뜨렸다. 주로 여자와 관련된 세자의 비행에 관한 것이었다. 승지 홍준해가 알고, 관학 유생들이 알며, 성균관 대사성이 아는 세자의 관서행을 영조가 모른다는 것은 말이 되지 않았다.

그러나 영조는 모른 척 침묵으로 일관했다. 침묵 속에서 사태 추이와 세자의 자세를 주의 깊게 바라본 것이다. 서명응의 글을 읽은 세자는 덕성합에 좌정하여 약방의 입진을 받은 후 하령했다.

"내가 이미 뉘우치고 깨달았다. 그런데 서명응은 내 마음을 알지 못하고 어찌 또 글을 올렸는가?"

세자가 서명응에 대해서 '내 마음을 알지 못하고'라고 말한 것은 그가 소론 계열이기 때문일 것이다. 이 무렵 소론 일부 인사들까지 이 문제를 거론한 것은 이 문제를 명확하게 정리하지 않으면 세자의 지위가 진짜로 위험해질 수 있다는 위기감 때문이었을 것이다. 그렇지 않아도 진현 거부로 긴장감이 팽팽한데 이 문제가 잘못 불거지면 사태가 어디까지 이를지 알 수 없다는 불안감이 있었던 것이다. 유신 김

종정金鍾正과 사헌부의 이진형李鎭衡 등은 세자를 구대해 이렇게 요구했다.

"지금 다행스럽게 간절하고 깊게 뉘우치고 깨달았다고 하면서도 오히려 철저하고 통쾌함이 없으니, 사람들이 어찌 마음속으로 뉘우쳤다고 믿겠습니까? 빨리 자신을 책망하는 하령을 내려 신민으로 하여금 확실히 뉘우치고 깨달았음을 분명히 하소서."

대리청정하는 세자에게 잘못했다는 하령을 내리라고 요구하는 것은 신하로서는 지나친 말이었다. 그러나 세자는 화를 내지 않았다.

"말은 옳다. 즉석에서 하령을 내리는 것이 어려울 것은 없으나, 한갓 말로만 하고 실제로는 하지 않는다면 형식적인 것에 지나지 않을 것이니, 내가 성실한 마음으로 고치려고 한다."

이진형이 덧붙였다.

"신이 들으니 저하께서 잡스런 유희로 나날을 보냈다고 하는데, 대리하는 저군이 학문을 강론하고 정무를 부지런히 익히는 것 이외에 어떻게 다른 일이 있을 수 있습니까? 게다가 활 쏘고 말 달리는데 입신의 경지에 이르렀다 하더라도 그것은 한 사람의 병사의 능력에 불과한 것입니다."

무예를 천시하는 사고가 뼛속 깊이 박혀 있었다. 김종정이 다시 말했다.

"대조의 하교를 받들어 강연과 차대를 부지런히 하신 후 진현하신다면, 대조께서 어찌 진현의 청을 거부하시겠습니까?"

세자가 대답했다.

"가납하겠다."

이런 논란을 거친 후 세자가 영조를 만나 진현한 것은 그해 5월 17일이었다. 세자는 태묘太廟에 나아가 전알한 후 경희궁에 나가 영조에게 진현했다. 이틀 후에는 혜경궁과 왕세손이 경희궁에 나아가 영조를 진현했다. 이때도 영조는 관서행에 대해서는 한 마디도 언급하지 않았다.

세자는 영조가 자신을 꾸짖지 않자 불안해졌다. 영조의 성격으로 모른 척할 사안이 아니었던 것이다. 세자는 정면에서 부딪치기로 했다. 태묘 전알 등의 행사에 부수되는 진현이 아니라 순수한 목적의 진현을 하기로 한 것이다. 세자는 진현을 결심하고 그 절차를 대신들과 논의했다. 영조 37년 6월 10일의 일이었다.

"며칠 안에 대조를 진현하는 것이 좋겠다."

그런데 이를 말리고 나선 인물은 장인 홍봉한이었다.

"그저께 그만두라는 명이 있었는데, 이는 날씨가 더운 것을 염려했기 때문입니다. 그런데 지금 청했다가 한더위에 힘들게 움직이는 것을 염려해 그만두라는 명이 있게 되면 민망합니다. 우선 보름 정도 기다려 묻는 것이 좋겠습니다."

세자가 반박했다.

"내 뜻은 그렇지 않다. 지금 수가隨駕하며 문안하는 절차를 모두 할 수 없기 때문에 빨리 진현하려는 것인데, 어찌 보름 뒤를 기다리겠는가?"

이에 세자시강원에서 영조에게 세자가 내일 진현하겠다고 아뢰자 영조가 하교했다.

"지금 무더위를 당해 마음이 삼군三軍에 있으니, 진현하는 일을 그만두도록 하라."

세자는 영조의 본심을 정확히 알지 못했다. 그러나 홍봉한은 그 뜻을 잘 알았다. 진현이 거부된 후 홍봉한은 세자를 만나 이렇게 말했다.

"진현에 관한 일을 아뢰면 대조께서 번번이 거절하시는데 중외中外

에서는 성상의 뜻이 저하께서 한더위에 움직이는 것을 염려하여 이러시는 줄을 알지 못하니, 참으로 민망스럽습니다. 다음부터는 성상의 뜻을 미리 탐지한 후 진현을 청하는 것이 좋겠습니다."

영조가 진현을 거부하는 뜻이 세자의 건강 걱정에 있지 않다는 것은 홍봉한도 잘 알고 있었다. 세자는 매일 약방을 불러 입진케 했다. 자신이 아프다는 뜻을 알리는 것만이, 노론의 공세를 무디게 하면서 영조의 과녁에서도 벗어날 수 있는 유일한 방법이라고 생각했던 것이다.

드디어 생각을 정리했는지 영조가 관서행 문제를 거론하고 나섰다. 재위 37년 9월 21일이었다. 영조는 홍봉한을 불러 이렇게 말했다.

"어제 서명응의 글을 보았는데 이는 반드시 선왕의 영혼이 나를 인도하신 것이다. 세자가 도성 밖 10리를 나가는 것은 내가 알고 있었지만 어찌 천리나 가리라고 생각했겠는가?"

서명응의 글이란 관서행에 관련된 자들의 처벌을 요구하는 앞의 상서였다. 영조가 관서행을 몰랐을 리는 만무했다. 서명응의 상서가 있는 5월의 일기를 가지고 들어오게 한 인물은 바로 영조 자신이었다. '선왕의 영혼'이 이끈 우연 같은 연출은 영조가 자신의 행위에 정당성을 부여하기 위해 자주 이용하는 소재들이었다.

홍봉한이 세자를 구대해 영조의 말을 전했다.

"지금 저하께서 모든 것을 아뢰시고 솔직히 대죄하는 것이 좋을 것 같습니다."

세자는 솔직하게 시인했다.

"관서행은 4월 초2일에 길을 떠났다가 22일에 돌아왔으며, 세자궁에 머물러 있던 중관 유인식은 이미 죽었고 따라간 중관은 박문흥과 김우장이오. 성교 아래 내가 어찌 한 터럭이라도 숨기겠소?"

영조는 세자의 관서행과 관련된 여러 승지와 세자궁의 관료들을 처벌했다. 그러나 이미 죽은 유인식은 잔인殘忍한데 관계된다 하여 휼전恤典을 내린 것을 보면 비밀을 막기 위해 세자가 죽였을 가능성도 있다.

영조는 이런 조처들을 내린 후 하교했다.

"일이 이미 마무리 지어졌으니 이제부터 여러 신하들은 감히 다시 이 일을 제기하지 말라."

영조는 왜 5개월이나 지난 이 시점에서 이 문제를 다시 들고 나왔던 것일까? 선왕의 도움으로 서명응의 상서를 봤다는 것은 설득력이 없다. 비록 신하들은 훗날을 두려워해 알리지 못했다 할지라도 숙의 문씨와 문성국, 그리고 정순왕후의 오빠 김귀주金龜柱 등이 영조에게 고해바치지 않았을 리 없다. 실제 김귀주는 영조에게 비밀문서를 올려 세자의 관서행을 알린 바 있다.

세자는 다시 대죄하지 않을 수 없었다. 세자는 9월 24일부터 약방의 입진을 거절하면서 시민당 앞뜰에 나와 거적을 깔고 관서행에 대해 대죄했다.

세자의 위기감은 커졌다. 세자는 약방의 입진을 거절하는 것으로는 부족함을 느꼈는지 식사까지 거부했다. 단식으로써 자신의 의사를 표시하는 것이었다. 왕위를 이을 세자가 단식하는데도 홍봉한을 비롯한 신하들은 모른 체 일관했다. 홍봉한과 2품 이상 대신들은 단식 5일째에 이르러서야 단식 중지를 요청했다. 비로소 세자는 단식을 감식減食(식사량을 줄임)으로, 대죄 장소를 궁중의 긴 복도 안으로 바꾸었다.

영조가 세자의 진현을 허락한 것은 대죄한 지 보름이 지난 10월 9일이었다. 세자는 익선관과 곤룡포가 아니라 죄인임을 자인하는 흑립黑笠과 도포 차림으로 소여小輿를 타고 선인문으로 나갔다. 세자가 경희궁 문밖에 이르러 가마에서 내려 걸어서 현모문顯謨門 밖에서 부복했다.

영조는 사관에게 세자가 어떤 옷을 입었는가를 물었다. 흑립과 도포 차림이라고 말하자 그제야 진현을 허락했다. 세자는 감히 들어갈 수 없다고 사양했다. 영조가 영의정을 시켜 들어오라고 말하자 비로소 안으로 들어가 진현했다.

영조가 말했다.

"원량이 진현했다. 앞으로는 차대와 서연을 규정의 의해 거행하라. 돌아갈 때에는 현모문에서 여를 타고 홍화문弘化門에서 연을 타도록 하라."

세자는 관서행에 대해 용서받았으므로 환궁할 때는 익선관을 쓰고 곤룡포를 입을 수 있었다. 세자가 말했다.

"이전의 허물을 생각하면 스스로 용납될 곳이 없었는데 이제 천안天顔(임금의 얼굴)을 뵈오니 온화하고 순수하시니, 다시는 여한이 없고 황공한 감회만 더해진다."

홍봉한이 물었다.

"성교가 어떠하셨습니까?"

"종사와 신민을 위하라고 하교하시고 거莒 땅에 있을 때를 잊지 말라고 말씀하셨다."

'거 땅'이란 중국 춘추시대 제齊나라 환공桓公이 즉위하기 전에 달아나 온갖 고생을 하던 곳이었다.

그 닷새 후 세자는 휘령전徽寧殿에서 망제望祭를 행했다. 영조는 세자가 제사를 어떻게 주관했는지를 자세히 알아보았다.

"세자의 동정은 온화하고 조용하다고 이를 만하겠다."

오랜만에 나온 세자에 대한 칭찬이었다. 세자가 완전히 굴복했으니 나올 수 있었던 칭찬이었다.

이런 과정을 거쳐 영조와 세자를 극도의 긴장 상태에 빠뜨렸던 진현 거부와 관서행이라는 두 가지 문제는 적어도 표면적으로는 해결되었다. 그러나 이는 노론의 의도와는 다른 것이었다. 다급해진 노론은 다시 움직이기 시작했다.

7부

비극

『영조실록』 38년 윤5월 19일
(세자가 뒤주에 갇힌 지 엿새가 지난 날)

13일(세자가 뒤주에 갇힌 날)에 따라서 들어온
세자시강원과 세자익위사 관원을 모두 파직하라고 명했다.

『영조실록』 같은 날

영의정 신만, 좌의정 홍봉한, 우의정 윤동도가
복정復政(영조가 세자를 폐하고 정사에 복귀한 것)을
하례하기를 청하니 임금이, "한 장의 치사致詞를
어찌 사양하겠는가"라고 말했다.

노론의 승부수, 나경언의 고변

관서행을 계기로 세자를 제거하려던 계획이 무산되자 노론은 초조해졌다. 영조의 나이 이제 예순아홉, 내일을 기약할 수 없는 노령이었다. 나이가 들면서 영조는 늘 병을 달고 다녔다. 이러다가 영조가 덜컥 세상을 버린다면 대리청정하는 세자의 즉위를 막을 방법이 없었다.

세자는 그동안 당했던 능욕의 세월을 잊지 않고 있음이 분명했다. 그리고 미행과 관서행을 통해 일부 소론과 결탁되어 있다는 심증도 있었다. 노론이 보기에 세자는 영조가 급서했을 경우 노론이 자행할지도 모를 비상사태에 대비한 자구책을 마련하고 있었다. 자구책의 핵심은 신속한 즉위 강행일 것이 분명했다. 세자의 관서행으로 미루어 만약의 경우 군사 행동을 단행하는 내용도 들어갔을 수 있었다.

노론은 세자의 이 자구책을 영조에 대한 역모로 모는 방법을 강구하기로 했다. 주도자들은 당연히 노론 대신들이었다. 왕비의 아버지 김한구, 숙의의 오라비 문성국, 세자의 장인 홍봉한, 홍인한 같은 척신들과 김상로, 홍계희, 윤급 같은 노론 중진들이 그들이었다. 이들은 치밀한 대본을 작성하고 세자를 역모로 고변할 인물을 물색했다. 대리청정하는 저군을 고변하는 것이니 고변 자체가 죽음임은 분명했다. 목숨을 파는 것이니만큼 값은 싸지 않을 것이다.

드디어 대상자가 나섰다. 나경언羅景彦이란 인물이었다. 노론 윤급의 종으로 알려져 있으나 『영조실록』에 액정掖庭 별감 나상언羅尙彦의 형으로 기록되어 있는 점으로 보아 중인일 가능성도 있다. 액정 별감이란 액정서에 소속된 관직으로서 주로 중인들이 맡는 하위 관직이기 때문이다. 임금이나 세자가 행차할 때 어가 옆에서 시위하는 것이 주된 임무였다. 그러므로 나경언은 윤급의 노비이기보다는 중인들이 맡았던 청지기였을 것이다.

『영조실록』은 나경언을 "사람됨이 불량하고 남을 잘 꾀어냈다. 가산이 탕진되어 자립自立하지 못하게 되었다"고 기록하고 있다. 가산이 탕진된 나경언의 가족들이 평생을 먹고 살 정도의 많은 돈을 주고 매수했을 것이다. 나경언이 고변하던 영조 38년 5월 22일 『영조실록』의 기록을 보자.

"(나경언이) 이에 춘궁을 제거할 묘책을 내어 형조에 글을 올려 환시宦侍가 장차 불궤不軌한 모의를 한다고 고했다. 형조 참의 이해중李海重이 영의정 홍봉한에게 달려가 고하니, 홍봉한이 말하기를 '이는 청대하여 아뢰지 않을 수 없다' 하매, 이해중이 이에 세 차례나 청대했다. 임금의 마음이 놀라 이해중의 입시를 명하니, 이해중이 드디어 그 글을 아뢰었다. 임금이 상床을 치면서 크게 놀라 말하기를 '변란이 주액肘腋(팔꿈치와 겨드랑이, 곧 가까운 주위를 뜻함)에서 있게 되었으니, 친국親鞫하지 않을 수 없다' 했다. 경기 감사 홍계희가 때마침 입시하고 있다가 임금에게 호위護衛하게 할 것을 권하니, 임금이 이에 성문 및 하궐下闕(세자궁)의 여러 문을 닫으라고 명했다."

나경언의 고변서는 영조와 두 대신이 읽은 다음에 불태워졌기 때문에 그 정확한 내용은 알 수 없다. 따라서 『영조실록』의 이면에 숨겨진 비밀을 푸는 데는 몇 가지 해석이 필요하다. 바로 '환시', '주액', '이해중', '홍봉한', '홍계희' 같은 낱말들이다. '환시가 장차 불궤한 모의를 한다고 고했다'는 말은 '변란이 주액에서 있게 되었다'는 말과 연관시켜 해석해야 한다. '환시'가 영조를 독살하려 했다는 말인데 '주액'이란 바로 세자를 지칭하는 것이기 때문이다. 중요한 것은 홍봉한의 지시를 받고 세 번씩이나 영조에게 청대한 '이해중'이란 인물이다. 이해중은 홍봉한의 부인 한산 이씨의 동생으로서 홍봉한의 손아래 처남이자 혜경궁 홍씨의 외삼촌이고, 세자의 처외삼촌이다.

이해중과 홍봉한에게 강한 의구심이 드는 이유는 바로 이날 그들의 행동에 있다. 이들은 자신의 사위인 세자를 죽이려는 고변 때 자신의 직책 범위를 벗어나는 행동으로 일관했다. 양반도 아닌 일개 서민이 고변, 그것도 대리청정하는 세자를 고변했을 경우 담당자는 어떻게 했어야 할까?

대리청정하는 저군은 임금과 같다. 왕조국가에서 임금을 고변하는 경우는 없다. 그래서 이 사건은 동서고금을 통해 그 유례를 찾기 어려운 사건이다. 형조 참의 이해중이 나경언을 때려죽인 후 고변서를 불태워버려도 나무랄 사람이 아무도 없다. 그것이 정상적인 일처리였다. '웬 미친놈이 세자 저하를 고변했기에 때려죽였소'라고 하면 누구도 시비할 수 없었다. 당장 때려죽이지 않는 경우라면 그 배후를 파악해야 했다. 일단 양반 사대부가 아닌 나경언이 고변서를 직접 작성할 수 있었을 리가 없다. 그러면 당연히 고변서를 대신 써준 인물을 찾는 것부터 배후 찾기를 시작해야 했다. 조선의 국법은 남을 사형에 해당하는 죄로 고발했다가 무고로 밝혀질 경우 그 자신이 사형당하는 반좌율反坐律이 있다. 더구나 세자를 사형죄로 무고했을 경우 삼족이 멸함을 당해도 할 말이 없었다. 그러나 이해중과 홍봉한은 이런 모든 상식적인 일처리를 배제했다.

형조 참의 이해중은 나경언의 고변을 직속상관인 형조 참판이나 형조 판서에게 보고하지 않았다. 정식 보고 계통을 무시하고 그가 먼저 찾은 대상은 매형인 영의정 홍봉한이었다. 홍봉한은 일개 상민이 대리청정하는 사위를 고변하는 이 사건에 대해 진상파악을 하기도 전에 빨리 영조에게 보고하라고 지시했다. 세자가 단식할 때 5일이나 지난 뒤에야 식사를 권유한 홍봉한의 전적으로 보면 이해할 수 없는 처사다. 그것도 세 번이나 청대해 빨리 보고하라고 명했다. 그 사이에 혹시 소론계 인사들이 사건을 인지하면 '당장 때려죽여야 한다'고 나올 것을 우려한 행위라고 하지 않을 수 없다.

세손(정조)도 이날 이해중과 홍봉한 처신의 문제점을 잘 알고 있었다. 세손은 즉위 직후 대사헌 이해중을 단천부에 유배하면서 이렇게 꾸짖었다.

"대사헌으로서 역적들의 토죄에 그처럼 더딜 수 있는가? 나경언의 옥사 때 청대하는 마음 같았으면 반드시 그렇게 하지 않았을 것이다."

정조는 즉위 직후 사도세자를 죽음으로 몰고, 자신의 즉위를 방해한 처삼촌 홍인한 등을 처벌하려 했는데, 대사헌 이해중이 머뭇거리자 이렇게 꾸짖으며 유배를 보냈던 것이다. 정조의 이 말처럼 이해중은 나경언의 고변 때 홍봉한과 짜고 의도적으로 움직였다. 그래서 정조 16년에 유생 박하원朴夏源의 '이해중이 나경언과 짜고 고변한 것이다'라는 비난 상소가 나오는 것이다.

또 하나 이해중과 홍봉한의 태도 중 의구심이 갈 수밖에 없는 결정적인 대목은 세자를 배제한 점이다. 이 당시는 세자가 대리청정한 지

13년이 넘은 때였다. 세자에게 먼저 보고한 후 사안의 중대성을 따져 세자가 영조에게 보고해야 하는 것이 정상적인 절차였다. 하지만 이들은 세자를 제쳐놓고 직접 영조에게 보고했다. 정조 즉위년 8월에 영남 유생 이응원李應元이 상소를 올려 이해중을 비판한 것은 이런 의구심을 대변하고 있다.

"저군을 형조에 정소呈訴(고소)한 것은 천하 만고에 나라와 백성이 있어온 후로는 듣지 못하던 일입니다. 당일 형조의 신하(이해중)는 마땅히 그 사람(나경언)을 주륙하고 그 글을 불태워 없애는 데 겨를이 없어야 하는데도 이것을 천폐天陛(영조)에 올려 마침내 화변의 씨를 만들어냈으니 그 마음의 소재는 길가는 사람도 아는 바입니다."

이응원의 말처럼 세자의 처외삼촌인 이해중이 뒤주의 비극을 만들어낸 장본인의 한 명이라는 사실은 '길가는 사람'도 알았다. 결국 세자를 결정적인 위험에 빠뜨린 인물은 이해중과 홍봉한이다.

영조가 나경언의 고변서에 분노하면서 친국하겠다고 나설 때 '때마침' 입시해 있던 경기 감사 홍계희가 호위를 엄중히 할 것을 요청한 것도 우연이 아니다. 홍계희는 우연찮게 '때마침' 입시한 것이 아니라 홍봉한 등과 사전 모의 아래 미리 대궐에 들어와 있었다. 나경언과 홍계희, 이해중과 홍봉한은 치밀하게 짜인 희곡의 연기자들처럼 한 치의 오차도 없이 상민 나경언이 구중궁궐 속의 지존을 만날 수 있게 연출했다.

영조가 직접 친국에 나서자 나경언이 옷 솔기에서 흉서를 내놓으면서 말했다.

"이 글을 구중九重(대궐)의 천폐에 올리고자 했으나 올릴 길이 없기 때문에 우선 형조에 원서原書를 올려서 계기로 삼았습니다."

이것이 문제의 고변서이다. 나경언이 올린 글을 영조는 다 읽지도 못하고 손으로 문의 처마를 치면서 부르짖었다.

"내가 이런 변이 있을 줄 염려했었다."

영조는 고변서를 영의정에게 주어 보도록 했다. 영의정 홍봉한이 보더니 역시 울면서 부르짖었다.

"청컨대 신이 먼저 죽고자 합니다."

그렇게 울 것이 아니라 나경언을 영조에게 데리고 와서는 안 되었다. 우의정 윤동도尹東度가 나섰다.

"신도 보기를 청합니다."

"경도 보라."

윤동도가 읽기를 마치자 영조가 여러 신하들에게 말했다.

"오늘날 조정에서 사모紗帽를 쓰고, 띠를 맨 자는 모두 죄인 중의 죄인이다. 나경언이 이런 글을 올려서 나로 하여금 원량의 과실을 알게 하였는데, 여러 신하 가운데 이런 일을 나에게 고한 자가 한 사람도 없었으니, 나경언에 비해 부끄럼이 없겠는가?"

홍봉한이 나섰다.

"이 글을 두어서 어디에 쓰겠습니까? 청컨대 불태우소서."

영조가 다 보고난 다음에 불태운들 무슨 소용이 있겠는가. 나경언의 고변서에는 세자의 허물 10여 조가 낱낱이 적혀 있었는데 말이 매우 패란悖亂(어그러지고 어지러움)했다고 한다.

문제는 이 문서에 적힌 세자의 10여 가지 허물의 내용이다. 원본은 모두 불태워졌고 단편적인 항목들만 『영조실록』 등에 전해지는데 현전하는 내용들은 대개 세자의 비행에 관한 것들이다. 나경언의 고변서는 두 장이었다. 한 장은 형조에 올린 것이고, 다른 한 장은 영조에게 직접 올린 것이다. 나경언이 형조에 올린 고변서와 영조에게 직접 바친 고변서는 완전히 같은 내용은 아니었을 것이다. 고변서가 영조에게 가지 못하고 중도에 좌절되었을 경우도 상정했을 것이다. 영조에게 직접 바친 고변서에는 세자의 개인 비행도 비행이지만, 군사 행동에 관한 내용이 담겼을 가능성이 크다.

이때 판의금 한익모韓翼謨가 나서서 사소한 듯 보이지만 중요한 문제를 제기했다.

"친국할 때 금오랑金吾郎(의금부 도사)이 몸을 철저히 조사하지 않아서 이런 흉서가 장전帳殿에 들어오게 했으니, 도태하고 잡아서 처리해야 합니다."

상민이 임금을 알현할 때는 철저한 몸수색이 기본이다. 그러나 나경언에게는 이런 절차가 생략되었다. 그래서 한익모는 대리하는 저군을 모함하는 흉서가 임금에게 전달되는 것을 막지 못한 의금부 관리를 문책해야 한다고 주장한 것이다. 이는 사실상 홍봉한과 이해중에 대한 비난이었다.

영조는 금오랑을 문책해야 한다는 한익모의 주청을 허락하지 않았다. 그러자 소론 계열 우의정 윤동도가 나섰다.

"판금오(한익모)의 말과 같이 해야 국청의 체통이 유지됩니다."

이에 영조는 금오랑과 판의금 한익모 모두를 처벌하는 방법을 택했다.

"금오랑을 추고만 하고 도태하지는 말며, 한익모는 무겁게 추고하라."

정당한 문제 제기를 한 한익모에게 더욱 엄중한 벌이 내려진 것이다. 한익모의 말대로 이런 글은 도저히 국청에 나올 수 없는 패란한 것이었다. 그러나 엄청난 고변 사건을 처음 맡은 형조 참의 이해중과 영의정 홍봉한은 기초적인 몸수색도 하지 않았다. 고변서가 아니라 칼이 들어 있을 수도 있는 상황이었다. 몸수색은 당연한 절차였다.

정조가 직접 지은 『어제장헌대왕지문』에는 이 내용이 조금 더 자세히 나와 있다.

"임오년 5월에 적인賊人 나경언이 복주伏誅(베어 죽이다) 되었다. 기주記注와 『궁중기문宮中記聞』에 의하면, 경언이 형조에 글 한 통을 투서하였는데, 그 글에는 '전하의 옆에서 모시는 신하들이 모두 불충한 생각을 품고 있어 변란이 눈앞에 닥쳐왔다'는 말이 있었다. 이에 형조의 관리(이해중)가 본조의 좌석에서부터 그 글을 소매 속에 넣고 청대를 하였는데, 이때 역적 홍계희는 기백畿伯(경기 감사)으로서 먼저 와서 기다리고 있었다. 상이 모두에게 입시하라고 명하였고, 이어 형조의 관리가 그 글을 상에게 고하자, 상이 크게 놀라서 내시에게, '경언은 대궐 하인 나상언의 친족인가?'라고 물으니 내시가, '나상언의 형으로서 전에 대궐 하인으로 있던 자입니다'라고 답했다. 상이 역적 홍계희에게, '궁성을 호위해야 하겠는가?'라고 물으니, 역적 계희가 앞에 나와서, '나라에 변고가 있으면 궁성을 호위하는 일은 무신년(영조 4년 이인좌의 난)에도 이미 행한 바 있습니다'라고 답했다.

상이 즉시 성문을 닫고 군사를 동원하여 궁문을 파수하라고 명했다. 이어 사복시에 나아가 경언을 국문하자 경언이 옷 솔기 안에서 또 하나의 봉서를 꺼냈는데, 길이는 5치를 넘고 둘레는 한 줌이 차는 것이었다. 그것을 올리니, 상이 보고 나서 좌상(홍봉한)에게 보였는데 좌상이 겨우 두어 줄을 보자마자 소리를 내어 울면서, '신이 먼저 죽어야 하겠습니다. 동궁이 만약 이 소식을 듣는다면 어떤 마음을 가지게 되겠습니까? 신이 가서 위로를 하겠습니다'라고 하자 상이 그렇게 하라고 허락했다.

판의금부사 한익모 등이, '경언이 흉악한 말을 지어내어 상을 속여 세자를 핍박하게 만들었으니, 그 죄 죽여야 마땅합니다. 엄하게 국문하여 법대로 다스리소서'라고 말하니 상이 비로서 형장을 가하라고 명했다. 사서司書 임성任珹이 분연히 나서서 한익모에게, '이런 흉악한 말을 어찌 경언이 스스로 지어낸 것이겠습니까?'라고 말하니 한익모가 또 사주한 자를 한시바삐 조사하기를 청했다. 이에 상이 노하여 익모의 관직을 파면시키고 대사간 이심원李心源이 한익모를 두둔하자 그도 파직시켰다."

영조는 나경언의 배후를 조사하자는 당연한 청에는 벌컥 화를 냈다. 영조는 국청에서 나경언에게 이렇게 말했다.

"네가 나라를 위해 이처럼 진달하였으니, 그 정성은 가상하다. 그러나 처음 올린 글이 부언浮言을 만들어 사람을 악역의 죄과로 모함하였고, 또 '변란이 호흡 사이에 있다'는 등의 말로 임금을 공동恐動(두려워 움직이게 함)시켜 궐문을 호위까지 하게 하고 도성이 들끓게 하였으니, 이후 불궤한 무리들이 네 버릇을 본받게 될 것이다."

그제야 영조는 나경언에게 매를 치라고 명령했다. 네 차례의 신장訊杖을 치고 중지한 후 문랑問郎(의금부 수사관)을 통해 나경언에게 물었다.

"네 글 가운데 서徐, 김金, 이李 세 사람은 누구인가?"

"서는 서명응이요, 김은 바로 호리戶吏의 아들 김유성金有星인데, 전년에 귀양가 물에 빠져 죽었으며, 이는 모릅니다."

자신이 고변한 고변서에 나오는 사람이 누군지도 모른다는 나경언. 그러나 이미 세자를 정적으로 여긴 영조는 이런 기초적인 의문도 무시했다. 나경언의 대답을 듣고 오위장 조덕상趙德常이 나섰다.

"김유성은 본래 물에 빠져 죽은 것이 아닙니다. 작년 진주에서 돌아올 때 보았습니다."

영조는 나경언의 거짓말에 노한 게 아니라 오히려 오위장 조덕상에게 노해 말했다.

"국청의 체모가 지극히 엄한데, 한낱 위장衛將이 어찌 감히 잡스런 말을 하는가? 이는 스스로 공을 세우려는 뜻이다."

영조는 조덕상을 빨리 남해南海로 귀양 보내라고 명했다.

이처럼 영조는 사건의 진상을 밝히기 보다는 나경언의 고변에 대한 예단을 지니고 있었다. 이날 영조는 나경언의 고변을 사실로 받아들이기에 급급한 모습을 보여주었다. 고변의 핵심은 '변란이 호흡 사이에 있다'는 말이었다. 즉 세자가 군사 정변을 일으키리라는 고변이었다.

대신도 양반 사대부도 아닌 남의 집 청지기가 대리하는 저군을 상대로 논박할 수 없다는 평범한 사실을 영조는 애써 무시했다. 남의 집 청지기가 세자를 상대로 싸움에 나설 정도면 거대한 배경을 지닌 배후가 당연히 있다는 사실도 영조는 무시했다. 영조는 그 배후의 불순한 의도에 대해 의심하지 않고, 오직 세자의 변란에 대해서만 의심했다. 세자는 완벽한 함정에 빠졌다.

차라리 미쳐버려라

영조는 신하들 앞에서 세자를 준절하게 책망했다. 그러자 홍봉한이 세자를 변명하고 나섰다.

"동궁께서 평소 두려워하고 겁을 내는 증세가 있는데, 이런 말을 들으면 반드시 편안히 있지 못할 것입니다. 청컨대 이유수李惟秀와 함께 가서 성교를 전하여 진정하게 하겠습니다."

세자를 편안히 있게 하려면 고변서를 영조에게 보이지 말았어야 했다는 점에서 의도적인 이중 행보였다. 영조가 허락하자 홍봉한은 급히 창덕궁으로 나아가 세자에게 상황을 전달했다. 세자가 크게 놀라 보련을 타고 대궐로 나왔다. 이때 시각이 2경更(밤 9~11시경)이었다. 나경언이 모함했다는 말을 듣고 세자는 깜짝 놀랐다. 논란이 된 이상 가장 먼저 할 일은 대죄待罪였다. 그는 그길로 홍화문에 나아가 엎드려 대죄했다.

영조가 세자를 불렀다. 나경언이 있는 국청으로 부른 것이다.

이 명을 듣고 홍봉한이 나서서 말했다.

"동궁을 죄인과 같은 뜰에 있게 해서는 안 되니, 마땅히 죄인을 내보내야 합니다."

홍봉한의 주청이 타당하다고 생각한 영조는 나경언을 옥에 가두라고 명령했다. '세자를 죄인과 같은 뜰에 있게 해서는 안 된다'는 홍봉한의 말은 얼핏 세자를 위하는 말 같지만 사실은 세자와 나경언의 대질을 막아서 세자의 변명 기회를 봉쇄하려는 의도였을 것이다. '세자'는 '죄인'과 같은 뜰에 서는 것을 회피할 정도로 한가한 상황이 아니었다. 생사의 기로였다. 한참 후에 세자가 죄인임을 나타내는 입笠과 포袍 차림으로 들어와 국청 뜰에 엎드렸다. 영조는 문을 닫고 한참 동안 세자를 보지 않았다. 승지가 문밖에서 세자가 대령했음을 아뢰자 영조는 갑자기 창문을 밀치며 크게 책망했다.

"네가 왕손王孫의 어미를 때려죽이고, 여승女僧을 궁으로 들였으며, 서로西路(관서)에 행역行役하고, 북성北城으로 나가 유람했는데, 이것이 어찌 세자로서 행할 일이냐? 사모를 쓴 자들은 모두 나를 속였으니 나경언이 없었더라면 내가 어찌 알았겠는가? 네가 처음에는 왕손의 어미를 매우 사랑하여 우물에 빠진 듯하더니, 어찌하여 마침내는 죽였느냐? 그 사람이 아주 강직하여서 네 행실과 일을 간諫하다가 이로 말미암아 죽임을 당했을 것이다. 또 장래에 여승의 아들을 반드시 왕손이라고 일컬어 데리고 들어와 문안할 것이다. 이렇게 하고도 나라가 망하지 않겠는가?"

이 말을 들은 세자가 분함을 이기지 못하고 나경언과 면질面質하기를 청하자 영조가 꾸짖었다.

"이 역시 나라를 망칠 말이다. 대리하는 저군이 어찌 죄인과 면질해야 하겠는가?"

대리청정하는 저군을 상민이 고변하고도 여기까지 왔다는 자체가

'나라를 망칠' 일이었다. 세자가 울면서 말했다.

"이는 과연 신이 본래부터 있던 화증火症입니다."

영조가 더욱 크게 꾸짖었다.

"차라리 발광發狂을 하는 것이 어찌 낫지 않겠는가? 썩 물러가라."

국청에서 쫓겨난 세자는 밖으로 나와 금천교 위에서 밤새 대죄했다. 눈물이 흘렀다. 억울함과 분통에서 나온 눈물이었다. 나경언의 고변은 사실로 받아들여진 반면 자신은 변명 기회도 봉쇄당한 것이다. 눈물만 흘리고 있을 수는 없었다.

세자는 이름도 들어본 적 없는 일개 남의 집 청지기가 대리청정하는 저군을 상대로 혼자 이런 일을 벌였을 리는 없다고 생각했다. 배후가 있음이 분명했다. 세자는 궁관에게 나경언의 배후를 캐보라고 지시했다. 나경언이 자신의 수중에 있었다면 세자는 그 배후를 캐낼 자신이 있었다. 하지만 나경언은 자신의 처외삼촌 이해중과 장인 홍봉한이 이미 영조에게 넘겨버린 뒤였다. 세자의 궁관들은 나경언의 처자와 그 아우 나상언을 심문하는 수밖에 없었다.

세자는 나경언의 아우 나상언을 잡아다 시민당 손지각遜志閣 뜰에서 심문했다. 또한 포도청에 나경언의 처자를 국문해 사주한 자를 밝히라고 지시했다. 나경언의 처자는 이렇게 공초했다.

"안성저安城邸 사람이 사주했습니다."

이에 안성저 사람을 붙잡아 조사하자 그는 또 다른 인물의 이름을 댔다.

"윤광유尹光裕가 사주했습니다."

윤광유는 바로 우의정 윤동도의 아들이었다. 이 소식을 들은 윤동도가 사임했다.

하지만 세자는 윤동도에게 수서를 내려 위로했다. 세자는 안성저 사람의 자백이 사전 각본에 의한 것임을 대번에 알아차렸다. 윤동도가 누구인가? 윤동도는 소론 영수 윤증의 백부인 윤순거尹舜擧의 증손이었다. 나경언을 사주한 자는 노론이지 소론일 리 없었다. 이는 소론과 세자를 이간시키려는 노론의 각본이었다.

나경언은 저군을 고변한 이상 살 수 없다는 사실을 알고 있었다. 나경언은 드디어 자신이 세자를 모함했다고 자백했다. 그러자 여러 신하들이 이구동성으로 극형에 처하자고 요청했다. 동의금 이이장李彝章이 앞으로 나서 극력 주창했다.

"일반 사람을 무함해도 역적이 되는데, 더구나 세자를 무함한 것이야 더 말할 것이 있겠습니까? 흉악한 말은 이미 모두 거짓으로 드러났고 죄인이 이미 자복을 하였으니, 이러한 역적과는 함께 살 수 없습니다."

하지만 영조는 오히려 이이장을 책망하고 나섰다. 이이장은 영조의 책망에도 굴하지 않고 나경언을 극형에 처하라고 거듭 요구했다.

날이 밝을 무렵에 뒤늦게 들어온 정휘량이 영조에게 말했다.

"죄인이 이미 세자를 무함했다는 네 글자를 가지고 자복한 이상 그 죄를 단 하루라도 용서할 수 없습니다."

이에 영조가 나경언을 사형에 처하라고 명했다.

고변자인 나경언이 무함임을 자인했으면, 세자의 혐의는 풀리고 곧바로 배후자 색출 작업에 들어가야 했다. 실제로 세자는 혐의가 풀린 것으로 생각해 동궁으로 돌아왔다. 세자는 여러 신하들에게 울먹이며 말했다.

"성상의 지극하신 자애로움 덕분에 함정에서 벗어나게 되었다."

하지만 이는 세자의 오산이었다. 영조는 세자를 용서하지 않았다. 용서는커녕 변명할 기회도 주지 않았다. 나경언을 죽이고 친국을 파한 다음 날 영조는 걸어서 문안청問安廳에 나가 도제조 신만의 팔을 베

314

고 눕더니 일어나지 않았다. 대신과 여러 신하들이 돌아가기를 청했으나 듣지 않고, 약도 거부하다가 오후가 되어서야 대내大內로 돌아갔다.

세자는 '함정에서 벗어난 것'이 아니었다. 오히려 이제부터가 시작이었다.

영조가 분노한 이유

세자는 금천교에서 시민당 뜰로 장소를 옮겨 계속 대죄했다. 나경언 고변 나흘 뒤인 26일에도 세자는 여전히 시민당 뜰에서 대명하며 궁관을 보내 영조에게 문안했다. 영조는 이 문안에 아무런 답도 하지 않았다. 냉랭한 거절이었다. 세자는 다음 날인 27일에도 시민당 뜰에서 대명했고, 그 다음 날인 28일에도, 5월의 마지막 날인 29일에도 여전히 시민당 뜰에서 대명했다.

홍봉한이 위기에 빠진 세자를 찾은 것은 세자가 시민당 뜰에서 대명한 지 일주일이나 지난 후였다. 내외의 따가운 시선 때문에 더는 외면할 수 없게 된 시점이었다. 홍봉한은 비변사의 여러 당상관들과 함께 세자에게 구대했다. 세자는 자숙의 뜻으로 덕성합이 아닌 시민당 월랑月廊(복도)에서 이들을 만났다. 홍봉한이 물었다.

"기후가 어떠십니까?"

"황공하게 대죄 중인 몸이 어느 겨를에 기후를 논하겠소?"

우의정 윤동도가 말했다.

"저하의 은혜에 감읍하고 있습니다."

나경언 처자의 공초에 아들 윤광유가 나왔음에도 문제 삼지 않은 세자의 처사에 대한 감사의 표시였다.

"내가 이미 경의 마음을 깊이 알고 있으니 괘념하지 말라."

세자는 이것이 노론의 음모임을 알고 있었다.

그날에야 홍봉한은 비로소 영조에게 세자가 대명하고 있다는 사실을 알렸다. 영조가 물었다.

"세자가 어느 곳에서 대명하고 있는가?"

"시민당 월랑에서 대죄하고 있습니다."

"춘방의 관원 또한 이 사실을 알고 있는가?"

우의정 윤동도가 대답했다.

"날마다 새벽에 일제히 모여 나가서 대죄하고 있습니다."

영조가 한탄했다.

"나는 그가 대명하고 있는지 몰랐다."

영의정 홍봉한은 자신의 사위인 세자가 1주일째 대죄하고 있음에도 영조에게 알리지 않았다. 다른 대신들이 나서자 할 수 없이 세자를 구대한 후 마지못해 영조에게 알린 것이었다.

다음 달인 영조 38년 윤5월에도 세자는 시민당 뜰에서 계속 대명했다. 새달이 되었으므로 중관을 보내 영조에게 문안했는데 영조는 역시 아무런 답도 하지 않았다.

그 다음 날, 그러니까 세자가 뒤주에 갇히기 13일 전인 영조 38년 윤5월 초하룻날 영조는 새벽에 영의정과 우의정의 입시를 명했다. 영조는 건명문建明門에 작은 천막을 치고 밤을 꼬박 새운 뒤였다. 가뭄 때문에 밤새 비를 빌었던 것이다. 영조의 기도 덕택인지 드디어 빗방울이 떨어지기 시작했다. 영조는 비에 관해 말한 후 세자의 말을 꺼냈다.

"세자가 지난번 죄인과 면질하기를 청했는데 참으로 한심하지 않은가?"

승지 윤동승尹東昇이 세자를 변호했다. 그는 윤동도와 같은 항렬인 파평 윤씨로, 소론이었다.

"이는 분하고 절박한 나머지 나온 말입니다. 만약 성상께서 조용히 꾸짖어 가르치시면 어찌 이런 지경에 이르렀겠습니까?"

편차인編次人 구윤명도 나섰다.

"요즈음은 소조께서 매우 뉘우치고 있습니다."

영조는 이들이 세자를 옹호하자 이렇게 말했다.

"말도 말라. 말도 말라."

세자에 대한 영조의 비방은 계속 된다.

"작년에 공묵합恭默閤에서 입시를 명했더니 세자가 병을 핑계했다. 영상이 깨우쳐 입시하게 했는데 걸음걸이가 정상이었다. 어렸을 때 그의 천성이 성인에 가까우므로 내가 매우 사랑하자 늙은 환관 권성징權聖徵이 너무 사랑한다고 간했는데, 당시 나는 권성징의 말이 지나치다고 여겼다. 지금 생각해보니 그 말을 따르지 않아서 이런 버릇을 키운 것이 후회된다."

세자를 깨우쳐 입시하게 했다는 '영상'이 바로 홍봉한이었다. 홍봉한은 세자가 병을 핑계하고 있음을 알리기 위해 입시를 권한 것이었다. 승지나 편차인 등이 세자를 옹호하는데도 함께 입시해 있던 장인 홍봉한은 한 마디도 거들지 않았다.

다음 날 영조는 세자궁과 가까운 창덕궁에 나가 말했다.

"어제의 비는 신령께서 내리신 것이니, 내가 진전眞殿(역대 임금의 초상화를 모신 곳)에 절하려고 온 것이다."

영조는 전배의 예를 행한 후 진선문에 나가 말했다.

"내가 비록 마중하지 말라고 말했으나, 동궁이 지척에 있으면서 마중하지 않으니 이것이 무슨 도리인가? 내가 이곳에 와 있으니 원량이 반드시 겁을 먹은 것이다."

영조는 진전에 절하면서 말했다.

"소자小子(영조 자신)가 이곳에 머물고자 하나 원량이 겁을 먹을 것이기 때문에 이제 돌아가겠습니다."

세자는 이날 시민당 뜰에서 대명 중이었다. 세자는 나경언이 고변한 후 아흐레째 매일 새벽이면 동궁 관원들과 함께 시민당 뜰에 나와 거적을 깔고 앉아 영조의 명을 기다렸다. 영조는 세자가 궁관을 보내 문안하면 받지 않았다. 세자는 매일같이 시민당 뜰에 나와 대명할 수밖에 없었다.

영조는 속으로 결심을 굳히고 있었다.

윤5월 2일 진전에 나아가 절한 것은 말하자면 세자 처리에 대한 결심을 조상들에게 알린 것이나 마찬가지였다. 영조는 매일 새벽 시민당 뜰에서 대죄하며 용서를 비는 세자를 죽일 결심을 한 것이었다.

영조는 왜 그렇게 세자에게 화가 났을까?

나경언을 국문하던 중 세자가 명을 받고 입시하자 영조가 질책한 말 속에는 세자의 비행이 구체적으로 제시되어 있다. 왕손의 어미를 때려죽이고, 여승을 궁으로 들였으며, 서로(관서)에 행역하고, 북성으로 나가 유람했다는 것이다.

여기에서 왕손의 어미란 빙애彬愛라고 불렸던 은전군恩全君과 청근현주淸瑾縣主의 어미인 귀인 박씨를 말한다. 옹주가 임금의 서녀라면 '현주'는 세자의 서녀다. 박씨는 인원왕후전 침방 나인이었다. 『한중록』은 귀인 박씨가 영조 37년 옷시중을 들다가 세자의 의대증이 도져서 죽임을 당했다고 기록하고 있다. 혜경궁의 말이 사실인지는 알 수 없어도 세자가 죽였다는 증언 자체는 사실로 보인다. 세자가 죽은 후 혜경궁의 오빠 홍낙임을 포함한 노론 일부에서는 박씨의 아들을 왕으로 추대하려한 점으로 보아 그녀 또한 노론에 포섭되었기 때문에 세자가 죽였는지도 모른다.

궁으로 들였다는 여승은 가선假仙이란 이름의 여인으로 서울 안암동에서 승려로 있다가 신사년(영조 37년)에 세자가 궁에 데려다 놓은 여인이다. 그 외에 서로 행역이 세자의 비행으로 기록되어 있다.

하지만 영조가 제시한 세자의 이런 비행들이 결정적인 죄목들은 아니었다. 이 정도 죄목이면 꾸중을 하거나 근신케 할 수는 있어도 죽일 만한 죄는 아니었다. 심한 경우 세자를 폐할 수는 있을지 몰라도 죽일 정도의 비행들은 아니다. 또한 신사년의 미행이나 관서행은 영조가 다 알고 있던 사실이다. 그런데도 마치 처음 안 사실같이 기록된 걸 보면, 노론에서 편찬한 『영조실록』의 이 기록은 축소되었다는 의혹이 짙다. 나경언이 고변한 세자의 비행이 이 정도라면 조선왕조 5백 년 역사상 가장 큰 왕가의 비극은 발생하지 않았을 것이다.

그럼 영조는 세자의 무엇에 그토록 분노했던 것일까? 나경언의 고변 중 결국 20여 일 후 세자를 뒤주 속에 가두게 한 결정적 내용은 무엇일까?

운명의 그날, 세자가 부른 사람

영조가 진전에 참배할 때 세자가 마중하지 않았다고 비난한 윤5월 2일 이후 『영조실록』에 기록된 세자에 관한 사항을 인용해보자.

윤5월 3일, "왕세자가 시민당 뜰에서 대명하였다."
윤5월 4일, "왕세자가 시민당 뜰에서 대명하였다."
윤5월 5일, "왕세자가 시민당 뜰에서 대명하였다."
윤5월 6일, "왕세자가 시민당 뜰에서 대명하였다."

이날 옥당 김종정 등이 연명으로 나경언에게 노적의 율을 시행하기를 청했다. 또한 사간원의 헌납 이시건李蓍建도 같은 내용의 차자를 올렸다. 도리어 영조는 격노했다. 영조는 이 차자를 받아들인 승지를 파면하고 영남 연해로 정배한 후 차마 듣지 못할 전교를 내렸다.

"나경언이 어찌 역적이겠는가? 오늘 조정 신하들의 치우친 논의가 도리어 부당父黨, 자당子黨이 되었으니, 조정의 신하가 모두 역적이다."

또 사관을 돌아보면서 말했다.

"곧바로 쓰지 않으면 너도 역적이다."

영조가 수없이 가슴을 치니, 여러 신하들이 두려워하다가 아침이 되어서야 물러났다. 바로 이점 '부당', '자당'이란 말 속에 세자에 대한 영조의 인식이 명확히 드러난다. 영조는 세자를 '정적'이자 왕위를 위협하는 '역적'으로 보았던 것이다.

윤5월 7일에도 『영조실록』은, "왕세자가 시민당 월대月臺(섬돌)에서 대명하였다"라고 전하고 있다. 영조가 경현당에 나아가 여러 신하들에게 말했다.

"이번 3사(홍문관, 사간원, 사헌부)의 괴이한 행동은 훗일 곧았다는 말을 듣기 위해서였다."

영조는 승정원 주서注書에게 명해서 해당 이속에게 묻게 했다.

"주동자가 누구인가?"

"여러 사람이 우연히 일제히 모여 차자를 올린 것입니다."

해당 이속의 대답에 영조는 진노했다.

"감히 내 앞에서 어찌 우연이란 대답을 하는가. 이속을 결박해서 엄히 형문刑問하고 정배하라. 이시건이 먼저 올렸다고 하니 정배로 그칠 수 없다. 거제부에 유배 보내되 이틀거리를 하루에 걸어가도록 하고, 가는 길의 감사와 수령은 이 여덟 사람에게 노자를 주지 못하게 하라."

그 후로도 세자의 대명은 계속되었다.

윤5월 8일, "왕세자가 시민당 월대에서 대명하였다."

윤5월 9일, "왕세자가 시민당 월대에서 대명하였다."

윤5월 10일, "왕세자가 시민당 월대에서 대명하였다."

윤5월 12일, "왕세자가 시민당 월대에서 대명하였다."

그리고 드디어 운명의 그날이 다가왔다. 영조 38년 윤5월 13일이었다. 『한중록』에 실린 그날의 기록을 좀더 살펴보자.

"동궁은 부왕의 거동령을 듣고 두려워서 아무 소리 없이 기계와 말

을 다 감추어 경영할 대로 하라 하시고, 교자를 타고 경춘전景春殿 뒤로 가시며, 나를 오라고 하시매, 근래에 동궁의 눈에 사람이 보이면 곧 일이기 때문에 가마 뚜껑을 하고 사면에 휘장을 치고 다니셨는데, 그날 나를 덕성합으로 오라 하셨고, 그때가 오정쯤이나 되었는데 홀연히 무수한 까치가 경춘전을 에워싸고 울더라. 이것이 무슨 징조일까 괴이하더라.

세손(훗날의 정조)이 환경전에 계셨으므로 내 마음이 황망 중 세손의 몸이 어찌될지 걱정스러워서 그리 내려가서 세손에게, '무슨 일이 있어도 놀라지 말고 마음을 단단히 먹으라' 천만당부하고 어찌할 바를 몰랐다. 그런데 대조께서는 웬일인지 거동이 늦어서 미시未時 후에나 휘령전으로 오신다는 말이 있더라. 그때 동궁은 나를 덕성합으로 오라고 재촉하시기에 가보니, 그 장하신 기운과 언짢은 말씀도 없으시고 고개를 숙여 깊이 생각하시는 양 벽에 기대어 앉으셨는데, 안색이 놀라서 핏기가 없이 나를 보시매, 응당 화증을 내고 오죽하시랴.

내 목숨이 그날 마칠 것도 스스로 염려하여 세손을 경계 부탁하고 왔었는데, 동궁께서는 생각과 다르게 나더러 하시는 말씀이, '아무래도 이상하니, 자네는 잘 살게 하겠네, 그 뜻들이 무서워' 하시기에 내가 눈물을 드리워 말없이 허황해서 손을 비비고 앉았더니, 이때 대조께서 휘령전으로 오셔서 동궁을 부르신다는 전갈이 왔더라. 그런데 이상하게도, '피하자'는 말도 '달아나자'는 말씀도 않고, 썩 용포를 달라 하여 입으시면서, '내가 학질을 앓는다 하려 하니 세손의 휘항揮項(방한모)을 가져오라' 하시더라.

내가 그 휘항은 작으니 당신 휘항을 쓰시라고 하여 나인더러 가져오라 하였더니, 뜻밖에 썩 하시는 말씀이, '자네가 참 무섭고 흉한 사람일세. 자네는 세손 데리고 오래 살려 하기에 오늘 내가 나가서 죽겠기로 그것을 꺼려 세손 휘항을 내게 안 씌우려는 그 심술을 알겠네' 하셨다. 내 마음은 당신이 그날 그 지경에 이르실 줄은 모르고 이 일이 어찌될까, 사람을 설마 죽일 일이요, 또 우리 모자가 어떠하랴 하였는데 천만 뜻밖의 말씀을 하시니 내가 더욱 서러워서 세손의 휘항을 갖다 드렸다.

'그 말씀이 하도 마음에 없는 말이니 이 휘항을 쓰소서.'

'싫다! 꺼려하는 것을 써 무엇할꼬' 하시니, 이런 말씀이 어찌 병드신 이 같으시며, 어이 공손히 나가려 하시던가. 모두 하늘이 시키는 일이니 원통하고 원통하다."

이 기술에서 중요한 것은 세자와 혜경궁 홍씨 모두, 영조의 부름이 세자의 죽음을 뜻한다는 것을 알고 있었다는 점이다. 세자가 혜경궁 홍씨를 부르자 세손에게 가서, '무슨 일이 있어도 놀라지 말고 마음을 단단히 먹으라'고 말했다. 이는 홍씨가 그날 세자가 죽을 것임을 알고 있었다는 증거다.

세자가 세손의 휘항을 요청한 것은 그가 정신병자여서가 아니었다. 세자가 세손의 휘항을 쓰겠다는 말은 영조에게 자신을 정신병과 학질을 앓는 중환자로 비치려는 뜻이었다. 이날이 음력 윤5월 13일로 1년 중 가장 더운 때였다. 이때 세손의 방한모를 달라는 세자에게 혜경궁은 '그 휘항은 작으니 당신 휘항을 쓰라'고 답한다. 한 여름에 세손의 작은 방한모를 달라는 이상한 말에 혜경궁은 '세손 것은 작으니 당신 것을 쓰라'고 아주 정상적으로 대답한다. 세자가 혜경궁 홍씨를 '참 무섭고 흉한 사람'이라고 한 것 역시 충분한 근거가 있는 말이었다. 세자는 바로 나경언 사건을 확대한 인물이 홍씨의 외삼촌 이해중과 장인 홍봉한이라는 사실을 알고 있었다. 길가는 사람도 아는 사실을 목숨이 경각에 달린 당사자인 세자가 모를 리가 없었다. 세자는 또한 혜

조재호(1702~60) 풍릉부원군 조문명의 아들이자 풍원군 조현명의 조카이며 효장세자빈의 오빠다. 죽음을 예견하는 절박한 상황에서 세자가 도움을 청한 인물이었다. 사도세자 사후 "세자를 보호하려 한다"는 말을 한 혐의로 사형당했다.

경궁 홍씨가 자신을 이미 버렸다는 사실도 알고 있었다.

그런데 운명의 그날, 세자는 한 인물을 부른다. 세자의 죽음과 연관되어 있는 아주 중요한 인물이다. 이에 대한 『한중록』의 기록을 보자.

"동궁께서 당신이 스스로 위태하셨던지 계방桂坊(세자익위사) 조유진趙維進으로 하여금 춘천에 있는 원임 대신 조재호를 상경하라고 하셨다. 이런 일을 보면 병 있는 이 같지 않으니 이상한 것이 하늘의 조화다."

세자는 궁지에 몰리자 드디어 관서미행 때 도움을 요청했던 조재호를 부른 것이다. 이는 세자가 마지막으로 던진 승부수였다. 조재호는 풍릉부원군豊陵府院君 조문명의 아들이자 풍원군 조현명의 조카이며 효장세자빈의 오빠였다.

죽음을 예견하는 절박한 상황에 처한 세자가 처가인 풍산 홍씨에게 도움을 청하지 않고, 형수의 친정에게 도움을 청한 것은, 당시 세자가 처한 절박한 고립 상황을 단적으로 말해주고 있다. 세자는 그 급박한 상황에서 왜 조재호를 불렀을까?

바로 여기에 세자의 죽음에 관한 해답이 일단이 들어 있다.

세자는 왕손의 어미를 죽이고 여승을 끌어들였다는 등의 개인적인 비행 때문에 죽지 않았다. 개인적인 비행으로 자식, 그것도 대리하는 저군을 죽이는 아버지는 없다. 나경언이 고변하던 날, 나경언의 고변을 사주한 홍계희와 더불어 영조는 군사를 동원해 궁성을 호위하고 하궐로 통하는 문을 막았다.

또한 나경언 고변 이틀 후인 5월 24일에는 삼군문三軍門 대장 구선행 등을 불러 창덕궁 입직 군사의 3분의 1을 감하라고 명했다. 창덕궁 입직 군사의 임무 중 하나는 세자의 호위다. 세자의 군사나 마찬가지였다. 세자가 동원할 우려가 있는 군사를 미리 감한 것이다.

이는 영조가 세자 문제를 혜경궁 홍씨의 주장처럼 '정신병' 차원이 아니라 '정치'와 '군사' 차원에서 보고 있음을 뜻한다. 영조에게 세자는 개인적 비행을 저지르는 '아들'이 아니라 아버지의 당파와 대립하는 자기 당파를 형성한, 즉 '정적'이었음을 뜻하는 것이었다.

결국 영조가 나경언이 역적이 아니라 부당·자당의 치우친 논의가 역적이란 말까지 할 수 있었던 것은 세자를 지지하는 자당과 연관된 정치세력을 자신의 왕권을 위협하는 위험한 세력으로 보고 있었음을 뜻한다. 나경언 고변 사건의 핵심이 바로 이 점이다. 즉, 고변 중에는 세자가 영조의 왕권을 위협하는 위험한 인물이며 '호흡 사이에 있는 변란'을 꾀하는 인물이란 내용이 들어 있었을 것이다. 영조가 가장 분개한 점은 세자의 개인적인 비행이 아니라 자신에 대한 정치적, 군사적 도전이었다.

이와 관련해 해명되어야 할 중요한 점이 세자가 나경언의 고변이 있던 영조 38년 5월에 땅속에 집 세 칸을 지은 사실이다. 이 집에 관한 『한중록』의 기록을 보자.

"5월이 되자 동궁은 홀연히 땅을 파고 집 세 칸을 짓고, 사이에 장지문을 해 달아서 마치 광중壙中같이 만들고 드나드는 문을 위로 내고 널판자 뚜껑을 하여, 사람이 겨우 다닐 만하게 하고 판자 위에 떼를 덮더라. 그리하여 땅속에 집 지은 흔적도 없게 되자 묘하다 하시고, 그 속에 옥등玉燈을 켜 달고 앉아 계시더라. 그것은 부왕께서 오셔서 당신 하시는 것을 찾으셔도 군기붙이와 말까지 다 감추고자 하시는 것이지 다른 일은 아니지만은, 그 땅속의 집 일로 해서 더욱 망극한 말이 있었으니, 모두 흉한 징조를 귀신이 시키는 것 같아서 인력으로도 어찌할 수 없더라."

혜경궁 홍씨는 이 역시 세자가 정신병자이기 때문에 한 행동이라고 주장한다. 과연 그럴까?

세자는 왜 땅속에 군기붙이와 말을 감추었을까? 이로 인해 떠돈 '망극한 말'은 무엇일까? 그것은 바로 세자가 군사 정변을 일으키려 한다는 말이었을 것이다.

세자는 정말 영조를 상대로 군사 정변을 일으키려 했을까? 이방원처럼 군사 정변을 일으켜 영조를 상왕으로 물러 앉히고 정권을 장악하려 했던 것일까?

세자는 분명 위기를 느끼고 있었고, 자신을 압박하는 노론을 제거할 결심도 했을 것이다. 그러나 그러기에는 부왕 영조가 걸림돌일 수밖에 없었다. 군사 정변을 일으켜 영조와 노론 모두를 제거한다는 것은 사실상 불가능했다. 일시적으로 승리한다 해도 전국 각지에 산재한 노론 세력이 가만히 있을 리 없었다. 소수파의 지지를 받던 경종이 사망했을 때도 이인좌의 난이 일어났는데, 다수파의 지지를 받는 영조를 제거했을 경우 노론은 각지에서 봉기할 것이었다. 결국 세자가 선택할 수 있는 최후의 카드는 영조의 죽음을 기다리거나 은밀히 죽음을 만들어내는 것이었다.

당시 영조는 칠순을 1년 앞둔 노령인데다가 실제로 노환에 시달리고 있었다. 나경언 고변 두 달 전인 38년 3월에도 영조는 약원에서 올린 탕제를 들어야 하는 처지였다. 노론이 나경언을 사주해 고변케 한 이유도 여기에 있었다. 영조가 언제 죽을지 몰랐던 것이다. 영조가 죽고 세자가 즉위하면 소론·남인 등과 손을 잡고 노론에 칼을 들이댈 게 뻔했다. 그 때문에 노론은 세자를 제거하기 위한 승부수를 던졌고 그것이 나경언의 고변이었던 셈이다.

세자 역시 영조가 죽는 날에 대비하고 있었다. 영조가 죽으면 노론이 자신을 제거하려 할 수 있었다. 이 경우에 대비해서 세자는 땅 속에 집을 지어 무기를 감추고 소론 영수 조재호와 관계를 맺는 등 자구책을 마련한 것이다. 세자는 관서행에서 군사 동원이라는 목적 달성에 실패하자 동궁 내에 스스로 자구책을 만든 것이었다.

나경언이 고변하고 세자가 대명하는 5월 24일, 영조는 홍화문에 나가 시장 상인들을 불러 세자가 꾸어간 돈을 갚아주었다. 『영조실록』은 이 돈이 세자가 유희, 또는 측근 인사들에게 상을 주느라 쓴 돈이라고 기록했지만 실은 세자의 군사비일 가능성이 크다. 관서행에서 군사 동원이라는 목적을 달성하지 못하자 조재호는 춘천에서 동지들을 결합하고 세자는 동궁에 무기고를 마련한 것이다. 결국 이 자구책이 세자를 죽음으로 몰고 갔다.

아버님, 살려주옵소서!

운명의 그날 아침 영조는 창덕궁으로 향했다. 세자시강원의 강관들이 임금을 맞이하는 예식을 수행하라고 청하자 세자는 이렇게 말했다.

"현재 꺼리는 병이 있어 예를 행할 수 없다."

'꺼리는 병'이란 앞서 말한 학질이다. 이에 영조는 도승지 조영진趙榮進을 특파해 세자에게 행례行禮를 재촉했다. 영조는 휘령전으로 향하는 길에 세자궁을 지나면서 차비관差備官을 시켜 자세히 살펴보도록 했으나 세자는 보이지 않았다. 세자는 아마도 이때 조재호를 불렀을 것이다.

세자는 오늘 영조가 자신을 죽이려 한다고 판단하고 이 위기를 모면하기 위해 학질에 걸렸다는 핑계를 생각해낸 것이다. 그런데도 영조가 거듭 나오라고 호통을 치자 세자는 드디어 세자궁의 집영문集英門 밖에서 영조를 맞이하는 예를 거행했다. 세자는 영조의 어가를 따라 휘령전으로 나갔다. 휘령전은 세상을 떠날 때 절을 하는 곳이었다. 영조가 휘령전의 전상殿上에 앉자 세자는 뜰 아래 판위板位에서 네 번

절하는 예를 행했다. 사실상 죽음의 예식이었다. 예를 마치자마자 영조가 갑자기 손뼉을 치면서 하교했다.

"여러 신하들 역시 신神의 소리를 들었는가? 정성왕후가 정녕 내게, '변란이 호흡 사이에 달려 있다'고 말했다."

'변란이 호흡 사이에 달려 있다'는 말은 나경언이 영조에게 직접 올린 고변서에 들어 있던 말로 세자가 군사 정변을 일으키려 한다는 뜻이었다. 영조는 이 말이 '군부君父를 위협하는 말'이라고 나경언을 사형시켰으나, 이제 자신의 입으로 같은 말을 내뱉은 것이다. 이 말을 들은 세자시강원의 강관들과 승사承史들이 일제히 엎드려 부복했다.

영조가 휘령전에서 '정성왕후' 운운한 것은 의도적인 발언이었다. 휘령전은 바로 영조의 첫 번째 정비인 정성왕후 서씨의 혼전魂殿이었던 것이다. 정성왕후 서씨는 이미 5년 전에 죽었지만 그녀의 위패가 영조보다 먼저 종묘에 들어갈 수는 없었기에 그때까지 궁내의 사당인 휘령전에 모셔 두고 있었다. 휘령전은 문정전으로 불리는데, 그곳은 바로 28년 전 영조가 대비인 인원왕후에게 사도세자의 탄생을 알리기 위해 달려갔던 대비전의 옆이었다.

그러나 영조에게 사도세자를 밀고한 여인은 이미 죽은 세자의 법적인 어머니 정성왕후가 아니라 살아 있는 생모 영빈 이씨였다. 영빈 이씨는 나경언의 고변으로 세자가 시민당 뜰에서 대명하는 동안 영조에게 세자를 처치하라고 권했다. 그녀는 왜 자신의 친아들인 세자를 죽이라고 권했을까?

세자가 뒤주에 갇히던 날의 『영조실록』은 "나경언이 고변한 후 임금이 세자를 폐하기로 결심했으나 차마 말을 꺼내지 못했는데 갑자기 유언비어가 안에서부터 일어나 임금의 마음이 놀랐다"고 기록되어 있다. 또한 같은 날에 이런 기록도 있다.

"(세자에 대한) 임금의 전교는 더욱 엄해지며 영빈이 고한 바를 대략 진술하였는데, 영빈은 바로 사도세자를 낳은 영빈 이씨로 임금에게 밀고한 자였다. 도승지 이이장이, '전하께서는 깊은 궁궐에 있는 한 여자의 말로 인해 국본을 흔들려 하십니까?'라고 말하니 임금이 진노하여 빨리 방형邦刑을 행하라고 명했다가 중지했다."

영빈 이씨가 했다는 '밀고'와 갑자기 안에서부터 일어났다는 '유언비어'는 밀접한 관련이 있다. 곧 세자가 군사 정변을 일으키려 한다는 유언비어를 영빈이 영조에게 전한 것이다. 영빈 이씨가 실제로 세자가 군사 정변을 일으키려 한다고 믿었는지는 알 수 없지만 어쨌든 이씨는 남편과 아들 사이의 불화가 화해할 수 없는 지경에 이르렀음을 알고 있었다. 정순왕후 김씨와 며느리 혜경궁 홍씨 역시 영빈 이씨의 밀고에 관련되어 있었을 수도 있다.

영빈 이씨는 지아비인 영조와 아들인 세자 사이에서 둘의 갈등을 중재하려 하기보다는 지아비의 편을 들어 아들을 버리고 말았다. 조선시대 왕가의 여인으로서 이는 어쩌면 당연한 처신인지도 모른다. 숙종의 계비 인원왕후 김씨도 원래 소론이었으나 지아비인 숙종을 따라 노론으로 전향했고, 원래 노론이었던 경종의 계비인 선의왕후 어씨는 지아비인 경종을 따라 소론으로 바꾸었다. 그러나 오직 한 여인 혜경궁 홍씨만이 시종일관 지아비가 아닌 친정의 당론을 따랐다.

영조는 세자의 법적인 어머니 정성왕후 서씨의 '계시'와 생모인 영빈 이씨의 '밀고'를 세자 제거의 명분으로 삼아 세자 제거를 실행하려 했다. 영조는 시위 군사들을 불러 입시케 한 후 칼을 뽑아 담 쪽을 향해 겨누라고 명령했다. 이는 세자를 구하기 위해 군사들이 쳐들어올지 모른다는 의구심에서 나온 행위였다. 그러나 시위 군사들이 주저하며 칼을 뽑지 않자 영조는 직접 칼을 뽑으며 성난 목소리로 외쳤다.

"어찌하여 칼을 뽑지 않느냐?"

이 호통에 시위 군사들이 일제히 칼을 뽑아 담 쪽을 겨누었다. 영조는 선전관宣傳官을 불러 은밀한 하교를 내렸다. 잠시 후 협련군이 들어와 문정전의 전문殿門을 4, 5겹으로 굳게 막았다. 영조는 영의정 신만을 제외한 모든 신하들의 출입을 금했다.

세자는 판위에 엎드렸다. 몹시 피로한데다 숨가빠하고 있었다. 세자시강원의 강관이 승지에게 동궁의 상태가 심해졌으니 임금께 아뢰어달라고 부탁했다. 그러나 영조의 반응은 강관의 바람과는 정반대였다.

"판위에서 내려와 땅에 엎드려 관을 벗어라."

"맨발로 엎드려 머리를 땅에 조아리라."

세자가 판위에서 내려와 맨땅 위에 맨발로 머리를 조아리자 세자시강원의 강관이 세자 곁에 와서 물었다.

"대조께서 무슨 말씀을 하셨기에 관을 벗으셨습니까?"

세자가 대답했다.

"차마 말할 수 없다."

영조는 칼을 휘두르며 소리 질렀다.

"네가 만약 자결하면 조선국 세자의 이름은 잃지 않을 것이니 어서 자결하라."

이에 세자는 머리를 연달아 땅에 부딪쳤고, 세자의 이마에서는 피가 흘러내렸다. 영조는 계속 칼을 두드리며 빨리 자결하라고 재촉했다. 세자가 입을 열었다.

"부자는 천성天性이 가까운 것이요, 왕은 동서남북이자 전후좌우[經緯]이니 군부 앞에서 차마 흉측한 거조를 할 수 없습니다. 청컨대 밖에 나가서 자결하게 해주소서."

세자는 자리를 옮겨 뜰 남쪽 모퉁이에 가서 영조가 있는 곳을 향해

엎드렸다. 세자시강원의 강관, 승사들도 모두 관을 벗고 부복했다.

영조가 전에서 내려와 월대 위에 앉아 말했다.

"내가 죽으면 3백 년 종사가 망하고, 네가 죽으면 종사는 보존될 것이니 네가 죽는 것이 옳다. 내가 너 하나를 베지 않아 종사가 망하게 하겠느냐?"

이 말에 세자가 통곡했다. 영조는 계속 자결을 요구했다. 세자가 말했다.

"전하께서 칼로 신을 찌르신다 해도 신은 칼끝에 놀라지 않을 것입니다. 지금 죽기를 청합니다."

영조 보고 직접 찔러 죽이라는 말이었다. 영조가 가슴을 치며 큰 소리로 통곡하며 말했다.

"저 말하는 것을 보라. 얼마나 흉측한가."

세자 또한 울면서 말했다.

"신은 가슴에 지통至痛이 있습니다."

영조는 이 말엔 아무 대꾸를 않고 왜 자결하지 않느냐고 계속 다그쳤다.

그러자 세자가 허리띠를 풀어 목을 맸고 곧이어 땅에 쓰러졌다. 이에 시강원의 강관들이 달려와 매듭을 풀고 의관을 입진시켰다. 청심환을 물에 타서 수저로 입에 떠 넣었으나 세자는 계속 뱉어냈다. 강관들이 울면서 권하니 마지못해 서너 수저 마시고는 남은 반 그릇을 강관들에게 내렸다.

"경들도 마시라."

이 광경을 지켜보던 영조가 소리쳤다.

"저자들이 저러니까 저 흉인凶人(세자)이 그것을 믿고 점점 흉하게 구는도다."

이 말에 세자가 일어나 앉아 머리를 벽돌단에 부딪치니, 사서司書 임성이 손바닥으로 이마를 받쳤는데 손등이 벗겨질 정도였다. 임성이 계단 아래 엎드려 울면서 영조에게 말했다.

"저하께서 혹시 실덕失德이 계시다 하더라도, 전하께서 인仁과 자비로써 동궁이 새로워지는 길을 열도록 하지 않으십니까?"

영조가 잠자코 있다가 말했다.

"저것이 임성이렷다."

그때 승정원 주서注書 이광현李光鉉이 합문 밖으로 나오니 영의정 신만과 좌의정 홍봉한, 판부사 정휘량 등이 모여 있었다. 신만이 말했다.

"합문 안에 들어간들 어찌하리오."

홍봉한은 가슴을 두드리며 특유의 이중 연기를 다시 구사했다.

"이렇게 들어갈 수 없으니 어떻게 세자를 구하리오."

판부사 정휘량은 아무 말도 하지 않았다.

이때 한림 윤숙尹塾이 대신들을 꾸짖었다.

"어찌 대신이 되어 합문을 밀치고 들어가서 세자를 구하지 못하시오?"

이광현은 조금 부드럽게 권했다.

"이런 때 대신이 동궁을 뵈어야 하는데 어찌 감히 말리겠습니까? 반드시 들어갈 길이 있을 것입니다."

대신들이 합문에 이르자 문졸門卒들이 막아섰다. 이광현이 큰소리로 꾸짖었다.

"대신이 청대하겠다는데 너희들이 저지하니 감히 살까보냐."

문졸들이 울면서 대답했다.

"상上(임금)의 명령이라 우린들 어찌하겠습니까?"

그런데도 이광현은 결국 문졸을 밀치고 대신들을 들어가게 했다.

그러나 영의정 신만은 들어가자마자 도로 나왔다. 이광현이 왜 이렇게 급히 나오는가 묻자, "엄한 하교를 받았네"라고 대답하는데 좌의정 홍봉한이 뒤따라 나왔다.

"성교가 엄하니 어찌 다시 들어갈 수 있겠는가?"

이들은 들어가서 한 마디도 꺼내지 못했다. 게다가 이들이 세자를 옹호하리라고 예상한 영조가 세 대신 모두를 파직시켰다.

이때 세손(정조)이 들어왔다. 만 열 살의 어린 나이였다. 세손 또한 아버지 사도세자처럼 관과 도포를 벗고 세자 뒤에 엎드렸다.

"아비를 살려주옵소서."

"누가 세손을 데려왔는가? 빨리 데리고 나가라."

영조가 별군직別軍職에게 세손을 데리고 나가라고 명령했다. 이에 별군직이 세손을 안으려하자 세손이 거부했다. 이 광경을 본 세자가 이광현의 손을 끌고 물었다.

"저 놈의 이름이 뭔가?"

"이름은 모르겠으나 별군직으로 상의 명을 받은 자입니다."

세자가 별군직을 꾸짖었다.

"네 하늘은 존귀하고 땅은 비천함을 모르는가? 세손이 스스로 나가게 하는 것이 옳거늘 네 어찌 감히 억지로 핍박하는가? 네 이름이 무언가?"

"소인 김수정金守貞이라 하옵니다. 황공하옵게도 이미 명을 받들었으니 부득이 세손을 모시고 나가지 않을 수 없습니다."

김수정은 세자의 호통을 무시하고 세손을 안고 나갔다. 세자가 이광현의 손을 끌어당기며 말했다.

"저 놈이 흉하구나. 족히 나를 해칠 만한 놈이로다."

영조가 연달아 왜 자결하지 않느냐는 하교를 내렸다. 이에 세자가

창경궁 선인문 영조 38년(1762) 윤5월 13일, 세자는 영조의 명에 따라 창경궁 휘령전(문정전)에서 뒤주로 들어갔다. 세자가 들어간 뒤주는 선인문 앞으로 옮겨졌으며 8일 뒤인 21일 세자는 그 속에서 운명했다. 서울시 종로구 소재.

용포를 찢어 다시 목을 매니 세자시강원의 강관들이 또 풀어주었다.

이때 갑자기 큰 궤가 뜰 가운데 놓였다. 바로 운명의 뒤주였다. 그런데 영조에게 뒤주에 넣어 죽이면 된다는 착상을 전한 인물이 바로 세자의 장인 홍봉한이었다. 영조가 소리쳤다. 이는 훗날 정조가 즉위한 후 홍봉한의 반대파들이, 홍봉한이 사도세자를 죽인 범인이라고 주장하는 결정적인 증거가 된다.

"너 속히 그 속에 들어가라."

세자가 뒤주에 들어가려 하자 시강원의 강관들이 울면서 만류하며 궤 밑에 엎드렸다. 영조가 진노하여 강관들을 가리키며 말했다.

"저것들이 다 역적이니 모두 파직한다. 모두 나가라."

그러나 강관들은 나가지 않고 주저거렸다. 영조가 다시 소리쳤다.

"저것들을 육진六鎭에 내치니 속히 끌어내라."

이에 강관들이 끌려 나갔다. 영조가 세자에게 다시 호통쳤다.

"전대前代에 비록 임금이라 하더라도 이런 때는 강화江華 교동에 갔거늘 네가 어찌 감히 이 속에 안 들어가는가."

연산군과 광해군이 쫓겨난 후 강화 교동으로 유배 간 사례를 말하는 것이다. 세자에게는 차라리 강화 교동이 나았을 것이다. 이에 시위 별감들이 모두 조총鳥銃을 땅에 버리고 크게 곡을 하자 영조는 칼을 두드리며 호통을 쳤다.

"이놈들이 역시 저 흉인을 두려워하고 내 편을 안 드는도다."

영조는 선전관에게 명하여, 별감 한 명을 끌어내 목을 베어 합문 밖에 걸어두라고 명했다.

그런데 이렇게 궁관들이 쫓겨난 후에도 한림翰林 임덕제林德躋와 주서 이광현만은 엎드려 떠나지 않았다. 영조가 금군 두 명에게 엄교를 내렸다.

"너 저 두 명을 잡아내어 정형正刑(사형)하라."

금군이 두 명을 끌어냈다. 군사가 끌어내려 하자 임덕제가 소리쳤다.

"나의 손은 사필史筆을 잡는 손이다. 이 손이 잘릴지언정 끌어낼 수 없다."

그러나 군사는 막무가내로 임덕제를 끌어냈다. 세자가 이광현과 임덕제의 옷자락을 붙잡고 곡하면서 따라 나오며 말했다.

"너희마저 나가버리면 나는 장차 누구를 의지하란 말이냐?"

영조는 휘령전 안에서 세자를 빨리 데리고 오라고 독촉했다. 세자가 합문 밖으로 나오자 세자시강원의 강관들이 일제히 물었다.

"저하 왜 나오셨습니까?"

세자는 아무 대답도 하지 못하고, '아이고'라고 곡만 할 뿐이었다. 세자는 합문을 따라 곧장 수십 보를 걸어가다가 담장 아래에다 소변을 보고 마침내 주저앉았다. 세자가 목이 말라 마실 것을 찾으니 내관이 청심환을 탄 물을 올렸다. 다 마신 세자가 물었다.

"어찌하면 좋을꼬."

강관들이 모두 말했다.

"오늘 저하의 도道는 공손히 대조의 처분을 기다리는 것뿐입니다. 비록 밤을 새우는 한이 있더라도 회천回天(임금이 돌아가다)하신 후에 나오셔야 합니다."

"그리하겠다."

세자가 일어나 다시 합문 안으로 들어갔다. 강관들이 따라 들어가려 했으나 문졸들이 밀쳐내 들어갈 수 없었다.

세자는 손수 옷자락을 걷고, 두 손으로 뒤주 양 모서리를 잡고는 영조를 우러러보며 애소했다.

"아버님 살려주옵소서."

부왕을 아버지라 부르는 것은 참으로 오랜만의 일이었다.

마침내 세자는 뒤주 속에 들어갔다.

영조는 직접 뚜껑을 닫고 자물쇠를 잠근 후 장판長板을 가져오라고 명했다. 그러고는 큰 못을 박고 동아줄로 묶어 뒤주를 봉했다. 이광현과 임성이 몰래 가까이 가보니 뒤주 남쪽 가장자리에 구멍이 뚫려 있었다. 임성이 뒤주 옆에 서 있는 중관을 통해 약을 탄 물을 전하자 세자는 이 구멍으로 약을 받아 마셨다. 세자는 궤 안에서 입고 있던 무명저고리를 벗어서 임성에게 내주어 적삼과 바꿔오게 했다. 이에 임성이 무명적삼을 갖다 바치자 세자는 무명적삼을 다시 베적삼과 바꿔오라고 말했다. 주서 이광현이 틈을 타 뒤주의 구멍 앞에 나아가 엎드리니 어두운 가운데서도 세자가 알아보고 말했다.

"주서가 왔구나. 전상殿上의 동정이 어떠냐?"

"전하의 위엄이 아직 쟁쟁하시나 불빛이 깊고 멀어 동정은 모르겠습니다."

세자는 이광현이 올린 미음 한 그릇을 다 비웠다. 이때 임성이 갑자기 이광현의 옷자락을 잡아당겼다. 영조가 섬돌을 내려서 뒤주 곁으로 오고 있었던 것이다. 영조는 뒤주 뒤에 구멍이 있다는 밀고를 듣고 이를 막으려 내려오는 중이었다. 영조는 직접 내려와 구멍을 막았다. 그리고 다음과 같은 전교를 내렸다.

"세자를 폐하여 서인으로 삼는다."

뒤주 속의 세자, 뒤주 밖의 궁궐

세자는 영조 38년 윤5월 13일부터 21일까지 무려 8일 동안이나 뒤주 속에 갇혀 있었다. 한여름 물 한 모금 마시지 못하는 밀폐된 공간에서 분노에 쌓여 갇혀 있던 사람치고는 오래 산 셈이다.

그 8일 동안 조정에서는 무슨 일이 일어났을까? 바로 이것이 세자가 처했던 비극의 전말을 찾아가는 길이다.

세자가 뒤주에서 밤을 새운 첫날 좌의정 홍봉한은 영조에게 윤숙을 처벌하라고 주청한다.

"한림 윤숙은 어제 신들을 꾸짖었고, 또 울부짖으며 거조를 잃었으니 인심을 진정시키려면 엄히 처벌하지 않을 수 없습니다."

영의정 신만과 다른 대신들도 홍봉한을 따라 윤숙을 비롯한 한림들을 처벌해야 한다고 요청했다. 세자를 왜 구하지 않느냐고 대신들을 힐난하면서, 세자가 뒤주에 갇힐 때 울부짖었다는 것이 홍봉한이 처벌을 요청한 윤숙의 죄목이었다. 사위인 세자를 구해달라고 울부짖은 윤숙을 장인 홍봉한이 처벌하라고 요청한 것이다.

영조는 윤숙을 해남으로 귀양 보냈다. 세자가 옷깃을 잡으며, "너마저 나가 버리면 나는 누구를 의지하란 말이냐"라고 애원했던 임덕제도 강진으로 귀양길에 올라야 했다. 이렇게 홍봉한에 의해 세자의 측근들이 귀양 가는 가운데 첫날이 흘러갔다.

세자가 뒤주 속에서 두 번째 아침을 맞은 날 영조는 경화문景化門에 나가 중외에 반교문을 반포했다. 대리청정을 폐하고 자신이 다시 정사에 복귀하는 이유를 밝히는 반교문이었다.

이날 또 한 명이 중도부처되었다. 이익원李益元이었다. 영조가 반교문을 반포할 때 소리를 내어 울면서 눈물을 흘렸다는 죄목이었다. 그리고 그날 세자의 측근 서필보徐必普와 정중유鄭重維가 효시되었다. 이처럼 세자가 뒤주 속에서 신음할 때 세자의 측근들은 귀양을 가거나 목숨을 잃었다.

세자를 동정해 눈물을 흘렸다는 이유만으로 신하들이 귀양 가는 동안, 세자가 운명의 그날 절박한 심정으로 구원을 요청했던 조재호, 그는 어떻게 되었을까?

혜경궁 홍씨는 홍봉한이 세자의 죽음과 무관함을 변명하기 위해 『한중록』에 이렇게 썼다.

"그때(세자가 뒤주에 갇힐 때) 부친이 재상으로서 첫 5월 엄중한 교지를 받자와 파직되고 동교에 달포 동안이나 나가 계셨다"

홍봉한은 그날 파직되어 세자가 뒤주 속에 있을 때는 서울이 아닌 동교에 나가 있었다는 말이다. 홍봉한이 5월에 파직된 것은 사실이다. 세자가 7일 이상 시민당에서 대명하는 것을 끝내 모른 체 할 수 없어 영조 38년 윤5월 2일 대신들과 함께 세자의 대명을 풀어주라고 요청했다가 윤동도와 함께 파직된 것이다. 그러나 그는 불과 5일 후인 윤5월 7일 다시 좌의정으로 복직했다. 그러므로 이미 살펴본 대로 홍봉한은 세자가 뒤주에 갇히던 날 좌의정으로서 현장에 있었고, 자결을 거부하는 세자를 뒤주에 넣어 죽이면 된다는 아이디어를 제공했고, 그 다음 날에는 자신을 꾸짖은 윤숙의 처벌을 요구했던 것이다. 영조는 세자가 뒤주에 갇히던 날 휘령전에 나타난 삼정승을 파면했다가 곧바로 취소했다. '달포 동안 동교에 나가 계셨다'는 혜경궁의 말은 홍봉한을 변명하기 위한 창작이자 거짓 기록이다.

홍봉한은 혜경궁 홍씨를 통해 세자가 춘천에 있는 조재호를 불렀음을 알게 되었다. 홍봉한은 무릎을 쳤다. 바로 자신과 노론이 찾던 세자와 결탁한 거물을 찾아낸 것이다. 세자가 즉위하는 날 세자와 손잡고 노론을 제거하려던 인물, 나경언의 고변에서도 드러나지 않았던 베일 속의 인물이 조재호였다. 홍봉한은 즉각 조재호에 대한 엄중한 뒷조사에 들어갔다.

홍봉한과 노론은 흥분할 수밖에 없었다. 소론 최대의 명문가 출신인 데다가 소론 영수인 조재호가 세자와 결탁한 증거를 확보했으니 남아 있는 소론을 뿌리 뽑을 수 있는 계기가 될 수 있을 것으로 생각한 것이다. 홍봉한은 곧 세자가 조재호와 결탁한 증거를 찾아냈다. 그리고 세자가 뒤주 속에 갇혀 신음한 지 나흘이 지난 윤5월 17일에 세자와 조재호의 결탁을 증언할 수 있는 한 인물을 국청에 세웠다. 엄홍복嚴弘福이란 인물이었다.

홍봉한이 엄홍복을 국청에 끌어낸 경위는 이렇다. 엄홍복은 조재호와 함께 춘천에 있던 인물인데, 조재호와 개를 삶아 먹다가 세자와 노론의 불편한 관계에 대한 이야기를 듣고는 이를 이미李瀰에게 전했다. 홍봉한이 이미를 통해 이 사실을 알아낸 것이다. 홍봉한은 정휘량을 통해 세자의 관서행에 대한 정보를 획득한 데 이어 세자의 우익을 제거할 수 있는 결정적인 정보를 얻게 된 것이다.

홍봉한은 영조에게 즉각 이 정보를 알렸다. 영조는 이 사실을 듣자마자 조재호와 이미의 관직을 삭탈하고 태복시太僕寺에 나가 엄홍복을 직접 국문했다. 엄홍복은 이미 사실이 드러났으므로 세자와 조재호의 관계를 순순히 자백했고 그 다음 날 수구문水口門으로 끌려나가 목이 잘렸다.

영조는 상대가 조재호란 점에 고민했다. 조재호는 홍봉한이나 김상로 등과는 달리 관직에 초연했던 인물이었으며, 사실상 정휘량을 끌어주었던 정휘량의 주인이기도 했다. 영조는 한때 "판부사 조재호는 산림에 은거하는 선비와 다름없다"라고 말했을 정도로 관직에 대한 그의 초연함을 알고 있었기 때문에 그가 권력을 탐해 세자와 결탁하지는 않았으리란 사실을 알고 있었다. 조재호 옥사가 일어나기 약 반 년 전인 영조 37년 10월, 영조가 정휘량을 우의정에 임명했을 때 유신儒臣인 시독관 서유량徐有良이 한 말은 조재호의 성품을 잘 말해준다.

"전하께서 정휘량을 정승으로 삼으신 까닭은 건극建極(나라의 근본 법칙을 세워 다스리는 것)의 정치를 하기 위한 것이지만, 정휘량의 주인은 조재호이니 마땅히 조재호를 불러 써야 한다고 여깁니다."

이 말에 영조가 대답했다.

"그 뜻은 옳다 하겠으나 우라 나라 사람은 하나의 당이 없어지면 또 하나의 당을 만들어낸다. 조재호는 그 아버지(조문명)의 아들로서 등용하려 하지 않는 것은 아니나 '반드시 세상에 당이 없어진 뒤에야 조정에 나오겠다'고 말했다."

서유량도 지지 않았다.

"조재호는 실로 현재의 제일가는 인물입니다."

조재호는 이처럼 유신의 중망을 받는 인물이었으며, 또한 당이 없어진 후에야 정치를 하겠다는 신념을 지닌 탕평의 인물이기도 했다.

 **융릉** 사도세자의 무덤(혜경궁 홍씨와 합장)으로 정조 대에 영우원, 현륭원 등으로 개칭되었다가, 광무 3년(1899) 융릉이라는 능호를 받았다. 경기도 화성시 소재.

그는 이처럼 영조의 신임을 받는 가문 출신이었으나 홍봉한과 노론의 그물에 걸린 이상 빠져 나갈 방법은 없었다. 영조는 이미 권력과 증오 때문에 이성이 마비되고 눈이 멀었다. 세자가 뒤주에 갇힌 지 닷새가 지난 윤5월 18일, 사간 박기채朴起采와 장령 조태상趙台祥 등 언관들이 드디어 조재호를 직접 공격하고 나섰다.

"조재호는 이미 사형당한 죄인 엄홍복의 초사에 나왔고, 또 정승으로서 요얼妖孼(요사한 서자)에게 은근한 편지까지 보냈으니 놀랍습니다. 조재호의 죄는 삭직에 그칠 수 없습니다. 먼 변방에 안치하소서."

이에 조재호는 단천부로 유배되었는데 이는 한 수순에 불과했다. 대신이기 때문에 한 번에 사형을 주청하지 못하고 단계를 밟은 것이었다.

다음 날 사헌부 장령 조태명趙台命, 헌납 박필수朴弼燧 등이 한 단계 높은 공세를 취하고 나섰다.

"안치한 죄인 조재호는 나라의 두터운 은혜를 입었는데도 요얼과 친근하여 먼 길에 편지를 보내어 산만하게 대화를 나누었음이 이미 엄홍복의 초사에 나왔습니다. 말을 전파한 엄홍복은 이미 왕법王法에 의해 죽었는데 말을 꺼낸 조재호에게 어찌 가벼운 형벌이 합당하겠습니까? 청컨대 조재호를 위리안치하소서."

유배지에 가시 울타리를 치라는 청이었다. 이는 곧 외부와의 모든 소통을 끊으라는 말이다. 세자가 목숨을 잃은 것은 조재호가 위리안치된 다음 날이었다. 조재호의 유배지에 가시 울타리를 친 그 다음 날, 8일 동안 뒤주 속에서 신음하던 세자가 세상을 떠났다. 드디어 끝난 것이다.

세자가 사망하자 영조는 바로 그날 그의 호를 회복시켜 주었다. 사도세자라는 시호는 이날 영조가 직접 지은 것이다. 세자가 뒤주 속에서 영조가 살려주기를 바라고 있을 때, 영조는 세자의 목숨이 아니라 세자의 호만 살려주기로 작정하고 있던 것이다. 세자가 죽은 직후 영조는 이렇게 말했다.

"나는 미물도 불쌍히 여겨 부나비가 등잔으로 달려들면 손을 휘저어 내쫓았으며 개미도 밟지 않고 건너서 갔다."

이는 아들을 죽인 아버지의 변명이긴 하지만 영조가 남달리 눈물과 인정이 많은 인물인 것은 사실이었다. 그러나 그처럼 수많은 사람을 죽인 인물도 찾기 힘들었다. 나주 벽서 사건으로 사형당한 인물이 5백여 명이란 말이 있을 정도로 눈물의 임금 영조의 손은 정적들의 피로 물들었다. 그리고 그런 증오가 드디어 아들까지 제물로 삼은 것이다.

7부 비극 345

세자가 죽던 그날 홍봉한은 김양택金陽澤 등과 함께 삼포三浦(한강)에서 배를 띄우고 놀다가 세자가 죽었다는 말을 듣고 궁으로 들어왔다. 영조는 홍봉한을 사도세자의 장례를 관장하는 예장도감禮葬都監의 제조로 삼았다.

세자의 장례는 두 달 후인 7월 23일에 치러졌다. 장지는 양주 배봉산으로 정해졌다. 영조는 이날 사도세자 묘에 거동하여 둘러보고는 경기 감사 홍계희를 견책했다. 경기 고을 백성들이 곡을 하기 위해 떼를 지어 배봉산으로 몰려들었기 때문이다. 단 한 번의 온양행에서 세자가 백성들에게 남긴 인상은 이렇게 깊었다. 백성들을 쫓아낸 영조가 말했다.

"13일의 일은 종사에 관계된 것이다. 그때 비로소 세자가 아버지라 부르는 소리를 들었으니 오늘은 아버지를 부르는 마음에 보답하려 한다. 하나는 내가 20년 부자의 은혜를 마치러 온 것이고 하나는 내가 친히 제주題主하려는 것이다. 내가 친히 제주하면 다른 날에 신주를 묻어버리자는 논의가 없을 것이다. 뒷일은 비록 경들이라 해도 어찌 알 수 있겠는가?"

영조는 노론이 훗날 신주를 파묻어버릴 것을 염려하고 있었다. 장례위원장 격인 예장도감 제조 좌의정 홍봉한이 물었다.

"신들도 곡하는 예에 참여해야 합니까?"

영조가 말했다.

"참여하라. 백관도 참여하라."

홍봉한은 자신이 죽인 사위의 시신 앞에서 악어의 눈물을 흘렸고, 홍낙신洪樂信과 홍낙임 등 그의 아들들은 재궁梓宮(임금의 관)의 끈을 끌었다. 그들에게 최소한의 양심이 있었다면 저군이자 매제의 시신 앞에서 몸이 떨렸을 것이다.

14년 동안 소조로 모셨던 세자가 뒤주 속에 갇혀 신음하는 동안 그를 풀어달라고 요청한 대신들은 아무도 없었다. 오히려 세자 측근이라는 이유로 윤숙과 임덕제가 유배당하고 엄홍복과 서필보, 정중유 등의 목이 잘리는 판국이니 더 말할 나위가 없었다. 게다가 세자의 마지막 버팀목이었던 조재호마저 위리안치된 상황이었다.

노론은 조재호를 제거하는 데 성공했지만 그가 살아 있다는 사실 자체가 불안했다. 조재호가 살아 있으면 언젠가는 세자 문제가 수면으로 떠오를 것이 분명했고 이 경우 자칫하면 연산군 때의 갑자사화 이상의 피바람이 불 수 있었다. 노론은 조재호를 죽여야 비로소 안심할 수 있었다.

세자가 죽은 20여 일 후에 드디어 대사간 신위申暐, 헌납 박치륭朴致隆 등이 상소를 올려 조재호를 죽여야 한다고 주장했다. 영조는 이들의 의견을 일단 묵살했다.

그러나 노론은 집요했다. 이들은 엄홍복이 조재호와 친했다고 공초했던 유채柳綵와 남씨 성을 가진 두 사람을 찾아내 국문할 것을 요청했다. 이에 따라 유채와 남씨 성을 가진 인물로 지목된 남경용南景容이 국청에 끌려왔다. 이들의 자백에 의해 조재호의 혐의가 보다 구체적으로 드러났다.

남경용의 자백은 다음과 같았다.

"조재호가 말하길, '한쪽 사람들이 모두 소조(세자)에 불충하였으나 나는 동궁을 보호하고 있다'고 말했습니다."

유채의 말은 한발 더 나간다.

"조재호가 항상, '동궁을 보호한다'고 했고 제 마음도 그랬습니다. 또 조재호는, '남인이 7, 80년을 굶주렸으니 하늘의 이치로 보아 반드시 남인이 뜻을 얻을 것이요, 그렇게 되면 노론은 그들 손에 죽을 것이다'라고 했습니다. 또, '세도世道를 조제하고자 하나 할 수 없기 때문에 세상을 개탄하며 이곳에 왔다'고 했습니다."

이는 조재호가 사도세자와 결탁했다는 움직일 수 없는 증거였다. 영조는 이 자백을 들은 바로 그날 조재호에게 사약을 내렸다. 그나마 조재호를 국문하지 않은 것은 그에 대한 마지막 배려였는지도 모른다. 영조 38년 6월 22일, 세자가 뒤주 속에서 비참하게 죽은 지 약 한 달 만의 일이었다.

조재호가 말한 '소조에게 불충한 한 쪽 사람'은 두말할 것도 없이 홍봉한이 영수로 있는 노론이었다. 그와 사도세자의 관계가 어느 정도였는지는 관련 기록이 모두 불태워졌기 때문에 분명하지는 않으나, 그토록 절박한 순간에 부를 정도로 조재호를 신임했던 것은 분명하다.

세자의 명을 받아 조재호를 부르려던 춘방 관원 조유진은 조재호의 조카였다. 그는 혜경궁 홍씨의 밀고로 체포되어 옥에 갇혀 무수한 고문을 받았으나 굳게 항언하며 입을 열지 않았다. 그러나 유배 가던 도중 고문독이 도져 중도에 죽고 말았다. 삼촌과 조카 모두가 세자를 위해 목숨을 바친 것이다.

홍봉한은 처음 나경언이 고변했을 때 천재지변이라도 난 듯 영조에게 청대를 요청해 그 사실을 알렸으며, 사도세자를 보호하려 한 조재호와 조카 조유진을 죽음으로 몰아넣었다. 그뿐이 아니었다.

"조재호 사건은 마땅히 『천의소감』처럼 한 권의 책으로 만들어야 합니다."

나주 벽서 사건 이후 만들었던 『천의소감』처럼, 사도세자를 죽인 것이 의리에 합당한 것이며 조재호는 사도세자를 보호하려 한 역적이라는 내용의 책을 만들어 국시로 삼음으로써 훗날 뒤집어지는 일이 없게 하자는 주장이었다.

홍봉한은 『천의소감』이 경종 당시 노론의 행위를 정당화하고 소론을 역적으로 몬 것처럼 세자를 보호하려 한 조재호를 역적으로 몰고 자신을 충신으로 규정해야 훗날 자신이 화를 입지 않을 수 있다고 생각한 것이다.

영조는 이 청을 받아들여 의리의 끝이라는 뜻의 『수의편垂義編』을 만들어 반포했다. 영조는 『수의편』의 서문에서 이렇게 말했다.

"아! 만고萬古에도 없는 때를 당해 만고에 없던 일을 행하였는데(사도세자를 죽인 것), 이는 종사와 국가를 위한 큰 의리가 되는 것이니, 곧 하나의 의義에 합당한 것이다. 저 조재호의 여러 공초 중에 이른바 '보호한다', '불리하다'는 말이 있음은 참으로 뜻밖이다. 아! 13일(사도세자가 뒤주 속에 갇히던 날) 이전에는 무슨 보호할 일이 있으며 무슨 불리한 일이 있단 말인가? 이는 바로 조재호의 무장無將(반역하려는 마음)한 마음이다. 아! 저들의 세상에 어찌 두 조재호가 있단 말인가? 이후로 사람들이 혹시 이것(사도세자를 죽인 것)을 가지고 조작하고 의심하고 세상을 현혹시킨다면, 이는 정말 두 마음을 가진 자로서 조재호보다 심한 자이다."

이날 입시한 홍봉한이 말했다.

"제가 말하고 싶은 것은 세 가지입니다. 하나는 영빈께서 아뢴 것은 오직 전하를 위한 것으로서 성상께서 단행하신 것이고, 둘째는 신이 성상의 뜻을 받들어 행한 것이며, 그 다음은 여러 신하들이 받들어 행한 것입니다(『영조실록』 38년 8월 12일)."

이는 홍봉한 자신의 입으로 세자를 죽인 주범들을 정리한 말이다. 곧 영빈 이씨와 영조, 그리고 홍봉한 자신과 노론 대신들이 세자를 죽인 주범이란 뜻이다. 자신이 사도세자를 죽이려는 영조의 뜻을 받들어 실행에 옮겼다는 것은, 자신이 뒤주를 들여왔다는 사실을 말하는 것이다.

　세자의 가족들 중 세자를 살려달라고 애절하게 빈 인물은 세손뿐이었다. 그의 나이 이제 만 열 살. 14년 동안 대리청정하던 스물여덟 살의 저군이 뒤주 속에서 죽어가는 판에 이제 열 살짜리 어린아이가 무슨 일을 할 수 있으랴. 14년 동안 신하로서 모시던 저군이 무려 여드레 동안 뒤주 속에서 신음하는데 그를 위한 단 한 마디의 변명도 않는 냉혹한 조정에서…….

8부

미완의 꿈

『영조실록』 38년 윤5월 21일
(사도세자가 뒤주에 갇힌 지 여드레가 지난 날)

사도세자가 훙서薨逝하였다. 임금이 전교하기를,
'이미 보고를 들은 후이니 30년 가까운 부자간의
은의恩義를 어찌 생각하지 않겠는가?
세손의 마음을 생각하고 대신의 뜻을 헤아려
단지 그 호를 회복하고, 겸하여 시호諡號를 사도세자라 한다.

『영조실록』 같은 날

세자궁의 중관 구흥삼具興三 등을
모두 종으로 삼으라고 명하다.

세손을 끌어내려라

사도세자를 죽인 주범이 홍봉한이라고 생각하는 사람들은 당시에도 많았나. 사도세자가 죽은 지 약 3개월 후인 그해 8월 10일 종3품인 사헌부 집의 박치륭은, 사도세자를 죽인 범인이 홍봉한이라고 공격하고 나서 정국에 파란을 일으켰다.

"아! 지난 일을 끄집어내는 것은 오늘날 조정 신하로서는 감히 할 수 없는 것이지만, 그 일이 종사와 국가에 관련이 있으니 어찌 침묵하고 말하지 않을 수 있습니까? 13일의 처분(사도세자를 뒤주 속에 가둔 것)에는 일이 그렇게 되도록 만든 자가 있습니다. 안타깝게도 저 두 재상(신만과 홍봉한)은 정승이라는 직책과 사부의 임무를 맡고 있습니다만, 두 궁(영조와 사도세자) 사이를 왕래하며 하는 말마다 감추었고 하는 일마다 비밀로 하였습니다. 세자를 잘못 이끈 죄는 이루 다 셀 수도 없고, 오늘의 화를 빚어내게 한 죄는 몇 배가 넘는데도 감히 누구도 어찌지 못하고 오히려 좌상(홍봉한)의 자리를 차지하고는 부끄러움을 무릅쓰고 날뛰었습니다. 이미 '고故 세자' 보도의 직책까지 맡았으니, 장차 무슨 낯으로 재궁梓宮(사도세자의 관) 앞을 오고갈 것이며, 이미 잘못을 키웠다는 죄를 졌으니 장차 무슨 낯으로 동궁(세손, 훗날의 정조) 앞에 가서 뵐 것입니까? 사람에게 부끄럽지 않고 하늘이 두렵지 않단 말입니까? 전하께서는 혹 가장 가까운 척신이기 때문에 동궁에게 보탬이 될까 하여 물리치지 않으셨던 것 아닙니까? 그러나 이는 그렇지 않습니다. 만약 이 자(홍봉한)에게 전날처럼 동궁을 보도케 한다면 4백 년 종사가 이 자의 손에서 망하게 될 것입니다."

한 마디로 사도세자를 죽인 주범이 홍봉한이라는 상소였다. 상소를 본 홍봉한은 두려웠고 영조는 분개했다. 영조는 특유의 거동으로 맞섰다. 선왕의 혼령께 사과하겠다며 뜰 아래 엎드린 것이다. 그러나 영조는 국청을 열지 않았다. 집안은 가난하지만 강직하다고 소문난 박치륭이었다. 박치륭은 죽음을 각오하고 상소를 올린 것이었다. 그의 입에서 무슨 말이 나올지 알 수 없었다. 사도세자 문제가 다시 거론되어 좋을 것은 없었다. 영조는 복정復政(정사에 복귀함)한 처음에 옥사를 일으킬 수는 없다는 핑계로, 박치륭을 국문하지 않고 서인으로 강등해 먼 변방으로 유배 보냈다. 그리고 박치륭은 흑산도에서 위리안치된 채 영조 42년(1766) 죽고 만다. 박치륭의 상소 다음 날, 홍봉한이 변명하고 나섰다.

"세자의 아래 '죄'라는 한 글자는 쓸 수 없는 글자이니, 신은 진실로 애통하여 웁니다. 게다가 '무슨 낯으로 동궁(세손)을 뵙느냐'는 말은 뜻이 매우 깊습니다. 이는 오늘날 신이 아뢸 수 있는 말이 아니오나, 장차 깊은 근심거리입니다."

세자의 아래 '죄'라는 한 글자는 쓸 수 없다는 말은 박치륭의 상소에 '사도세자의 보도를 잘못하고 화를 기른 죄'라고 쓴 대목을 말한다. 또한 '무슨 낯으로 동궁을 뵙느냐'는 그 부친을 죽이고 어찌 그 아들을 보느냐는 뜻이다. '장차 깊은 근심거리'라는 말은 훗날 세손이 즉위할 경우 화를 입을지 모른다고 우려하지 않겠느냐는 뜻이다. 세손, 즉 외손자의 즉위를 두려워해야 할 정도로 홍봉한은 사도세자의 죽음에 직접적인 책임이 있었다.

혜경궁이 『한중록』에서 지리할 정도로 반복하는 말은 '세손을 위하는 우리 부친의 고심혈충을 누가 알리요'라는 변명이다. 홍봉한이 세손을 보호하기 위해 무진 애를 썼다는 말이다. 하지만 사도세자를 죽인 원죄에서 벗어날 수 없는 그로서 세손의 즉위는 두려울 수밖에 없었다.

그는 같은 해 8월 26일에 올린 상소에서도 구구하게 자신을 변명했다.

"기사년과 무신년의 여당(기사년인 숙종 15년에 실각한 남인과 무신년인 영조 4년 이인좌의 난을 일으킨 소론 강경파)들이, 훗날 '생부生父(사도세자)를 위한다'는 말로 종용한다면 그 추세를 막기 어려울 것이고 그 말이 마음에 쏠려들기 쉬울 것이니, 오늘날 전하의 신하들은 일망타진당하지 않는 자가 없을 것입니다. 그날 처분하던 때(사도세자가 뒤주 속에 갇힌 때)에 좌우에 여러 신하들이 있었지만 전하의 마음을 알고 명을 받든 이는 신입니다. 아! 사도세자가 친히 믿을 사람이라고는 신만 한 이가 없었고, 사도세자는 제가 모시는 임금의 아들이니 신이 어찌 전하를 섬기는 마음으로 사도세자에게 충성하지 않았겠습니까? 다만 명을 받들기에 겨를이 없어서 그런 것이지 어찌 사도세자를 잊어서 그런 것이겠습니까?"

사도세자를 죽음에 이르게 하는 뒤주를 갖다 바친 장본인 홍봉한이 두려워하는 것은, 바로 생부의 원수를 갚을지도 모를 세손의 즉위였다. 이 말은 사실상 '전하의 신하들이 일망타진당하지' 않으려면 세자의 아들인 세손의 즉위를 막아야 한다는 뜻이었다. 홍봉한은 자신의 행위를 변호하기 위해 또 사도세자의 생모 영빈 이씨를 끌어들였다.

"아! 영빈은 사도세자의 어머니이십니다. 자식을 사랑하는 마음은 모두 같지만 부인婦人(여자라는 뜻)은 더욱 심한 것입니다. 사도세자를 낳아 길러 세자의 지위에 올랐으며 또 뒷일을 맡아 부탁할 다른 아들도 없었으니, 그 자애롭게 보살핌이 과연 어떠했겠습니까? 그러나 사세가 말하기 어려운 처지에 이르자 부득이 전하를 위하여 울면서 고하였습니다. 이는 대의大義를 맞이해 남자도 하기 어려운 바를 부인으로서 해낸 것입니다. 성상을 보호하고 종사를 편안케 한 그 지극한 정성과 통달한 식견은 실로 후세에까지 내세울 말이 있는 것입니다."

홍봉한은 생모인 영빈 이씨가 죽이자고 청한 마당에, 장인인 자신이 무슨 잘못이냐고 강변하는 것이었다. 즉 영빈 이씨나 자신의 행위는 모두 종사와 영조를 위한 '대의'요 '충성'이라는 것이다.

노론이 가장 두려워한 것도 사도세자의 아들인 세손이 즉위하는 것이었다. 그 아버지를 죽인 사람이 아들을 두려워하는 것은 비단 왕가뿐 아니라 일반 사가에서도 당연지사다. 이들은 사도세자의 즉위를 두려워한 것처럼 세손의 즉위를 두려워했다. 그러므로 사도세자를 죽인 이들 노론은 세손 제거의 길로 나설 수밖에 없었다. 이것은 이미 선택 사항이 아니었다. 자신들의 원죄가 그들로 하여금 세손 제거의 길로 내몬 것이다. 하나의 악이 또 다른 악을 부르는 격이었다.

세손의 나이 열한 살, 두려운 일이 아닐 수 없었다. 세자가 고립무원이었던 것처럼 세손 또한 고립되어 있었다. 그나마 세자의 생모 영빈 이씨와 혜경궁 모두가 세자를 버린 반면, 혜경궁이 아들은 버리지 않았다는 게 다행이었다.

세자를 제거한 홍봉한과 그의 동생 홍인한의 권력은 점점 강성해갔다. 온 나라가 사실상 그들 형제의 손아귀에 있었다. 영조 46년(1770) 3월에 유생 한유韓鍮가 홍씨 형제를 탄핵한 상소가 이를 말해준다. 그는 도끼를 짊어지고 올라와 상소를 올렸다. 상소를 받지 않으려면 이 도끼로 자신의 목을 자르라는 뜻이다.

상소의 내용은 홍씨 부자 형제가 요직을 독점하여 권력을 마음대로 휘둘러 나라를 그르친 죄인이라는 극언이었다. 한유는 홍인한은 호조 판서로서 전라도에서 매우 탐학한 짓을 저질러 그곳 사람들이 그의 고기를 먹으려 한다고 말했다. 심지어 한유는 시중에 떠도는 동요童謠 하나를 소개했다. 그 내용이 '망국동亡國洞에 망정승亡政丞이 산다네' 였다. 홍봉한이 안국동에 거주하는 것을 풍자하여 '편안할 안安' 자를 '망할 망亡' 자로 바꾼 것이다. 나라를 편안하게 하는 마을이 아니라 나라를 망하게 하는 망정승이 사는 마을이라는 풍자였다. 이처럼 당시 홍봉한은 어린아이들에게조차 저주와 조롱의 대상이었다.

이런 권력을 지닌 홍씨가에 비해 세손의 힘은 미약했다. 세손에게 있는 유일한 힘은 '삼종의 혈맥'이란 것뿐이었다. 영조의 아들은 사도세자뿐이었지만 사도세자의 아들은 세손 외에도 영빈 임씨林氏가 낳은 은언군恩彦君과 은신군恩信君, 그리고 귀인 박씨, 즉 빙애가 낳은 은전군이 더 있었다.

사도세자를 죽인 노론이 아무리 강성하다 해도 '삼종의 혈맥' 자체를 배제할 수는 없었다. 그래서 노론은 귀인 박씨 소생 은전군을 주목했다. 노론이 귀인 박씨의 아들을 주목한 이유는 분명했다. 나인 시절 빙애라고 불렸던 귀인 박씨가 사도세자에게 죽음을 당한 것으로 알려져 있기 때문이다. 이에 노론은 세손을 제거하고 박씨의 자식, 은전군을 영조의 후사로 추대하려 했다. 어머니가 사도세자에게 죽었다는 이유로 은전군은 '택군'의 대상으로 선정된 셈이었다.

그러나 이 택군에 격렬하게 반발하고 나서는 인물이 있었다. 바로 혜경궁 홍씨였다. 혜경궁은 자신의 아들이 아닌 '궁중의 천한 계집'의 아들이 왕위를 잇는 것을 방관할 수 없었다. 남편은 당론에 따라 버렸지만 아들마저 버리라는 당론은 따를 수 없었다.

이는 혜경궁 개인의 의사에 불과했지만 혜경궁의 무게는 가볍지 않았다. 그래서 세손에 대한 풍산 홍씨의 단일 전선이 흔들린다. 홍봉한은 세손의 즉위를 대놓고 반대하지 않는 대신 혜경궁의 숙부 홍인한이 세손 제거의 주역으로 나섰다. 홍인한이 세손을 제거하려는 과정에서 나온 유명한 말이 '세손은 세 가지를 알 필요가 없다'는 '삼불가지론三不可知論'이다. 『영조실록』에는 '삼불필지설三不必知說'이라고 나온다.

영조 51년(1775) 11월 20일, 영조가 시·원임 대신들을 불러 말했다.

"어린 세손이 노론, 소론, 남인, 소북을 알겠는가? 국사와 조사朝事를 알겠는가? 병조 판서와 이조 판서를 누가 할 만한지 알겠는가? 나는 어린 세손에게 그것들을 알게 하고 싶으며, 나는 그것을 보고 싶다. 옛날 황형께서 '세제가 가可한가? 좌우左右(신하)가 가한가?'라는 하교를 내리셨는데, 지금은 그때보다 백 배가 더하다. '전선傳禪(임금 자리를 물려줌)'이란 두 자를 하교하고자 하나, 어린 세손의 마음이 상할까 두려우므로 하지 않겠다. 그러나 대리청정은 국조의 고사가 있는데, 경 등의 생각은 어떠한가?"

세손에게 왕위를 물려주고 싶지만 일단 대리청정을 시키겠다는 뜻이었다. 그때 영조의 나이 여든 둘, 나라 안을 다 뒤져도 연장자를 찾기 힘들 정도였다. 사도세자에게 대리청정을 명하던 마흔다섯, 한창의 장년 나이가 아니었다. 당장 오늘밤을 못 넘기고 세상을 뜰 수도 있었다. 세손이 대리청정을 한다면 세손의 즉위는 보장된 것과 다름없었다. 만약 세손이 대리청정하지 않는다면 정순왕후 김씨와 노론이 짜고 빙애의 아들을 임금으로 추대할 수도 있을 것이다.

다급해진 홍인한이 나섰다.

"동궁은 노론이나 소론을 알 필요가 없고, 이조 판서나 병조 판서를 누가 할 수 있는지 알 필요가 없으며, 더욱이 국사나 조사도 알 필요가 없습니다."

한마디로 세손은 정사를 알 필요가 없다는 말이었다. 그때 세손의 나이 스물넷, 숙종이 즉위했을 때보다 무려 아홉 살이나 많고 사도세자가 대리청정할 때보다 열 살이 많은 나이였다. 그러나 아무리 장성했어도 세손은 정사를 알 필요가 없다는 홍인한의 말은, 세손이 왕이 되어선 안 된다는 말과 다름없었다. 세손을 제거하겠다는 선언이나 마찬가지였다.

혜경궁은 『한중록』에서 홍인한의 이런 행위마저 변호하고 나섰다. 즉 동궁이 노·소론을 안다고 하면 영조가 '내가 그리 금하는 당론을 세손이 안단 말이냐?'라고 노할까 두려워 세손을 위해 그렇게 대답했다는 것이다.

그러나 이 역시 혜경궁의 계획된 거짓말에 불과하다는 사실은 다름 아닌 혜경궁 자신의 행적이 말해주고 있다. 이 날짜, 『영조실록』 51년 11월 20일자는 조진朝診(아침 진료) 때 홍인한이 세 가지 알 필요가 없다는 말을 하자 혜경궁이 작은 종이에 써서 (대리청정이) 수고를 덜고자 하는 성상의 뜻이라고 자세하고도 간곡하게 써서 홍인한에게 통지했다고 적고 있다. 그런데도 석연夕筵(저녁 경연) 때도 홍인한의 말은 조진 때와 같았다는 것이다. 그래서 사관은 "임금을 처음 만나 이 말(대리청정)을 들었을 때는 임금의 마음을 알지 못했다 하더라고 혜경궁의 편지로 임금의 뜻을 알고 난 후에도 그 말이 똑같았다면 그에게 과연 딴 마음이 없었겠는가?"라고 비난하고 있는 것이다.

즉 세손을 위해 홍인한이 대리청정에 반대했다는 부분 역시 노회한 혜경궁의 모순된 거짓에 불과하다. 혜경궁의 비극과 모순은, 남편은 버릴 수 있었으나 아들은 버릴 수 없었다는 데서 출발한다. 홍씨는 사도세자가 죽은 임오화변壬午禍變보다 영조 40년(1764, 갑신년) 2월의 처분(갑신처분)을 더 슬퍼한다.『한중록』의 기록을 보자.

"갑신년 2월 처분은 천만 뜻밖이니 위(영조)에서 하신 일을 아랫사람이 감히 이렇다 하리요마는, 내 그때 정사情事의 망극하기가 견주어 비할 곳이 없으니…… 그 망극 비원悲寃하기가 모 년(사도세자가 죽는 해)보다 못하지 않고……."

자신의 남편이 뒤주 속에서 죽은 것보다 못하지 않은 갑신년 2월 처분이란 무엇일까? 그것은 세손을 사도세자의 아들에서 죽은 효장세자의 아들로 입적시킨 것을 말한다. 이에 따라 자연히 세손의 어머니도 혜경궁 홍씨에서 이미 죽은 혜순빈 조씨로 바뀌었다. 이것이 사도세자의 죽음보다 홍씨가 더 원통해하는 갑신처분이다. 혜경궁 홍씨가 이 처분을 그토록 억울해하는 데는 혜순빈 조씨가 조재호의 동생이기 때문인지도 모른다. 자신의 친정이 세자를 죽였다는 비난을 받고 있는 터에, 세자를 보호하려 했다는 혐의로 아버지 홍봉한의 정보망에 걸려 죽은 집안으로 세손이 입적되니 분함이 배가된 것이다.

혜경궁이『한중록』에서 그토록 구구한 거짓말과 변명을 늘어놓지 않으려면, 남편 사도세자를 버렸듯이 세손도 버려야 했다. 세손도 사도세자처럼 죽음으로 몰아넣고 인원왕후전 침방 나인이었던 '궁중의 천한 계집' 빙애의 아들을 영조의 후사로 추대해야 했다.

그래야 훗날 홍봉한의 우려대로 '생부를 위한다'는 세손의 칼날에 친정 홍씨 가문이 다치는 것을 피할 수 있었을 것이다. 그러나 혜경궁은 자식을 버릴 수 없었다. 혜경궁은 세자 제거에 앞장 선 업보를 그대로 진 채 세손 즉위에 앞장 선 것이다. 이 모순이 세손에게는 큰 힘이 되었다.

영조의 마지막 전교

재위 51년(1775) 말, 영조는 자신의 수명이 얼마 남지 않았음을 알고 있었다. 심지어 집경당에 나가 대신들과 상참常參을 행할 때 세손에게 기대어 앉을 정도였다. 세손에게 기댄 채 침상에 누운 영조는, "경 등이 보기에 내가 한 가지 일이나 할 기운이 있겠는가?"라고 말하더니 큰소리로 꾸짖었다.

"내가 이런데도 대신들은 다투겠는가? 내 기력이 이처럼 쇠약하니 전례가 있던 일을 생각한다."

동궁, 즉 세손에게 대리청정하겠다는 의미였다.

홍인한이 즉각 반대하고 나섰다.

"이것이 어찌 신하된 자가 받들 수 있는 일입니까?"

그러나 영조는 이미 결정한 터였다. 영조의 나이 여든둘, 더는 세상에 욕심을 가질 나이가 아니었다. 그런데도 좌의정 홍인한뿐 아니라 영의정 한익보 등 여러 대신들이 반대하고 나서자 영조가 화를 냈다.

"오늘날 조정의 일을 어찌 경들과 함께 처리하겠는가? 길가에 서 있는 장승들에게 묻는 수밖에 없겠구나."

기침이 매우 심해진 영조는 대신들을 물러가게 했다가, 기침이 조금 가라앉자 다시 대신들을 불렀다.

"내 기력이 이와 같다. 내 병을 스스로 알 수 있다. 예로부터 전례가 있는 것을 행하려는데 경 등은 못 들은 체하니 팔순된 임금을 보는데 어찌 그리 박절함이 심한가?"

여러 대신들이 대답하기 전에 홍인한이 앞으로 나와 말했다.

"이는 죽는 한이 있더라도 신하들이 받들 수 있는 하교가 아닙니다. 전하께서 만기萬機를 돌보셨지만 조금도 지체됨이 없었습니다. 신은 차마 들을 수 없습니다."

대신들이 물러가려 하자 영조가 나가지 못하게 하며 말했다.

"경 등이 하는 일은 매우 기괴하다. 지금 막 전교를 쓰고자 하니 물러가지 말라."

영조는 승지 이명빈李命彬을 불러 전교를 쓰게 했다. 긴요하지 않은 정사는 동궁에게 전달하고, 긴요한 것은 자신이 세손과 상의해 처리하겠다는 전교였다. 또한 동궁의 일처리가 익숙해지면 추가하는 하교를 내리겠다고 덧붙였다. 추가하는 하교란 물론 왕위를 물려주겠다는 전교를 뜻한다. 이는 영조의 진심이었다.

이때 홍인한은 승지의 앞을 가로막고 앉아서 전교를 받아쓰지 못하게 할 뿐 아니라, 임금의 하교도 들을 수 없게 방해했다. 또 영조는 문서로 전교한 것이 아니라 단지 말로 한 하교라고 억지를 부리기 시작했다. 세손은 영조 곁에서 이 모습을 묵묵히 지켜보고만 있었다.

승지가 전교를 다 썼을 것으로 생각한 영조가 명령했다.

"써놓은 전교를 읽어보라."

홍인한이 소리 높여 외쳤다.

"감히 들을 수 없는 전교를 신하된 자로 어떻게 읽겠습니까?"

이는 명백히 영조와 세손의 권한을 무시하는 행위였다. 시좌하고 있던 세손이 홍인한에게 제의했다.

"이 일은 내가 간여할 수 있는 일이 아니지만 사세가 급박하게 되었으니 마땅히 상소하여 사양하려 합니다. 그러나 두서너 글자라도 문적文跡(문서로 된 글)이 있어야 상소할 수 있으니 두서너 글자라도 전교를 받아 내가 상소할 수 있는 길을 열어주시오."

이는 세손의 타협책이었다. 세손은 홍인한이 자신의 즉위를 막기 위해 문서적 근거를 남기지 않으려 한다는 사실을 알고 있었다. 그래서 두서너 글자라도 자신이 대리청정할 수 있는 근거를 만들어 만약의 사태에 대비하려한 것이다.

세손은 신중했다. 아버지 사도세자의 죽음은 그에게 더할 나위없는 반면교사였다. 섣불리 정치소신을 밟았다가 죽음을 당한 아버지의 마지막 장면이 뇌리에서 떠나지 않았다. 어찌 잊을 수 있으랴! 세손은 절대로 자신의 소신을 밝히지 않았다. 할아버지 영조의 뜻에 거슬리는 행위는 절대로 하지 않았고 극진한 효성을 다 바쳤다. 영조는 이런 세손에게 만족했다.

하지만 노론은 달랐다. 그들은 세손이 자신들에 대한 감정을 표현하지 않는 것을 무심히 넘기지 않았다. 세손이 자신들의 반대편인 것은 본능임을 노론은 알고 있었다. 노론의 이런 당론을 대표하는 인물이 사도세자의 처외삼촌 홍인한이었다.

홍인한은 '두서너 글자의 문적'을 만들어달라는 세손의 타협안을 거부했다. 그는 세손의 말에는 묵묵히 앉아 대답하지 않고는 승지에게 손을 저어 전교 쓰는 일을 막았다. 그리고 또다시 영조에게 전교를 거두어 달라고 청했다.

팔순 노령의 영조도 홍인한의 이런 거조에 두려움을 느꼈을 것이다. 그러나 그는 50년 이상 임금 노릇을 한 노회한 군주였다.

"경들이 이렇게 하니 우선 부표付標(군사를 부를 때 쓰는 표식)부터 말하겠다. 요즈음 부표가 여러 중관(환관)의 손에 맡겨져 있다. 순감군巡監軍을 볼 것 같으면 수문장의 무리가 모두 시골 사람인데다 중관들과 친한 자가 없지 않을 것이니 저희끼리 부탁할 수 있지 않겠는가? 만약 이런 폐단이 있다면 나라 일이 어떻게 되겠는가?"

군사를 동원하겠다는 말이었다. 대신들에게 이는 두려운 일이었다. 영의정 한익모가 반대했다.

"성명께서 위에 계신데 어찌 그렇게 되겠습니까? 더구나 성상의 총명이 전보다 줄지 않으니 근심할 것이 못 됩니다."

영조는 이 말을 듣더니 문을 닫고 큰 소리로 대신에게 하교했다.

"경 등은 빨리 물러가라. 오늘날 조정의 일을 어찌 경들과 의논하겠는가?"

영조는 자신이 그냥 죽으면 세손이 이들에 의해 죽임을 당할 것이라는 생각이 들었다. 그리고 또 하나 세손을 즉위시켜야만 저승에 가서 사도세자와 경종에게 얼굴을 들 수 있을 것 같았다.

영조는 대신들을 물리친 후 순감군을 동궁에게 수점受點받도록 넘겼다. 순감군에 대한 지휘권을 준 것이다. 만약에 대비하여 내린 영조의 이 조처는 그야말로 시의적절했다. 이제 세손은 노론의 준동을 제어할 수 있는 군사력을 갖게 된 것이다.

이 소식을 들은 대신들은 즉각 영조에게 청대해 하교를 거두어달라고 요청했다. 영조의 뜻이 완강하자 약방 제조 이휘지李徽之가 이렇게 말했다.

"전하께서 편하게 하시려면 동궁께서 늘 시좌하여 곁에서 수고로움

을 대신하면 좋지 않겠습니까?"

영조가 성난 목소리로 말했다.

"할애비와 손자가 오랜 시간을 늘 같이 있으라는 말이냐? 제조가 그르다. 파직하라."

영조가 계속 말했다.

"순감군을 할아비와 손자가 손수 점하點下하는 것이 옳겠는가? 중관이 하는 것이 옳겠는가? 상군廂軍(임금 호위군)과 협련군을 들어오게 하라."

군사를 동원하겠다는 영조의 말에 놀란 대신들은 결국 동궁이 순감군을 점하는 것을 받아들였다. 여러 대신들은 영조가 순감군에 관한 일만 동궁에게 대리하게 하는 줄 알고 있었다. 하지만 영조의 뜻은 정사 모두를 대리하게 하는 데 있었다. 홍인한은 세손의 대리청정을 방해하지 말라는 혜경궁 홍씨의 언문 서찰을 미리 받아 이런 사정을 알고 있었다.

세손은 홍인한과 다시 한 번 타협을 시도했다.

"대리청정은 전례에 따라 상소에 대한 비답과 형사 사건까지도 모두 대신하도록 하교하셨으니 좋은 말로 앙주仰奏해주시오."

"궐 내에서 한 말을 신 등이 어찌 알겠습니까?"

홍인한은 타협을 거부하고 대신들을 이끌고 물러갔다.

홍인한과 노론은 세손을 제거하기 위해 모든 방법을 다 동원했다. 그만큼 홍인한과 노론의 권력은 컸다. 화완옹주의 양자 정후겸鄭厚謙, 숙의 문씨의 오빠 문성국과 결탁한 것은 물론이었다. 이들은 13년 전 사도세자를 제거할 때 사용했던 방법을 다시 쓰기도 했다.

세손이 몰래 미행한다는 소문과, 금주령 중인데도 술을 마셨다는 소문을 퍼뜨린 것이다. 사도세자가 금주령 아래에서 술을 마셨다는

정민시(1745~1800) 세자시강원 필선으로 세손의 옆을 지켰다. 이후 정조가 즉위하면서 홍국영과 함께 요직을 두루 거쳤고 끝까지 분수를 지켜 정조의 총애를 받았다.

허위 사실을 퍼뜨려 영조에게 꾸중을 듣게 한 것과 마찬가지 전략이었다. 노론은 김중득金重得을 시켜 한문과 한글로 된 익명서를 존현각尊賢閣에 투서하기도 했다. 물론 세손을 모함하는 글이었다. 세손은 이런 모든 움직임을 알고 있었다.

사도세자를 죽인 노론의 다양한 공세가 이제 그 아들 세손에게 향한 것이었다. 사도세자의 비참한 죽음을 눈앞에서 목격한 세손에게 이는 본능적인 공포였다. 이 불안하던 시절에 세손 편에 선 인물은 홍국영洪國榮, 정민시鄭民始 등 세손궁의 소수 궁료들과 홍씨 집안의 전횡에 분개하는 강직한 선비들뿐이었다.

세손은 자신을 제거하려고 직접 나선 홍인한과 정면 승부하기로 결심했다. 자신이 직접 상소를 올려 '세손은 세 가지 일을 알 필요가 없다'는 홍인한의 망언을 탄핵하기로 한 것이다. 그러나 홍국영 등 궁료들이 반대하고 나섰다. 세손이 직접 나서는 것은 위험부담이 너무 크다는 이유였다. 그래서 세손 대신 상소를 올릴 만한 인물을 물색했다. 이때 대상으로 떠오른 인물이 소론 계열의 젊고 강직한 부사직 서명선徐命善이었다. 서명선은 세손 측의 제의를 선뜻 받아들여 홍인한을 탄핵하는 상소를 올렸다.

"신이 엎드려 듣기에는 지난 입시 때 좌의정 홍인한이 감히 동궁께서 세 가지 일을 알 필요가 없다는 말을 했다 합니다. 동궁이 알 필요가 없다면 누가 이를 알아야 합니까? 군신의 의리가 어지러워진 책임이 바로 이 자, 홍인한에게 있습니다. 그 무엄하고 방자함이 극도에 달했습니다."

이는 목숨을 건 상소였다. 이렇듯 세손 측이 서명선을 시켜 반격하자 노론은 자파의 부사직 심상운沈翔雲을 사주해 맞대결을 시켰다. 세손과 세손궁의 궁료들을 제거하려는 상소를 올린 것이다. 훗날 세손이 즉위한 후 드러난 바에 의하면 심상운을 사주한 인물은 홍봉한의 아들이자 혜경궁의 오빠인 홍낙임이었다.

홍인한을 중심으로 한 노론과 세손 사이에 팽팽한 전선이 형성되었다. 사람들은 영조를 바라보았다. 어차피 심판관은 영조일 수밖에 없었다. 세손이 제2의 사도세자가 될 것이란 소문이 장안에 파다하게 퍼졌다.

그러나 영조는 노론 심상운을 처벌하고 서명선의 손을 들어주었다. 영조는 서명선을 불러 상소를 읽게 했다. 서명선이 상소를 읽은 후 소회를 말하면서 눈물을 흘리자 영조는 이렇게 말했다.

"우는 소리를 들으니, 강개함이 마음속에 맺혀 있음을 알 수 있다. 내가 그 위인이 유선柔善함을 알고 있었으나, 오늘날 이렇게 수립樹立할 줄을 몰랐으니, 어질다 하겠다."

영조는 경현당景賢堂에 백관을 모아놓고 세손이 좌정한 가운데 직접 대리청정 의식을 거행했다. 이제 대리청정은 합헌적인 행위가 되었고 세손 제거에 대한 노론의 부담은 그만큼 커진 것이다.

세손은 겨우 호구虎口에서 빠져나왔다. 그러나 세손은 신중하게 처신했다. 열한 살 어린 나이에 아버지의 비참한 죽음을 목도한 그로서는 섣부른 한 번의 실수로 돌이킬 수 없는 나락에 떨어질 수 있다는 사실을 잘 알았다. 영조의 병세가 점점 심각해지는 가운데 세손은 노론과의 충돌을 애써 피하면서 그날을 기다렸다.

세손이 대리청정한 지 약 3개월 후인 영조 52년(1776) 3월 초, 영조의 병환이 돌이킬 수 없을 정도로 악화되었다. 수많은 시련을 이겨낸 영조도 세월만큼은 어쩔 수가 없었다. 세손은 영조 옆에 붙어서 감귤차와 계귤차를 올렸으나 효과가 없었다. 맥도가 가망이 없어졌으니 마지막으로 좁쌀미음을 쓰자는 의관의 말에 세손이 미음을 숟가락으로 떠서 올렸으나 영조는 받아먹지 못했다. 종말이 다가온 것이다.

도승지이자 약방 부제조인 서유린徐有隣이 세손에게 청했다.

"궁성을 호위해야 합니다."

그러나 세손은 울면서 답하지 않았다. 서유린은 어탑御榻 앞에 나가 영조에게 유교를 쓸 것을 청했다.

"전교한다. 대보大寶(옥쇄)를 왕세손에게 전하라."

드디어 기나긴 장정의 끝이었다. 비극으로 점철된 한 시대가 가고 새로운 시대가 오는 것이었다.

영의정 김상철金尙喆이 임금의 코 밑에 솜을 대어보자고 청했다. 이를 속광屬纊이라 하는데 솜이 움직이지 않으면 숨이 끊어진 것으로 판단하는 마지막 절차였다. 솜은 움직이지 않았다. 영조의 숨은 이미 끊어진 상태였다.

그러나 세손은 서두르지 않았다.

"조금 더 기다리라."

아직 날이 밝기 전이었다. 대신들이 또 속광을 청했다. 세손은 슬피 울면서 말했다.

"그리하라."

영조의 춘추 여든셋, 왕위에 있은 기간만 무려 52년이었다. 그야말로 파란만장한 생애였고, 시대였다.

새로운 시대의 주인공은 열한 살 때 아버지의 비참한 죽음을 지켜본 그 소년이었다. 어느덧 스물다섯의 장년으로 성장해 있었다. 그의 인생 25년에 담겨 있는 고통과 인고의 무게, 그리고 그 극복을 위한 노력의 무게는 동시대의 그 누구도 견줄 수 없을 만큼 무거웠다. 조선의 마지막 불꽃, 정조 시대의 개막이었다.

과인은 사도세자의 아들이다

정조는 즉위 당일(1776년 3월 10일) 빈전殯殿 문밖에서 대신들을 소견했다. 그리고 임오년(사도세자가 죽은 해)과 갑신년(영조 40년, 효장세자에게 입적된 해) 이후 하루도 잊지 않고 가슴속에 간직했던 한마디를 선포했다.

"아! 과인은 사도세자의 아들이다."

즉위 일성一聲에 대신들은 경악했다. 특히 사도세자를 죽음으로 몬 노론은 공포에 휩싸였다. 14년 전 뒤주 속에서 비참하게 죽은 사도세자가 다시 살아난 모습을 똑똑히 보았던 것이다.

정조는 열흘 후인 3월 20일 사도세자의 존호尊號를 '장헌莊獻'이라고 올리고 묘호는 '영우원永祐園', 사당은 '경모궁景慕宮'이라 높였다.

그리고 그 5일 후 화완옹주의 양아들로 홍인한 등과 결탁해 세손을 제거하려 했던 정후겸을 경원으로 귀양 보냈다. 또한 정후겸의 양모이자 정조의 고모이기도 한 화완옹주를 서녀로 강등시켰다. 옹주는 그 이후부터 정치달의 부인을 뜻하는 '정처鄭妻'란 치욕적 이름으로 불리게 된다.

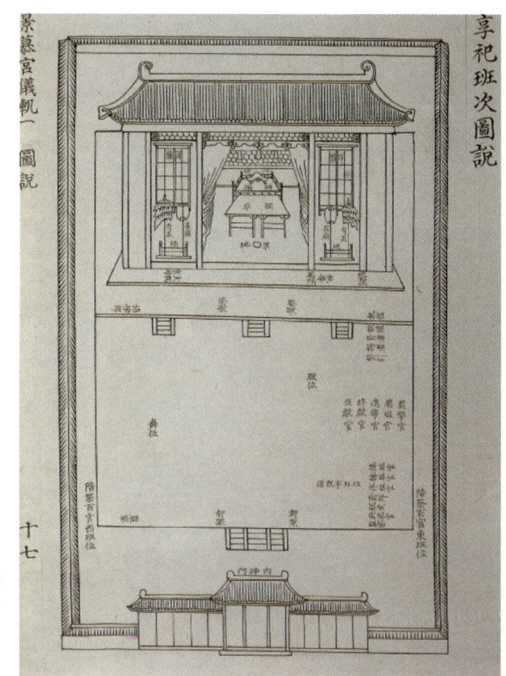

「향사반차도설」 『경모궁의궤』의 한 부분으로 사도세자의 사당인 경모궁에서 제례를 올릴 때 제관들의 위치를 표시한 그림이다.

드디어 시작이었다.

정조는 즉위월 27일에는 3사 관원들을 모두 파직했다. 탄핵을 맡은 3사가 정후겸 같은 종범만 토죄하고 홍인한 같은 주범은 눈치만 본다는 이유에서였다. 그 며칠 후 동부승지 정이환鄭履煥이 사도세자를 죽인 범인이 다름 아닌 홍봉한이라는 상소를 올렸고, 이어 문제의 '일물一物'을 거론했다.

"이른바 '일물'에 이르러서는 이전의 역사서에서도 들어보지 못하던 것인데 홍봉한이 창졸간에 멋대로 올렸습니다. 그렇지 않았다면 선대왕께서 어떻게 '일물'이 그곳에 있는 줄 아셨겠습니까? 홍봉한은 임오년(사도세자가 죽은 해)의 역적이고 전하의 역적입니다."

'일물'이 무엇인가? 사도세자가 갇혀 죽은 뒤주를 뜻한다. 세자가 자결을 거부하자 홍봉한이 영조에게 뒤주에 가두어 죽이라는 아이디어를 냈다는 것이다.

정이환의 칼날은 홍인한에게도 향한다.

"홍인한이 전하의 대리청정을 방해했던 것 또한 형제가 함께 죄악을 저지른 것인데 지금 그대로 도성都城에 살면서 사당死黨을 배치해 놓았으므로 백성들의 마음이 의심하게 되고 세도가 무너지게 되었습니다. 전하께서 어찌 척속의 정의에 얽매여 삼척의 형률을 시행하지 않을 수 있겠습니까? 시급히 홍씨 형제의 죄를 바로잡게 하소서."

정조는 일단 홍봉한을 치죄하자는 정이환의 상소를 받아들이지 않았다. 어머니 혜경궁 홍씨 때문이었다. 하지만 한번 거론된 홍봉한의 죄상이 그대로 묻힐 수는 없었다. 정이환이 다시 상소를 올렸고, 부교리 송환억宋煥億이 오늘날의 조정은 전하의 조정이 아니라 홍봉한의 조정이라며 탄핵에 가세했다. 전 현감 민창렬閔昌烈도 나섰다.

"온 나라 사람들이 홍봉한을 죽여야 한다고 말하고 있고, 심지어는 '망국동에 망정승'이라는 노래까지 돌고 있습니다."

하지만 정조는 아직 홍봉한을 치죄하지 않았다. 어머니 혜경궁 때문이었다. 아버지를 죽인 주범이 홍봉한임을 알고 있었지만 어머니 때문에 홍봉한을 죽일 수는 없었다. 그러나 홍봉한 이외에 사도세자의 죽음과 관련된 인물 중, 이미 세상을 떠난 김상로에 대해서는 다음과 같은 처분을 내렸다.

"김상로는 이전에 양궁(영조와 사도세자)을 이간하였다. 임오년 후에 선대왕(영조)께서 나에게 하교하시기를, '김상로는 너의 원수이다. 임오년 5년 전(정축년)에 임오년의 조짐을 양성한 것이 바로 그이다'라고 말씀하셨다. 우선 관작을 추탈하라."

정조는 형조 판서 채제공에게 물었다.

채제공(1720~99) 정조 12년(1788) 우의정으로 발탁됨으로써 남인 유일의 정승이 되었다. 정조의 탕평책을 지지하고 추진한 핵심 인물 중 한 명이다.

"경은 정축년에 김상로가 한 말을 들었는가?"

"신이 그때는 외방에 있었기 때문에 듣지 못했고, 그 다음 해 지신사知申事로 입시했는데 김상로가 매번 선대왕의 귀에다 대고 비밀히 아뢰었기 때문에 승지와 사관도 듣지 못했습니다."

정조가 덧붙였다.

"김상로는 수상首相으로 있으면서 대조(영조)의 일은 소조(사도세자)에게 고하고 소조의 일은 대조에 고하여 이리저리 속이고 가리우며 끝없는 참소와 모함을 했다."

정조는 같은 날 영조의 후궁인 숙의 문씨의 작호를 박탈하여 사저로 내쫓았다. 그나마 할아버지의 후궁이었기 때문에 일단 목숨만은 보존해준 것이었다. 그러나 그 오라비 문성국은 목을 자르고, 그 가족들은 연좌시켜 어미를 제주도의 여종으로 삼게 했다. 대신과 3사가 거듭 차자를 올려 숙의 문씨를 죽일 것을 청하자 정조는 드디어 숙의 문씨에게 사약을 내렸다.

그러나 홍봉한만은 예외였다. 정조는 오히려 홍봉한에게 유시를 내려 위로하기도 했다. 즉위년 6월에 혜경궁의 탄신일이라며 도성으로 들어오라고 돈유하기까지 했다. 물론 혜경궁 때문이었다. 그러나 정이환, 송환억처럼 홍봉한이 사도세자를 죽인 주범이라고 생각하는 인물들은 많이 있었다.

즉위년 8월에 형조 판서 이계李洎가 상소하여 정후겸의 양어머니인 화완옹주를 법대로 처리하자고 청하면서 홍봉한을 직접 공격하고 나섰다.

"오늘날 세상이 어지러운 것은 모두 홍봉한 때문입니다. 선대왕 때 요망한 심상운은 흉악한 상소를 올려 세손궁의 궁료와 세손을 제거하려 한 악역惡逆인데, 이를 남몰래 주장하여 사주한 자가 바로 홍봉한의 아들 홍낙임이었으니, 요망한 심상운의 상소를 홍봉한이 감히 모른다 할 수 있습니까? 요즘 역변逆變이 거듭 발생한 것은 그 원류를 따져보면, 첫째도 홍봉한이고 둘째도 홍봉한입니다. 그런데 전후로 다스린 것은 다만 그 곁에 붙은 지엽을 약간 제거했을 뿐 그 근원은 그대로 남아서 화려한 집에 의젓이 거처하고 있으니 이는 왕법이 전도된 것입니다. 돌아보건대 지금 대소 공의는 모두 홍봉한을 죽여야 한다고 하나 신은 그를 금고하여 폐치廢置하기를 청합니다."

정조가 대답했다.

"경의 소차에서 토죄討罪하려는 마음을 볼 수 있다. 그러나 나도 생각하는 것이 있으니 나를 괴롭히지 말라."

아버지의 원수를 갚자니 어머니의 원수가 되는 모순된 운명이 정조의 딜레마였다. 형조 판서 이계의 상소 3일 후에는 성균관과 사학의 유생들이 홍봉한을 죽여야 한다고 상소했다.

"전하께서는 홍봉한의 도당徒黨이 대략 제거되어 근심할 것이 없다고 말씀하시지만, 신 등은 '홍봉한의 한 가닥 목숨이 끊어지기 전에는 군신 상하가 편히 먹고 편히 잘 수 없다'고 생각합니다."

정조는 이 주청도 거부했다.

"내가 의지하고 목숨을 부지하는 것은 곧 우리 자궁慈宮(혜경궁) 때문이었다. 자궁께서 요즘 수라를 드시지 않고 침수寢睡(잠자리)가 편치 못하신 지 이제 며칠이 되었으나 위로하려 해도 할 말이 없다"

혜경궁은 친정이 공격을 당하자 사도세자가 뒤주에 갇혔을 때도 하지 않던 단식까지 해가며 아들 정조에게 시위한 것이었다. 아마 혜경궁의 이런 정치성 시위가 없었다면 홍봉한과 그 아들들은 아우 홍인한이나 정조의 조카 정후겸처럼 일찍감치 저세상으로 갔을 것이다.

조선 제일의 명문가였던 풍산 홍씨 가문은 외손자가 즉위한 순간 급전직하 끝없는 몰락의 길로 섭어들었다. 혜경궁의 친정이 사도세자의 죽음과 어떠한 관계가 있는가를 적나라하게 보여주는 것이다.

즉위년 9월에 부교리 이노술李魯述이 상소를 올려 홍봉한을 공격하고 나섰다.

"홍봉한이 여러 해 동안 정권을 잡고 있으면서 세력을 믿고 권력을 남용하여 임금을 배반하고 윗사람을 속이며 나라를 좀먹고 백성을 괴롭혔습니다."

그러면서 김귀주와 김한기金漢耆도 아울러 탄핵했다. 이에 대한 정조의 답변은 이렇다.

"진달한 바가 공의公議임을 볼 수 있다. 이 뒤에 마땅히 처분할 것이다〔從當處分〕."

즉 홍봉한에 대한 성토가 공의임은 인정하지만 혜경궁 때문에 처벌하지 못하고 있을 뿐이라는 말이다.

그런데 정조 초년 혜경궁 말고도 대궐에서 단식 등의 방법으로 시위하던 또 한 여인이 있었다. 바로 영조의 계비인 정순왕후 김씨였다. 그녀의 친정인 경주 김씨 인관파 역시 사도세자의 죽음과 관계가 깊었다. 정순왕후 김씨의 아버지 김한구는 비록 영조 45년에 세상을 떠났지만, 사도세자를 죽음으로 모는 데 일조했던 오라비 김귀주가 공격을 받고 있었다. 대비 김씨는 비록 정조의 법적인 할머니이긴 했지만 그 오라비의 죄상은 명백했다. 정조는 김귀주를 흑산도에 정배했다가 재위 3년에 위리안치로 형을 높였다. 이처럼 풍산 홍씨 가문을 비롯해 사도세자의 죽음과 관련되었던 노론 명문가는 정조 즉위 후 대부분 몰락의 길을 걸었다.

혜경궁이 『한중록』을 쓴 이유는 바로 여기에 있었다. 즉 사도세자의 죽음과 자신의 친정은 아무 관련이 없음을 극구 변명하기 위해 『한중록』을 쓴 것이다. 혜경궁 홍씨가 『한중록』을 쓴 이유는 그 자신이 정조에게 했다는 말에서 분명히 드러난다.

"동궁(정조)이 비록 아드님이시나, 그때 오히려 젊은 나이시어 나만큼 자세히 모르실 것이니, 모 년(사도세자가 죽는 임오년)에 속한 일은 무슨 일이든지 저에게 물으실 것이지 외인의 시끄러운 말은 곧이듣지 마십시오."

사도세자의 죽음에 대해서는 자신의 말만 들으라는 뜻이다. 혜경궁은 그 이유를 당시 세손의 나이가 어렸기 때문이라고 했지만, 사건 당시 어리지 않았던 사람들도 얼마든지 생존해 있었기 때문에 설득력이 없는 말이다. 이 역시 친정을 옹호하고자 하는 변명에 지나지 않는다. 그녀가 『한중록』을 쓴 또 하나의 이유도 기록되어 있다.

"이 일(사도세자 사건)을 선왕(정조)이 크게 깨닫고 갑자에 누명을 씻겠노라 하신 말씀이 여러 번이시고, 병신과 임자에 두 번 분부가 더욱

분명한 증거가 되매 이 일을 신설하는 것이 선왕의 유의遺意라, 금상 (순조)께서 불안해하시거나 주저하실 일이 아니라."

혜경궁의 주장은 그녀가 칠순이 되는 갑자년(1804)에 정조가 친정의 신원을 약속했다는 것이다. 물론 그녀의 주장 외에 다른 증거는 없다. 그런데도 혜경궁은 순조에게 주저하지 말고 부왕의 약속대로 친정을 신원시켜달라고 요구했다.

그녀가 이런 주장을 노골적으로 할 수 있었던 때는 순조 5년부터였다. 그녀의 친정과 대비 김씨의 친정은 정조 즉위 당시에는 모두 배척받는 척리였다. 그러나 정조가 재위 24년(1800) 만에 세상을 떠나자 두 집안의 상황은 정반대로 뒤바뀌었다. 순조가 열한 살의 어린 나이로 즉위하면서 대비 정순왕후 김씨가 수렴청정을 하게 되었기 때문이다. 귀양지에서 죽은 김씨의 오빠 김귀주는 다시 예조 판서로 추증되고, 6촌 오빠 김관주가 이조 참판으로서 정권을 장악하게 되었다. 이들이 정조 때 성장한 개혁적인 남인 세력들을 숙청하기 위해 자행한 것이 신유박해辛酉迫害(1801)였다. 이때 이가환李家煥, 정약종丁若鍾 등이 사형당하고 정약전丁若銓·약용若鏞 형제가 유배되었다.

순조가 열다섯이 되던 해(1804) 수렴청정이 걷히고 이듬해 대비 김씨가 세상을 뜨자 비로소 순조의 할머니 혜경궁의 세상이 되었다. 혜경궁은 손자에게 친정의 신원을 강하게 요구하고 나섰다. 그녀의 끈질긴 요구는, 성공을 거두어 순조 6년(1806)에 김귀주에게 다시 역률을 추시하고 김관주를 삭탈관작 시킬 수 있었다. 그리고 친정의 신원에 나서 순조 8년 친동생 홍낙임의 관작을 복구시키고, 홍봉한을 역적으로 상소한 이심도李審度를 사형시키는 데 성공했다. 또한 순조 12년(1812)에는 서울 집에다 홍봉한의 사당을 지었으며, 그녀가 세상을 뜨는 순조 15년에는 홍봉한의 상소문을 모아 책으로 간행했다. 그녀가 죽기 9개월 전이었다.

　이로써 『한중록』을 쓰면서까지 친정을 옹호한 홍씨의 한은 풀어진 셈이다. 영조 못지않은 여든한 살의 긴 생애를 산 혜경궁은 눈물이 마를 날이 거의 없었다. 열 살이란 어린 나이에 축복 속에서 행한 국혼이 사상 최대의 비극으로 끝날 줄을 누가 예상했으랴! 세자와 친정의 정치 견해가 같았다면 그녀는 최소한 아들 정조가 즉위한 후에는 눈물을 흘리지 않아도 되었을 것이다. 종9품 음직에 지나지 않았던 아버지가 국혼 후 승승장구해 형제 정승으로 솟을대문이 하늘을 찔렀어도, 그 영화는 집안을 그렇게 만들어준 은인을 죽음으로 몬 대가로 얻은 것이기에 허무할 수밖에 없었다. 혜경궁 홍씨는 조선 왕가의 여인 중 그 누구보다 많은 눈물을 흘렸지만 진정 애통해야 할 억울한 죽음을 위해서가 아니라 억울한 죽음의 가해자를 위해 흘린 눈물이었다. 그래서 살아생전에도 혜경궁의 눈물은 동정받지 못했다.

그들의 마지막 반격

정조가 즉위 직후 숙의 문씨 일가와 화완옹주 일가를 치죄하고 홍인한을 몰아치자 노론은 공포에 휩싸였다. 이는 그가 즉위 일성대로 '사도세자의 아들'임을 분명히 한 것이었기 때문이다. 이는 뒤주 속에서 죽은 사도세자가 다시 살아난 것과 다름없었다. 노론은 뒤주 속의 한이 분노로 되살아나는 현실이 두려웠다.

정조의 이런 숙청에 위기감을 느낀 노론은 최후 수단으로 맞섰다. 정조 살해의 길로 나선 것이다. 사도세자를 죽인 원죄가 이들을 외길로 내몰았다.

정조 초년에 노론은 세 번이나 정조를 살해하려 했다. 이름하여 '3대 모역 사건'이다. 정조를 암살하려 한 가문은 당연히 사도세자 죽음에 관련되었던 집안들이다. 홍인한, 홍계희 가문은 물론이고 홍봉한의 아들 홍낙임도 연루되었다. 홍계희의 아들로서 3대 모역 사건의 주모자 중 한 명인 홍지해洪趾海는 홍인한과는 좌주座主와 문생門生 관계로 불릴 정도였다.

3대 모역 사건 중 첫 번째는 홍계희의 손자 홍상범洪相範이 자객을 대궐에 몰래 침투시켜 정조를 살해하려 한 활극 같은 사건이었다. 홍상범은 이를 위해 용력이 센 사내를 물색해 천민 장사 전흥문田興文을 찾아냈다. 전흥문은 힘은 장사였지만 가난해서 장가도 못간 상태였다. 홍상범은 전흥문에게 전錢 1천 5백 문文과 자신의 여종을 주었다. 가난과 장가라는 두 현안을 한꺼번에 해결해주자 전흥문은 국왕 암살이라는 어마어마한 일에 나서겠다고 수락했다.

　홍상범은 또 궁성을 경호하는 호위 군관扈衛軍官 강용휘姜龍輝를 포섭했다. 강용휘는 홍상범의 아버지 홍술해洪述海의 이웃이어서 평소에 왕래가 있던 터였다. 홍상범은 강용휘에게 국왕 호위 무사를 포섭하라고 지시했고 강용휘는 자신이 포섭한 호위 무사 스무 명의 명단을 홍상범에게 넘겼다.

　이처럼 노론 명문가 자제와 호위 무사 강용휘, 그리고 천하장사 전흥문이 결탁한 정조 암살 사건은 성공할 수도 있었다. 이들은 강용휘의 조카인 별감 강계창姜繼昌과 궁중 나인인 월혜月惠를 궐 내의 길 안내역으로 포섭했다. 이로써 궁내외의 협조체제가 완비되었다.

　홍상범은 평안 감사였던 아버지 홍술해와 백부伯父 홍지해, 그리고 승지였던 사촌 홍상간洪相簡 등이 정조 즉위년 6월에 유배형에 처해지자 더 이상 기다릴 수 없다고 생각했다. 사형당할지도 모른다는 공포감이 엄습했던 것이다. 홍상범은 다음 달인 7월 28일을 거사일로 잡았다.

　장사인 전흥문이 칼을, 호위 군관 강용휘가 철편鐵鞭을 들고 선두에 서서 궁궐에 난입하면, 홍상범이 나머지 스무 명을 거느리고 뒤를 따르기로 계획했다. 거사 당일, 이들은 미리 모의한 대로 궁궐에 잠입했다. 이들은 강계창과 월혜의 길 안내로 임금이 머무르는 경희궁 존현각까지 별 어려움 없이 도착할 수 있었다. 강용휘와 전용문은 존현각 지붕 위로 올라가 정조를 암살할 기회를 엿보았다.

그러나 늦은 독서를 하던 정조가 지붕 위의 바스락 소리를 들으면서 이들의 국왕 암살기도는 수포로 돌아갔다. 이들은 재빨리 대궐 담을 넘어 달아났다. 계획이 실패했음에도 이들은 대담하게 다음 달 9일 다시 궁궐 담장을 넘다가 발각되어 포군鋪軍에게 체포되었다. 그야말로 위기일발의 순간이었다. 이들이 정조의 침실에 난입했다면 아무리 무술에 뛰어난 정조라고 해도 당할 수밖에 없었을 것이다.

이 사건은 왕조국가인 조선의 정치질서가 말 그대로 갈 데까지 갔음을 뜻하는 것이었다. 숙종 시절 임금을 골랐던 '택군'의 단계를 넘어 임금을 살해하는 '살군殺君' 단계까지 이른 것이다.

국왕 암살에 따르는 정치적 명분도, 대안 제시도 없었다. 그나마 조선 사회를 지탱하던 큰 줄기인 명분 자체도 필요 없어진 것이다. 이들은 정조만 살해하면 종친 한 명을 내세워 허수아비 임금으로 삼고 정권을 잡을 자신이 있었다. 노론에게는 그럴 충분한 힘이 있었다.

정조를 살해하려던 계획이 실패하여 국청이 열린 상황에서 이들은 두 번째 방법을 동원했다. 정조에 대한 신변 보호 조치가 강화되자 무당의 주술을 빌려 정조와 홍국영을 살해하려 한 것이다. 이 사건을 주도한 인물은 귀양 간 홍술해의 부인 효임孝任이었다.

효임은 영험하다고 소문난 무당 점방占房을 찾았다. 점방은 도성 내 다섯 곳의 우물에서 길어온 물을 홍술해 집의 우물과 홍국영 집의 우물물과 합친 다음 한 그릇에 담았다. 그리고 이를 홍술해 집 우물에 부어서 정조를 보호하는 홍국영의 기를 빼앗으려 했다. 또한 붉은 모래로 정조와 홍국영의 형상을 만든 다음, 화살로 꿰어 땅에 묻었으며, 화살 한 대를 만들어 하늘에 쏘면서 외쳤다.

장용영 내부평면도 정조가 규장각을 설치해 문관을 배출하고 장용영을 강화해 무관들을 키운 것은 모두 개혁을 위한 신진 세력을 양성하기 위해서였다. 정조의 꿈은 그렇게 준비되었다.

"이것은 반드시 죽은 사람의 법이다."

또 저주하는 부적符呪 을 그려 홍국영의 집 앞에 묻은 후 다시 외쳤다.

"이놈은 반드시 죽을 것이다."

이런 주술이 현실 세계에서 통할 리 없었다. 그러나 인형을 만들어 저주하는 이런 방법들은 궁중과 사대부가에서 전통적으로 사용되던 주술로서 그 자체만으로 중죄에 해당되는 일이었다. 정조 암살 기도 사건에 대한 대대적인 수사가 진행 중이던 와중에 벌어진 이 저주 사건은 곧 수사망에 포착되어 관련자들이 대거 검거되었다. 이 또한 실패로 끝난 것이다.

정조를 암살하려는 노론의 기도는 집요했다. 이들은 보다 체계적인 계획을 세우기로 했다. 이 와중에서 드러난 것이 '은전군 추대 사건' 이다. 홍계희의 팔촌인 진선進善 홍계능洪啓能과 홍상범의 사촌인 홍상길洪相吉의 주도로 정조를 살해한 후 은전군을 국왕으로 추대하려 했던 사건이다. 여기에는 홍계능의 아들인 홍신해洪信海, 조카인 홍이해洪履海, 홍경해洪景海의 아들인 홍상격洪相格 등과 홍계능의 문생인 전 승지 이택수李澤遂, 전 참판 민홍섭閔弘燮 등도 가담했다. 혜경궁 홍씨의 친동생인 전 승지 홍낙임도 관련되었다.

이들이 은전군을 선택한 이유는 명백했다. 은전군은 '삼종의 혈맥' 이면서 사도세자에게 원한을 지니고 있는 인물이었기 때문이다. 은전군의 어머니는 사도세자에게 죽은 빙애였고, 그리고 부인은 노론 김귀주의 비장이었던 조성趙峸의 딸이었다. 그러나 이러한 '살해', '저주', '추대' 계획은 모두 실패하고 말았다. 정조는 국청을 열어 추대 주모자 은전군을 자진시키는 등 사건 주동자 스물세 명을 사형시켰다.

그러나 이는 빙산의 일각이었다. 노론을 뿌리 뽑지 않는 한 이런 일은 언제든지 재발할 수 있었다. 전·현직 벼슬아치와 환관과 궁녀, 그리고 임금을 보호해야 할 호위 군관까지 관련되어 정조를 죽이려는 판이었다. 국왕 정조는 고립되어 있었다. 홍국영이 숙위소宿衛所를 설치해 정조의 신변 보호에 나선 것은 정조가 얼마나 고립되어 있었는지를 단적으로 보여주는 사건이다. 그야말로 비상조치를 취해야 국왕 정조의 목숨을 보호할 수 있었던 것이다.

정조의 개혁은 이처럼 사회 곳곳에 뿌리박은 거대한 반대세력들의 방해를 극복해야 했기에 어려울 수밖에 없었다. 개혁을 위해 정조는 노론이 아닌 새로운 세력을 양성할 수밖에 없었다. 영조 31년의 나주 벽서 사건과 토역경과 투서 사건으로 소론이 몰락한 후 노론에 맞설 세력은 아무도 없었다. 대리청정하는 저군을 뒤주 속에 가두어 죽이는 판이니 더 말할 나위가 없었다. 정조가 규장각奎章閣을 설치해 문관을 배출하고 장용영壯勇營을 강화해 무관들을 키운 것은 모두 개혁을 위한 신진 세력을 양성하기 위한 일환이었다.

정조는 때를 기다렸다. 그는 사도세자의 죽음을 왕조국가 조선의 파탄으로 보았다. 노론 일당 전제의 정치 구조로는 미래로 갈 수 없다고 생각했다. 그는 조선을 새로운 나라로 개혁하려 했다. 그러나 노론가의 솟을대문이 수도 없이 하늘을 찌르고 있는 서울에서 개혁을 주도하는 것은 어렵다고 여겼다. 모든 것을 새롭게 짜야 한다고 생각했다. 그런 생각의 한가운데 사도세자가 있었다.

노론과의 결별, 남인과의 결합

사도세자의 유산을 짊어지고 즉위한 정조에게 가장 큰 기대를 건 세력은 영남 남인들이었다. 성조 즉위 당시 남인들은 무려 80여 년 동안이나 재야 세력으로 있어야 했다. 숙종 20년(1694) 갑술환국甲戌換國 이후 한 번도 집권하지 못했다. 남인의 주거지인 영남은 영조 4년(1728) 이인좌의 난(무신난) 이후 반역향으로 꼽혀 출사길이 완전히 봉쇄되어 있었다.

정조는 영조가 틀을 잡은 탕평책을 계속 유지하자니 노론과도 손을 잡을 수밖에 없었다. 노론이 주요한 자리를 모두 차지한 상태였고, 대체 세력도 없었다. 나주 벽서 사건 이후 탕평책은 붕괴되고 노론 일당 독재가 계속되었다. 정조는 노론이란 바다 위에 떠 있는 외로운 배 같은 존재였다. 그래서 정조는 한 인물을 중용했다. 바로 남인 채제공이었다. 재위 12년(1788)에 정조는 드디어 노론의 격렬한 반발을 무릅쓰고 채제공을 우의정에 발탁했다. 80여 년 만에 남인이 정승 자리에 오른 것이었다. 이에 고무된 남인들은 조직적으로 움직이기 시작했다.

영남 남인들은 사도세자 사건을 노론의 역적 행위로 보고 있었다. 그들은 사도세자의 신원을 자신들의 신원과 동일시했다. 자신들이 정권에 다가갈 수 있는 유일한 길은 사도세자 문제 재조사라고 판단했다.

채제공이 우의정이 된 반 년 후 이진동李鎭東 등의 영남 유생들은 상소문과 『무신창의록戊申倡義錄』을 갖고 상경했다. 이들은 정조 12년 8월부터 대궐 문 앞에 꿇어 엎드려 상소를 올렸으나 승정원에서는 이를 받아들이는 것 자체를 거부했다. 이들은 상소문을 정조에게 전달할 계획으로 머나먼 영남에서 올라와 4개월여 동안 서울에 머물렀으나 방법이 여의치 않았다.

영남 유림들은 반드시 정조 12년이 가기 전에 상소를 올릴 결심이었다. 그때가 무신년, 즉 이인좌의 난이 일어난 지 한 간지干支(60년)가 되는 해였기 때문이다.

영남 남인들은 그해 11월 5일 정조가 경희궁으로 거동하는 행차를 이용하기로 했다. 종로를 지나던 정조가 시전 상공인들의 생업의 질고를 묻기 위해 어가御駕를 세운 틈을 탄 것이다. 영남 유생들은 상인들 틈을 뚫고 나와 대전 별감을 통해 상소문과 『무신창의록』을 올렸다.

뒤늦게 이를 안 예조는 정조에게 상소문과 『무신창의록』을 보지 말라고 말렸다.

"상소절차가 격식에 어긋나고 책자를 어람御覽(임금이 친히 보는 것)하는 것도 외람될 것 같사온데 그대로 돌려주는 것이 어떻겠습니까?"

보지 말라면 더 보고 싶어지는 것은 인지상정이다. 사관에게 책자를 들여오게 한 정조는 그날 밤을 새워 다 읽었다. 상소문과 『무신창의록』의 골자는 이인좌의 난 때 영남 사람들도 반란군에 맞서 싸웠으나 포상은커녕 반역의 고장으로 낙인 찍혀 조정에서 소외된 것이 억울하다는 내용이었다.

정조는 채제공에게 『무신창의록』의 간행과 대상자들의 포상을 명한 며칠 후 소두疏頭(상소문의 대표자) 이진동을 비롯한 상소자들을 친히 접견했다.

"이인좌의 난 한 간지를 맞아 충절을 포장하고 공적을 기록하는 날에 『무신창의록』의 여러 사람들을 명현의 후예로 포상하는 일을 주도했으니 내 진실로 찬탄하는 바이다. 당이 한 번 생긴 후 취미가 각기 달라져 근래에는 조정에서 영남을 거의 다른 나라 사람처럼 보니 진실로 개탄스럽다. 인재가 부족한 이때에 영남 사람들 중에도 반드시 등용할 만한 사람이 많을 터이니 함께 등용해 조정에 늘어서게 한다면 치우치지 않고 공평하게 하는 도道에 부합할 것이다."

그러면서 승지 이민채李敏采에게 책자의 초고를 배포했는지를 물었다. 그러나 승지는 정조의 이 명에 반발했다.

"책자 속에 조덕린趙德鄰과 황익재黃翼再를 뒤섞어 기록한 것이 이미 지극한 협잡입니다. 신은 감히 반포할 수 없습니다."

조덕린 등은 노론 대신 김창집 등을 논박하다 죽은 인물들인데도 『무신창의록』「별록別錄」에 실렸다는 것이 노론 승지 이민채가 주장하는 협잡의 내용이었다. 훗날 세도정치를 여는 노론 사관 김조순金祖淳도 배포를 반대하고 나섰다. 그러나 정조는 조덕린과 황익재도 모두 사면하면서 이진동 등에게 직접 교서를 써서 하사하며 말했다.

"이 교서를 가지고 귀향하여 방방곡곡에 널리 선유하고 더욱 열심히 노력하라."

이로써 영남 유생 이진동의 상소가 일으킨 파문은 일단락되었지만, 조정과 영남 사대부에게 미친 영향은 매우 컸다. 이는 정조의 뜻이 남인들에게 있음을 분명히 한 것이기 때문이다. 노론은 정조 즉위 후 채제공 등 남인들이 중용되는 것에 불만을 느끼던 차에 이런 일이 발생

김조순(1765~1832) 정조가 세자빈으로 선택한 이는, 노론이지만 사도세자의 죽음에 동정적이었던 시파 김조순의 딸이다.

하자 조직적으로 반대했다. 노론과 관학 유생들은 잇달아 상소를 올려 반대하고 나섰다.

그런데도 정조가 이들의 반발을 무릅쓰고 책자를 간행하자 국왕의 최측근이어야 할 승지와 사관들마저 명을 받기를 거부했다. 이는 분명한 항명이었다. 이에 정조는 의정부를 비롯한 6조와 3사의 제신諸臣들을 접견하면서 이들을 꾸짖으며 울분을 토했다.

"오늘날 조정에 임금이 있는가, 신하가 있는가? 윤리가 있는가, 강상이 있는가? 국법이 있는가, 기강이 있는가?"

정조의 분노처럼 조정은 여전히 노론의 수중에 있었다. 1백여 년 가까이 집권하며 심어놓은 노론의 뿌리는 그만큼 깊고 넓었던 것이다. 정조는 이런 조정의 판도를 바꾸려면 노론 아닌 다른 세력들을 키우는 수밖에 없다고 생각했다.

정조 16년 3월 도산서원陶山書院에서 실시된 별시는 영남이 더 이상

반역향이 아님을 보여주는 행사였다. 남인의 정신적 지주인 이황李滉을 모신 도산서원에서 치러진 별시는 그 장소만으로도 뜻깊을 수밖에 없었다.

이날 별시장別試場에 입장한 유생은 7천 2백여 명이 넘었고, 시험 답안지[試券]만 해도 3천 6백여 장이 넘었다. 구경꾼까지 합치면 1만여 명이 훨씬 넘는 대인파가 운집해, '영남 사대부 만 명'이란 말이 나오는 계기가 되었다. 도산서원은 영남 사대부의 신원장이 되었고 별시는 영남 사대부의 잔칫날이 되었다. 이인좌의 난 이후 소외감이 씻어지는 계기였던 것이다.

정조와 채제공은 바로 이런 효과를 노렸다. 정조는 직접 시험답안지를 채점해 강세백姜世白과 김희락金熙洛을 합격시켜 이들의 호응에 답했다. 유일한 남인 정승 채제공은 이 별시의 의의를 잘 알고 있었다. 그는 영남 사대부의 결속이 노론 독주를 견제하는 데 큰 힘이 되리라고 생각했다. 그는 영남 사대부들과 지속적인 연락을 취하며 다음 행동을 논의했다.

이 과정에서 나온 것이 유명한 '영남만인소'다. 만 자가 넘는 상소문이 '만언소'라면, 만 명 이상이 연명 상소한 상소문이 '만인소'다.

영남만인소의 직접적인 계기가 된 것은 정조 16년 4월 노론 벽파인 전 정언 유성한柳星漢의 상소였다. 유성한은 정조가 경연에는 참여하지 않으면서 여락女樂(여악사)들이 금원禁苑(지금의 비원)에까지 들어올 정도로 유흥만 즐기고 있다고 정조를 직접 비판하고 나섰다. 유성한이 이런 상소를 올린 것도 도산서원에서 열린 별시와 관련이 있는데 '광대가 대가大駕(임금의 어가) 앞에 외람되이 접근하고 여락이 난잡하게 금원에 들어갔다'는 날이 바로 별시 합격자를 발표하는 날이었던 것이다.

시사단試士壇 정조 16년(1792), 남인의 종주 퇴계 이황의 학덕을 추모하기 위해 세운 안동의 도산서원에서 치러진 별시를 기념해 세웠다. 정조는 이 별시로 노론의 독주를 견제할 수 있는 영남 남인의 결속을 도모했다. 경상북도 안동시 소재.

    조선시대 임금의 행차는 백성들이 구름같이 몰려드는 온 백성의 잔치였다. 웅장한 행렬 자체가 구경거리인 데다 뒤따르는 광대들의 놀음이 흥겨웠기 때문이다. 조선시대 임금들은 이런 행차를 통해 백성과 일체가 되기를 원했다. 또 이런 행렬 중에 격쟁擊錚하는 백성들의 고통을 직접 듣고 탐관오리를 처벌하기도 했다. 이런저런 이유로 임금의 행차는 백성들에게는 커다란 구경거리자 기쁨이었고 탐관오리에게는 두려운 행렬이었다. 그러므로 임금의 행차에 광대가 접근했다고 비난한 유성한의 상소는 악의에 찬 비방에 지나지 않았다.
    더구나 여악이 금원까지 들어왔다는 비난도 근거 없는 무고였다. 이는 연등절 저녁에 3영三營의 장수들이 여악女樂을 부른 것을 정조가 부른 것으로 왜곡한 것이었다. 더구나 장수들이 여악을 불러 논 곳은 금원이 아니라 궁중 건너편의 방마원放馬苑이었다. 이 또한 좋은 구경 거리였으므로 사녀士女들도 모여 구경했던 것이다.

유성한의 상소에서 가장 문제가 된 구절은 '목이 메어 밥을 먹지 않는 것은, 전하의 밝은 지혜로써 어찌 그 불가함을 생각하지 않겠습니까'라는 대목이었다. 이는 하나의 은유법이었다. 그 속뜻은 정조가 사도세자를 생각해 목이 메어 밥을 먹지 못하는 것이라고 비판하는 것이었다.

이는 때마침 벌어진 윤구종尹九宗 사건과 맞물리면서 하나의 파문을 만들어냈다. 윤구종은 경종의 능 앞을 지나며, "노론은 경종에게 신하의 의리가 없다"라며 하마下馬하기를 거부해 말썽이 된 인물이다.

이에 좌의정 채제공이 정조 16년 윤4월에 직접 상소를 올려 윤구종과 유성한을 공격하고 나섰다.

"불행하게도 사대부들의 문호門戶가 갈라지자 자신의 이익을 국가의 이익보다 앞세우고 당파 비호하기를 임금 높이는 것보다 중히 여기게 되었습니다. 그리하여 경종에 대해서는 윤구종과 같은 극악한 역적이 감히 신하 노릇을 하지 않겠다는 말을 멋대로 하고, 선세자에 대해서는 유성한처럼 흉악한 역적이 목이 멘다고 식사를 폐지할 수 없다는 말로 은근히 위를 핍박했습니다. 아! 마음은 하나뿐입니다. 한 사람의 마음으로 저기에는 충성하고 여기에는 역심逆心을 품는 일은 천하에 없었습니다. 경종에게 신하 노릇하지 않는 자가 어찌 선대왕(영조)에게 충성할 리 있으며, 선세자를 무함하는 자가 어찌 전하를 사랑하고 받들 리가 있겠습니까? 윤구종과 유성한이 역적질한 조건은 비록 다르지만 그 마음은 한 꿰미에 꿰어놓은 것 같으니, 국가가 역적을 다스리는 데 하나는 엄하게 하고 하나는 느슨하게 할 수 없는 것이

명백한 법입니다."

유성한의 상소에 가장 분개한 지역은 영남이었다. 채제공은 영남 사대부들의 이런 분노를 조직화해 국론화하기로 결심하고 배후에서 영남 사대부들을 움직여 연명 상소를 올리게 했다. 이 소식을 들은 영남 사대부들은 특유의 조직력을 발휘해 즉각 연대 서명에 들어갔고 삽시간에 만 명이 넘는 사람이 서명했다.

영남만인소는 1백여 년 간 영남이 받았던 소외를 반영하듯 서명한 사람 대부분이 벼슬 못한 유생이었다. 소두 이우李㙖와 제소製疏(상소문 저술자) 김시찬金是瓚 등 주동자 대다수를 비롯해 98퍼센트 이상의 서명자들이 유학幼學이었던 것이다.

영남만인소 또한 정조의 손에 닿기까지 많은 우여곡절을 겪어야 했다. 관료가 아닌 유학의 상소는 '근실謹悉'이란 과정을 거쳐야 했기 때문이다. 벼슬아치가 아닌 유학의 상소는 성균관 장의掌議로부터 찬동을 받아야 성균관에 봉입할 수 있도록 한 절차가 근실인데, 이는 노론이 장기 집권하며 반대 당파의 상소를 원천 봉쇄하기 위해 만든 것으로 보인다.

당시 성균관 장의는 노론이었으므로 '영남만인소'에 근실을 해줄 리가 없었다. 노론이 장악한 승정원 역시 근실이 없다는 이유로 상소문 자체를 받아들이지 않았다.

영남 사대부들은 궁리 끝에 전 교리인 김한동金翰東으로 하여금 상소케 했다. 김한동의 상소는 전현직 관료들의 상소인 진신소搢紳疏였으므로 근실 과정이 필요 없었기 때문이다. 이런 우여곡절 끝에 '영남만인소'는 정조의 손에 전달될 수 있었다.

'영남만인소'가 도대체 어떤 내용이기에 노론에서 근실을 거부하면서까지 막으려고 애를 썼을까? 그것은 바로 이 상소가 사도세자 문제

를 정면에서 거론했기 때문이었다.

"아! 신들은 하나의 의리를 마음속에 간직한 지 30여 년이 되었으나 감히 입을 열지 못해 가슴을 치면서 다만 죽고 싶을 뿐이었습니다. 이에 감히 발을 싸매고 문경 새재를 넘어 피를 쏟는 듯한 정성으로 대궐문에 부르짖으니, 우리 성상의 마음을 슬프게 하는 것은 비록 죽을 죄이지만, 이것은 보다 큰 의리이기에 번거롭게 상소를 올리니 전하께서는 굽어 살펴주소서.

아! 신들은 영조대왕께서 50년 간 길러낸 자들입니다. 영조께서 종묘를 부탁할 장헌세자莊獻世子(사도세자)가 있는 것을 기뻐하고 국운이 무궁하게 됨을 기뻐했습니다. 그런데 조정의 권력을 잡은 당여黨與(노론)들이 세자의 자태에 남몰래 두려운 마음을 품어 비밀리에 국본을 요동시키려는 계책을 꾸몄는데 이들이 빚어내는 음모는 귀신도 헤아릴 수 없었습니다. 세자의 좌우에 모두 적을 배치해 오직 속이고 과장된 거짓말을 하늘을 속이는 묘책으로 삼아, 없는 일을 있다고 하면서 흉측한 계책을 부려 흰 것을 검다고 하는 등 진실을 모두 변환시켰습니다.

무인년(영조 34년) 이후 5년 동안 그들이 재주를 부리지 않은 바가 없었고 수단을 시험하지 않은 바가 없어서, 심지어 상소로 세자를 욕하는 자도 있었고 급서急書로 고자질하는 자도 있었습니다. 그래서 세자의 기후가 혹 수심에 차고 우울할 때가 있으면 이를 이야깃거리로 삼아 안팎에서 선동하고 교묘하게 참언을 투입하여 원근을 현혹시키고 더욱 시급한 소문을 퍼뜨려 끝내는 차마 말할 수 없는 변고를 일으켰습니다.

장헌세자께서 변을 당하신 후 이들은 이제 전하께서 영명하신 것을 걱정하여 이미 사용했던 숙달된 기술로 병신년(영조 52년에 홍인한이 세손은 세 가지 일을 알 필요가 없다고 한 것)에 지렁이처럼 다시 추악하게 뭉쳤으니, 동방에 살고 있는 모든 사람들 중 누가 이 무리와 함께 같은 하늘 아래 사는 것을 한스럽게 여기지 않겠습니까?

전하께서 영남을 돌보아주신 것이 절실하고 영남을 예禮로 대우함이 지극하니 영남의 진신搢紳(벼슬아치)과 유생들은 모두 전하를 위해 목숨을 바쳐 보답하겠다는 뜻을 갖고 있습니다. 선세자先世子(사도세자)를 위해 무함을 변명하는 것이 제일의 의리이니 신들이 어찌 자신과 집안을 생각하여 몇십 년 동안 맺힌 회포를 한 번 죽을 각오로 진달하지 않겠습니까?

신들은 이 말이 한 번 나오면 유성한의 무리들이 역적으로 몰아칠 것을 잘 알고 있습니다. 그러나 충신이 되는지 역적이 되는지는 전하께서 통찰하실 것이고, 후세의 사관들도 반드시 판단하는 것이 있을 것이니 신들이 무엇을 두려워하겠습니까?

선세자에게 불충한 자가 위로 경종에게까지 그 불충이 미친 것은 그 형세상 필연적인 것이니 이는 참으로 하나이면서 둘이고 둘이면서 하나입니다. 빨리 노적의 율을 사용해 귀신과 사람들의 분을 풀어주시기를 진심으로 빌겠습니다."

'하나이면서 둘이고 둘이면서 하나'라는 말은 사도세자를 무함한 유성한과 경종을 욕한 윤구종이 모두 노론이란 한 당파라는 뜻이다. 이 상소를 본 정조는 유생들을 접견했다. 국왕이 벼슬아치도 아닌 일개 유생을 직접 접견하는 것은 파격적인 조치였다.

"너희들이 천리 먼 길을 걸어왔기 때문에 부른 것이니, 소두는 올라와 읽어보아라."

이우가 상소문을 읽는 도중 정조는 감정을 억제하느라 목이 메어 말을 하지 못했다. 이런 목멤을 여러 차례 되풀이한 뒤에야 정조는 겨

우 입을 열었다.

"만약 한 마디 말도 없다면 너희들이 억울해할 뿐 아니라 영남 몇만 명의 인사들이 장차 그 의혹을 풀 수 없을 것이기 때문에 내가 너희들을 접견하는 것이다."

정조는 김상로와 문녀(숙의 문씨), 그리고 홍인한과 홍계희 등이 사도세자를 죽음으로 몬 역적이라는 소회를 피력하며 자신이 즉위한 후 취한 조치들을 설명했다. 그러나 영남 사대부들이 원하는 것은 과거 조치에 대한 설명이 아니라 노론에 대한 토역과 영남 남인들의 등용이었다. 정조는 물론 이들의 의도를 잘 알고 있었다. 하지만 노론 전체를 적으로 돌려 싸우기에는 힘이 부족했다. 영남 사대부들은 숫자는 많아도 유생의 무리에 불과했다. 국왕이라고 해도 일개 유생들을 대신으로 임명할 수는 없었다. 1만여 명의 상소자 중 벼슬아치라야 정5품 교리 한두 명 정도가 최고 관직이었다. 아직은 때가 아니었다. 정조는 이들에게 위로의 말밖에 해줄 수 없었다.

"영남은 바로 국가의 근본이 되는 지역으로서 위급할 때에 믿는 곳이니, 내가 영남에 바라는 것은 다른 도에 비길 바가 아니다. 나의 본뜻이 이와 같으니 너희들은 모름지기 나의 본뜻을 가지고 돌아가 영남 인사들에게 말해주는 것이 옳겠다."

정조는 영남을 '위급할 때 믿는 곳'이라고까지 말했다. 그 매개는 바로 비명에 간 사도세자였다. 지역에 관계없이 사도세자의 죽음을 아파하는 곳이면 모두 정조의 고향이었다. 정조는 이들을 위로하는 조치를 취했다. 유생들의 상소를 받아들이지 않은 대궐의 수문장과 해당 승지를 파직시킨 것이다. 그리고 소두 이우를 의릉懿陵 참봉으로 삼았다. 이우의 아버지는 교관敎官에 지나지 않아 음직의 대상이 아니었으므로 이는 파격적인 조치였다.

정조의 이런 자세에 영남 유생들은 힘을 얻었다. 이들은 다시 조직력을 발휘해 열흘 뒤에는 3백여 명이 더 많은 1만 360여 명이 연명한 2차 상소를 만들었다. 이번에는 승정원도 1차 상소 때처럼 봉소를 거부할 수 없었다. 이들의 상소는 1차 영남만인소보다 더욱 강경했다.

"신들이 한 도道가 같은 소리로 1만 명이 서로 호응하여 천릿길에 발을 싸맨 채 생사를 무릅쓰고 앞으로 나온 것은 참으로 함께 부여받은 천성으로 반드시 30년 동안 맺혀온 선세자의 무함을 분별하고자 한 것입니다. 흉적을 주토誅討하는 일은 분변한 다음에 할 일입니다. 선세자의 영혼이 신들로 하여금 눈물을 흘리며 전하 앞에서 일제히 호소하게 하셨습니다."

정조는 이에 대해 1만여 선비의 논의는 바로 나라 사람들의 공론公論이라며 호응했으나 더 이상 나갈 수는 없었다.

노론이 볼 때 이는 위험한 소동이었다. 소동이 계속된다면 노론이 조직적으로 움직일 수 있었다. 정조는 이들에게 귀향할 것을 권했다. 그러자 이들은 2차 상소보다도 더 많은 숫자인 1만 1천여 명이 참여한 연명 상소를 준비했다. 그러나 정조가 간곡하게 만류하자 교서를 갖고 귀향했다.

이런 과정을 거쳐 영남은 정조의 확고한 지지기반이 되었다. 정조는 영남을 지지기반으로 삼은 데 이어 새로운 지역을 권력 기반으로 삼으려 노력했다. 노론의 본거지가 된 서울을 떠나 새로운 지역을 서울에 버금가는 곳으로 만들려 한 것이다. 나아가 서울을 옮길 수도 있었다. 그곳이 사도세자의 서울, 바로 수원 화성이었다.

에필로그

화산, 사도세자의 영원한 안식처

이진동 등의 영남 유생들이 『무신창의록』을 정조에게 올린 다음 해인 재위 13년(1789) 7월 정조는 중요한 결정 하나를 내린다. 양주 배봉산에 있던 장헌세자, 즉 사도세자의 묘를 이장하기로 한 것이다.

정조는 즉위해(1776) 8월 영조의 능인 원릉元陵을 참배하면서 사도세자 묘인 영우원을 함께 전배했다. 이는 자신이 영조는 물론 사도세자의 뒤를 이은 임금임을 분명히 하기 위한 조치였다. 정조는 그 후로도 매년 영우원에 참배했다. 아들인 정조가 즉위한 후 사도세자는 비로소 금기의 대상에서 국왕의 아버지로 백성들의 높임을 받게 되었다.

그러나 정조는 여기에 만족하지 않았다. 임금을 독살하려는 시도를 넘어 국왕의 침실 지붕에까지 자객이 침투했던 사건은 왕조국가 조선의 현주소를 말해주는 것이었다. 이는 노론의 국가이지 국왕의 국가가 아니며 노론의 나라이지 백성들의 나라가 아니라는 사실을 분명히 말해주는 것이었다. 조선을 새롭게 하기 위해서는 근본적인 조치가 필요했다.

정조는 새로운 도시를 건설하기로 결심했다. 개국 초 태종이 수도를 개경에서 한양으로 옮긴 까닭은 개경이 신흥사대부의 정적인 권문세족들의 세력기반이었기 때문이다. 이제 그 한양은 정조의 정적인 노론의 세력기반이 되었다. 한양 거리에 늘어선 고대광실과 솟을대문은 모두 노론의 저택이었다. 노론의 서울인 한양에서 임금은 명목뿐인 존재에 불과했다.

정조는 노론의 서울이 아닌 국왕의 서울, 사도세자의 서울, 백성들의 서울을 만들기로 결심했다. 이는 규장각, 장용영 강화와 함께 정조가 추진하는 왕권 강화 작업의 핵심 사업이었다.

새로운 서울, 그곳은 사도세자가 함께 호흡할 새로운 안식처였다. 양주 배봉산 기슭에서 이승을 떠나지 못하고 있는 사도세자의 영혼과 그 시신이 영원한 안식을 얻을 곳이었다. 정조는 사도세자의 묘를 이장하고 그곳에 새로운 도시를 건설하려고 했다.

정조는 사도세자의 묘를 이장할 곳에 지관地官을 파견했다. 정조는 이미 사도세자의 묏자리로 점찍어둔 곳이 있었다. 지관을 파견한 것은 이장에 정당성을 부여하는 요식 행위에 불과했다.

정조가 이장지로 점찍은 곳이 바로 수원의 용복면龍伏面 화산花山이었다. 이곳을 살펴본 지관들의 말은 한결같았다. '지극히 길하고 모든 것이 완전한 묏자리'라는 것이었다. 지관들이 이런 극찬에 함께 간 대신들도 이의를 제기하지 못했다.

"화산이 왼쪽으로 돌아 서북쪽(乾方)으로 떨어져서 주봉오리가 되고, 서북쪽의 주산主山이 서북과 북쪽 사이(亥方)로 내려오다가 북쪽(癸方)으로 돌고 다시 북동쪽(丑方)으로 뻗어오다가 동북쪽(艮方)으로 바뀌

면서 입수入首합니다. 앞에 쌍봉이 있는데 두 봉우리 사이가 비었고, 안에 작은 언덕이 있는데 그 형상이 마치 구슬 같습니다. 청룡 네 겹과 백호 네 겹이 에워싸 자리의 기세가 만들어졌는데 혈이 맺힌 곳이 마치 자리를 깐 것처럼 평퍼짐하니 혈 자리가 분명합니다. 뻗어온 용의 기세가 7백 리를 내려왔는데 용을 보호하는 물이 모두 뒤에 모였으며 현무玄武로 입수하였으니 천지와 함께 영원한 더 할 수 없는 길지吉地라고 할 수 있습니다."

경기도 이천 세종의 영묘와 함께 국내 최고의 길지로 꼽히는 수원 화산에 대한 지관의 해석이었다. 이곳의 지명이 '용이 엎드린 곳'이란 뜻의 용복면인 것은 전부터 이곳이 길지로 꼽혔다는 증거이다.

사도세자는 어린 시절 효종과 닮았다는 말을 들은 것처럼 이곳도 효종과 관계가 깊은 곳이었으니 두 사람의 얽힌 인연의 뿌리는 깊었다. 효종이 갑자기 사망하자 평소 풍수에 능했던 윤선도가 이곳 화산을 장지로 적극 천거했다. 원래 길지로 이름난 곳이었으므로 지관들도 모두 윤선도의 말에 동의했고 현종도 마찬가지였다. 그러나 송시열을 비롯한 여러 대신들이 반대하면서 상황이 달라졌다. 수원부에 장지를 쓰면 이곳에 살던 백성들이 이사해야 한다는 명분이었다. 이들은 장지를 쓰는 데 풍수설을 따를 것은 없고, 장차 길이 되거나 집터가 되거나 물에 잠기는 등 이른바 5환五患만 피하면 된다고 주장했다.

양쪽의 주장이 모두 일리가 있긴 했지만 화산을 주장한 윤선도가 남인이고 반대한 송시열 등이 서인이란 점에서 이는 단순히 '길지'와 '5환'을 둘러싼 논쟁에 국한되는 것이 아니라 권력 다툼이었다. 이 권력 다툼에서 결국 남인이 패해 장지는 화산이 아니라 태조의 유해를 모신 건원릉으로 결정되었다. 그랬다가 다시 말썽이 생겨 다시 여주 영릉寧陵으로 이장해야 했다.

효종이 묻히려던 화산은 130여 년 후 조재호의 숙부 조현명이 '효종을 닮았다'고 예견한 사도세자의 묘로 결정되었던 것이다. 효종은 바로 '삼종의 혈맥'이 시작되는 임금이니 '삼종의 혈맥'으로 비참한 죽음을 맞은 고손자의 유해가 이곳에 안장된 것도 그 혈맥의 운명인지 모른다.

정조는 능 이전에 세심한 주의를 기울였는데 가장 신경 쓴 것이 화산에 거주하는 백성들의 이주 대책이었다. 대를 이어 살던 고향을 떠나는 것이니 자칫하면 원성이 따를 수 있었다. 이는 정조는 물론이고 사도세자도 바라는 바가 아니었다. 사도세자의 묘를 이전하는 것은 고통이 아니라 백성들의 축제여야 했다. 정조는 대신들이나 지관들이 묏자리를 살피러 갈 때마다 거듭 당부했다.

"영우원을 옮기기로 결정한 후 내가 조석으로 생각하는 것은 민가 이전에 따르는 백성들의 처지이다. 민심이 즐거워해야 내 마음도 편할 것이다."

정조는 말로만 백성에게 생색내는 정치가가 아니었다. 그는 장지 선정을 맡은 여러 신하들에게 이렇게 말했다.

"묏자리를 살핀 뒤에는 승지가 대신들과 함께 그곳의 부로들을 불러 모아 내가 어제 말한 대로 안심하고 생업에 종사하라고 되풀이해 타일러라. 이사한 민호民戶라 하더라도 조정에서 따로 구휼할 것이니 이 점도 자세히 알려주라."

정조는 이렇듯 영우원 이장으로 백성들이 고통을 받지 않도록 자상하게 배려했다. 정조는 내탕금을 내려 땅값을 후하게 보상해주고 새집을 지을 자금까지 넉넉하게 주어 이주하는 백성들이 감격의 눈물을 흘렸다. 정조는 수원 부사 조심태趙心泰에게 화산에 살던 백성들이 이주할 지역을 물색하게 했고, 조심태는 지세를 면밀히 검토한 후 장계

를 올렸다.

"팔달산 아래의 땅이 국세局勢가 크게 트여 가히 큰 고을을 조성하기에 적당한 곳입니다."

정조가 이 주청을 윤허하여 화산에 살던 백성들을 팔달산으로 옮기는 역사가 벌어졌다. 요즘으로 말하면 신도시 개발 계획이 시행된 것이다.

그러나 정조의 목적이 단지 사도세자 묘를 옮김으로써 억울한 영혼을 위로하는 데만 있는 것은 아니었다. 화산에 살던 백성들과 다른 곳의 백성들이 이주하여 건설할 새로운 도시도 장지葬地 이상의 중요성을 갖고 있었다. 어쩌면 이 새로운 도시를 건설하는 게 정조의 진정한 의도였는지도 모른다. 이곳은 노론의 도시도 신하들의 도시도 아니었다. 이곳은 아버지 사도세자의 도시이자 국왕인 자신의 도시, 그리고 백성들의 도시가 될 것이다.

드디어 정조 13년(1789) 10월 4일 사도세자의 영구靈柩(시신)는 양주 배봉산을 떠나 수원 화산으로 향하게 되었다. 당일 정조는 영우원에 나가 빈전에 곡을 했다. 눈물이 나오지 않을 도리가 없었다. 그날 그 비참하던 광경을 생각하면 저절로 눈물이 나왔다. 정조는 축복 속에 태어나 저주 속에 간 아버지의 슬픈 생애에 구슬피 곡했다. 이날의 곡 속에는 남다른 의미가 담겨 있었다. 뒤주 속에서 비참하게 죽은 사도세자가 영여靈輿(시신을 실은 수레)를 타고 양주에서 화산까지 이 나라의 중심부를 거닐 것이었다.

영우원의 영구를 파내고 보니 광중壙中에 물이 거의 한 자 남짓 고여 있었다. 이를 본 정조가 다시 오열했다. 지난 세월 동안 아버지의 시신이 물속에서 신음하고 있었다고 생각하니 목이 메지 않을 수 없었다.

정조는 홍살문 밖까지 걸어와 어가에 올랐다. 그 뒤에 사도세자의 시신을 담은 영여가 있었다. 드디어 사도세자가 자신의 아들인 정조와 함께 새로운 안식처로 떠나는 것이다. 열 번 죽어도 씻지 못할 원한을 품은 시신이 27년 만에 임금이 된 아들과 함께 떠나는 길이었다. 뒤주에 갇히던 날 '아버지 살려주소서' 하고 빌었던 그 아버지가, '할바마마 아비를 살려주소서' 하고 호소했던 그 아들과 함께 떠나는 길이었다.

어가와 영여가 함께 떠나는 행렬은 웅장했다. 경기 관찰사가 선도하고 담당 신하들이 예법에 따라 좌우로 늘어섰다. 취타수 열여덟 명과 붉은 군복을 입은 4백 여 명의 군사들이 세 줄로 늘어섰으며 임금을 나타내는 황룡기와 사방을 표시하는 청룡, 백호, 주작, 현무기를 비롯해 수많은 깃발들이 창공에서 펄럭였다.

또한 사도세자의 영여 곁에는 호위 군사 2백 명이 겹줄로 늘어섰고 각각 50여 개의 만장挽章이 앞뒤로 하늘을 수놓았다. 노제路祭 장소에는 수많은 백성들이 몰려들어 사도세자의 원혼을 위로해주었다. 대대로 국가의 녹이라고는 한 되도 받지 못했건만 세자의 피맺힌 원혼에 눈물을 흘리는 이들, 29년 전 세자가 온궁에 행차할 때 어가에 몰려들어 박수를 쳐주었던 이 백성들이야말로 진정한 신민이자 백성이었고 이 나라의 진정한 주인이었다.

어가와 영가의 행렬을 보기 위해 수십 리, 수백 리 밖에서 백성들이 몰려들었다. 이 행렬을 호위한 인물이 병조 판서 윤숙이었다. 사도세자가 뒤주에 갇히던 날 정승들에게 '세자를 구하라'고 꾸짖었다는 죄로 홍봉한에게 탄핵당해 귀양길에 올랐던 그 한림이었다. 목숨 걸고 자신을 보호하려 했던 윤숙이 지휘하는 군사의 호위를 받고 길을 떠나는 사도세자의 영혼이 미소 지었을 법하다. 윤숙의 지휘 아래 대열의 제일 앞에 늘어선 경기 감영과 수어청의 군사들, 그리고 그 다음에 도열한 어영청과 총융청 군사들은 그대로 이 나라가 누구의 나라인지를 보여주었다. 신하의 나라가 아니라 임금의 나라, 백성의 나라였다.

또한 영여 뒤에 늘어선 훈련도감과 금위영 군사들, 그리고 장용영과 용호영 군사들은 이 나라가 노론의 나라가 아니라 백성의 나라이자 임금의 나라임을 똑똑히 보여주었다. 각 영마다 늘어선 깃발, 그리고 사방에 메아리치는 북소리, 그리고 취타 소리는 사도세자의 혼이 펄럭이고 울부짖는 소리였다.

정조는 영여가 둑도纛島의 다리 남쪽을 건너자 곡을 하고 영여에 하직 인사를 올렸다. 그러고는 영여가 남으로 향하는 것을 눈물 속에서 하염없이 지켜보았다. 정조는 영여가 눈에서 보이지 않자 비로소 환궁했다.

사도세자의 시신을 담은 영여는 둑도에서 출발해 과천에 머물렀다. 29년 전 여름, 온궁에 가기 위해 머물던 곳이었다. 그때는 살았던 사람이 지금은 시신으로 변해 가는 길이지만 행차는 그때보다 더한 위용이었다. 10월 6일 영여는 다시 과천을 출발해 수원부의 신읍에 들렀다가 드디어 영원한 안식처인 화산에 도착했다.

그날 아들 정조도 수원으로 향했다. 과천에 들른 정조는 29년 전 사도세자가 온궁으로 행차할 때 구경했던 사람들을 찾아내 쌀을 지급하라고 명령했다. 백성을 사랑했던 사도세자의 마음이 담긴 쌀이었다.

정조는 새 묏자리에 나아가 재실에 들러 시복緦服을 갖추어 입고 정자각까지 걸어가서 재궁(임금의 관)을 살펴본 다음 곡을 했다. 정조는 걸어서 주산主山의 봉우리까지 올랐다. 사방이 탁 트인 천혜의 명당이었다. 정조는 보여를 타고 산등성이를 빙 돌아 나와 하교했다.

"이 산의 이름이 화산이니 꽃나무를 많이 심는 것이 좋겠다."

이후 화산은 말 그대로 꽃산이 되었다. 사시사철 꽃과 송림이 화산을 수놓았다. 정조는 이곳을 현륭원이라 이름 짓고는 틈만 나면 현륭원을 찾았다. 이듬해 2월부터 재위 24년(1800) 사망할 때까지 정조는 무려 열두 차례나 현륭원을 찾았다.

정조의 능행은 단순히 사도세자의 능에 참배하기 위한 것이 아니었다. 능행 자체가 왕실의 위엄을 드높이는 좋은 수단의 하나기도 했지만 정조의 능행은 많은 목적을 지니고 있었다.

정조가 현륭원에 행차할 때 어가를 따르는 인원은 6천여 명이 넘었고, 동원된 말만도 1천 4백여 필이었다. 아무리 이 나라 곳곳을 장악하고 있는 노론이라도 국왕의 이런 위용에 두려움을 느끼지 않을 수 없었을 것이다. 정조는 노론에게 이를 시위하기 위해 능행을 자주 실시한 것이기도 했다.

또한 정조의 능행은 백성과 직접 만나는 수단이기도 했다. 정조가 행차할 때면 백성들은 앞 다투어 격쟁을 했다. 격쟁이란 백성들이 임금에게 직접 원통함을 호소하는 것을 말한다. 정조 19년(1795)에는 창원 사람 정준鄭埈의 부인이, 남편이 창원 부사 이여절李汝節에게 억울하게 맞아 죽었다고 격쟁했다. 정조는 경상도 관찰사 조진택趙鎭宅에게 이 사건을 조사해 보고하게 했는데 조진택의 보고서는 도리어 정준을 죽인 창원 부사 이여절을 옹호하는 내용이었다. 정조는 관찰사가 힘없는 백성을 보호하려는 것이 아니라 악행을 한 지방관을 옹호하는 것에 분개했다.

"이 보고서를 보니 도백道伯(관찰사)의 일처리가 참으로 놀랍기만 하다. 공적인 일이건 사적인 일이건 따질 것이 없고, 또 우연이건 아니건 따질 것이 없다. 어쨌든 사람을 함부로 죽인 것은 죽인 것이고 목숨을 잃게 한 것도 잃게 한 것일 뿐 아니라 그것도 허다한 목숨을 잃게 한 사건이다. 한 사람이 목숨을 잃었어도 놀라운 일인데 심지어 수십 명이나 되는 사람이 목숨을 잃었다. 그런데 '폐斃'라는 용어를 썼으니 이는 죽은 것이 아니라 죽인 것이다. 가령 수십 명 중에서 모두 소생되고 한 사람만 죽었다 하더라도 억울한 사람을 죽인 죄야말로 조금도 차이가 없는 것이다. 그런데도 이른바 이 보고서는 이여절이 자기변명을 한 내용에 불과하다."

정조는 전 정언 유경柳畊을 안핵어사로 삼아 재조사를 명했다. 유경은 철저한 재조사 끝에 이여절이 창원 부사로 있는 동안 곤장과 형벌로 죽은 백성이 서른한 명이나 되며, 그중에는 삼부자가 한꺼번에 목숨을 잃은 일도 있다고 보고했다.

이여절은 사형의 위기까지 몰렸다가 지방관을 죽이면 백성들의 기강을 잡을 수 없다는 대신들의 만류에 따라, 한 등급 감해 위원渭原 군郡에 유배시켰다가, 고신告身(임명장)을 빼앗고 장 1백 대를 때린 후 강계江界의 토병으로 삼았다. 이때 남인 재상 채제공도 지방관을 심히 치죄하면 백성들의 기강이 문란해진다며 이여절을 온건하게 처리할 것을 주장했다. 남인 또한 이여절과 같은 사대부임은 마찬가지임을 보여주는 처신이다.

임금의 행차는 사대부들의 횡포에 목숨을 빼앗기고도 하소연할 곳이 없는 힘없는 백성들의 마지막 피난처였다. 비리가 있는 벼슬아치들은 임금의 행차에 백성들이 격쟁할까봐 전전긍긍했다.

정조는 현륭원이 있는 수원에 행궁을 설치하고, 재위 17년(1793)에는 수원을 유수부로 승격시켰다. 그리고 수원에 화성 행궁을 건립했다. 수원 유수부를 겸했던 화성 행궁은 정전 21칸[間] 외에 모두 555칸이 되는 최대 규모의 행궁이었다. 또한 시흥과 과천, 그리고 안양, 안산에도 행궁을 설치했다. 이런 행궁들은 모두 정조의 행궁이자 사도세자의 행궁이었다.

정조는 재위 18년(1794) 2월 말부터 20년(1796) 9월 상순까지 현륭원과 행궁을 보호하기 위해 화성華城(수원성)을 축성했다. 이 역사적인 축성 작업에는 국왕 정조는 물론 남인 정승 채제공, 남인 실학자 정약용의 노력이 배어 있다. 또한 정약용의 거중기와 화가 엄치욱嚴致郁의 설계도인 화성전도와 부분도 60매 등 조선의 과학 기술도 집약되어 있다.

한편 정조는 즉위 후 자신의 친위 부대인 장용영을 강화했다. 실제 노론이 가장 두려워한 것이 개혁 문관의 배출처인 규장각과 친위 정예 부대인 장용영이었다. 정조는 17년 장용영을 확대해 장용외영을 설치했다. 정조 22년 장용외영의 군사는 모두 2만여 명이었다. 이들은 장용영과 함께 정조의 친위 군단이었다.

새로운 도시 화성과 규장각, 그리고 장용영·장용외영을 통한 정조의 꿈은 차차 무르익고 있었다. 정조는 화성을 중심으로 노론의 나라가 아닌 제왕의 나라, 사도세자의 나라, 그리고 백성의 나라를 건설하려 했다. 수원 화성은 실로 정조의 수도이자 사도세자의 수도였으며 노론의 탐학에 시달리는 백성의 수도였다.

누가 왕을 살해했는가?

운명의 해인 정조 24년이 밝았다. 그해는 양력으로 따져 18세기가 끝나고 19세기가 시작되는 1800년이었다. 새해 벽두부터 정조는 가슴이 답답했다. 아버지 사도세자가 세상을 떠난 지 38년이 지났으나, 그 비참했던 장면은 세월이 흐를수록 더욱 선명하게 되살아났고 그때마다 가슴이 쥐어짜듯 아파왔다. 사도세자의 묘호를 장헌세자로 고치고 영우원을 현륭원으로 높일 때는, 막힌 가슴이 좀 시원했었다. 또 양주 배봉산의 영우원을 화산으로 옮길 때도 실컷 울고나니 가슴이 시원했었다.

그러나 그때뿐이었다. 가슴 한 구석을 짓누르는 답답함은 좀처럼 풀리지를 않았다. 국가에 크고 작은 행사가 있을 때마다 아버지 사도세자가 가장 먼저 떠올랐으며, 그때마다 가슴이 아파왔던 것이다.

정조의 고민은 아버지를 죽인 원수를 끌어안아야 한다는 것에 있었다. 아버지의 죽음에 그 누구보다 외가의 책임이 크다는 사실을 정조는 잘 알고 있었다. 그러나 그 책임의 한가운데 서 있는 사람이 다름 아닌 어머니 홍씨라는 점이 벗어날 길 없는 정조의 뫼비우스의 띠였다. 잘라내도 잘라내도 외가라는 원죄의 끈이 정조의 발목을 잡았다. 아버지의 원한을 씻으려면 어머니가 울고, 어머니를 위로하자니 지하의 아버지가 통곡하는 형국이었다.

어머니 혜경궁은 아버지 사도세자를 죽음으로 몬 원수들에 대한 토죄에는 한 마디도 거들지 않고 변명만 늘어놓았다. 국법을 따르자니 어머니가 울고, 어머니를 따르자니 국법이 울었다. 어찌 화병이 생기지 않겠는가?

노론도 마찬가지였다. 노론은 탕평이라는 미명하에 함께 갈 수 있는 군자당이 아니었다. 그들은 경종을 독살했으며, 선왕(영조)을 그릇된 길로 오도했고, 아버지 사도세자를 죽인 당이었다. 시대의 요구와는 달리 극도의 사대주의에, 신분제를 강화하고, 남녀차별을 극대화했다. 이 나라를 그릇된 길로 끌고가는 핵심이 노론이라는 사실은 삼척동자도 알고 있었다. 그러나 그들은 거대한 정치집단이었다. 현실적으로 조선의 주인은 국왕이 아니었다. 백성도 아니었다. 국왕은 노론이란 바다 위에 떠 있는 작은 배에 불과했다. 이 나라 방방곡곡을 장악하고 있는 것은 그들 노론이었다.

정조는 서두르지 않았다. 정조는 아버지가 노론에게 죽임을 당한 이유 중 하나가 너무 서둘렀기 때문이라고 보았다. 노론의 깊고 깊은 뿌리는 왕권이라는 도끼 하나로 자를 수 있는 것이 아니었다. 크고 작은 수백, 수천 개의 도끼로 한꺼번에 잘라야 가능한 것이었다. 그러기 위해서는 수많은 도끼를 만들어야 했다.

정조가 규장각과 장용영을 기른 데 이어 영남 남인들의 등용을 시사한 것은 이 때문이었다. 새로운 정치세력을 기르려 한 것이다. 노론에 의해 수십 년 간 배척당한 남인들은 노론에 대항하기 위해서라도 국왕에게 충성하지 않을 수가 없었다.

정조 24년(1800)! 그해는 정조의 치세에 한 획을 긋는 해이기도 했다. 하나뿐인 아들이 왕세자로 책봉받고 가례를 올리는 해였기 때문이다. 세자는 그해 열한 살이었다. 세자빈은, 노론이었지만 사도세자의 죽음에 동정적 자세를 취했던 시파時派 김조순의 딸이다.

정조는 왜 노론 여식을 세자빈으로 간택했을까? 시파와 벽파를 막론하고 노론은 왕권 강화라는 정조의 정치 목표에 장애물이었다. 그런데도 정조는 노론 여식을 세자빈으로 간택했다. 이 선택은 현륭원에서 꾼 꿈과 관련이 있다. 그 꿈을 잘못 해석한 것이 예상하지 못한 결과를 가져온 것이다.

그래서일까, 이 기쁜 해 벽두부터 가슴이 답답해왔다. 그해 1월 10일 정조는 전교를 내려 이렇게 말했다.

"새해가 된 지 여러 날이 지났는데 밤마다 거의 새벽까지 잠을 못 이루고 낮에도 정무를 볼 수가 없다. 돌이켜보건대 부모를 추모하는 마음이 기쁜 정사를 고하는 날에 스스로 견디기 어려워 그러는 것이다. 겸하여 기氣를 내리게 하는 약을 날마다 서너 종지씩 복용해보지만 마음을 가라앉히는 데는 효과가 없으니 어떻게 하겠는가? 이 마음을 조금 편 다음에야 이 마음도 풀릴 것이다. 16일 새벽에 현륭원에 가서 하룻밤을 유숙한 다음, 이튿날 석양에 행궁으로 갔다가 다음 날 새벽에 환궁할 것이다."

새해 벽두부터 답답해지는 가슴을 푸는 유일한 방법은 현륭원 행차 외에는 없었다. 정조는 신하들의 반대를 무릅 쓰고 1월 16일 현륭원에 가서 친히 제사를 지낸 후 재실에서 유숙했다. 그날 밤 정조는 세자빈 간택과 관련된 꿈을 꾼다.

다음 날 아침, 현륭원을 두루 돌아보던 정조는 바닥에 주저앉아 땅을 치며 목메어 울었다. 신하들이 거듭 진정하라고 요청하자, "경사를 맞아 선대를 추모하는 중에 크나큰 아픔이 북받쳐 올라 그러는데, 차마 어찌 진정하란 말인가?"라고 대답했다.

그러자 화성 유수 서유린이 '경사를 맞았으니 선대의 마음도 기뻐하실 것'이라며 위로했다. 그러나 정조는 이 말에 또 흐느꼈다.

"어느 해 어느 날인들 추모하지 않았겠는가마는 올해는 나의 심정이 더욱 다른 바가 있는데 어떻게 스스로 억제하겠는가?"

정조는 땅을 치며 흐느꼈다. 정조가 현륭원에 와서 눈물을 흘리지 않은 적이 없었지만 이런 거조는 처음이었다. 얼마 남지 않은 자신의 운명에 대한 예감이 그를 이렇게 이끈 것인지도 몰랐다.

다음 달 26일 정조는 세자빈을 간택하며 이렇게 말했다.

"내가 김조순 가문에 처음에는 별 마음을 두지 않았는데, 현륭원 참배를 하던 날 밤 꿈이 너무 좋아 나에게 그렇게 하라고 하신 것 같았다. 그래도 처음에는 해득을 못 했다가 오래 지나서야 마음에 깨치는 바가 있었다."

현륭원에서 그토록 가슴이 답답했던 것이 이 때문이었는지도 모른다. 그 꿈의 자세한 내용은 알 수 없지만 꿈속에서 만난 사도세자가 전한 계시라고도 한다. 현륭원 재실에서 꾸었던 꿈을 해석하는 데 골몰하던 정조는 이것을 김조순의 딸을 간택하라는 뜻으로 해석했다. 이것은 결과적으로 결정적인 오역이자 정조 인생에서 가장 큰 실수에 해당된다. 김조순은 정조 사후 안동 김씨의 세도 정치를 만드는 인물이기 때문이다. 노론 일당 중에서도 몇몇 집안이 국왕을 허수아비로 만들고 국정을 농단했던 것이 세도 정치다.

그런데 정조는 이해를 대대적인 정치 개혁의 해로 삼았다. 정조는 5월 30일 오회연교五晦筵教를 한다. 그믐날 경연에서 한 하교라는 뜻으로, 노론에서 편찬한 『정조실록』에서는 그 실상을 확인하기가 쉽지 않다. 자신들에게 불리한 내용은 편집했기 때문이다. 그 오회연교에서 정조는 이런 말을 한다.

"그것이 한 번 굴러 모 년某年의 대의리에 관계되었고 두 번 굴러 을미년이 되었고, 세 번 굴러 병신년이 되었으며, 네 번 굴러 정유년이 되었다. 정유년 이후는…… 나 또한 굳이 말하고 싶지 않다."

『정조실록』에서 '모 년'은 사도세자가 뒤주에 갇혀 죽은 영조 38년(1762, 임오년)을 뜻한다. 즉 신하들이 군신간의 의리를 저버린 것이 한 번 굴러 사도세자를 뒤주 속에 가두어 죽인 임오년 사건이 발생했다는 것이다. 군신의 의리를 버린 것이 두 번 굴러 자신의 대리청정을 방해한 을미년(1775, 영조 51년) 사건이 되고, 세 번 굴러 자신의 즉위를 방해한 병신년(1776, 정조 즉위년) 사건이 되고, 네 번 굴러 자신을 죽이려고 자객을 보낸 정유년(1777, 정조 1년) 사건이 되었다는 것이다. 이 모든 것이 노론 벽파에서 정조에게 자행한 적대적인 정치 행위였다. 정조는 이런 말을 하면서 대대적인 반성을 요구했다. 그리고 반성하지 않으면 대대적인 정치 개혁을 단행하겠다는 의사를 피력했다.

오회연교를 한 지 얼마 안 된 무렵 정조는 종기 때문에 고생하기 시작했다. 6월 14일 정조는 내의원 제조 서용보徐龍輔를 불러 진찰을 받았다. 며칠 전부터 종기가 나 고약을 붙였으나 효과가 없었기 때문이다. 진찰을 받은 후 정조가 물었다.

"어제에 비해 어떤가?"

"독기는 어제보다 한층 줄어들었습니다."

"터진 곳이 작으니 다시 침으로 찢는 것이 어떻겠는가?"

"이미 고름이 터졌으니 다시 찢을 필요는 없습니다."

"두통이 심할 때 등 쪽에서도 열기가 많이 올라오니 이는 다 가슴의 화기 때문이다."

그랬다. 가슴속의 화기였다. 그것도 한두 해 묵은 화기가 아니라 아버지 사도세자가 비명에 간 그때부터 생긴 화기였다. 정조는 즉위 직후 사도세자의 죽음과 관련된 자들을 치죄하며 이렇게 말했다.

"임금에게는 개인적 원수가 없다."

진정한 군부가 되고자 했던 정조의 가슴속 화기는 개인적인 복수로 풀릴 것이 아니었다. 다시는 뒤주의 비극 따위는 없는, 임금은 임금답고 신하는 신하다우며 백성은 백성다운 그런 나라를 만들 때만이 이 화기는 사라질 수 있었다.

정조는 초인적인 의지를 지닌 인물이었다. 머리와 등에 종기가 났을 때 약원 제조들을 접견한 자리에서 이렇게 말했다.

"병을 조리하는 중이라도 잠자기 전에는 망건을 벗은 적이 없었기 때문에 지금도 머리를 묶어 싼 채로 접견하고 있는데 매우 힘들다."

정조는 몸이 아프다고 진찰만 받고 있지는 않았다. 약원 및 대신들에게 피력한 심회는 정조가 구상하고 있던 정치 개혁의 일단을 보여 준다.

"지금 중천에 태양이 뜬 것처럼 모든 의리가 완전히 밝혀졌는데도, 겉으로 그것을 가탁하며 간사한 짓을 꾸미려 하는 것은 과연 무슨 심사란 말인가? 내가 만일 입을 열면 상처를 받을 자가 몇이나 될지 모르기 때문에 참고는 있으나, 지금껏 귀 기울이고 있어도 한 명도 자수하는 자가 없으니 그들이 무엇을 믿고 감히 이런단 말인가?"

재위 24년간 끊임없이 개혁 정치를 펴왔지만 노론은 고개를 숙일 줄 몰랐다. 그들은 조금의 틈만 보이면 반격을 꿈꾸었다. 그런 자들을 다시 한 번 치겠다는 말이었다. 노론 이시수李時秀가 말렸다.

"죄가 있는 자는 그 죄에 걸맞게 벌을 가하면 그뿐입니다. 요양하시는 중에 어조가 과격하시니 몸조리에 해로울까 신들은 애가 탑니다."

"경들이 하는 일도 한탄스럽다. 이런 하교를 듣고서도 어찌 그 이름을 지적해달라고 청하지 않는단 말인가? 그러나 나는 말을 하고 싶지 않다. 조만간에 결말이 날 것이다. 비유하자면 종기의 고름이 잡히는 것과 마찬가지니, 나는 그것이 스스로 터지기를 기다리고 싶으나 끝내 고칠 줄 모른다면 어쩔 수 없다."

예사말이 아니었다. 정조가 이 말을 한 것은 6월 16일, 세상을 떠나기 12일 전이었다. 종기는 점점 심해져 여기저기 부어올랐다. 드디어 6월 24일에는 연기를 쬐는 치료법인 연훈방煙薰方을 사용했다. 그날 밤 잠깐 잠이 든 사이 피고름이 저절로 흘러 속적삼에 스며들고 요까지 번졌는데, 잠깐 동안 흘러나온 것이 몇 되가 넘었다. 이때부터 증세가 호전되는 듯했다.

26일에도 연훈방을 사용한 후 증세가 조금 호전되는 듯하다가 경옥고를 먹은 후 잠자는 듯 정신이 몽롱해졌다. 그리고 28일 아침 일찍 진맥을 하자고 청하자 정조는 의료진을 불신하는 말을 한다.

"오늘날 병을 제대로 아는 의원이 어디 있겠는가. 하지만 불러들여라."

진맥을 받은 정조는 탕약을 마신 후 완전히 혼수상태에 빠져든다. 이때 등장하는 여인이 왕대비 정순왕후 김씨다.

"이번 병세는 선왕의 병술년(영조 42년) 증세와 비슷하다. 그 당시 성향정기산星香正氣散을 드시고 효과를 보셨으니 의관에게 의논해 올리게 하라."

이 명에 따라 성향정기산을 지어 두세 숟갈을 입안에 넣으니 일부는 삼키고 일부는 밖으로 토했다. 인삼차에 청심환을 개어 입에 넣어도 삼키지 못했다. 의관이 진맥한 후 엎드려 말했다.

"맥도로 보아 이미 가망이 없습니다."

다시 왕대비인 정순왕후가 나섰다.

"내가 직접 받들어 올리고 싶으니 경들은 잠시 물러가 있으라."

심환지沈煥之 등이 문밖으로 나온 후 왕대비가 들어갔는데, 조금 뒤에 방 안에서 곡하는 소리가 들렸다. 정조의 임종을 지켜본 것은 왕대비 정순왕후 김씨뿐이었다.

6월 28일 유시酉時였다. 정조는 종기라는 하찮다면 하찮은 증세로 약방의 진찰을 받기 시작한 지 보름 만에 세상을 떠났다. 여기서 정조의 죽음에 대비 정순왕후가 등장하는 장면은 음미할 가치가 있다. 김씨는 기묘년(1759, 영조 35년) 정성왕후의 뒤를 이어 영조의 계비가 된 후 아버지 김한구, 동생 김귀주 등과 함께 사도세자 제거에 앞장섰던 여인이다. 이런 이유로 정조가 즉위하자마자 김귀주는 유배되었고, 결국 정조 10년에 귀양지 나주에서 병사하고 말았다. 법적으로는 정조의 할머니였지만 현실적으로는 정적이었다. 즉 정조의 병에 훈수 둘 처지가 아니었다.

당시 세자의 나이 열한 살에 불과하여 정조가 세상을 떠나면 당연히 왕대비 김씨가 섭정을 하게 되어 있었다. 정조가 죽는 자리에 함께 있었던 심환지처럼, 그녀 역시 골수 노론 벽파였다. 이렇듯 정조가 죽어야 노론이 산다는 데 이해가 일치하는 인물들만이 정조의 병석을 지키고 있었다.

그래서인지 정조는 약 처방 하나하나를 꼼꼼히 물어본 후 복용 여부를 결정했다. 정조 자신이 조선의 어느 어의 못지않은 명의였다. 정조가 의학을 배운 것은 자신을 지키기 위한 수단의 하나였을 것이다. 그러나 그런 정조도 결국은 스스로를 지키지 못했다.

'조만간에 결말이 날 것이다'라는 정조의 선언이 노론의 결심을 재촉하게 만든 실수였을까? 아니면 조선은 이미 정조 아니라 그 누구라도 되돌릴 수 없을 정도로 폐부 깊숙이 썩어버렸던 것일까?

정조가 승하하던 날에는 삼각산도 슬피 울었다. 또한 그 얼마 전에는 양주와 황해도 장단 등 여러 고을에서 한창 잘 자라던 벼포기가 갑자기 하얗게 죽어, 노인들이 '상복을 입은 벼로구나!'라고 슬프게 말한 적이 있었는데, 이 말이 정조의 죽음을 예견하는 것이었다고도 한다. 정조는 평소 사도세자 곁에 묻히고 싶어했다. 하지만 아직은 아니었다. 할 일이 많이 남았다. 아직은 죽어 아버지를 뵐 면목이 없었다. 하지만 어쩌랴, 이제 지상에서 그의 나날은 끝난 것을…….

무심한 벼들마저 흰옷으로 갈아입고 죽음을 슬퍼했던 정조대왕! 그 누구보다 아버지를 사랑했고 백성을 사랑했던 그의 영여가 운구되고 있었다. 10년 전 아버지 사도세자의 영여가 걸어갔던 바로 그 길이요, 그곳이었다.

정조의 영여가 운구되는 곳은 새해 벽두 그가 땅을 치며 슬퍼했던 현륭원, 바로 그곳이었다. 서울에서 현륭원에 이르는 연도에 흰옷을 입은 수많은 백성들이 나와 울부짖으며 땅을 쳤다. 시골의 부로 한 명, 아낙 한 명의 아픔에 눈물 흘리고, 그들의 눈물짓게 만든 벼슬아

치들에게 불같이 화를 내던 군주를 잃은 백성들은 슬프게 울부짖었다. 비록 군주지만 부친이 뒤주 속에 갇혀 죽는 것을 목도해야 했던 불쌍한 아들의 예기치 못한 죽음에 백성들은 가슴을 쳤다. 사도세자의 장례 때 관리들의 제지를 뿌리치고 배봉산에 모여들었던 백성들의 후예들이, 이제는 현륭원에 모여들고 있었다.

그런 백성들의 울부짖음 속에서 재궁(임금의 관)이 광중에 들어가고 흙이 덮였다. 그런 백성들의 울부짖음 속에서 정조는 아버지 사도세자와 다시 만난 것이다. 그들의 영혼은 그 백성들의 울부짖음 속에서만 위안을 얻고 안식을 얻을 수 있었으며, 그들이 걸어왔던 제왕의 길 역시 그런 백성들과 함께 할 때만 길이 빛날 수 있었다.

부사직 이헌경李獻慶이 지어올린 「부교행浮橋行」이란 장시의 몇 구절을 인용하는 것으로 대단원의 막을 내리자. 사도세자의 영구가 이장되는 장면을 그린 장시다.

단군 · 기자 이후 4천 년에
세상의 온갖 만물 성신들이 만들었네
산길을 뚫고 물길을 뚫어서
큰 강에는 나무다리 놓고 작은 강엔 줄다리를 놓았네
남쪽의 금강과 북쪽의 용흥강에
모두 다 다리 놓아 인객人客을 건너게 하였어라
유독 한수漢水(한강)에만 섣불리 논의하기 어려워
예전부터 다리 없이 배를 타고 왕래했네
백학은 아니 오고 청룡도 달아났건만
수면엔 무지개처럼 곧은 다리 보이지 않았네

13년 되던 해 가을 7월에

원침을 장차 만년 터전으로 옮길 때

대궐의 밤 시간은 효심으로 길어가고

애타는 정성에는 하늘도 감동했네

지관을 기다릴 것도 없이 좋은 자리 찾았고

산악에 오른 적도 없이 명당자리 얻었도다

여룡이 구슬을 뱉으니 햇살이 빛나고

하늘 너머에서 날아온 아름다운 봉새 깃이어라

찬란한 연화는 구슬과 비단을 따르고

명당을 찾아뵈니 금성을 에워쌌네

세심하게 공을 들여 책에서 찾아봐도

마치 귀신이 몰래 하사한 듯하네

성인聖人(정조)이 성인(사도세자)을 장사하니 길상吉祥이 뒤얽히는데

구슬 같은 언덕은 어찌 그리 고운고

흠의를 마련할 때 내탕고를 기울이고

갖가지 공역은 삯을 내어 꾸려서

털끝만큼도 농군들을 귀찮게 안 하니

닭과 개도 저마다 새 고을(수원)로 돌아갔네

의장 행렬은 앞길에 십여 리나 늘어서고

임금님 지나는 길 깎은 듯이 평탄하네

첫 겨울의 날씨 좋은 병진일에

임금 상여 떠나니 은초롱 늘어섰네

울긋불긋 의장대에 운삽이 뚜렷한데

새벽녘에 강물을 무사히 건넜도다

신이 외람됨을 잊은 채 긴 시詩를 지어
성사를 노래하여 천년 억년 전하노니
후인에게 부교浮橋가 있는 곳을 가리켜 알게 하여
하수에 임해 우임금의 업적을 떠올리는 것처럼 하노라

주요 연표

• 경종 1년(1721, 신축년)

8월   왕제王弟 연잉군(훗날의 영조)을 왕세제로 책봉하다.
10월 왕세제에게 대리책봉을 명했다가 취소하다.
12월 소론 강경파 김일경 등이 왕세제 대리청정을 주장한 노론 4대신을 4흉으로 공격하다.

• 경종 2년(1722, 임인년)

3월   목호룡의 고변으로 임인옥사 발생하다. 노론 4대신이 사형당하고 왕세제 연잉군이 「임인옥안」에 역적의 수괴로 등재되다.

• 경종4년 · 영조 즉위년(1724, 갑진년)

8월   경종 승하하고 영조 즉위하다. 경종 독살설이 널리 퍼지다.
12월 소론 강경파 김일경과 목호룡이 사형당하다.

• 영조 1년(1725, 을사년)

1월   왕이 붕당의 폐해에 대해 하교하다
8월   노론 4대신의 서원을 세우다

• 영조 3년(1727, 정미년)

7월   소론 5대신 사형을 주장하던 노론을 축출하고 소론에게 정권을 주다(정미환국).
10월 김창집 등 노론 4대신의 관작을 다시 추탈하다.

- 영조 4년(1728, 무신년)

    3월   소론 강경파 이인좌 등이 경종의 복수를 내세우며 거병했다가 진압되다.

    11월 영조의 장자 효장세자가 죽다.

- 영조 5년(1729, 기유년)

    8월   노론 4대신 중 이건명과 조태채를 복관시키다(기유처분).

- 영조 11년(1735, 을묘년)

    1월   후궁 영빈 이씨, 원자(사도세자)를 생산하다.

- 영조 12년(1735, 병진년)

    3월   원자를 세자로 책봉하다

- 영조 13년(1736, 정사년)

    8월   지금까지의 당습은 혼돈이며 앞으로는 당습이 없는 개벽이라는 '혼돈개벽 하교'를 내리다.

- 영조 14년(1737, 무오년)

    12월 경종 때 사형당한 영조의 처조카 서덕수를 신원하다.

- 영조 15년(1736, 기미년)

    1월   영조, 다섯 살 된 세자에게 양위를 선언했다 거두어들이다.

- 영조 16년(1740, 경신년)

    1월   노론 4대신 중 김창집·이이명을 복관시키다.

    5월   영조, 당론을 조절할 수 없다며 다시 양위를 선언했다 거두어들이다.

- 영조17년(1741, 신유년)

9월   경종 때의 「임인옥안」을 불사르되 김용택 등 5인은 별안에 두기로 하다(신유대훈).

- 영조20년(1744, 갑자년)

1월   홍봉한의 딸을 왕세자빈으로 책봉하다.
3월   영조의 어머니 숙빈 최씨의 묘호廟號를 육상이라 하고 묘호墓號를 소녕昭寧으로 높이다.

- 영조25년(1749, 기사년)

1월   15세의 세자에게 대리청정을 명하다.

- 영조26년(1750, 경오년)

5월   영조, 홍화문에 나가 백성들에게 양역良役에 대한 폐단을 묻다.

- 영조28년(1752, 임신년)

9월   왕손王孫(정조)이 탄생하다.

- 영조31년(1755, 을해년)

2월   소론 윤지 등이 주도한 나주 벽서 사건이 발생하다.
3월   소론 조태구 등에게 역률을 추시하다.
5월   소론 심정연 등이 주도한 토역경과 투서 사건이 발생해 옥사가 확대되다. 세자, 옥사 확대에 반대하다.
11월 『천의소감』 발표해 경종 때 노론의 모든 행위가 정당화되고 김용택 등도 신원하다.

- 영조33년(1757, 정축년)

2월   왕비 정성왕후 서씨가 승하하다.
3월   대비 인원왕후 김씨가 승하하다.

- 영조35년(1759, 기묘년)

  2월   원손元孫(정조)을 세손으로 하다.
  6월   김한구의 딸을 왕비로 삼다.

- 영조36년(1760, 경진년)

  7월   사도세자 종기 치료차 온양의 행궁에 행차하다.

- 영조37년(1761, 신사년)

  3월   세손의 입학례를 행하다.
  4월   세자가 관서에 갔다오다. 대사성 서명응과 사학 유생들이 관서행을 논박하다.

- 영조38년(1762, 임오년)

  2월   왕세손의 가례를 올리다.
  5월   나경언이 세자를 고변하다.
  윤5월   세자를 폐해 서인으로 삼고 뒤주 속에 가두어 8일 만에 사망하다. 죽은 세자의 호를 사도세자로 정하다.
  6월   세자와 연합한 소론 영수 조재호를 사사하다.

- 영조51년(1775, 을미년)

  11월   세손의 외종조부 홍인한 '세손은 정사를 알 필요가 없다'고 극언하다. 영조가 세손에게 대리청정을 명하다.

- 영조52년 · 정조 즉위년(1776, 병신년)

  3월   영조 승하하고 세손이 즉위하다.
  5월   사도세자를 장헌세자로 추증하다.
  7월   홍인한과 정후겸을 사사하다.

- 정조13년(1789, 기유년)

  7월   양주 배봉산의 사도세자 묘를 수원 화산에 이장하다

주요 인물

• 사도세자(1735~62)

영조와 후궁 영빈 이씨 사이에서 태어났으며 어릴 때부터 효종과 닮았다는 말을 들었다. 열살 때 노론 홍봉한의 딸과 가례를 올렸다. 열다섯 살 되던 해부터 군사와 용인用人을 제외하고 영조를 대신해 대리청정한다. 영조 31년(1755)에 소론이 일으킨 나주 벽서 사건 관련 옥사 확대에 반대하다 노론의 미움을 산다. 노론이 자신을 제거하려 하자 소론 영수 조재호와 연합해 대항하려 하다가 나경언을 앞세운 노론의 역습을 당해 뒤주 속에서 비참하게 사망한다. 훗날 장헌세자와 장조莊祖로 추존된다.

• 영조(1694~1776)

사도세자의 아버지. 무수리 출신 어머니 최씨와 숙종 사이에서 태어났다. 남인·소론계인 희빈 장씨 소생의 경종이 즉위하자 노론의 지지를 받아 왕세제에 책봉된다. 이어서 대리청정을 주장하다 소론 강경파에게 역적으로 몰리지만 경종에 의해 구원된다. 경종이 와병 중일 때 어의의 반대를 무릅쓰고 독단적으로 약을 처방했다가 경종 독살설에 휘말린다. 즉위 후 탕평책을 추진해 노론과 소론을 병용했으나 재위 31년에 발생한 나주 벽서 사건으로 탕평책을 포기한다. 이후 독주하기 시작한 노론과 사도세자가 대립하자 노론을 지지하고 세자를 뒤주에 가두어 죽인다. 그 후 노론의 반대를 무릅쓰고 사도세자의 아들인 세손을 지지해 왕위에 오르게 한다.

• 경종(1688~1724)

희빈 장씨 소생으로 숙종의 큰아들이다. 어머니가 사사된 후 소론의 보호로 왕위에 올랐으나 노론에 밀려 이복동생인 숙빈 최씨의 아들 연잉군(영조)을 세제로 책봉하고 대리청정케 한다. 소론 강경파가 대리청정을 역으로 몰자 이를 이용해 노론 4대신을 사형시키는 신축·임인옥사를 단행한다. 재위 4년 만에 급서하자 독살당했다는 벽서가 전국 각지에 나붙고 소론 강경파 이인좌가 경종의 복수를 기치로 거병하기도 한다.

• 홍봉한(1713~78)

사도세자의 장인. 예조 판서를 지낸 홍현보의 아들로 노론 명문가의 자제였으나 나이 서른이 넘도록 출사하지 못하다가 딸이 세자빈이 된 그해 과거에 급제했다. 이후 영조의 총애를 입어 고속으로 승진해 노론 영수가 된다. 나주 벽서 사건 이후 세자가 소론으로 처신하자 당론에 따라 김상로, 홍계희, 윤급, 김한구 등과 함께 세자를 제거하는 데 앞장선다. 세자가 갇혀 죽은 뒤주를 바친 인물이기도 하다. 정조가 즉위한 후 온 집안이 화를 입는다.

• 혜경궁 홍씨(1735~1815)

노론 홍봉한의 딸로서 열 살 때 사도세자와 가례를 올렸다. 혼인 초에는 세자와 사이가 좋았으나 세자가 소론으로 처신하면서 노론과 대립하자 세자를 버리고 친정을 택한다. 이후 세자의 여러 동정을 홍봉한에게 전해주는 역할을 맡는다. 아들 정조가 즉위한 후 친정이 사도세자 살해의 주모자로 몰려 화를 입는다. 정조가 사망한 후 일흔이 넘은 나이에 손자 순조에게 친정을 변명하기 위한 목적으로 『한중록』을 저술하는 노회한 정객으로 변신한다.

• 조재호(?~1762)

소론 영수 조문명의 아들로서 영조의 장자인 효장세자빈의 오빠다. 우의정까지 올랐으나 당쟁에 반대했고 노론이 독주하는 현실에 불만을 품고 사직한다. 이후 춘천에 은거하면서 노론에 둘러싸인 세자를 보호하기 위해 세력을 모은다. 세자가 뒤주에 갇힌 직후부터 홍봉한에게 공격을 당하기 시작해 세자를 보호하려 했다는 이유로 사사당한다.

- 인원왕후 김씨(1687~1757)

경은부원군 김주신의 딸로서 인현왕후 민씨의 뒤를 이어 숙종의 계비가 되었다. 친정은 소론가였으나 숙종이 노론을 지지하자 노론이 되었다. 경종 재위 시 노론을 배후에서 움직여 연잉군(영조)을 세제로 책봉하고 대리청정케 하는 데 결정적인 역할을 했다. 그 후에도 정치적 위기 때마다 여러 차례 연잉군을 구해주었다.

- 정성왕후 서씨(1692~1757)

숙종의 둘째 아들 연잉군과 가례를 올려 달성군부인이 되었다가 연잉군이 세제로 책봉됨에 따라 세제빈이 되었다. 임인옥사 때 처조카 서덕수가 연잉군 관련설을 자백하고 사형당함에 따라 정치적 곤경에 처한다. 세제빈 시절 연잉군과 함께 많은 정치적 역경을 헤쳐나가 왕비가 된다.

- 선의왕후 어씨(1705~30)

경종의 계비. 1718년 세자빈에 책봉되어 가례를 올렸다. 원래 노론 어유구의 딸이지만 경종이 소론으로 처신하자 그녀도 소론으로 정치 소신을 바꾸었다. 경종이 후사를 낳지 못하자 시동생 연잉군 대신 종친을 양자로 들여 왕위를 잇게 하려다가 대비 인원왕후와 노론의 저지로 실패하고 경종이 승하한 지 6년 후 쓸쓸하게 세상을 뜬다.

- 김상로(1702~69?)

노론 영수이자 영의정으로 영조와 세자 사이를 이간하고 숙의 문씨의 오라비 문성국 등과 결탁해 세자를 위험에 빠뜨린다. 정조 즉위 직후 관작이 추탈되고 그 아들 치양致良·치현致顯 등은 유배당한다.

- 윤급(1696~1770)

노론 중진으로서 탕평책에 반대했다. 자신의 청지기 나경언을 시켜 세자를 역적으로 고변케 했다.

• 나경언(?~1762)

노론 중진 윤급의 청지기로서 액정 별감 나상언의 형이다. 가산이 탕진되어 곤경에 처하자 윤급·홍봉한·김상로·김한구 등의 사주를 받아 거액을 받고 세자를 역모로 고변하는 일을 맡았다.

• 홍계희(?~1771)

노론 중진으로서 균역청 설치를 주관하는 등 많은 공적을 남겼으나 홍봉한·김상로 등과 짜고 세자를 제거하는 데 핵심적인 역할을 담당했다. 그는 영조 47년에 사망했으나 그의 아들 지해·술해 등이 정조를 살해하려다 실패하여 멸문당하고 그 역시 관작이 추탈되었다.

• 이종성(1692~1759)

소론 영수로서 시종일관 사도세자를 지지한다. 나주 벽서 사건 때 옥사를 확대하는 데 반대하여 삭탈관직을 당한다. 영조의 후궁 숙의 문씨가 임신해 세자에게 위기설이 나돌자 세자 호위를 적극 주장하기도 했다. 그가 영조 35년(1759) 사망한 것은 세자에게 큰 타격이었다. 사후 장조莊祖(사도세자)의 묘정에 배향되었다.

• 숙의 문씨(?~1776)

효장세자빈 조씨(현빈)의 나인이었는데 현빈이 사망하자 영조가 친히 장례를 주관하는 과정에서 눈에 띄어 승은을 입는다. 오라비 문성국과 함께 노론과 결탁해 사도세자를 핍박하는 일에 가담했다가 정조가 즉위한 후 사사당한다.

제2판 머리말

1.

나는 지금까지 꽤 큰 교통사고를 세 번 겪었다. 한번은 국도상의 충돌사고였으며, 두 번은 눈길에 미끄러진 차가 구르다가 거꾸로 정지하는 사고였다. 그중 한대는 폐차시켰으며 두 대는 모두 차값보다 더 많은 수리비를 내야할 정도로 차체의 부상은 심각한 것이었다. 그런데 그 안에 탄 나는 조금도 다치지 않았다. 첫 번째 사고를 담당한 예산경찰서 교통사고처리반의 경찰은 이를 믿을 수 없다며 화를 내기도 했다. 자신은 1년에 3천 건 이상의 교통사고를 처리하기 때문에 차체의 훼손상태와 어느 자리에 탑승했는지만 알면 운전자나 탑승객의 사망 내지 부상 정도를 귀신같이 맞출 수 있는데, 하나도 안 다쳤다는 것이 말이 되느냐는 이야기였다. 그러나 손끝 하나도 안 다친 것을 어찌하겠는가?

눈길에서 미끄러졌을 때도 마찬가지였다. 지나가던 차량의 신고로 119구급차가 달려왔으나 거꾸로 선 차에서 기어 나온 나는 멀쩡했다. 레커차 주인은 지금은 괜찮은 것 같아도 속으로 큰 상처가 났을 것이니 빨리 병원에 가서 입원하라고 성화였다. 그러나 나는 그러지 않았다.

이 세 번의 교통사고는 단지 '운'이 좋았던 것뿐일까? 그 운에 어떤 의미를 부여한다면 미신적인 사람이 되는 것일까? 운이 좋았다고 보더라도 여러 해석이 가능하다. 먼저 나의 일 년 365일 하루도 새벽예배를 빼놓지 않는 어머니의 기도 덕분이리라. 그런 어머니를 사랑한 야훼가 그 어머니에게 큰 슬픔을 주지 않기 위해 나를 살렸을지도 모른다.

그 외에 의미를 찾는다면 내가 지금까지 해왔던 작업에서 견강부회하고 싶은 생각이 든다. 내가 지금까지 해왔던 작업들의 뚜렷한 주제 중의 하나는 억울하게 죽어간 사람들의 신원伸寃이었다. 이 책『사도세자의 고백』외에도 소현세자나 경종 등의 이야기를 담은『누가 왕을 죽였는가』, 수양대군에게 죽은 김종서의 평전인『거칠 것이 없어라』, 독립운동가 이회영과 젊은 아나키스트들의 이야기인『아나키스트 이회영과 젊은 그들』등 우리 역사 속에서 억울하게 죽어간 사람들의 신원이나 재발굴은 나의 역사서 서술의 뚜렷한 주제 중의 하나였다. 바로 그것이 내 세 번의 '운'과 관련이 있다고 해석한다면 역사학자로서 건너서는 안 될 초자연적인 세계를 기웃대는 것일까?

2.

 '역사는 승자의 기록'이란 말이 있다. 어떤 사람들이 역사학의 공정성에 문제를 제기하는 이유이기도 하다. 그렇다. 실제로 우리 역사의 어떤 부분에는 승자의 기록으로서의 역사학이 횡행했다. 그 와중에서 진실은커녕 사실마저도 왜곡되어 전해지기 일쑤였다. 지금으로부터 240여 년 전인 영조 38년(1762) 윤5월 21일 뒤주 속에서 비참하게 죽었던 사도세자의 삶도 마찬가지였다. 사도세자가 뒤주 속에 갇힌 것은 윤5월 13일, 그는 좁은 뒤주 속에서 무려 여드레 동안이나 물 한 모금 마시지 못한 채 신음하다 이승을 하직한 것이었다.

 뒤주에 갇히기 직전 세자는 뒤주의 모서리를 잡고 '아버지 살려주소서'라고 빌었다. 그러나 그가 뒤주 속에 갇혀 신음하던 여드레 동안 '세자를 살려주소서'라고 영조에게 빈 조정대신은 아무도 없었다.

 세손(정조)만이 아버지 사도세자처럼 관과 도포를 벗고, '아비를 살려주옵소서'라고 빌었을 뿐이다. 14년 동안이나 대리청정했던 저군이 초여름의 뜨거운 햇살 아래에서 신음하고 있는 상황에서 조정대신들은 세자를 구원하기는커녕 그 반대 행위에 열중했다. 사도세자가 뒤주에 갇힌 다음 날 좌의정 홍봉한은 영조에게 이런 주청을 한다.

"한림翰林 윤숙은 '어제' 신들을 꾸짖었고 또 울부짖으며 거조를 잃었으니, 인심을 진정시키고자 한다면 엄히 처벌하지 않을 수 없습니다."

사도세자가 뒤주에 갇히던 날 윤숙이 홍봉한 등 대신들에게 '왜 사도세자를 구하지 않느냐?'고 울부짖었다는 이유로 처벌해야 한다는 것이었다. 좌의정 홍봉한이 『한중록』의 저자인 혜경궁 홍씨의 친정아버지라는 점에서 세자에 대한 기록은 정확하게 승자의 기록이 되었다.

3.
사도세자가 죽은 후 그 이름을 거론하는 것 자체가 금기시 되어 그 누구도 그 사건에 대해 말할 수 없었다. 영조는 사도세자를 죽음으로 모는 데 결정적인 역할을 한 나경언의 고변서는 물론 그에 관한 대부분의 기록을 없애버렸다. 이렇게 사도세자의 진실은 기록 속에서 사라져간 반면 세자빈 혜경궁 홍씨의 『한중록』이 그 자리를 메웠다.

스물여덟 젊은 나이에 남편을 잃은 여인이 피를 토하듯 써 내려간 기록, '하늘이 아무쪼록 그 흉악한 병을 지어 몸을 그토록 만들려 하신 것이로다. 하늘아, 하늘아 차마 어찌 그리 만드는가'라며 세자의 정신병이 초래한 비극을 통탄하는 한 맺힌 부인의 기록은 후세 사람들의 심금을 울리기에 충분했다. 그 수많은 감탄사를 배제한 『한중록』의 결론은 사도세자는 정신병자이고 영조는 이상성격자라는 것이었다. 그 정신병과 이상성격의 충돌의 결과가 비극의 원인이라는 것이었다. 세자의 부인이 직접 쓴 피맺힌 기록의 내용을 의심할 사람은 아무도 없었고, 『한중록』은 진실이 되어갔다. 그러나 홍씨의 친정아버지 홍봉한의 주청은 『한중록』이 승자의 기록이자 가해자의 기록일 수 있다는 의심을 주었다.

그리고 그 의심은 내가 살던 온양온천의 한 호텔 내에 남아 있는 사도세자의 한 유적의 유례를 살펴보면서 확신으로 변해갔다. 정조가 세운 영괴대靈槐臺가 그것인데, 사도세자가 죽기 2년 전 온양의 행궁인 온궁에 요양하러 왔던 것을 기념해 세운 것이다. 그때 사도세자는 대리청정 기간이었는데, 『영조실록』에 남아 있는 최소한의 기록은 나의 예상을 뛰어넘었다. 마굿간을 뛰쳐나가 콩밭을 상하게 한 군마의 주인 위사衛士를 처벌하고 밭주인에게 후히 보상하도록 명령한 인물이 사도세자였다. 백성을 고통에 빠뜨리는 부역을 감해주라고 명령한 인물도 세자였으며, 온양 읍내의 부로들과 이름 없는 선비들을 불러 도타운 말로 학문에 힘 쓸 것을 권한 것도 사도세자였다.

『영조실록』에는 『한중록』이 전하는 정신병자와는 너무 거리가 먼, 어쩌면 성군의 자질을 지닌 세자의 모습이 그려져 있었다.

4.
나는 두 기록의 간극 사이의 진실을 찾기 위해서 길을 떠나지 않을 수 없었다. 그 길에서 많은 사람들을 만났다. 그 많은 사람들의 말과 행동의 배경을 찾아 통일성을 부여하는 과정에서 조선왕실 5백 년 역사상 가장 비참했던 사건이 '승자의 기록'으로서가 아니라 '패자의 기록'으로서 그 모습을 드러내기 시작했다.

물론 가장 많이 말하고 행동하는 사람은 이 사건의 두 주역인 세자와 영조다. 혜경궁 홍씨와 홍봉한·홍인한, 그리고 김상로·홍계희 등 집권 노론 인사들은 모두 세자의 반대편에서 서서 말하고 행동했다. 반면 이종성·조현명·조재호 같은 소론 인사들은 세자의 편에서 말하고 행동했다. 사실상 이 비극적인 사건은 이 양편이 완충지대 없이 좁은 뒤주에서 맞부딪친 결과 발생한 것이었다.

이 글을 통해 내가 바라는 것은 오직 하나, 사도세자 죽음의 진실을 밝히자는 것이다. 그 진실을 찾기 위해 나는 사도세자에 관련된 현존하는 모든 기록을 샅샅이 뒤졌으며 행간 사이에 숨어 있는 의미를 해석하기 위해 그간 갈고 닦아온 역사학의 모든 해석 기법들을 총동원했다. 그럼에도 불구하고 미로에서 헤매고 있을 때 사도세자가 꿈에 나타나 호소하기도 했다. 그 꿈에서 사도세자와 함께 느닷없이 경종이 나타나 억울하다고 하소연했던 것은 지금도 생생하다.

경종과 사도세자, 살아생전 한 번도 본적이 없던 두 사람이 동시에 내 꿈에 나타난 것은 사도세자 비극의 출발점이 경종 때 있었던 그 비극적인 당쟁에 있다는 것을 가르쳐준 것이나 마찬가지였다.

그가 세상을 떠난 지 240여 년 만에 '승자의 기록'으로만 전해져오던 사도세자의 본 모습이 조금이라도 바로 잡힌다면, 아니 살아서는 물론 죽은 후까지도 저주와 조소, 그리고 동정의 대상으로 남아버린 한 인간의 본 모습이 조금이라도 복원된다면 보람일 것이다. 그러나 그 과정에서 죄 없는 다른 사람이 상처받는 일은 없기를 바란다.

정조 14년(1790), 정약용은 해미로 짧게 귀양 갔다가 해배된 길에 온궁에 들러 세도세자가 온궁에 왔을 때의 일을 추적했다. 정약용은 그 과정에서 사도세자의 진실을 알게 되었고, 그것이 그의 후반 생애 비극의 직접적 원인이 되었다. 그때만 해도 가해자들과 그 후손들, 그리고 그 가해당파가 생생하게 살아 있었던 것이다.

  그러나 이제 그 모든 가해자와 피해자는 역사 속에 묻혔다. 그리고 240여 년의 세월이 지나 나의 손에 의해 재구성되었다. 그러나 나는 이 책에 담긴 것이 역사의 진실이라고 강변하고 싶은 생각은 없다. 독일의 철학자 가다머Hans-Georg Gadamer가『진리와 방법』에서 '하나의 작품은 일단 형태화하고 난 후에는 그 창작자나 해석자의 의식으로부터 독립되어 자기 자신의 고유한 존재방식을 갖는다'라고 말했듯이 독자적인 생명력을 얻어 이 거친 세상을 살아가기를 기원한다.『한중록』이 그랬던 것처럼.

2004년 3월 수유리에서
천고 이덕일 기

제1판 머리말

230여 년 전 옛일이지만, 조선 왕실의 최대 비극의 주인공인 사도세자를 생각할 때마다 떠오르는 의문이 하나 있었다. 사도세자가 뒤주 속에 갇힌 것은 영조 38년(1762) 윤5월 13일, 그리고 세상을 떠난 것은 윤5월 21일이니, 사도세자는 무려 여드레 동안이나 물 한 모금 마시지 못한 채 신음하며 죽어간 것이다.

만일 사도세자가 뒤주에 갇힌 이유가 이미 상식이 되어버린 것처럼 정신병 때문이라면, 아버지 영조는 아들의 병을 치료하기 위해 온갖 노력을 기울이지 뒤주 속에 가두어 죽이지는 않았을 것이다.

단지 정신병에 걸렸다는 이유만으로 자식을 뒤주에 가두어 죽이는 아버지가 과연 있을 수 있을까? 그것도 하나밖에 없는 외아들을……. 또한 비행 때문이라면 태종 이방원이 그랬던 것처럼 세자를 폐하여 지방으로 내쫓을 수도 있었을 것이다. 바로 이 점이 사도세자의 비극적 죽음에 대한 의문의 출발점이었다.

1.

사도세자가 죽은 후 그 이름을 거론하는 것 자체가 금기가 되어 누구도 그 사건에 대해 말할 수 없었다. 영조는 사도세자를 죽음으로 모는

데 결정적인 역할을 한 나경언의 고변서는 물론이고, 그와 관련된 대부분의 기록을 없애버렸다. 불태워졌다. 이렇게 사도세자는 기록 속에서 사라져갔는데, 그나마 그 기록의 공백을 메워준 증언이 바로 세자빈 혜경궁 홍씨의 『한중록』이었다.

스물여덟 젊은 나이에 남편을 잃은 여인이 피를 토하듯 써 내려간 기록, '하늘이 아무쪼록 그 흉악한 병을 지어 몸을 그토록 만들려 하신 것이로다, 하늘아, 하늘아 차마 어찌 그리 만드는가'라며 세자의 정신병이 초래한 비극을 통탄하는 한 맺힌 부인의 기록은 후세 사람들의 심금을 울리기에 부족함이 없었다. 『한중록』의 핵심 내용은 이상성격자인 영조와 정신병자인 사도세자의 부딪힘이 비극의 원인이라는 것이다. 세자의 부인이 직접 쓴 피맺힌 기록을 의심할 사람은 아무도 없었고, 그 때문인지 지금까지도 이 문제를 다룬 수많은 드라마와 소설이 『한중록』을 토대로 만들어지고 있다. 예전에는 나도 그런 사람들 중의 하나였다.

그런데 수원의 현륭원을 제외하면 유적이라고 할 만한 것도 거의 없는 사도세자의 유적이, 뜻밖에도 내가 사는 고장인 온양의 한 호텔 내에 있었다. 정조가 세운 영괴대靈槐臺가 바로 그것이다. 영괴대는 사도세자가 스물여섯 살 때(1760) 요양 차 온양의 행궁인 온궁에 왔던 것을 기념해 세운 영괴대를 바라보면서, 나는 사도세자에 대한 의문을 다시 떠올리기 시작했다.

그리고 사도세자가 온궁에 행차했을 때는 세자의 대리청정한 기간이었으므로 『영조실록』에 최소한의 기록이 남아 있을 것이라 예상하고, 관련 기록들을 훑어 내려가기 시작했다. 그런데 놀랍게도 그 기록들은 나의 예상을 뛰어넘었다. 한 군마가 마구간을 뛰쳐나가 콩밭을 훼손시키자 위사衛士를 처벌하고 밭주인에게 후히 보상하도록 명령한 인물이 바로 사도세자였다. 또한 백성을 고통에 빠뜨리는 부역을 감해주라고 명령하고, 온양 읍내의 부로들과 이름 없는 선비들을 불러 도타운 말로 학문에 힘 쓸 것을 권한 인물도 바로 사도세자였다.

이렇게 『영조실록』에는 사도세자가 『한중록』이 전하는 정신병자와는 거리가 먼, 성군의 자질을 지닌 인물임을 증명해주는 기록이 충분히 담겨 있었다.

2.
나는 두 간극을 메우려면 대리청정하던 왕세자가 뒤주 속에 갇혀 있

던 그 여드레 동안 조정에서 벌어진 일에 초점을 맞추어야겠다고 생각했다. 아버지 영조의 처사가 인륜에 어긋나는 가혹한 행위였다면, 조정 신하들은 사도세자를 뒤주 속에 가두려는 영조를 말리며 어의를 동원해 병을 치료하자고 주청했을 것이라는 의문에서였다. 그러나 나의 기대와는 달리 『영조실록』에는 그 여드레 동안 세자를 구원하기는커녕 더욱 궁지로 몰기 위한 신하들의 움직임만 기록되어 있었다.

세자가 뒤주에 갇힌 이유가 혜경궁 홍씨의 말처럼 정신병이거나 정신병에 의한 비행 때문이었다면 조정의 많은 신하들은 사도세자를 뒤주 속에 가둘 것이 아니라 어의를 동원해 병을 치료하자고 주청했을 것이란 생각이 들었기 때문이다.

영조도 마찬가지였다. 사도세자의 문제점이 정신병에 있었다면 하나밖에 없는 아들의 병을 치료하기 위해 무한한 노력을 기울였을 것이다. 정신병에 걸렸다는 이유만으로 뒤주에 가두어 죽이는 아버지가 과연 있을 수 있을까? 또한 비행 때문이라면 태종 이방원이 그랬던 것처럼 세자를 폐하여 지방으로 내쫓으면 그만이었을 것이다.

『영조실록』은 나의 예상대로 그 여드레 동안 그를 구원하려 한 대신이 단 한 사람도 없음을 확인해주었다. 세자를 구원하기는커녕 세자를 더욱 궁지로 몰기 위한 움직임만 기록되어 있었다.

　사도세자가 뒤주에 갇힌 다음 날 좌의정 홍봉한은 영조에게 이런 주청을 한다.

　"한림 윤숙은 '어제' 신들을 꾸짖었고 또 울부짖으며 거조를 잃었으니, 인심을 진정시키고자 한다면 엄히 처벌하지 않을 수 없습니다."

　'어제'란 사도세자가 뒤주에 갇히던 날을 말한다. 좌의정 홍봉한이 누구인가? 바로 『한중록』의 저자인 혜경궁 홍씨의 친정아버지로서 사도세자의 장인이다. 그런 홍봉한이 '왜 사도세자를 구하지 않느냐?'고 울부짖었다는 이유로 윤숙을 처벌하라는 이율배반적인 주청을 하고 나선 것이다.

　홍봉한의 이 주청 하나에 그간 품어왔던 모든 의혹이 한꺼번에 풀리는 듯했다. 혜경궁 홍씨가 왜 그토록 구구절절 아버지 홍봉한을 변명해야 했는지, 왜 영조를 성격이상자로 사도세자를 정신병자로 기록할 수밖에 없었는지에 대한 해답도 홍봉한의 이 말 한마디에 감추어져 있었다. 또한 마지막 순간 부왕 영조를 '아버지'라 부르며 '살려달라'고 빌었던 비운의 세자가 비참한 운명을 맞이하게 된 이유도 이 말 한마디에 응축되어 있었다.

3.

나는 사도세자가 죽음을 당한 원인을 밝히기 위해 길을 떠나지 않을 수 없었다. 그리고 그 길에서 많은 사람을 만났다. 그 많은 사람들의 말과 행동을 모자이크해가는 도상에서 조선왕실 5백 년 역사상 가장 비극적인 사건의 진실이 비로소 그 실체를 드러내는 듯했다.

물론 가장 많이 말하고 행동하는 사람은 이 사건의 두 주역인 사도세자와 영조다. 그리고 이종성·조현명·조재호 같은 인물들은 세자의 편에 서서 말하고 행동했으며, 혜경궁 홍씨와 홍봉한·김상로·홍계희 등은 세자의 반대편에 서서 말하고 행동했다. 사실상 이 비극적인 사건은, 이 양편이 완충지대 없이 좁은 뒤주에서 맞부딪친 결과 발생한 것이었다.

이 글을 통해 내가 바라는 것은 단 하나 사도세자 죽음의 진실을 밝히는 것이다. 그 진실을 찾기 위해 나는 사도세자와 관련된 현존하는 모든 기록을 뒤졌으며, 행간에 숨겨진 의미를 해석하기 위해 10년 이상 훈련해온 역사학의 전문적인 해석 기법들을 동원했다. 그 과정에서 사도세자가 소론과 결탁했다는 결정적 증거인 조재호 사건을 재조명할 수 있었던 것은 나 자신으로서도 하나의 수확이다.

이 글을 통해 사도세자의 굴절된 모습이 조금이라도 바로잡아진다면, 아니 살아서는 물론이고 죽은 후까지도 저주와 조소, 그리고 동정의 대상이 된 한 인간의 '본 모습'이 조금이라도 복원될 수 있다면 그것으로 보람을 느낄 것이다. 그러나 한 인간을 복원하는 과정에서 다른 죄 없는 사람이 상처 받는 일은 없기를 바란다.

이제 이 글은 내 손을 떠났다. 독일의 철학자 가다머Hans-Georg Gadamer는 그의 저서 『진리와 방법』에서, '하나의 작품은 일단 형태화하고 난 후에는 창작자나 해석자의 의식으로부터 독립되어 자기 자신의 고유한 존재방식을 갖는다'라고 했다. 그의 말처럼 이 글이 자신의 생명력을 갖고 세상을 살아가기를 기원한다. 『한중록』이 그랬던 것처럼.

1998년 6월 온양에서
천고 이덕일 기